SECOND EDITION

SUEÑA

español sin barreras

curso intermedio breve

SECOND EDITION

SUEÑA

español sin barreras

curso intermedio breve

José A. Blanco

C. Cecilia Tocaimaza-Hatch
Texas State University

Contributing writer
Próspero N. García
Amherst College

VISTA
HIGHER LEARNING

Boston, Massachusetts

Publisher: José A. Blanco

Executive Editor: Sarah Kenney

Managing Editors: María Eugenia Corbo, Paola Ríos Schaaf (Technology)

Editors: Armando Brito, Mónica M. González Peña, Paula Andrea Orrego, Raquel Rodríguez Muñoz, Anne Wagner (Technology)

Production and Design Director: Marta Kimball

Design Manager: Susan Prentiss

Design and Production Team: Sarah Cole, Oscar Díez, Mauricio Henao, Sónia Teixeira, Nick Ventullo, Hamilton Zuleta Cano

Printed in Canada.

Student Text ISBN-13: 978-1-60576-089-6

Instructor's Annotated Edition ISBN-13: 978-1-60576-093-3

Library of Congress Card Number: 2009927068

1 2 3 4 5 6 7 8 9 TC 15 14 13 12 11 10 09

Maestro® and Maestro® Language Learning System and design are registered trademarks of Vista Higher Learning, Inc.

Table of Contents

The Vista Higher Learning Story

Your Specialized Foreign Language Publisher

Independent, specialized, and privately owned, Vista Higher Learning was founded in 2000 with one mission: to raise the teaching and learning of world languages to a higher level. This mission is based on the following beliefs:

- It is essential to prepare students for a world in which learning another language is a necessity, not a luxury.
- Language learning should be fun and rewarding, and all students should have the tools necessary for achieving success.
- Students who experience success learning a language will be more likely to continue their language studies both inside and outside the classroom.

With this in mind, we decided to take a fresh look at all aspects of language instructional materials. Because we are specialized, we dedicate 100 percent of our resources to this goal and base every decision on how well it supports language learning.

That is where you come in. Since our founding in 2000, we have relied on the continuous and invaluable feedback from language instructors and students nationwide. This partnership has proved to be the cornerstone of our success by allowing us to constantly improve our programs to meet your instructional needs.

The result? Programs that make language learning exciting, relevant, and effective through:

- an unprecedented access to resources
- a wide variety of contemporary, authentic materials
- the integration of text, technology, and media, and
- a bold and engaging textbook design

By focusing on our singular passion, we let you focus on yours.

The Vista Higher Learning Team

VISTA
HIGHER LEARNING

31 St. James Avenue Boston, MA 02116-4104 TOLLFREE: 800-618-7375
TELEPHONE: 617-426-4910 FAX: 617-426-5209 www.vistahigherlearning.com

Getting to Know SUEÑA

SUEÑA, Second Edition, is a brief intermediate Spanish program designed to provide students with an active and rewarding learning experience as they strengthen their language skills and develop their cultural competency. **SUEÑA** takes an interactive, communicative approach. It focuses on real communication in meaningful contexts to develop and consolidate students' speaking, listening, reading, and writing skills.

SUEÑA features a fresh, magazine-like design that engages students while integrating thematic, cultural, and grammatical concepts within every section of the text.

- **Contenido** Dramatic photos and thought-provoking discussion questions introduce the theme and content of each lesson.

- **Para empezar** Real-life, practical vocabulary related to the lesson theme is presented in thematic lists. Directed and communicative activities practice the vocabulary in varied contexts.

- **Cortometraje** Authentic short films by award-winning Hispanic filmmakers serve as a springboard for exploring the themes and concepts in every lesson. A wide range of pre- and post-viewing activities develop listening skills and provoke analysis. Captioned film stills in the grammar section further integrate the film with key language functions.

- **Sueña** The **Sueña** section takes students on a journey throughout the Spanish-speaking world. Compelling TV clips, projects, vibrant images, and activities bring the cultural content to life.

- **Estructuras** Clear, comprehensive grammar explanations are designed with students in mind. Examples from the authentic short films and easy-to-read diagrams highlight key structures and concepts. Thematically and culturally relevant activities progress from directed **Práctica** exercises to open-ended **Comunicación** activities. **Síntesis** ties together all three grammar points with group activities and debate.

- **Manual de gramática** Supplemental grammar explanations offer instructors the flexibility to tailor courses to the particular needs of students without compromising content or rigor. References in **Estructuras** direct students to related **Manual de gramática** explanations and practice at the back of the book. These supplementary grammar topics can be used for review or enrichment.

- **Cultura** Cultural readings are carefully designed to promote cultural competency through integration with the thematic content of each lesson. Relevant, high-interest topics provide insight into the cultural regions presented in the **Sueña** section, while **Preparación** and **Análisis** activities increase reading comprehension and spark discussion.

- **Literatura** Authentic literary selections expose students to poems and short stories by writers from Spanish-speaking countries. Readings are carefully selected for their comprehensibility and thematic relevance. **Preparación** gives students vocabulary support and activates their prior knowledge; **Análisis** carefully tracks them from comprehension through interpretation and personalization. Engaging writing topics allow students to synthesize and expand upon what they have learned in each lesson.

To get the most out of pages IAE-6–IAE-14 in your **SUEÑA** Instructor's Annotated Edition, you should familiarize yourself with the front matter to the **SUEÑA** Student Text, especially the Introduction (p. iii) and the Ancillaries (pp. xxiv–xxv).

Getting to Know Your
Instructor's Annotated Edition

The Instructor's Annotated Edition (IAE) of **SUEÑA** includes a variety of teaching resources. For your convenience, answers to all exercises with discrete answers have been overprinted on the student text pages. In addition, marginal annotations were created to complement and support varied teaching styles, to extend the rich contents of the student text, and to save you time in class preparation and course management. Here are the principal types of annotations you will find in **SUEÑA**:

- **Numbered Annotations** Teaching suggestions, expansion activities, comprehension questions, and follow-up exercises that relate to the numbered activities in the student text

- *Estructuras* **Annotations** Teaching suggestions for presenting, manipulating, and clarifying the material in the grammar explanations

- **Teaching Option** Suggestions for supplemental activities, games, projects, additional resources, related cultural activities, and research or writing assignments

- *Variación léxica* Alternate words and expressions used in the Spanish-speaking world or additional information related to specific vocabulary items

- **Preview** Discussion questions, teaching suggestions, ideas, and activities to introduce the theme of each lesson and to prepare students for viewing the short-subject films

- **National Standards Icons** Special icons that indicate when a lesson section is specially related to one or more of the Five C's of the *Standards for Foreign Language Learning:* Communication, Cultures, Connections, Comparisons, and Communities

- **Instructional Resources** References to student and instructor ancillaries that may be used to reinforce or expand upon material in the Student Text. The following resources are included; see pp. xxiv–xxv for complete descriptions of all student and instructor ancillaries.

WB	Workbook (in the Student Activities Manual)
LM	Lab Manual (in the Student Activities Manual)
SAM Answer Key	Student Activities Manual Answer Key
Lab MP3	Lab Audio Program
DVD	**SUEÑA** Film Collection
Supersite	**suena.vhlcentral.com.** Includes:
	Instructor's Resources (Scripts, Translations, Teaching Suggestions for the **Sueña** sections); Testing Program* (PDF Test Files, RTF Test Files, Test Generator, Testing Program MP3s); SAM Answer Key
	Also available on a Test Generator

SUEÑA and the *Standards for Foreign Language Learning*

Since 1982, when the *ACTFL Proficiency Guidelines* were first published, that seminal document and its subsequent revisions have influenced the teaching of modern languages in the United States. **SUEÑA** was written with the concerns and philosophy of the *ACTFL Proficiency Guidelines* in mind. It emphasizes an interactive, proficiency-oriented approach to the teaching of language and culture.

The pedagogy behind **SUEÑA** was also informed from its inception by the *Standards for Foreign Language Learning in the 21st Century*. First published under the auspices of the *National Standards in Foreign Language Education Project,* the Standards are organized into five goal areas, often called the Five C's: Communication, Cultures, Connections, Comparisons, and Communities. National Standards icons appear on the pages of your IAE to call out sections that have a particularly strong relationship with the Standards.

Since **SUEÑA** takes a communicative approach to the teaching of Spanish, the Communications goal is an integral part of the student text. Diverse formats (discussion topics, role-plays, interviews, oral presentations, and so forth) promote authentic communicative exchanges in which students provide, obtain, and interpret information, as well as express emotions or opinions. Interactive **Comunicación, Síntesis,** and **Análisis** activities allow students to synthesize grammatical, cultural, and thematic material to expand their communicative abilities. In addition to oral skills, written communicative skills are strengthened through a wide array of practical and creative tasks.

SUEÑA also stresses cultural competency and the ability to make connections as invaluable components of language learning. **Cortometraje, Sueña, Cultura,** and **Literatura** all provide students with the opportunity to acquire information, to expand cultural knowledge, and to recognize distinctive viewpoints. Through connections with multiple disciplines such as film, literature, and art, students are exposed to various cultural practices and perspectives of the Spanish-speaking world. **Nota cultural** sidebars provide additional opportunities for students to connect to language through culture.

Students develop further insight into the nature of language and culture through comparisons with their own. Compelling discussion topics throughout the text encourage students to compare new information with familiar concepts and ideas. In addition, the clear, comprehensive grammar explanations in **Estructuras** allow students to compare and contrast the grammatical structures of their own language with those presented in **SUEÑA**.

Finally, **SUEÑA** encourages students to expand their use of language beyond the classroom setting and participate in broader, richer Spanish-speaking communities. In the **Sueña** section of each lesson, outside projects, multimedia resources, and online information and activities provide access to a wealth of opportunities for students to expand their use of Spanish outside the classroom.

As you become familiar with the **SUEÑA** program, you will find many more connections to the *Standards for Foreign Language Learning*. We encourage you to keep its goals in mind and to make new connections as you work with the text and ancillaries.

General Teaching Considerations

Orienting Students to the Textbook

You may want to spend some time orienting students to the **SUEÑA** textbook on the first day. Have students flip through **Lección 1**. Explain that all lessons are organized in the same manner so they will always know "where they are" in the textbook. Emphasize that all sections are self-contained, occupying either a full page or spreads of two facing pages. Call students' attention to the use of color and/or boxes to highlight important information in charts, diagrams, word lists, and activities. Provide a brief overview of the main sections of each lesson: **Para empezar, Cortometraje, Sueña, Estructuras, Cultura, Literatura,** and **Vocabulario**. Then point out the **Atención, Taller de consulta,** and **Nota cultural** sidebars and explain that these boxes provide useful lexical, grammatical, and cultural information related to the material they are studying. Point out that the **Manual de gramática** in the back of the book offers additional grammar topics with practice for review or expansion.

Flexible Lesson Organization

To meet the needs of diverse teaching styles, institutions, and instructional objectives, **SUEÑA** has a very flexible lesson organization. You can begin with the lesson opener spread and progress sequentially through the lesson, or you may rearrange the order of the material in each lesson to suit your teaching preferences and students' needs.

If you do not want to devote class time to teaching grammar, you can assign the **Estructuras** explanations for outside study, freeing up class time for working with the activities. The **Manual de gramática** at the end of the book provides additional flexibility in grammar instruction. Related grammar points for each lesson can be incorporated into classroom instruction, assigned for individual study, or used as needed for review and enrichment.

Identifying Active Vocabulary

The thematic vocabulary lists in **Para empezar** are active vocabulary, along with all words and expressions in the **Vocabulario** boxes of the **Cortometraje, Cultura,** and **Literatura** sections. Words in the charts, lists, and sample sentences of **Estructuras** are also part of the active vocabulary load. At the end of each lesson, the **Vocabulario** section provides a convenient one-page summary of the items students should know and that may appear on quizzes and exams.

Note that regional variations presented in the **Sueña** section as well as the marginal glosses from the readings and film captions are presented for recognition only. They are not included in testing materials, although you may wish to make them active vocabulary for your course, if you so choose. The additional terms and lexical variations provided in the annotations of the Instructor's Annotated Edition are also considered optional.

Suggestions for Using
Contenido and *Para empezar*

Lesson Theme and Vocabulary

- Use the title, photo, and text on the lesson opening page as a springboard to introduce the themes and vocabulary of the lesson. Use the discussion questions in the introductory paragraph and **Preview** annotation for partner, group, or class activities.

- Allow time for students to scan the table of contents and flip through the pages of each lesson, much as they would a magazine. Have students point out sections that appeal to them and briefly describe the cultural and thematic content of each lesson.

- To prepare students for new material, have them review what they already know about each theme by brainstorming related vocabulary words they have already learned.

- Introduce the new vocabulary by describing words and categories, then asking students yes/no or multiple-choice questions.

- Introduce the new vocabulary using Total Physical Response (TPR) or interactive class games such as Charades, Pictionary, and Hangman.

- Tell students that they will see some of the vocabulary in the context of a short film and ask them to look at the vocabulary and predict what they think the short film might be about.

- Use the lab materials in class to introduce vocabulary and develop listening skills or assign lab and workbook activities for extra practice outside of class.

Práctica

- The **Práctica** exercises can be done orally as class, pair, or group activities. They may also be assigned as written homework.

- Insist on the use of Spanish during partner and group activities. Encourage students to use the language creatively.

- Have students form pairs or groups quickly. Assign or rotate partners and group members as necessary to ensure a greater variety of communicative exchanges.

- Allow sufficient time for pair and group activities (between five and ten minutes depending on the activity), but do not give students too much time or they may lapse into English and socialize. Always give students a time limit for an activity before they begin.

- Circulate around the room and monitor students to make sure they are on task. Provide guidance as needed and note common errors for future review.

- Remind students to jot down information during pair and group discussion activities so they can report the results to the class.

- Encourage students to practice more online on the **SUEÑA** Supersite.

Suggestions for Using *Cortometraje*

The **Cortometraje** section of the Student Text and the **SUEÑA** Film Collection were created as interlocking pieces. All photos in the **Cortometraje** section are actual video stills from authentic films. These dramatic short films highlight the themes and language of each lesson and provide comprehensible input at the discourse level. The films and corresponding activities offer rich and unique opportunities to build students' listening skills and cultural awareness.

Depending on your teaching preferences and school facilities, you might use the **SUEÑA** Film Collection on DVD to show the films in class, or you might assign them for viewing outside the classroom at **suena.vhlcentral.com**. You could begin by showing the first film in class to teach students how to approach viewing a film and listening to natural speech. After that, you could work with the **Cortometraje** section and have students view the remaining films outside of class. No matter which approach you choose, students have the support they need to view the films independently and process them in a meaningful way. Here are some strategies for coordinating the film with the subsections of **Cortometraje**.

Preparación

- Preview the vocabulary in **Preparación** using the activities provided and the suggestions for teaching vocabulary on page IAE-9.
- Initiate group discussion of important themes and issues. Ask students to discuss recent films from the same genre or that touch on similar themes.

Escenas

- The poster, photos, and text in **Escenas** may be used in a variety of ways. Before viewing the film, you might ask students to read or act out the dialogues, invent endings, or make predictions based on the photos and captions. You may also use the scenes while viewing, pausing for discussion at each of the scenes pictured. You may even choose to play the film first as a springboard into the lesson, returning to the scenes and text later for reinforcement.
- Use the **Nota cultural** sidebar to provide background information and cultural context before viewing the film, as a starting point for enrichment activities or projects, and to make connections to cultural information in other sections of the text.
- Use the film to introduce or reinforce the themes, vocabulary, and grammar points in each lesson, pausing and replaying examples of important words, structures, or concepts. If students need additional support before or while viewing, print the scripts (available at **suena.vhlcentral.com**) and provide them to students. Students may read them ahead of time, looking up unknown words, or follow along as they watch.

Análisis

- Have students scan the comprehension questions before viewing the film. Pause the film after key scenes to ask related questions. Replay scenes as needed.
- Ask students to compare the plot, characters, and endings to their earlier predictions.
- Assign expansion and follow-up activities based on the film, such as film reviews, sequels, alternate endings, and comparisons with other **cortos** or recent movies.

Suggestions for Using *Sueña*

The **Sueña** section is designed to be visually stimulating and highly interactive. Use this section in conjunction with the multimedia and online resources available to students and instructors. At **suena.vhlcentral.com**, students can access TV clips, comprehension activities, and information about the notable figures in the **Galería de creadores**. In addition to the general suggestions listed here, the Instructor's Resources, available on the **SUEÑA** Supersite, contain specific teaching ideas and activities for all six **Sueña** sections.

- Use the locator map in the lesson opener to help students become familiar with the region of focus.

- Use the opening spread of **Sueña** to introduce the country or region and direct students to the **SUEÑA** Supersite for additional information. The feature articles can be assigned for outside reading or you may use them in class to develop reading skills.

- Call students' attention to the **El español de...** feature. You may wish to bring in film or audio samples from the Film Collection, local TV and radio, or online resources to expose students to lexical variations and regional accents.

- Use the **¡Conozcamos...!/¡Visitemos...!, etc.** feature as you would a travel brochure to highlight "must-see" locations in each region. Encourage students to bring in photographs from their own travels or assign group projects to research important cities, parks, architecture, or museums, depending on the theme of each lesson.

- The highly successful TV clip feature (now called **En Pantalla**) has been expanded in the Second Edition to include in-text pre- and post-viewing support. Show the TV clip in class via the **SUEÑA** Supersite or assign it for outside viewing. Activities related to each clip are built into the text, with additional activities available at **suena.vhlcentral.com** and in the Student Activities Manual.

- Check comprehension using the **¿Qué aprendiste?** feature.

- Depending on your teaching preferences and time constraints, you may wish to use all of the **Proyecto** features or you might select some for large oral projects. You may choose to have all students complete each **Proyecto** or you may assign one or two small groups for each lesson.

- Direct students to the **SUEÑA** Supersite for additional information about each of the cultural figures from the **Galería de creadores**. Print out additional examples of artists' work for use in class discussion. You may wish to incorporate additional readings from **Galería** authors into the **Literatura** section of the text, focusing on genre, theme, or specific literary techniques. The films of famous directors and actors can be assigned for outside viewing and integrated with the **Cortometraje** section. You may also have students select figures in the **Galería de creadores** section for oral and written projects, such as mock interviews and biographies.

Suggestions for Using *Estructuras* and *Manual de gramática*

Grammar Explanations

- Have students read the explanations at home and come to class with any questions. Explain the grammar in Spanish and try to keep explanations to a minimum, about five to ten minutes for each point. Grammar explanations should be assigned for homework so that class time can be devoted to the **Práctica** and **Comunicación** activities.

- Introduce new grammar in context, using short narrations, guided discussions, brief readings, or realia. Call on students to share what they already know about each grammar point.

- Use other sections of the text to introduce or reinforce grammatical concepts. Pause the **Cortometraje** film to discuss uses of each grammatical structure or have students jot down examples as they watch. Have students underline key grammatical structures as they read the **Cultura** and **Literatura** selections.

Práctica, Comunicación, and *Síntesis*

- The **Práctica** exercises can be done orally as class, pair, or group activities. They may also be assigned as written homework.

- Activities marked with a mouse icon are also available with auto-grading on the Supersite. These activities may be assigned as homework; depending on students' success rate, devote additional time to the explanation or to extra **Práctica** activities before moving on to **Comunicación**.

- Insist on the use of Spanish for all pair and group activities.

- Have students form pairs or groups quickly or assign them yourself for variety. Allow sufficient time for **Comunicación** activities (between five and ten minutes), but do not give students too much time or they may lapse into English and socialize. Always give students a time limit for an activity before they begin.

- Circulate around the room to answer questions and keep students on task.

- Encourage students to complete additional practice online at **suena.vhlcentral.com**.

- Use **Síntesis** activities to review all three grammar points and to make connections with the theme, vocabulary, and culture of the lesson. Encourage debate and open discussion.

Manual de gramática

- Point out the references to related **Manual de gramática** topics in the **Taller de consulta** sidebars of the Student Text. The supplemental grammar points may be presented in conjunction with the **Estructuras** section of each lesson, or you may pick and choose from the topics covered as individual and classroom needs arise.

- When grading writing assignments, refer students to **Manual de gramática** topics in response to common errors or individual concerns. Have students use the **Manual de gramática** as a tool for revision or when editing one another's work.

Suggestions for Using
Cultura and *Literatura*

Preparación

- Preview the vocabulary in **Preparación** using the activities provided and the suggestions for teaching vocabulary on page IAE-9.
- For **Cultura,** refer students to the **Sueña** section for background information and cultural context. For **Literatura,** read the background information about each author.
- Introduce important themes and literary techniques used in the reading and call attention to genre and style. Encourage students to think about other works they have read in Spanish or English from the same genre or that make use of similar themes and techniques.

Cultural and Literary Readings

- Talk to students about how to become effective readers in Spanish. Point out the importance of using reading strategies. Encourage them to read every selection more than once. Explain that they should read the entire text through first to gain a general understanding of the plot or main ideas without stopping to look up words. Then, they should read the text again for a more in-depth understanding of the material.
- Discourage students from translating the readings into English and relying too heavily on a dictionary. Tell them that reading directly in the language will help them grasp the meaning better and improve their ability to discuss the reading in Spanish.
- Use the reading to reinforce the themes and linguistic structures of each lesson.

Análisis

- Have students scan the comprehension questions before reading, then pause after each paragraph to ask related questions. Ask students to summarize the reading orally or in writing.
- For the **Escribir** activities (and other writing assignments), have students maintain a writing portfolio so they can periodically review their progress. Have them create a running list of the most common grammatical or spelling errors they make when writing for reference, when revising their work, or for peer editing. Explain your grading system for writing assignments. This rubric could be used or adapted to suit your needs.

Evaluation			
Criteria	**Scale**		**Scoring**
Appropriate details	1 2 3 4	Excellent	18–20 points
Organization	1 2 3 4	Good	14–17 points
Use of vocabulary	1 2 3 4	Satisfactory	10–13 points
Grammatical accuracy	1 2 3 4	Unsatisfactory	<10 points
Mechanics	1 2 3 4		

Instructor Ancillaries

SUEÑA, **Second Edition**, offers a wide array of resources to support instructors and students. Below is a list of the key instructor support materials.

- **Instructor's Annotated Edition** This edition of **SUEÑA** contains tips, suggestions, ideas for expansion, and more, all conveniently overprinted on the Student Edition page.

- **MAESTRO® Supersite** This cutting-edge, fully integrated learning management system contains all of the content described below in one convenient place. In addition to these resources, the Supersite offers a powerful gradebook, assignments manager, and tracking capabilities.

- **SUEÑA DVD Set** This DVD set includes the Film Collection DVD, the NEW **Flash cultura** DVD and the Instructor Supersite Passcode to access **suena.vhlcentral.com**.

- **Testing Program** The **Testing Program** is delivered as ready-to-print PDF files and also as editable RTF (rich text format) files. The testing materials include lesson tests, midterm exams, final exams, answer keys, and MP3 files for listening activities. The **Testing Program** is also available upon request in a CD with Test Generator software.

- **Instructor Resources** Other resources available on the Supersite include: lesson plans; scripts for the Lab Audio Program, scripts and translations for the **Cortometraje** films, **Flash cultura** episodes, and **En pantalla** TV clips; teaching suggestions for some textbook sections; and the Student Activities Manual Answer Key.

To learn about the student ancillaries and for more information on the **SUEÑA** Supersite, turn to pp. xxiv–xxv.

SECOND EDITION

SUEÑA

español sin barreras

curso intermedio breve

José A. Blanco

C. Cecilia Tocaimaza-Hatch
Texas State University

Contributing writer
Próspero N. García
Amherst College

VISTA
HIGHER LEARNING

Boston, Massachusetts

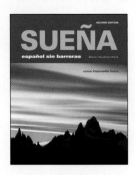

Publisher: José A. Blanco

Executive Editor: Sarah Kenney

Managing Editors: María Eugenia Corbo, Paola Ríos Schaaf (Technology)

Editors: Armando Brito, Mónica M. González Peña, Paula Andrea Orrego, Raquel Rodríguez Muñoz, Anne Wagner (Technology)

Production and Design Director: Marta Kimball

Design Manager: Susan Prentiss

Design and Production Team: Sarah Cole, Oscar Díez, Mauricio Henao, Sónia Teixeira, Nick Ventullo, Hamilton Zuleta Cano

Printed in Canada.

Student Text ISBN-13: 978-1-60576-089-6

Instructor's Annotated Edition ISBN-13: 978-1-60576-093-3

Library of Congress Card Number: 2009927068

1 2 3 4 5 6 7 8 9 TC 15 14 13 12 11 10 09

Maestro® and Maestro® Language Learning System and design are registered trademarks of Vista Higher Learning, Inc.

Introduction

Bienvenidos a SUEÑA, **Second Edition**, an exciting intermediate Spanish program designed to provide you with an active and rewarding learning experience as you continue to strengthen your language skills and develop your cultural competency.

Here are some of the key features you will find in **SUEÑA**:

- A cultural focus integrated throughout the entire lesson

- Authentic dramatic short films by contemporary Hispanic filmmakers that carefully tie in the lesson theme and grammar structures

- A fresh, magazine-like design and lesson organization that both support and facilitate language learning

- A highly-structured, easy-to-navigate design, based on spreads of two facing pages

- An abundance of illustrations, photos, charts, and graphs, all specifically chosen or created to help you learn

- An emphasis on authentic language and practical vocabulary for communicating in real-life situations

- Abundant guided and communicative activities

- Clear, comprehensive, and well-organized grammar explanations that highlight the most important concepts in intermediate Spanish

- A built-in **Manual de gramática** for reference, review, and additional practice

- Authentic TV clips from the featured country or region

- Short and comprehensible literary and cultural readings that recognize and celebrate the diversity of the Spanish-speaking world

- A complete set of print and technology ancillaries to equip you with the materials you need to make learning Spanish easier

CONTENIDO

	PARA EMPEZAR	CORTOMETRAJE	SUEÑA

CONTENIDO

outlines the content and features of each lesson.

Lesson opener A two-page spread introduces you to the lesson theme. Dynamic photos and teasers related to the lesson theme, film, and readings are a springboard for class discussion.

Destino A locator map highlights each lesson's country or region of focus.

Lesson overview A lesson outline prepares you for the linguistic and cultural topics you will study in each lesson.

PARA EMPEZAR

introduces the lesson vocabulary with thematic activities.

Vocabulary Easy-to-study thematic lists present useful vocabulary.

Photos and Illustrations Dynamic, full-color photos and art visually illustrate selected vocabulary terms.

Práctica This set of exercises practices vocabulary in diverse formats and engaging contexts.

Icons These icons provide on-the-spot visual cues for both pair and small group activities. Icons also signal activities that are available on the Supersite with auto-grading, as well as additional content online.

Supersite Go to **suena.vhlcentral.com** to hear audio of the vocabulary, access activities from the book and additional practice with auto-grading. See p. xxv for more information.

CORTOMETRAJE

features award-winning short films
by contemporary Hispanic filmmakers.

Films The Second Edition features films from five different countries, including two new films for this edition. See pp. xxii–xxiii for more information.

Posters Dynamic and eye-catching movie posters introduce the films, which are available for viewing at **suena.vhlcentral.com.**

Escenas Video stills with captions from the film prepare you for the film and introduce some of the expressions you will encounter.

Notas culturales These sidebars with cultural information related to the **Cortometraje** help you to understand the cultural context and background surrounding the film.

PREPARACIÓN & ANÁLISIS

provide the pre- and post-viewing support necessary for a successful experience with each film.

CORTOMETRAJE

CORTOMETRAJE

Análisis

CORTOMETRAJE

CORTOMETRAJE

Preparación Audio: Vocabulary

Vocabulario del corto

alcanzar *to be enough, to reach*
la arepera *restaurant serving arepas*
botar *to fire, to throw out*
chévere *great, fantastic*
la deuda *debt*
el disparate *silly remark/action, nonsense*
la embajada *embassy*
firmar *to sign*

la ganancia *profit*
el/la gusano/a *(pej., lit. worm) Cuban exile*
la pérdida *loss*
las prestaciones *social assistance*
repartir *to distribute, to hand out*

Vocabulario útil

el asilo *asylum*
el comunismo *communism*
el consulado *consulate*
el/la extranjero/a *foreigner, alien*
(i)legal *(il)legal*
la manifestación *protest*
la pancarta *banner, sign*
el/la residente *resident*

EXPRESIONES

¡Ni un paso atrás! *Not one step back!*
pasársele la mano *to go overboard*
sacar adelante *to move something forward, get it off the ground*
sacar una cuenta *to add up, calculate*
tener (suficiente) criterio *to have (enough) judgment*

Nota CULTURAL

La **arepa** es una comida tradicional de Venezuela, consistente en una especie (*type*) de pan elaborado con harina (*flour*) de maíz que se rellena con diversos alimentos, como carne, queso o frijoles negros.

1 **Vocabulario** Escribe la palabra apropiada para cada definición.

1. ayuda que un gobierno da para que sus ciudadanos satisfagan (*satisfy*) las necesidades básicas parar vivir dignamente _____
2. oficina que representa a un país en un país extranjero _____
3. acción de poner su nombre en un documento para oficializarlo _____
4. dinero que se le debe a un banco, a una tarjeta de crédito o a un individuo _____
5. comentario tonto o acción tonta, sin lógica _____

2 **El rincón de Venezuela** En parejas, miren el afiche del cortometraje y completen las oraciones.

1. Las tres personas del afiche son...
   a. un grupo de amigos. b. una familia. c. desconocidos.
2. Las tres personas parecen tener...
   a. algo que celebrar. b. una pelea. c. un problema.
3. La escena del afiche parece transcurrir (*take place*) en...
   a. un carnaval b. una cocina c. una oficina
4. Las personas están hablando sobre...

3 **Comida tradicional** En grupos de tres, contesten estas preguntas.

1. ¿Han tenido la oportunidad de probar comida de Venezuela o conocen a alguien que la haya probado? Expliquen.
2. ¿Se parece a la comida de su comunidad? ¿Por qué?
3. ¿Es importante respetar las recetas tradicionales? ¿Está bien "modernizarlas"?

4 **¿Qué sucederá?** En parejas, miren el fotograma del cortometraje e imaginen lo que va a ocurrir en la historia. Compartan sus ideas con la clase.

5 **La inmigración** Lee estas oraciones y escoge la opción que expresa tu opinión. Después, en grupos de tres, expliquen sus respuestas.

	de acuerdo	en desacuerdo	neutral
1. Es lo mismo ser inmigrante de niño que de adulto.	☐	☐	☐
2. Las diferencias generacionales son iguales en todas las culturas.	☐	☐	☐
3. Hay mucha solidaridad entre los distintos grupos de inmigrantes.	☐	☐	☐
4. La opresión es la causa principal para emigrar a otro país.	☐	☐	☐
5. Las únicas personas que emigran son los pobres.	☐	☐	☐
6. Los inmigrantes suelen olvidar su cultura y adoptar la cultura nueva como propia.	☐	☐	☐

6 **Brecha generacional** Piensa en una diferencia de punto de vista que tengas con alguien de una generación distinta. Considera estos puntos y escribe un breve párrafo sobre esa diferencia de opinión. Luego, intercambia tu párrafo con un(a) compañero/a y traten de encontrar puntos comunes en los dos párrafos. Empiecen con estas sugerencias:

* tema en discusión
* acuerdos
* desacuerdos
* posible solución

7 **Preguntas** En parejas, contesten estas preguntas.

1. ¿Hablan de política con sus amigos o con sus familias? ¿De qué asuntos hablan? ¿Por qué?
2. ¿Piensan que es posible ser amigo/a de alguien que tiene diferente ideología política? Expliquen. ¿Tienen amigos que tengan otra ideología? ¿Quiénes?
3. ¿Creen que es importante participar en movimientos políticos? ¿Por qué?
4. ¿Se irían de su país si la situación política fuera muy conflictiva? Expliquen sus respuestas.

Preparación Pre-viewing exercises set the stage for the film by providing vocabulary support, background information, and opportunities to anticipate what will happen.

Análisis Post-viewing activities check your comprehension and progress into more open-ended activities, allowing you to explore broader themes from the film in relation to your own life.

SUEÑA

simulates a voyage to the featured country or region.

Magazine-like design Each reading is presented in the attention-grabbing visual style you would expect from a magazine.

Country- and Region-specific readings Dynamic readings draw your attention to culturally significant locations, traditions, and monuments of the country or region.

El español de… Terms and expressions specific to the country or region are highlighted in easy-to-reference lists.

Signos vitales These boxes provide information key to understanding the region's lifestyle and customs.

GALERÍA DE CREADORES

highlights important cultural and artistic figures from the region.

SUEÑA

GALERÍA DE CREADORES

PINTURA Armando Morales

El nicaragüense Armando Morales, nacido en 1927, es un pintor contemporáneo de Hispanoamérica que goza de fama internacional. Sus creaciones artísticas incluyen desnudos femeninos, escenas cotidianas, naturalezas muertas (*still lives*) y representaciones de hechos históricos que nacen de las imágenes de sus recuerdos. *Desnudo sentado* (1971); *Bodegón, ciruela y peras* (1981); *Bañistas en la tarde y coche* (1984); *Adiós a Sandino* (1985) y *Selva* (1987) son cinco de sus obras más conocidas. Aquí vemos el cuadro titulado *Dos peras en un paisaje* (1973).

LITERATURA Gioconda Belli

El compromiso sociopolítico y la lucha por la liberación de la mujer a todos los niveles son las líneas temáticas que marcan la obra de la poeta y novelista nicaragüense Gioconda Belli. *Línea de fuego*, libro de poemas con el que obtuvo el prestigioso Premio Casa de las Américas en 1978 y *La mujer habitada* (1988), Premio a la Mejor Novela Política del Año, sobresalen (*stand out*) entre sus obras más leídas. En 2008 publicó su última novela, *El infinito en la palma de la mano*, por la cual ganó el Premio Biblioteca Breve de la editorial española Seix Barral.

ARTESANÍA La mola

En las islas panameñas del Archipiélago San Blas viven los kunas. Esta tribu indígena es conocida por la mola, su creativa expresión artística que realizan casi exclusivamente las mujeres. La mola es un tipo de bordado (*embroidery*) intrincado que adorna las blusas de las mujeres kuna y que forma parte de su vestido tradicional. Además de blusas, las molas pueden adornar cualquier cosa que la imaginación desee. Aunque los motivos (*motifs*) más populares son los diseños geométricos y elementos del mundo natural, también son frecuentes los diseños modernos. Las molas no son sólo atractivas para los turistas; muchas son verdaderas piezas de arte muy preciadas (*valued*) entre los coleccionistas.

PINTURA Mauricio Puente

Mauricio Puente nació en El Salvador en 1918 y actualmente reside en Massachusetts, EE.UU. Pintor autodidacta, empezó a pintar a los siete años y siempre ha explorado su pasión por la pintura. A lo largo de los años ha cultivado un estilo muy personal que podemos admirar en sus cuadros en galerías de arte de todo el mundo. Su especialidad son las acuarelas (*watercolors*) y óleos; domina a la perfección la técnica de la espátula (*palette knives*) y su talento para dibujar es de primera calidad. La obra *Caserío/Country Houses* presenta un paisaje salvadoreño y es un ejemplo representativo de su estilo.

CONEXIÓN INTERNET

En suena.vhlcentral.com encontrarás más información y actividades relacionadas con esta sección.

Profiles Brief paragraphs provide a synopsis of the featured person's life and cultural importance.

Conexión Internet This box directs you to Internet activities on the **SUEÑA** Supersite for additional avenues of discovery.

Activities The **¿Qué aprendiste?** activities (not shown) check your comprehension of the **Sueña** and **Galería de creadores** readings and lead you to further exploration.

EN PANTALLA

features thought-provoking authentic TV clips.

SUEÑA

En pantalla ⓢ Video: *Reportaje*

Vocabulario

a la hora de *when it comes down to*
atraer *to attract*
chimenea *chimney*
destino *destination*
litoral *coastline*
mezclar *to mix*

Nicaragua es un pequeño país de exuberante naturaleza y gran riqueza histórica y cultural que durante los años 80 sufrió una devastadora guerra civil. Su economía se ha basado tradicionalmente en la ganadería (*ranching*) y la agricultura. Sin embargo, como se muestra en este reportaje del canal nicaragüense *Televicentro*, en la actualidad el turismo se está convirtiendo en una de las más importantes fuentes de ingresos.

Conexión personal El turismo representa una posibilidad de desarrollo económico para países pequeños. ¿Conoces algún país pequeño que esté desarrollando la industria turística?

Comprensión Contesta las preguntas.
1. ¿Por qué el turismo en Nicaragua se desarrolla casi de forma espontánea?
2. ¿Qué ventajas ofrece Nicaragua a diferencia de otros países de la región?
3. ¿Qué otro nombre se le da a la industria turística?
4. ¿Qué efectos positivos tiene el turismo?

Expansión

A. En grupos de tres, organicen un viaje turístico. ¿Adónde irán y qué actividades realizarán?
- Escriban una lista de los distintos tipos de lugares que visitarán y las actividades que planean hacer.
- Comenten de qué manera la industria turística influye en la economía y la cultura de estos lugares.
- Expliquen cómo podrán minimizar el impacto de su estancia (*stay*) en los espacios naturales.
- Hagan una lista de los aspectos que los habitantes de esos lugares deben tener en cuenta al planificar nuevos proyectos de desarrollo turístico.

B. Presenten a la clase un informe sobre el plan de viaje.

Turismo: aportes y desafíos

Nicaragua es un pueblo con una diversidad cultural, étnica e idiomática que se mezcla en un solo territorio.

Casi siete millones de turistas visitaron Centroamérica en el 2006.

El tema de la seguridad es uno de los aspectos más importantes que un turista considera a la hora de decidir viajar.

Los principales destinos que se venden de Nicaragua en el exterior son: sol y playa, la ruta de los pueblos, la belleza arquitectónica de ciudades como León y Granada y el eco y agroturismo.

Practice more at suena.vhlcentral.com.

Generaciones en movimiento

133

TV clips Each lesson in **SUEÑA** features an authentic TV clip from the country or region of focus. The clips, many new to the Second Edition, are available for viewing at **suena.vhlcentral.com.**

Video stills Images from the TV clips with abbreviated captions give you visual and linguistic cues to help you have a successful viewing experience.

Support & activities Pre-viewing support includes vocabulary key to the TV clip, some cultural background on circumstances related to the material, and a short activity to help you anticipate the content. Post-viewing comprehension checks and expansion help you to get the most out of the material.

ESTRUCTURAS

presents grammar points key to intermediate Spanish in a graphic-intensive format.

ESTRUCTURAS

4.3 **Por** and **para**

- **Por** and **para** are both translated as *for*, but they are not interchangeable.

*—¿Y si vendemos esto y nos vamos **para** Venezuela?*

*Dice que quiere regresar **por** varias razones.*

Uses of *para*

Destination *(toward, in the direction of)*	La familia sale **para** Estados Unidos pronto. *The family is leaving soon for the US.*
Deadline or a specific time in the future *(by, for)*	Las arepas deben estar hechas **para** las 12. *The arepas have to be made by 12.*
Goal (para + [*infinitive*]) *(in order to)*	**Para** atraer clientes vegetarianos, Gloria prepara arepas de tofu. *In order to attract vegetarian customers, Gloria makes tofu arepas.*
Purpose (para + [*noun*]) *(for, used for)*	Alberto compró la comida **para** la semana. *Alberto bought food for the week.*
Recipient *(for)*	Gloria ahorró dinero **para** Chela. *Gloria saved money for Chela.*
Comparison with others or opinion *(for, considering)*	**Para** ser tan joven, Mingo ha trabajado mucho. *For being so young, Mingo has worked a lot.* **Para** Alberto, volver a Caracas es una tontería. *For Alberto, returning to Caracas is foolish.*
Employment *(for)*	Mingo trabaja **para** Alberto y Gloria. *Mingo works for Alberto and Gloria.*

Expressions with *para*

no estar para bromas *to be in no mood for jokes*	**para colmo** *to top it all off*
no ser para tanto *to not be so important*	**para que sepas** *just so you know*
	para siempre *forever*

- Note that the expression **para que** is followed by the subjunctive.

Gloria distribuye panfletos **para que** los venezolanos **vayan** al restaurante.
Gloria distributes flyers so that Venezuelans will go to the restaurant.

¡ATENCIÓN!

Remember to use the infinitive, not the subjunctive, after **para** if there is no change of subject.

Me despierto a las cinco para llegar temprano.
I wake up at five in order to arrive early.

*—Señora, ¿usted ya firmó **para** el nuevo referéndum? Sin embargo, Gloria está ahí **por** otro motivo...*

Uses of *por*

Motion or a general location *(along, through, around, by)*	El cliente entró **por** la puerta y lo saludó. *The customer came in through the door and greeted him.*
Duration of an action *(for, during, in)*	Gloria quiere quedarse **por** un año. *Gloria wants to stay for a year.*
Reason or motive for an action *(because of, on account of, on behalf of)*	Vinieron a Estados Unidos **por** razones políticas. *They came to the US for political reasons.*
Object of a search *(for, in search of)*	Mingo fue a la cocina **por** la ensalada. *Mingo went to the kitchen for the salad.*
Means by which *(by, by way of, by means of)*	Su prima los llamó **por** teléfono. *Her cousin called them by phone.*
Exchange or substitution *(for, in exchange for)*	Cambió las arepas de carne **por** las de tofu. *She switched the meat arepas for the tofu ones.*
Unit of measure *(per, by)*	El metro puede ir a 50 km **por** hora. *The subway can go 50 km per hour.*
Agent (passive voice) *(by)*	El dinero fue gastado **por** Chela. *The money was spent by Chela.*

Expressions with *por*

por allí/aquí *around there/here*	**por lo tanto** *therefore*
por casualidad *by chance/accident*	**por lo visto** *apparently*
por ejemplo *for example*	**por más/mucho que** *no matter how much*
por eso *therefore, for that reason*	**por otro lado/otra parte** *on the other hand*
por fin *finally*	**por primera vez** *for the first time*
por lo general *in general*	**por si acaso** *just in case*
por lo menos *at least*	**por supuesto** *of course*

¡ATENCIÓN!

In many cases it is grammatically correct to use either **por** or **para** in a sentence. The meaning of each sentence, however, is different.

Trabajó por Alberto.
He worked for (in place of) Alberto.

Trabajó para Alberto.
He worked for (in the employment of) Alberto.

TALLER DE CONSULTA

The passive voice is discussed in detail in **Manual de gramática, pp. 266–267.**

Integration of *Cortometraje* Photos with quotes or captions from the lesson's short film show the new grammar structures in meaningful and relevant contexts.

Charts and diagrams Colorful, easy-to-understand charts and diagrams highlight key grammatical structures and related vocabulary.

Grammar explanations Explanations are written in clear, comprehensible language for easy understanding and reference both in and out of class.

Atención These sidebars expand on the current grammar point and call attention to similar grammatical structures.

Taller de consulta These sidebars reference relevant grammar points presented actively in **Estructuras**, and refer you to the supplemental **Manual de gramática** found at the end of the book.

ESTRUCTURAS

progresses from directed to communicative practice.

Práctica Directed exercises support you as you begin working with the grammar structures, helping you master the forms you need for personalized communication.

Comunicación Open-ended, communicative activities help you internalize the grammar point in a range of contexts involving pair and group work.

Manual de gramática Additional grammar points related to those taught in **Estructuras** are included for review and/or enrichment at the end of the book.

Nota cultural These sidebars explain cultural references embedded in activities and expand the culture content of each lesson.

SÍNTESIS

brings together the vocabulary, grammar, and lesson theme.

ESTRUCTURAS

Síntesis

Busco compañera de habitación que sea responsable, limpia y ordenada para compartir apartamento céntrico con dos habitaciones. El apartamento es grande e iluminado, pero es muy caro para una sola persona. Llamar por la tarde a Luisa, al teléfono (555) 333-4455.

Gatito perdido

Mi gato *Julio Enrique* se perdió el sábado pasado por la tarde en la Plaza de la Independencia. Es un gato blanco que tiene manchas (*spots*) negras en la cara. A la persona que lo encuentre le pagaré una recompensa de $50. Comunicarse con *Adriana* al (555) 123-4567.

Traductor de español

se ofrece para traducciones inglés-español. Hace poco tiempo me mudé al centro de la ciudad y trabajo desde mi casa. Soy honrado, profesional y estricto para trabajar. Escribir a Horacio a *traductor86@mail.org*

CLASES DE NATACIÓN

Busco nadador(a) olímpico/a para aprender a nadar. Interesados/as pasar por la biblioteca de la universidad el próximo viernes por la tarde (de 3 a 6). Traigan todos sus trofeos y medallas (preferentemente de oro). Me podrán reconocer porque llevaré puesto un traje de baño anaranjado y gafas para nadar. ¡Estoy listo para aprender!

1 **Avisos** En parejas, inventen dos avisos como éstos para el periódico de la escuela. Usen el indicativo o el subjuntivo, según sea necesario. También deben usar **por** y **para**. Después intercambien sus avisos con otra pareja y escriban un mensaje de correo electrónico para contestarlos.

2 **Escenas** En parejas, trabajen para representar una de estas escenas. Usen la mayor cantidad posible de verbos reflexivos. También deben usar **por y para**.

Situación A: dos estudiantes se acaban de conocer; uno/a es nuevo/a en la ciudad, y el/la otro/a hace mucho que vive en esta ciudad.

Situación B: dos miembros de la misma familia hablan por teléfono. Uno es estudiante y le cuenta al otro su rutina diaria.

Situación C: dos amigos/as se encuentran y uno/a le cuenta al/a la otro/a cómo fue el concierto de la noche anterior.

146   Lección 4

Lectura Theme-related readings, realia, and charts reinforce the grammar structures and lesson vocabulary in a short, captivating format.

Actividades This section integrates the three grammar points of the lesson, providing built-in, consistent review and recycling as you progress through the text.

CULTURA

features a dynamic cultural reading.

Readings Brief, comprehensible readings present you with additional cultural information related to the lesson theme and country or region of focus.

Photos Vibrant, dynamic photos visually illustrate the reading.

Design Readings are carefully laid out with line numbers, marginal glosses, pull quotes, and box features to help make each piece easy to navigate as a class.

Audio The **SUEÑA** Supersite contains an audio recording of each cultural reading, allowing you to improve both your reading and your listening skills with each article.

LITERATURA

showcases literary readings by well-known writers from across the Spanish-speaking world.

LITERATURA

EL ECLIPSE

Augusto Monterroso

LITERATURA

Audio: Dramatic Recording

Brother (title given to a monk)

captured 5

Cuando fray° Bartolomé Arrazola se sintió perdido, aceptó que ya nada podría salvarlo. La selva poderosa de Guatemala lo había apresado°, implacable y definitiva. Ante su ignorancia topográfica se sentó con tranquilidad a esperar la muerte. Quiso morir allí, sin ninguna esperanza, aislado, con el pensamiento fijo en la España distante, particularmente en

Al despertar se encontró rodeado por un grupo de indígenas de rostro impasible que se disponían a sacrificarlo ante un altar…

had deigned
zeal
redemptive 15
face
se… were preparing
bed 20

el convento de Los Abrojos, donde Carlos Quinto condescendiera° una vez a bajar de su eminencia para decirle que confiaba en el celo° religioso de su labor redentora°.

Al despertar se encontró rodeado por un grupo de indígenas de rostro° impasible que se disponían° a sacrificarlo ante un altar, un altar que a Bartolomé le pareció como el lecho° en que descansaría,

al fin, de sus temores°, de su destino, de sí mismo.

Tres años en el país le habían conferido un mediano dominio° de las lenguas nativas. Intentó algo. Dijo algunas palabras que fueron comprendidas.

Entonces floreció° en él una idea que tuvo por digna de su talento y de su cultura universal y de su arduo conocimiento de Aristóteles. Recordó que para ese día se esperaba un eclipse total de sol. Y dispuso, en lo más íntimo°, valerse de° aquel conocimiento para engañar a sus opresores y salvar la vida.

—Si me matáis —les dijo— puedo hacer que el sol se oscurezca en su altura.

Los indígenas lo miraron fijamente y Bartolomé sorprendió la incredulidad en sus ojos. Vio que se produjo un pequeño consejo°, y esperó confiado, no sin cierto desdén.

Dos horas después el corazón de fray Bartolomé Arrazola chorreaba° su sangre vehemente sobre la piedra de los sacrificios (brillante bajo la opaca luz de un sol eclipsado), mientras uno de los indígenas recitaba sin ninguna inflexión de voz, sin prisa, una por una, las infinitas fechas en que se producirían eclipses solares y lunares, que los astrónomos de la comunidad maya habían previsto y anotado en sus códices sin la valiosa ayuda de Aristóteles. ∎

fears
command (of a language) 25
blossomed
deepest recesses/valerse… to take advantage of
35
counsel 40
was gushing
45
50

152 — Lección 4

Generaciones en movimiento — 153

Literatura Comprehensible and compelling, these readings present new avenues for using the lesson's grammar, vocabulary, and themes.

Design Each reading is presented in the attention-grabbing visual style you would expect from a magazine, along with glosses of unfamiliar words that aid in comprehension.

Audio Dramatic recordings of each literary selection bring the plot to life. Listen to them at **suena.vhlcentral.com.**

PREPARACIÓN & ANÁLISIS

activities provide in-depth pre- and post-reading support for each selection in Literatura and Cultura.

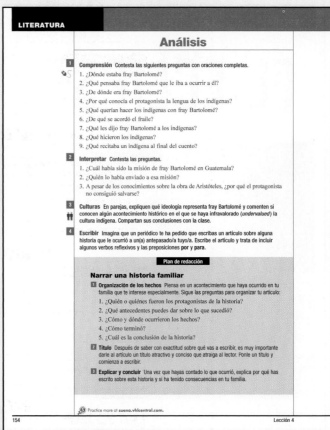

Preparación Helpful lists highlight active vocabulary that you will encounter in each reading, as well as other words that might prove useful for discussions. Diverse activities then allow you to practice the vocabulary.

Sobre el autor A brief biography gives you background information about the writer and the reading.

Análisis Post-reading exercises check your understanding and motivate you to discuss the topic of the reading, express your opinions, and explore how it relates to your own experiences.

Plan de redacción A guided writing assignment concludes every **Literatura** section.

VOCABULARIO

summarizes the active vocabulary in each lesson.

VOCABULARIO

En familia

Audio: Vocabulary
Flashcards
Video: *Flash Cultura*

Los parientes

el antepasado *ancestor*
el/la bisabuelo/a *great-grandfather/grandmother*
el/la cuñado/a *brother/sister-in-law*
el/la esposo/a *husband/wife*
el/la (hermano/a) gemelo/a *twin (brother/sister)*
el/la hermanastro/a *stepbrother/stepsister*
el/la hijo/a único/a *only child*
la madrastra *stepmother*
el/la medio/a hermano/a *half brother/sister*
el/la nieto/a *grandson/granddaughter*
la nuera *daughter-in-law*
el padrastro *stepfather*
el/la pariente/a *relative*
el/la primo/a *cousin*
el/la sobrino/a *nephew/niece*
el/la suegro/a *father/mother-in-law*
el/la tío/a (abuelo/a) *(great) uncle/aunt*
el yerno *son-in-law*

La vida familiar

agradecer *to thank*
apoyar(se) *to support (each other)*
criar *to raise (children)*
independizarse *to become independent*
lamentar *to regret*
malcriar *to spoil*
mimar *to pamper*
mudarse *to move*
pelear(se) *to fight with (one another)*
quejarse (de) *to complain (about)*
regañar *to scold*
respetar *to respect*
superar *to overcome*

La personalidad

el carácter *character, personality*

(bien) educado/a *well-mannered*
egoísta *selfish*
estricto/a *strict*
exigente *demanding*

honrado/a *honest*
insoportable *unbearable*
maleducado/a *ill-mannered*
mandón/mandona *bossy*
rebelde *rebellious*
sumiso/a *submissive*
unido/a *close-knit*

Las etapas de la vida

la adolescencia *adolescence*
el/la adolescente *adolescent*
el/la adulto/a *adult*
la edad adulta *adulthood*
la juventud *youth*
la muerte *death*
el nacimiento *birth*
la niñez *childhood*
el/la niño/a *child*
la vejez *old age*

Las generaciones

el apodo *nickname*
la ascendencia *heritage*
la autoestima *self-esteem*
la brecha generacional *generation gap*
la comprensión *understanding*
la patria *homeland*
el prejuicio social *social prejudice*
la raíz *root*
el sexo *gender*

heredar *to inherit*
parecerse *to resemble, to look like*
realizarse *to become true*
sobrevivir *to survive*

Cortometraje

la arepera *restaurant serving **arepas***
el asilo *asylum*
el comunismo *communism*
el consulado *consulate*
la deuda *debt*
el disparate *silly remark/action, nonsense*
la embajada *embassy*
el/la extranjero/a *foreigner, alien*
la ganancia *profit*

el/la gusano/a *(pej., lit. worm) Cuban exile*
la manifestación *protest*
la pancarta *banner, sign*
la pérdida *loss*
las prestaciones *social assistance*
el/la residente *resident*

alcanzar *to be enough, to reach*
botar *to fire, to throw out*
firmar *to sign*
repartir *to distribute, to hand out*

chévere *great, fantastic*

Cultura

la creencia *belief*
el cultivo *farming; cultivation*
la desaparición *disappearance*
la esperanza *hope*
la etnia *ethnic group*
la fe *faith*
el/la historiador(a) *historian*
la lengua *language*
la receta *recipe*
el rito sagrado *sacred ritual*
el sacerdote *priest*

cultivar *to cultivate, to farm*
homenajear a los dioses *to pay homage to the gods*

Literatura

la civilización *civilization*
el conocimiento *knowledge*
la conquista *conquest*
el desdén *disdain*
el fraile (fray) *friar, monk (Brother)*
la opresión *oppression*
la religión *religion*

despreciar *to look down on*
rodear *to surround*
sacrificar *to sacrifice*
salvar *to save*

aislado/a *isolated*
digno/a *worthy*
poderoso/a *powerful*
sí mismo/a *himself/herself*

Generaciones en movimiento

155

NEW! Flash cultura New to the Second Edition, this video was shot on location throughout the Spanish-speaking world. Tied to the lesson theme, each episode features interviews with real Spanish speakers and gives you even more opportunities to see vocabulary in authentic contexts. For a list of episodes, see p. xxv.

SUEÑA Film Collection

Fully integrated with your textbook, the **SUEÑA** Film Collection features dramatic short films by Hispanic filmmakers. These films are the basis for the pre- and post-viewing activities in the **Cortometraje** section of each lesson. The films are a central feature of the lesson, providing opportunities to review and recycle vocabulary from **Para empezar**, and previewing and contextualizing the grammar from **Estructuras**.

These films offer entertaining and thought-provoking opportunities to build your listening comprehension skills and your cultural knowledge of Spanish speakers and the Spanish-speaking world.

Besides providing entertainment, the films serve as a useful learning tool. As you watch the films, you will observe characters interacting in various situations, using real-world language that reflects the lesson themes as well as the vocabulary and grammar you are studying.

Film Synopses

LECCIÓN 1
Momentos de estación
(Argentina; 8 minutos)

A commuter purchases his train ticket from the same woman every day, never once telling her about his feelings for her. Find out what happens if he suddenly takes advantage of the moment and tells her… and see the spiraling effects for those around him.

LECCIÓN 2
Adiós mamá
(México; 8 minutos)

In this award-winning short film, a man is grocery shopping alone on an ordinary day when a chance meeting makes him the focus of an elderly woman's existential conflict.

LECCIÓN 3
Encrucijada
(México; 10 minutos)

A desperate man, conquered by the pressures of life, turns to the dark side to try to change his luck. Unfortunately for him, his deal with the Devil quickly spins out of control.

LECCIÓN 4
NEW! Rincón de Venezuela
(Venezuela/EE.UU.; 19 minutos)

It's enough of a struggle for one immigrant family to keep their restaurant afloat without having to worry about the political preferences of their patrons.

LECCIÓN 5
Raíz
(España; 17 minutos)

An older couple joyfully awaits the visit of the son they haven't seen in some time.

LECCIÓN 6
NEW! Hiyab
(España; 8 minutos)

Fátima's teacher is concerned that her wearing a headscarf will make the student stand out at her new school. How far will she go to fit in?

Icons

Familiarize yourself with these icons that appear throughout **SUEÑA**.

    Ⓢ   Supersite content available

        Activity available on Supersite

        Pair activity

        Group activity

Text next to the Supersite icon will let you know exactly what type of content is available online. Additional practice on the Supersite, not included in the textbook, is indicated with this icon feature. Ⓢ Practice more at **suena.vhlcentral.com.**

Student Ancillaries

Student Activities Manual (SAM)

The **Student Activities Manual** consists of two parts: the **Workbook** and the **Lab Manual.**

- **Workbook**

  The **Workbook** activities provide additional practice of the vocabulary and grammar for each textbook lesson. They also reinforce the content of the **Sueña** section.

- **Lab Manual**

  The **Lab Manual** activities focus on building your pronunciation and listening comprehension skills in Spanish. They provide additional practice of the vocabulary and grammar of each lesson. They also revisit the **Literatura** reading with dramatic recordings and activities.

MAESTRO® WebSAM

Completely integrated with the **SUEÑA** Supersite (see next page), the **MAESTRO®** **WebSAM** provides 24-hour access to online workbook and laboratory activities with instant feedback and grading. The complete audio program is also included; the Lab Manual portion also includes record/submit functionality. Your instructor can view the results of your work, manage your class, and even customize the **WebSAM** by adjusting grading features and assigning specific exercises.

Lab Audio Program

The **Lab Audio Program** contains the recordings to be used in conjunction with the activities of the **Lab Manual.** It is available in compressed MP3 files that can be played in the CD-ROM drive of your computer or can be accessed on the **SUEÑA** Supersite.

- **Student Activities Manual Answer Key**

  This component, available upon instructor request, includes answer keys for all activities with discrete answers in the **Workbook** and **Lab Manual.**

MAESTRO® Supersite

SUEÑA, Second Edition, is completely integrated with the enormously successful **MAESTRO® Supersite**. Now in version 2.0, this powerful learning management system offers you these features, and more.

Practice

- **NEW!** Selected activities from the student text, available with auto-grading
- Additional activities for every vocabulary and grammar section
- Additional cultural information and comprehension activities

Video

- The **SUEÑA** Film Collection, with subtitles
- The **En pantalla** authentic TV clips from all over the Spanish-speaking world
- **NEW! SUEÑA** now features a **Flash cultura** episode related to the lesson theme and related comprehension activities

Flash Cultura

Lección 1: Las relaciones personales (España)	Lección 4: De compras en Barcelona (España)
Lección 2: El metro del D.F. (México)	Lección 5: Naturaleza en Costa Rica (Costa Rica)
Lección 3: El cine mexicano (México)	Lección 6: Puerto Rico: ¿nación o estado? (Puerto Rico)

Audio

- Downloadable MP3s of the Lab Audio program
- Dramatic recordings of the literary and cultural readings

Resources

- English-Spanish Dictionary
- Verb Wheel
- Integration with the **MAESTRO® WebSAM**

Visit **suena.vhlcentral.com** to explore this exciting resource.

> Access to the **MAESTRO® Supersite** is free with the purchase of a new student text.

Reviewers

On behalf of its writers and editors, Vista Higher Learning expresses its sincere appreciation to the many professors nationwide who reviewed **SUEÑA**. Their insights, ideas, and detailed comments were invaluable to the final product.

Stacy Amling
Des Moines Area Community College, IA

Carlos Andrés
California State University Stanislaus, CA

José Luis Ángeles
University of North Florida, FL

Kristen Anglemyer
Hustisford High School, WI

Rafael Arias
Los Angeles Valley College, CA

Inés Arribas
Bryn Mawr College, PA

Elizabeth Augspach
New York University, NY

Cindy Bachmann
Buffalo Grove High School, IL

Marysela Badell-Watson
Concord Carlisle High School, MA

María Barbosa
University of Central Florida, FL

Ana Benito
Indiana-Purdue University at Fort Wayne, IN

Catherine Berkley
Bethel University, MN

Pedro P. Bermúdez
Christopher Columbus High School, FL

Juan Antonio Bernabeu
Laramie County Community College, WY

Jane H. Betune
Salve Regina University, RI

Josebe Bilbao-Henry
The George Washington University, Washington DC

Sandra Bock
Saint Vincent Palloti High School, MD

Guiomar Borras
Glendale Community College, AZ

Barbara Boyd
Pine Crest School, FL

Marsha Brumleve Wagner
Francis W. Parker School, IL

Elizabeth Calvera
Virginia Tech, VA

Kari Carson
Tri-County Technical College, SC

Margarita Casas
Linn-Benton Community College, OR

Jeremy L. Cass
Furman University, SC

Mary Castro
University of North Carolina at Charlotte, NC

Don Cellini
Adrian College, MI

Jennifer Charles
Arrowhead High School, WI

Jens Clegg
Indiana-Purdue University at Fort Wayne, IN

Matthew J. Crotta
Canterbury School, CT

Ana Dávila-Howard
Ferris State University, MI

Rocío de la Rosa Duncan
Rockhurst University, MO

Citlalli Del Carpio
University of California Santa Cruz, CA

Kent L. Dickson
California State Polytechnic University, CA

Melissa Dorfman
Hun School of Princeton, NJ

Maureen Dougher
Western Piedmont Community College, NC

Marsha Dragonetti
Latin School of Chicago, IL

Jaime Estrada
Maret School, Washington DC

Dina A. Fabery
University of Central Florida, FL

Diane J. Forbes
Rochester Institute of Technology, NY

Judith García-Quismondo García
Seton Hill University, PA

José García-Sánchez
Eastern Washington University, WA

Christi Garst-Santos
South Dakota State University, SD

Jill R. Gauthier
Miami University, OH

Ivette González
Johns Hopkins University, MD

Nancy Hess
Kalamazoo Valley Community College, MI

Beatrice Houston
Remsen Union Community School, IA

Martin Kaplan
Westridge School, CA

Sangsuk Kim
University of North Carolina at Chapel Hill, NC

Deborah Mistron
Middle Tennessee State University, TN

Mónica Montalvo
University of Central Florida, FL

Sharon Montano
Barton College, NC

Tania Muino Loureiro
Northeastern University, MA

Carrie Mulvihill
Des Moines Area Community College, IA

Lisa Nalbone
University of Central Florida, FL

Mary Ann Naser
Saint Xavier High School, KY

Steve Nelson
College of Eastern Utah, UT

M. Margarita Nodarse
Barry University, FL

Joanne O'Connor
Western Carolina University, NC

Rosemary Parise
Notre Dame Academy, MA

Jan Parsons
Frewsburg Central High School, NY

Graciela Pérez
Biola University, CA

María C. Pérez
Iowa Western Community College, IA

Chris Picicci
University of Oregon, OR

April Post
Elon University, NC

Traci Roberts-Camps
University of the Pacific, CA

Paul Roggendorff
Trinity Christian College, IL

Connie Rossi
Annie Wright School, WA

Dorothy Rudy
Sonoma State University, CA

Laura Ruiz-Scott
Scottsdale Community College, AZ

Scott A. Sanborn
Blackburn College, IL

Albert Shank
Scottsdale Community College, AZ

Summer Sheeley
The Wheeler School, RI

Elizabeth Smith
Southwest Virginia Community College, VA

Beth Stapleton
Mississippi College, MS

Sunny Stautz
Portland Community College, SE Campus, OR

Mary Studer Shea
Napa Valley College, CA

Lynn Talbot
Roanoke College, VA

David Thompson
Luther College, IA

Becky Toly
Wheaton College, IL

Sonia Torna
Bellarmine College Preparatory, CA

Maria Eugenia Trillo
Western New Mexico University, NM

Beatrice Tseng
Irvine Valley College, CA

Trini Tumlin
Tri-County Technical College, SC

Ines Warnock
Portland State University, OR

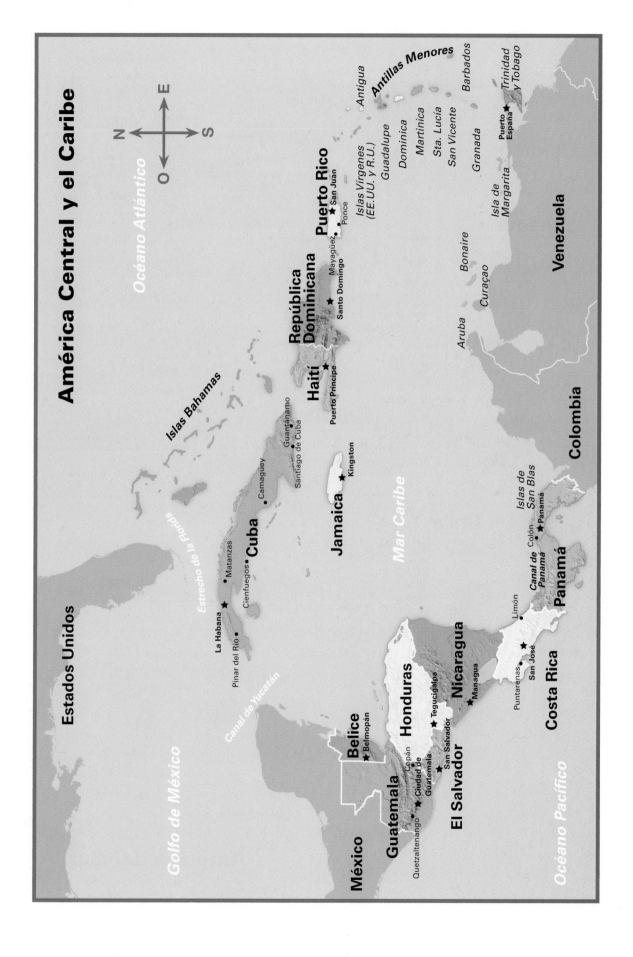

América Central y el Caribe

Estados Unidos

Golfo de México

Océano Atlántico

N · E · S · O

Islas Bahamas

Estrecho de la Florida

Canal de Yucatán

Cuba
Pinar del Río
La Habana
Matanzas
Cienfuegos
Camagüey
Santiago de Cuba
Guantánamo

México

Belice
Belmopán

Guatemala
Quetzaltenango
Ciudad de Guatemala
Copán

El Salvador
San Salvador

Honduras
Tegucigalpa

Nicaragua
Managua

Costa Rica
Puntarenas
San José
Limón

Panamá
Canal de Panamá
Colón
Panamá
Islas de San Blas

Océano Pacífico

Jamaica
Kingston

Mar Caribe

Haití
Puerto Príncipe

República Dominicana
Santo Domingo

Puerto Rico
Mayagüez
Ponce
San Juan

Islas Vírgenes (EE.UU. y R.U.)

Antillas Menores
Antigua
Guadalupe
Dominica
Martinica
Sta. Lucía
San Vicente
Granada
Barbados
Trinidad y Tobago
Puerto España

Isla de Margarita

Aruba
Bonaire
Curaçao

Colombia

Venezuela

Mar Caribe

Barranquilla
Maracaibo
Caracas
Puerto España
Trinidad y Tobago

Venezuela

Medellín
Colombia
Bogotá
Cali

Georgetown
Guyana
Paramaribo
Surinam
Cayena
Guayana Francesa

Pasto

R. Orinoco

Ecuador
Quito
Guayaquil
Iquitos

R. Negro
R. Amazonas
Manaus
Belém

Perú

Cordillera de los Andes

R. Madeira

Recife

Lima
Cuzco
Salvador

Lago Titicaca

Brasil
Brasilia

Arequipa
La Paz
Bolivia
Arica
Sucre
Iquique

R. Paraguay

Belo Horizonte

Océano Pacífico

Antofagasta

São Paulo
Río de Janeiro
Santos

R. Paraná

Paraguay
Salta
Asunción

Chile

R. Uruguay
Porto Alegre

Córdoba

R. Paraná

Valparaíso
Mendoza
Rosario
Santiago
Uruguay
Buenos Aires
Montevideo
Concepción

Océano Atlántico

Argentina

Bahía Blanca

Puerto Montt

Cordillera de los Andes

N

O — **E**

S

Estrecho de
Magallanes
Islas Malvinas
Punta Arenas

Tierra
del Fuego

América del Sur

Islas Galápagos

Océano
Pacífico
Isla Pinta
Isla
Marchena
Isla
Genovesa

Isla
Isabela
Línea Ecuatorial

Volcán Darwin
Isla Santiago
(San Salvador)

ECUADOR

Isla
Fernandina
Puerto Ayora
Isla San
Cristóbal
Isla Santa
Cruz
Santo
Tomás
Puerto Barquerizo
Moreno
Isla
Santa María
Isla Española

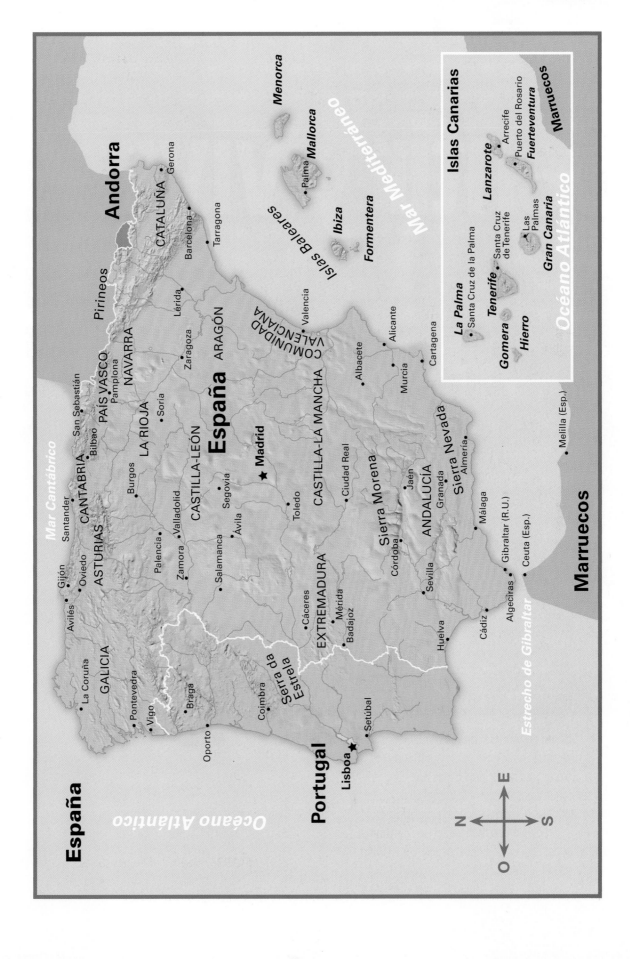

Sentir y vivir

El deseo de vivir y el instinto de supervivencia son razón suficiente para seguir adelante. Ésta es una de las cualidades que compartimos los seres humanos independientemente de nuestras circunstancias, nuestros sueños o nuestros objetivos. Gracias a esa motivación nos lanzamos, enamorados, desilusionados, indecisos, a vivir sin tenerle miedo al futuro.

9

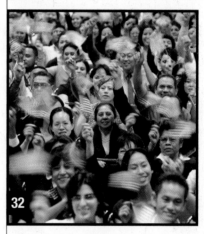

32

Destino:
ESTADOS UNIDOS

PREVIEW Invite students to discuss in groups the photo and the text on the opposite page. Ask these questions: **¿Están de acuerdo con que el instinto de supervivencia y el deseo de vivir son motivación suficiente para seguir adelante? ¿Por qué? ¿Le tienen miedo al futuro? ¿Por qué?**

Las relaciones personales Audio: Vocabulary

Las relaciones

el alma gemela *soul mate, kindred spirit*
la amistad *friendship*

el ánimo *spirit; mood*
el chisme *gossip*
la cita (a ciegas) *(blind) date*
el compromiso *commitment; responsibility; engagement*
el deseo *desire*
el divorcio *divorce*
la (in)fidelidad *(un)faithfulness*
el matrimonio *marriage*
la pareja *couple*
el riesgo *risk*

———

compartir *to share*
confiar (en) *to trust (in)*
contar (o:ue) con *to rely on, to count on*
coquetear *to flirt*
dejar a alguien *to leave someone*
dejar plantado/a *to stand (someone) up*
discutir *to argue*

engañar *to cheat; to deceive*
ligar *to flirt; to hook up*
merecer *to deserve*
romper (con) *to break up (with)*
salir (con) *to go out (with)*

VARIACIÓN LÉXICA
enojarse ⟷ enfadarse
enojado/a ⟷ enfadado/a
ligar (Esp./Méx./Cu.) ⟷ levantarse a alguien (Arg./Col.)

Presentation Explain to students that **tempestuoso/a** is not commonly used to refer directly to people. Rather, it is used to refer to a situation or to someone's personality (**carácter tempestuoso, relación tempestuosa**).

Los sentimientos

enamorarse (de) *to fall in love (with)*
enojarse *to get angry*
estar harto/a *to be fed up (with); to be sick (of)*
llevarse bien/mal/fatal *to get along well/badly/terribly*
odiar *to hate*
ponerse pesado/a *to become annoying*
querer(se) (e:ie) *to love; to want*
sentir(se) (e:ie) *to feel*
soñar (o:ue) con *to dream about*

tener celos (de) *to be jealous (of)*
tener vergüenza (de) *to be ashamed (of)*

Los estados emocionales

agobiado/a *overwhelmed*
ansioso/a *anxious*
celoso/a *jealous*

deprimido/a *depressed*
disgustado/a *upset*
emocionado/a *excited*
enojado/a *angry, mad*
pasajero/a *fleeting*
preocupado/a (por) *worried (about)*

INSTRUCTIONAL RESOURCES
Supersite: Audioscripts, SAM AK, Lab MP3s
SAM/WebSAM: WB, LM
Note: SAM: Student Activities Manual AK: Answer Key WB: Workbook LM: Lab Manual

Los estados civiles

casarse (con) *get married (to)*
divorciarse (de) *to get a divorce (from)*

———

casado/a *married*
divorciado/a *divorced*

separado/a *separated*
soltero/a *single*
viudo/a *widowed*

Las personalidades

cariñoso/a *affectionate*

cuidadoso/a *careful*
falso/a *insincere*
genial *wonderful*
gracioso/a *funny, pleasant*
inolvidable *unforgettable*
inseguro/a *insecure*
maduro/a *mature*
mentiroso/a *lying; liar*
orgulloso/a *proud*
seguro/a *secure; confident*
sensible *sensitive*
tacaño/a *cheap; stingy*
tempestuoso/a *stormy*
tímido/a *shy*
tranquilo/a *calm*

Práctica

1 **Definiciones** Completa las oraciones con el adjetivo correcto.

1. Miente para mantener las apariencias. Es ___b___.   a. tacaño
2. Murió su mujer y vive solo. Es ___d___.   b. falso
3. No le gusta gastar su dinero. Es ___a___.   c. deprimido
4. Se siente mal y está triste. Está ___c___.   d. viudo
5. No vive con su esposa. Está ___g___.   e. ansioso
6. Tiene muchas ganas de ganar. Está ___e___.   f. gracioso
        g. separado

2 **Identificar** Indica la palabra que no pertenece al grupo.

1. deprimido • (tranquilo) • preocupado • enojado
2. ligar • (discutir) • enamorarse • coquetear
3. pareja • compromiso • (ánimo) • matrimonio
4. casado • (disgustado) • viudo • soltero
5. (inseguro) • fabuloso • maravilloso • genial
6. almas gemelas • pareja • (chisme) • matrimonio

3 **¿Cómo eres?** Trabaja con un(a) compañero/a.

A. Contesta las preguntas del test.

	Sí	A veces	No		**Clave**	
	☐	☐	☐	1. ¿Te pones nervioso/a cuando estás con gente?	**Sí** = 0 puntos	
	☐	☐	☐	2. ¿Te molesta expresar tus emociones?	**A veces** = 1 punto	
	☐	☐	☐	3. ¿Tienes miedo de dar el primer paso para iniciar una conversación?	**No** = 2 puntos	
	☐	☐	☐	4. ¿Te pone nervioso/a la idea de tener una cita a ciegas?	**Resultados**	
	☐	☐	☐	5. ¿Te sientes inseguro/a cuando te critican?	**0 a 3** Eres muy introvertido/a.	
	☐	☐	☐	6. ¿Tienes vergüenza de hablar en público?	**4 a 7** Tiendes a ser introvertido/a.	
	☐	☐	☐	7. ¿Piensas mucho antes de tomar una decisión?	**8 a 11** No eres ni introvertido/a ni extrovertido/a.	
	☐	☐	☐	8. ¿Piensas que, si eres muy simpático/a, las personas pueden creer que eres falso/a?	**12 a 16** Tiendes a ser extrovertido/a.	
	☐	☐	☐	9. ¿Piensas que coquetear es inmaduro?	**17 a 20** Eres muy extrovertido/a.	
	☐	☐	☐	10. ¿Te llevas bien con las personas muy tímidas?		

B. Ahora suma (*add up*) los puntos. ¿Cuál es el resultado? ¿Estás de acuerdo? Comenta tu resultado y tu opinión con tu compañero/a.

---

1 Additional examples:

7. Tiene un buen sentido del humor. Es _gracioso_.

8. Aún no se ha casado. Es _soltero_.

9. No quiere que su novia tenga amistades con otros hombres. Es _celoso_.

2 To check comprehension, ask students to describe what the other three words in each list have in common. Ex: 1. **Son emociones negativas.**

2 Have pairs of students use the new vocabulary to create two more groups of words for this activity; then have volunteers find the words that do not belong.

 Practice more at **suena.vhlcentral.com.**

INSTRUCTIONAL RESOURCES
Supersite/DVD: Film
Collection
Supersite: Script & Translation

Preparación Audio: Vocabulary

To review time expressions
with **hacer**, see **Manual de
gramática, p. 276.**

Vocabulario del corto	
abrazar(se) *to hug (each other)*	
averiguar *to find out*	
el boleto *ticket*	
la broma *joke*	
meterse *to break in*	
(to a conversation)	
el recuerdo *memento/souvenir*	
suceder *to happen*	

Vocabulario útil	
la caja *box*	
el cortometraje/corto *short film*	
la escena *scene*	
el guión *script*	
la historia *story*	
el/la protagonista *main character*	
la ventanilla *ticket window*	

EXPRESIONES

¡Cuánto hace que…! *How long has it been since…!*
No, no puede ser. *No, it can't be.*

1

Definiciones Empareja cada definición con la palabra correcta.

___f___ 1. algo que se dice o hace para reír y divertirse   a. averiguar

___e___ 2. objeto que guardamos para recordar un momento especial   b. escena

___a___ 3. descubrir algo después de hacer una investigación   c. protagonista

___c___ 4. personaje principal de una historia   d. caja

___b___ 5. parte de una película   e. recuerdo

___d___ 6. recipiente (*container*) para guardar cosas   f. broma

2

Vocabulario Eres un(a) actor/actriz y estás en una audición para un corto. Contesta las preguntas que te hace el director y razona tus respuestas.

1. ¿Te gustan las películas? ¿Y los cortometrajes?

2. ¿Qué prefieres: el teatro o el cine? ¿Por qué?

3. ¿Qué tipo de historias te gustan?

4. ¿Has sido alguna vez protagonista de un corto?

5. ¿Has hecho teatro alguna vez?

6. ¿Qué personalidad crees que debe tener un buen director o directora? ¿Y un buen actor o una buena actriz?

3 Have pairs continue the casting call from **Actividad 2** by improvising a dialogue based on the photographs at right. Then have the class vote on who to cast for the roles.

3

Fotogramas En parejas, observen los fotogramas e imaginen lo que va a ocurrir en el cortometraje. Comenten sus predicciones con el resto de la clase.

4 **Comentar** Con un(a) compañero/a, intercambia opiniones sobre el título del corto: *Momentos de estación*.

1. La palabra "estación" tiene varios significados. ¿Cuáles son?

2. ¿Qué les sugiere el título de este cortometraje?

3. ¿Hablan con extraños cuando están en un tren, un autobús o un avión? ¿Por qué?

4. ¿Qué hacen mientras esperan un tren, un autobús o un avión?

5. ¿Cuál creen que es el mejor medio de transporte (o lugar relacionado con un medio de transporte) para una escena romántica en una película? ¿Por qué?

5 **Amor a primera vista** En parejas, miren las ilustraciones y describan qué está pasando. Imaginen la conversación entre los personajes y el final de la historia. Después, compartan su interpretación con la clase.

5 Ask: ¿Creen en el amor a primera vista? ¿Por qué? ¿Alguna vez les ha pasado a ustedes? ¿Qué hicieron y cómo reaccionó la otra persona? ¿Harían lo mismo otra vez?

5 Ask volunteers to act out their dialogues for the class. **¿Cuál de los finales parece el más realista? ¿Cuál es el más chistoso? ¿Y el más romántico?**

Short Film

Momentos de estación

1er Premio BA en Primer Plano y Festival Interuniversitario Cortos UdeSA, Argentina

Nada que perder

Una producción del CENTRO DE INVESTIGACIÓN CINEMATOGRÁFICA Guión y Dirección GUSTAVO D. CABAÑA

Jefe de Producción GUSTAVO SAMMARTINO Dirección de Fotografía GUSTAVO GÓMEZ OLIVERA

Cámara LUCAS CABALLERO Montaje FEDERICO CALDERÓN/GUSTAVO CABAÑA Edición MARTÍN BLASSI

Dirección de Arte NATALIA OBATTA Sonido FEDERICO CALDERÓN

Actores SANDRA VILLANI/CLAUDIO TOLCACHIR/CARLOS DONIGIAN/ELENA CÁNEPA/LUCAS SANTA ANA/

CAROLINA PAINCEIRA/LUCRECIA OVIEDO/RODOLFO ROCA

ARGUMENTO *Un viajero va a la ventanilla a comprar un boleto de tren.*

VIAJERO Estoy enamorado de usted.
CAJERA ¿Cómo?

VIAJERO Tenía que decírselo hoy. Es mi último viaje.
CAJERA Esto es una broma.
VIAJERO No, no es ninguna broma, Ana.

(La señora del abanico[1] llama al hombre de la boina[2].)
SEÑORA ¡Chist!, Juan, ¿qué pasa?
JUAN Él la ama; ella no le cree.

VIAJERO Hace más de un año que nos conocemos. Usted es la que me atiende siempre. Yo soy el que va a la capital.
CAJERA Todos van a la capital.
VIAJERO Exactamente 375 veces, sin contar la de hoy. Mirá... aquí están todos: 375 boletos, uno por uno.

CAJERA ¿Qué quiere de mí?
VIAJERO Bailar.
CAJERA ¿Bailar?
VIAJERO Bailar, abrazarte, besarte...
CAJERA Ahora no, no puedo, estoy trabajando.

SEÑORA A veces, se le va la vida a uno sin que suceda algo tan maravilloso. Once años hace que murió mi marido. ¿Sabés, hijo?, ¡cuánto hace que no me dan un beso!

1 *fan* 2 *beret*

PREVIEW Ask students to describe the personalities of the characters based on the dialogue and photos. Then have them offer predictions about the ending of the film.

TEACHING OPTION Play the first half of the film; ask the class to describe what they saw and predict what will happen in the second half. Then play the entire film; ask students to summarize the plot and evaluate their predictions about the ending.

Análisis

1 **Comprensión** Elige la opción correcta para formar oraciones verdaderas.

1. La cajera trabaja en la estación desde hace _____ (unos meses/más de un año).

2. El viajero _____ (prefiere/debe) expresar su amor a la cajera hoy.

3. El viajero _____ (cree/no cree) que la cajera lo va a reconocer.

4. Juan, el hombre de la boina (*beret*), ayuda a convencer _____ (a la cajera/al viajero).

5. _____ (La señora mayor/Una de las chicas jóvenes) le pregunta a Juan qué pasa.

2 **Interpretar** En parejas, contesten las preguntas.

1. ¿Cuál es su interpretación del final de la historia?

2. ¿Cuáles son los distintos temas que trata el cortometraje?

3. ¿Creen que *Momentos de estación* puede relacionarse con la idea de *carpe diem* (*seize the day*)? ¿Conocen otras películas con esta idea?

4. ¿Qué consecuencias puede tener esta declaración de amor para los personajes?

5. ¿Creen que siempre vale la pena (*is worth it*) expresar los sentimientos? ¿Por qué?

3 **Comentar** En grupos de tres, lean el párrafo y respondan a las preguntas.

Señora del abanico: "A veces, se le va la vida a uno sin que le suceda algo tan maravilloso. Once años hace que se murió mi marido. ¿Sabés, hijo?, ¡cuánto hace que no me dan un beso!".

1. ¿A qué se refiere la señora cuando habla de "algo tan maravilloso"?

2. ¿Qué le ocurre después a este personaje?

3. ¿Creen que el amor es diferente en distintas etapas de la vida? Expliquen su respuesta.

4 **Imaginar** Lee el diálogo inicial entre el viajero y la cajera. Escribe otra versión con un final diferente al que has visto.

VIAJERO	Estoy enamorado de usted.	**VIAJERO**	No, no es ninguna broma, Ana.
CAJERA	¿Cómo?	**CAJERA**	¿Cómo sabe mi nombre?
VIAJERO	¡Que la amo!	**VIAJERO**	Lo averigüé; no fue difícil.
CAJERA	No, no puede ser.	**CAJERA**	Casi nunca me llaman
VIAJERO	Tenía que decírselo hoy. Es mi último viaje.		por mi nombre.
CAJERA	Esto es una broma.	**VIAJERO**	Es un nombre hermoso.

*Sidebar notes:*

2 Ask students to share a personal experience in which they have taken a risk or "seized the day."

3 Have students discuss these questions in small groups: **¿Cuál fue el momento más maravilloso de tu vida? ¿Cuáles fueron los efectos de ese momento?**

4 Have students work in pairs and then have them read their dialogues out loud or perform them for the class.

5 **Actuar** En parejas, inventen una escena en la que uno/a de ustedes tiene que declarársele a un(a) desconocido/a (*stranger*) y convencerlo/a de que está locamente enamorado/a de él/ella. Represéntenla después ante la clase.

6 **En breve** Resume en un párrafo la historia que acabas de ver. Utiliza el presente y los verbos **ser** y **estar**. Ten en cuenta:

- ¿Dónde sucede la historia?
- ¿Cuándo ocurre?
- ¿Quiénes son los personajes?
- ¿Qué es lo que sucede?
- ¿Cuál es el final de la historia?

6 Correct students' summaries and underline any mistakes with the present tense and for **ser** and **estar**. Once students have gone over grammar points **1.1** and **1.2**, hand back their essays and have them correct the mistakes themselves.

7 **Encuesta**

A. Completa la tabla.

	Sí	No
1. A veces hablo con extraños.	☐	☐
2. No me gusta que la gente escuche mis conversaciones en los lugares públicos.	☐	☐
3. El tren es un buen lugar para conocer personas interesantes.	☐	☐
4. La comunicación es un arte.	☐	☐
5. A veces, las cosas más importantes se expresan a través del lenguaje no verbal.	☐	☐
6. En la actualidad (*Nowadays*), las personas comparten sus sentimientos más abiertamente que en el pasado.	☐	☐
7. La tecnología ha hecho que las relaciones sean menos personales.	☐	☐
8. Las palabras de cariño se trivializan cuando se usan demasiado.	☐	☐

B. Ahora comparte tus respuestas con un(a) compañero/a explicando tus puntos de vista. Luego cuéntale a la clase lo que has descubierto sobre tu compañero/a.

SUEÑA

S En **suena.vhlcentral.com** encontrarás más información y actividades relacionadas con esta sección.

Cuando se presentó como candidato para gobernador de **California**, **Arnold Schwarzenegger**, se despidió de los reporteros con una de sus famosas frases de la película *The Terminator*: ***"¡Hasta la vista, baby!"***. Miles y miles de niños pequeños repiten frases en español que aprendieron de *Dora y Diego*. Éstos no son ejemplos aislados. Hoy día, en todo el territorio de los **Estados Unidos**, personas de todas las edades, profesiones y razas utilizan frases en español, a veces sin saber que vienen de este idioma o aun, sin saber qué significan. Seguramente tú también has escuchado con frecuencia frases como: ***"Hola"***, ***"Mi casa es su casa"***, ***"Vamos"***, ***"Adiós, amigo"***, y muchas otras expresiones de boca de personas que no saben español. **INSTRUCTIONAL RESOURCES Supersite:** En pantalla; Script & Translation; Teaching suggestions; **SAM/WebSAM:** WB

Estudiantes de Appleton, WI, aprenden español en la escuela secundaria.

¡EL ESPAÑOL ESTÁ DE MODA!

¿A qué debemos la creciente popularidad del español? La respuesta es sencilla[1]: la influencia del idioma español en la cultura y en la vida diaria de los **Estados Unidos** es cada día mayor. Hoy día, en Estados Unidos viven más de 40 millones de hispanohablantes que utilizan el español a diario. Se calcula que para el año 2020 la población latina va a llegar a casi 60 millones. Además del hecho[2] de que el número de latinos ha aumentado, hay que señalar que la población latina está cada vez más dispersa por todo el país: podemos encontrar comunidades de hispanohablantes desde Florida hasta Alaska y desde Hawaii hasta Maine. Actualmente, por lo menos una de cada ocho personas en los Estados Unidos es de origen hispano.

Los efectos del rápido crecimiento de la población latina son palpables en la vida diaria de todos los habitantes de los Estados Unidos. ¿Cuántas veces el cajero automático[3] te dio la opción de escoger entre inglés y español? ¿Cuántas veces llamaste a una contestadora automática[4] de atención al cliente y te dieron la opción de seguir el menú en español? ¿Has notado los anuncios[5] en español en aeropuertos, estaciones de tren, hospitales y otros lugares públicos?

Lo que es realmente significativo es el hecho de que millones de estadounidenses están aprendiendo español en escuelas y universidades de todo el país. En la actualidad[6], casi seis millones de estudiantes de secundaria y más de 800.000 estudiantes universitarios se matriculan[7] todos los años en cursos de español. De hecho, el español es el idioma más solicitado[8] en los departamentos de lenguas extranjeras. No queda duda de que el español es el idioma extranjero que tiene mayor impacto en la cultura estadounidense actual, lo cual se refleja a diario en la calle, en el cine, en Internet y en los medios de comunicación en general.

Signos vitales

Los **Estados Unidos** se encuentran actualmente entre los cinco países con más hispanohablantes en el mundo. Algunos argumentan que la cantidad de hispanohablantes podría reducirse a medida que el inglés se convierte en el primer idioma de hijos y nietos de inmigrantes. Sin embargo, algunas estadísticas contradicen este argumento. Además, el número de hispanohablantes se mantiene vivo gracias a la constante inmigración.

1 *simple* 2 *fact* 3 *ATM* 4 *answering machine* 5 *notices* 6 *At present* 7 *enroll* 8 *in demand; popular*

UNIDOS

Latinos en los EE.UU.

Jorge Ramos **Jorge Gilberto Ramos Ávalos** nació en la Ciudad de México el 16 de marzo de 1958. Desde noviembre de 1986, es el conductor[1] titular del **Noticiero Univisión** en los Estados Unidos. Es el personaje de la televisión estadounidense en español que más tiempo ha estado al aire y de manera ininterrumpida en un mismo programa o noticiero.

Antonia Novello nació el 23 de agosto de 1944 en **Fajardo, Puerto Rico**. Recibió el título de Doctora en Medicina en la **Universidad de Puerto Rico** en 1970, el mismo año en que se casó con el doctor **Joseph Novello**. Entre 1990 y 1993 fue Directora de Salud Pública[2] de los Estados Unidos, siendo la primera mujer y también la primera hispana en ocupar este importante cargo[3].

César Pelli Arquitecto argentino, graduado de la **Universidad de Tucumán** en 1949, viajó a Estados Unidos en 1952 para realizar una maestría en arquitectura en la Universidad de Illinois y luego se radicó[4] en este país. En 1977 creó su propia firma y ese mismo año fue nombrado decano[5] de la **Escuela de Arquitectura de Yale**, puesto que mantuvo hasta 1984. De su trabajo podemos mencionar el **World Financial Center** en **Nueva York**, las **Torres Petronas** en **Kuala Lumpur, Malasia** y la **terminal norte del aeropuerto Ronald Reagan National** de **Washington, D.C.**

Bill Richardson, gobernador de Nuevo México por dos períodos (2003-2006 y 2007-2010) y precandidato presidencial en 2008, es hijo de un estadounidense y una mexicana. Nació en los EE.UU. en 1947 pero pasó la infancia en la Ciudad de México. Realizó sus estudios secundarios y universitarios en Massachusetts. Su carrera política antes de ser gobernador incluye catorce años como representante en el Congreso, uno y medio como Embajador ante las Naciones Unidas y dos y medio como Secretario de Energía.

[1] anchor [2] Surgeon General [3] position [4] settled [5] dean

El español en los Estados Unidos

Expresiones del español de uso común en inglés

Adiós, amigo.	*Goodbye, my friend.*
fiesta	*party, celebration, get-together*
gracias	*thank you*
gusto	*as in with **gusto**, with energy*
Hasta la vista.	*See you later.*
Mi casa es su casa.	*My house is your house.*
número uno	*the best, (lit. number one)*
plaza	*plaza; shopping mall*
pronto	*now; quick*
salsa	*sauce; latin music*
sombrero	*hat*
Vamos.	*Let's go.*

Influencia del inglés en el español

Muchas palabras de uso común en español, especialmente palabras relacionadas con tecnología, están adaptadas del inglés.

chatear	*to chat (online)*
computadora	*computer*
escáner	*scanner*
esnob	*snob*
gol	*goal (in sports; successful scoring)*
marketing	*mercadotecnia; marketing*

GALERÍA DE CREADORE

LITERATURA Julia Álvarez

La escritora Julia Álvarez nació en Nu
York pero pasó su niñez en la Repúbl
Dominicana. Su familia se exilió en lo
Estados Unidos cuando Julia tenía die
Algunos de los temas de sus libros so
experiencias derivadas de la dictadur
su país, su proceso de adaptación a u
cultura desconocida y la importancia
identidad. Es autora de *¡Yo!, A cafecit
En el tiempo de las mariposas* y *De c
muchachas García perdieron
el acento*, entre otras obras.

DISEÑO Y MODA Narciso Rodríguez

En 1996, Narciso Rodríguez causó sensación con el vestido de novia
(*wedding gown*) que diseñó (*designed*) especialmente para Carolyn
Bessette, quien lo lució (*wore*) el día de su boda con John F. Kennedy, Jr.
En el mundo de la moda (*fashion*), este elegante y sencillo (*simple*) traje
fue uno de los diseños más comentados de la década. Desde entonces,
el diseñador de ascendencia cubana ha tenido por clientes a Salma
Hayek, Sarah Jessica Parker y Charlize Theron. Las características más
típicas de sus creaciones son la simplicidad, el uso de materiales ligeros
(*lightweight*) y la influencia latina.

PINTURA Carmen Lomas Garza

Esta artista chicana pinta escenas de la vida cotidiana (*everyday*) mexicano-americana inspiradas en recuerdos (*memories*) y experiencias de su niñez en Kingsville, Texas. El objetivo de su arte es mostrar (*to show*) el valor y la humanidad de su cultura. Celebraciones, historias familiares, rituales, preparación de comidas, mitos, tradiciones, juegos (*games*), remedios caseros (*home remedies*) y sueños forman parte de ese paisaje cotidiano. *Earache Treatment* es el título de este cuadro (*painting*). Aquí vemos una práctica antigua, pero todavía muy común hoy día entre muchas familias latinoamericanas y chicanas para curar el dolor de oído (*earache*).

Robert Rodríguez

inte días y con sólo siete mil dólares, Robert Rodríguez filmó *El mariachi*, ícula que ganó el Premio (*Award*) del Público del Festival de Cine de ance de 1993. Las aventuras de *El mariachi* continuaron con *Desperado* e *upon a time in México*, películas en las cuales actuaron sus amigos io Banderas, Quentin Tarantino y Johnny Depp. El joven tejano forma del grupo de directores que han ganado más de $100 millones por la, gracias al éxito (*success*) de su serie *Spy Kids*, y sigue recibiendo ones (*awards*) por obras como *Sin City*.

 CONEXIÓN INTERNET

En suena.vhlcentral.com encontrarás más información y actividades relacionadas con esta sección.

¿Qué aprendiste?

Cierto o falso
Indica si estas afirmaciones son ciertas o falsas. Corrige las falsas.

1. El español es el segundo idioma más solicitado en las universidades, después del francés. *Falso. El español es el idioma más solicitado.*

2. Muchos niños aprenden frases en español gracias a los dibujos animados. *Cierto.*

3. Es difícil encontrar compañías que ofrecen atención al cliente en español. *Falso. Muchas compañías ofrecen operadores en español.*

4. Antonia Novello fue la primera mujer en ocupar el cargo de Directora de Salud Pública. *Cierto.*

Preguntas
Contesta las preguntas.

1. ¿Quién popularizó en los Estados Unidos la frase **¡Hasta la vista, baby!**? *Arnold Schwarzenegger popularizó esta frase en la película The Terminator.*

2. ¿Cuántos millones de latinos se calcula que habrá para el año 2020 en los Estados Unidos? *Se calcula que habrá casi 60 millones de latinos.*

3. ¿En qué lugares es común encontrar mensajes o avisos bilingües? *Es común encontrarlos en cajeros automáticos, aeropuertos, estaciones de tren y otros lugares públicos.*

4. Según el artículo, ¿dónde se refleja especialmente la popularidad del español en la cultura estadounidense actual? Menciona por lo menos tres ejemplos. *Se refleja en los departamentos de lenguas extranjeras, en la calle, en el cine, en Internet y en los medios de comunicación en general.*

5. ¿Qué cargo político ocupó Bill Richardson durante catorce años? *Fue representante en el Congreso.*

6. ¿Qué artista de la Galería te interesa más? ¿Por qué? *Answers will vary.*

PROYECTO

En los EE.UU.

¿Qué sabes del mundo latino en los EE.UU.? Escoge un tema e investiga toda la información que necesites en la biblioteca o en Internet para preparar un folleto promocional.

a. una comunidad latina
b. una celebración hispana
c. un lugar para el arte y la cultura latinoamericanos

- Escribe la información que consideras importante e incluye fotos.

- Presenta tu folleto a la clase. Explica por qué escogiste ese tema.

MINIPRUEBA

Completa las oraciones con la información correcta.

1. Los Estados Unidos se encuentran entre los _____ países con más hispanohablantes.
   a. tres   (b.) cinco   c. seis

2. Bill Richardson nació en _____.
   a. Cuba   b. México   (c.) Estados Unidos

3. La popularidad del español en los Estados Unidos es directamente proporcional _____ de la población latina.
   (a.) al crecimiento   b. al trabajo   c. a la asimilación

4. Según la lectura, muchas _____ ofrecen operadores en español.
   (a.) empresas   b. estaciones   c. universidades

5. Actualmente, una de cada _____ personas en los Estados Unidos es de origen hispano.
   a. siete   (b.) ocho   c. cinco

6. En las _____ de los Estados Unidos se matriculan cada año casi seis millones de estudiantes en cursos de español.
   a. universidades   b. escuelas primarias
   (c.) escuelas secundarias

7. _____ es la cara más conocida en la televisión en español de los Estados Unidos.
   (a.) Jorge Ramos   b. César Pelli   c. Antonia Novello

8. En español, muchas palabras relacionadas con _____ son de origen inglés.
   a. la familia   b. el cine   (c.) la tecnología

9. Las Torres Petronas en Malasia son obra del _____ César Pelli.
   a. cubano   (b.) argentino   c. mexicano

10. Julia Álvarez nació en _____.
    a. Santo Domingo   (b.) Nueva York   c. Kingsville

11. Narciso Rodríguez alcanzó la fama con un vestido diseñado para _____.
    a. Salma Hayek   b. Jackie Kennedy
    (c.) Carolyn Bessette

12. *Desperado* es la _____ parte de *El Mariachi*.
    (a.) segunda   b. tercera   c. cuarta

En pantalla (S) Video: *Reportaje*

Vocabulario

depender de *to depend on*   **la tarifa mensual** *monthly fee*

influir *to influence*   **el teléfono inteligente**
smartphone

Los teléfonos celulares, las computadoras y otros avances tecnológicos están cambiando la manera en que nos comunicamos y nos expresamos, ya sea a distancia o a unos pocos metros. *A un "click" de distancia*, un reportaje de la cadena Univisión, muestra cómo los hispanos en los Estados Unidos utilizan la tecnología a diario para mantenerse en contacto con sus seres queridos (*loved ones*).

Conexión personal ¿Cómo te mantienes en contacto con tus amigos y tu familia? ¿Usas distintos medios si estás cerca o lejos? ¿Con qué medio te sientes más cómodo/a? ¿Por qué?

1 **Comprensión** Contesta las preguntas.   Answers may vary

1. ¿Cuál es uno de los usos que los hispanos en los EE.UU. le dan a Internet?   chatear/platicar con sus parientes/familiares

2. ¿Qué se puede hacer con un teléfono inteligente?   hablar, grabar música, enviar fotografías y mensajes de texto.

3. Según Alberto Rojas, ¿qué servicio es el más barato?   el correo electrónico

4. ¿Por qué algunos hispanos ahorran en llamadas telefónicas?   Porque se comunican utilizando Internet.

5. ¿Qué otras formas de comunicación se usaban mucho en el pasado?   el correo y el telégrafo

2 **Noticias de viaje**

A. En grupos de cuatro, elijan un medio de comunicación para contactarse con su familia y sus amigos durante un viaje de estudio a un país de Centroamérica. Tengan en cuenta:

- La duración del viaje, el lugar de destino y los recursos disponibles en ese lugar

- Las opciones disponibles (por ejemplo, correo electrónico, mensajes de texto, sitio web, *blog, podcast*) y las ventajas y desventajas de cada una

- El tipo de información que quieren compartir

- La frecuencia de comunicación

- El costo

B. Presenten su propuesta al resto de la clase.

A un "click" de distancia

Para Diego y Alejandro platicar (*to chat*) con sus primos o abuelos en Venezuela ahora está a un 'click' de distancia.

Gracias al Internet, la comunicación con audio y video es ya cosa de niños.

Con teléfonos celulares que tienen la función de radio, podemos comunicarnos a todo el mundo por una tarifa mensual desde $20.

Es la palabra escrita, la misma que antes llevaba el cartero o llegaba por telégrafo.

Practice more at
suena.vhlcentral.com.

INSTRUCTIONAL RESOURCES
Supersite: Audioscripts, SAM AK, Lab MP3s
SAM/WebSAM: WB, LM

Point out that all active verbs from **Sueña** are listed on pp. 288–289.

TALLER DE CONSULTA

These grammar topics are covered in the **Manual de gramática, Lección 1.**

1.4 Nouns and articles, p. 236
1.5 Adjectives, p. 238

For more stem-changing verbs, see the **Verb conjugation tables, pp. 288–298.**

Review the difference between verb stems and verb endings.

¡ATENCIÓN!

Subject pronouns are normally omitted in Spanish. They are used to emphasize or clarify the subject.

—¿Viven en California?
Do they live in California?

—Sí, ella vive en Los Ángeles, y él vive en San Francisco.
Yes, she lives in Los Angeles, and he lives in San Francisco.

¡ATENCIÓN!

Jugar changes its stem vowel from **u** to **ue. Construir, destruir, incluir,** and **influir** add a **y** before the personal endings. As with other stem-changing verbs, the **nosotros/as** and **vosotros/as** forms do not change.

jugar

juego, juegas, juega, jugamos, jugáis, juegan

incluir

incluyo, incluyes, incluye, incluimos, incluís, incluyen

The present tense

Regular –ar, –er, –ir verbs

- The present tense (**el presente**) of regular verbs is formed by dropping the infinitive ending **–ar, –er,** or **–ir** and adding personal endings.

The present tense of regular verbs			
	habl**ar**	beb**er**	viv**ir**
yo	habl**o**	beb**o**	viv**o**
tú	habl**as**	beb**es**	viv**es**
Ud./él/ella	habl**a**	beb**e**	viv**e**
nosotros/as	habl**amos**	beb**emos**	viv**imos**
vosotros/as	habl**áis**	beb**éis**	viv**ís**
Uds./ellos/ellas	habl**an**	beb**en**	viv**en**

- The present tense is used to express actions or situations that are going on at the present time and to express general truths.

¿Por qué **rompes** conmigo?
Why are you breaking up with me?

Porque no te **amo**.
Because I don't love you.

- The present tense is also used to express habitual actions or actions that will take place in the near future.

Mis padres me **escriben** con frecuencia.
My parents write to me often.

Mañana les **mando** una carta larga.
Tomorrow I'm sending them a long letter.

Stem-changing verbs

- Some verbs have stem changes in the present tense. In many **–ar** and **–er** verbs, **e** changes to **ie** and **o** changes to **ue**. In some **–ir** verbs, **e** changes to **i**. The **nosotros/as** and **vosotros/as** forms never have stem changes in the present tense.

Stem-changing verbs		
e → ie	o → ue	e → i
pensar *to think*	**poder** *to be able to, can*	**pedir** *to ask for*
p**ie**nso	p**ue**do	p**i**do
p**ie**nsas	p**ue**des	p**i**des
p**ie**nsa	p**ue**de	p**i**de
pensamos	podemos	pedimos
pensáis	podéis	pedís
p**ie**nsan	p**ue**den	p**i**den

Irregular *yo* forms

- Many –er and –ir verbs have irregular **yo** forms in the present tense. Verbs ending in –**cer** or –**cir** change to –**zco** in the **yo** form; those ending in –**ger** or –**gir** change to –**jo**. Several verbs have irregular –**go** endings, and a few have individual irregularities.

Ending in *-go*	
caer *to fall*	**yo caigo**
distinguir *to distinguish*	**yo distingo**
hacer *to do, to make*	**yo hago**
poner *to put, to place*	**yo pongo**
salir *to leave, to go out*	**yo salgo**
traer *to bring*	**yo traigo**
valer *to be worth*	**yo valgo**

Ending in *-zco*	
conducir *to drive*	**yo conduzco**
conocer *to know*	**yo conozco**
crecer *to grow*	**yo crezco**
obedecer *to obey*	**yo obedezco**
parecer *to seem*	**yo parezco**
producir *to produce*	**yo produzco**
traducir *to translate*	**yo traduzco**

Ending in *-jo*	
dirigir *to direct, manage*	**yo dirijo**
escoger *to choose*	**yo escojo**
exigir *to demand*	**yo exijo**
proteger *to protect*	**yo protejo**

Other verbs	
caber *to fit*	**yo quepo**
saber *to know*	**yo sé**
ver *to see*	**yo veo**

- Verbs with prefixes follow the same patterns.

reconocer *to recognize*	**yo reconozco**	**oponer** *to oppose*	**yo opongo**
deshacer *to undo*	**yo deshago**	**proponer** *to propose*	**yo propongo**
rehacer *to re-make, re-do*	**yo rehago**	**suponer** *to suppose*	**yo supongo**
aparecer *to appear*	**yo aparezco**	**atraer** *to attract*	**yo atraigo**
desaparecer *to disappear*	**yo desaparezco**	**contraer** *to contract*	**yo contraigo**
componer *to make up*	**yo compongo**	**distraer** *to distract*	**yo distraigo**

Irregular verbs

- Other commonly used verbs in Spanish are irregular in the present tense or combine a stem-change with an irregular **yo** form or other spelling change.

dar *to give*	decir *to say*	estar *to be*	ir *to go*	oír *to hear*	ser *to be*	tener *to have*	venir *to come*
doy	**digo**	**estoy**	**voy**	**oigo**	**soy**	**tengo**	**vengo**
das	**dices**	**estás**	**vas**	**oyes**	**eres**	**tienes**	**vienes**
da	**dice**	**está**	**va**	**oye**	**es**	**tiene**	**viene**
damos	**decimos**	**estamos**	**vamos**	**oímos**	**somos**	**tenemos**	**venimos**
dais	**decís**	**estáis**	**vais**	**oís**	**sois**	**tenéis**	**venís**
dan	**dicen**	**están**	**van**	**oyen**	**son**	**tienen**	**vienen**

¡ATENCIÓN!

Some verbs with irregular **yo** forms have stem changes as well.

conseguir (e:i) → **consigo**

corregir (e:i) → **corrijo**

elegir (e:i) → **elijo**

seguir (e:i) → **sigo**

torcer (o:ue) → **tuerzo**

Explain that for verbs ending in –**ger** and –**gir**, the **yo** form ending changes to –**jo** in order to preserve the soft **g** sound of the infinitive. Likewise, **distinguir** drops the **u** in the **yo** form to maintain correct pronunciation.

Práctica

1 Ask students to describe their own apartments or dorm rooms.

1 **Un apartamento infernal** Beto tiene quejas (*complaints*) de su apartamento. Completa el párrafo con las palabras de la lista.

caber	hacer	oír	tener
estar	ir	ser	ver

Mi apartamento (1) __está__ en el quinto piso. El edificio no (2) __tiene__ ascensor y, para llegar al apartamento, (3) __tengo__ que subir por la escalera. El apartamento es tan pequeño que mis cosas no (4) __caben__. Las paredes (*walls*) (5) __son__ muy delgadas. A todas horas (6) __oigo__ la radio o la televisión de algún vecino. El apartamento siempre (7) __está__ oscuro y no puedo (8) __ver__ cuando (9) __hago__ la tarea. ¡(10) __Voy__ a buscar otro apartamento!

2 As an alternative, have students do the activity in pairs. Encourage them to add at least one item.

2 **¿Qué haces?** Haz preguntas basadas en estas opciones y contéstalas con una explicación.

> **Modelo**   **vivir / en la residencia estudiantil**
> —¿Vives en la residencia estudiantil?
> —No, vivo en un apartamento con mis dos mejores amigos, Pablo y Julián.

1. salir / con amigos todas las noches
2. decir / mentiras
3. conducir / estar cansado
4. tener / miedo de ser antipático/a con los amigos
5. dar / consejos sobre asuntos personales
6. venir / a clase tarde con frecuencia

3 Model one or two sentences with the class.

3 Have pairs of students check each other's work.

3 **¿Qué hacen los amigos?** Escribe cinco oraciones completas usando los sujetos y los verbos de las columnas.

Sujetos	Verbos	
yo	compartir	exigir
tú	creer	pensar
un(a) buen(a) amigo/a	deber	poner
nosotros/as	desear	traducir
los/las malos/as amigos/as		

1. _____
2. _____
3. _____
4. _____
5. _____

Comunicación

 En el café Carola está en el Nuyorican Poets Café con unos amigos. En parejas, escriban ocho oraciones en las que Carola describe lo que hace cada persona. Usen algunos verbos de la lista.

beber	estar	oír	ser
decir	hablar	pedir	traer

5 **Sueños cumplidos** Un nuevo *reality show* tiene como objetivo cumplir los sueños de los participantes.

A. En grupos de cuatro, lean los sueños de algunos posibles participantes y preparen una lista de preguntas que el/la presentador(a) o el público puede hacerle a cada uno. Usen verbos en presente y el vocabulario de la lección.

María, 21 años
Sus padres la adoptaron cuando era niña. Cuando cumplió los 21, sus padres le contaron que tiene una hermana melliza (*twin*). María quiere conocerla.

Pedro, 35 años
Vive en los Estados Unidos desde los 4 años. No ve a sus abuelos desde entonces. Se acerca el cumpleaños número 90 de su abuela.

Francisco, 50 años
A los 18 años, Francisco emigró a los Estados Unidos. Su hermana, Sofía, emigró a España. Se hablan por teléfono, pero hace 32 años que no se ven.

B. Elijan al primer participante del programa e improvisen la primera entrevista. Uno/a de ustedes es el/la presentador(a), otro/a es el/la participante y el resto son parte del público.

1.2

INSTRUCTIONAL RESOURCES
Supersite: Audioscripts, SAM AK, Lab MP3s
SAM/WebSAM: WB, LM

Ser and *estar*

—*Estoy* enamorado de usted.   —No, no puede *ser*.

Uses of *ser*

Nationality and place of origin	Mis padres **son** argentinos, pero yo **soy** de Florida.
Profession or occupation	El Sr. López **es** periodista.
Characteristics of people, animals, and things	El clima de Miami **es** caluroso.
Generalizations	Las relaciones personales **son** complejas.
Possession	La guitarra **es** del tío Guillermo.
Material of composition	El suéter **es** de pura lana.
Time, date, or season	**Son** las doce de la mañana.
Where or when an event takes place	La fiesta **es** en el apartamento de Carlos; **es** el sábado a las nueve de la noche.

Uses of *estar*

Location or spatial relationships	La clínica **está** en la próxima calle.
Health	Hoy **estoy** enfermo. ¿Cómo **estás** tú?
Physical states and conditions	Todas las ventanas **están** limpias.
Emotional states	¿**Está** Marisa contenta con Javier?
Certain weather expressions	¿**Está** nublado o **está** despejado hoy en Miami?
Ongoing actions (progressive tenses)	Paula **está** escribiendo invitaciones para su boda.
Results of actions (past participles)	La tienda **está** cerrada.

Ser and *estar* with adjectives

- **Ser** is used with adjectives to describe inherent, expected qualities. **Estar** is used to describe temporary or variable qualities, or a change in appearance or condition.

<table>
<tr><td>La casa **es** muy pequeña.
The house is very small.</td><td>¡**Están** tan enojados!
They're so angry!</td></tr>
</table>

- With most descriptive adjectives, either **ser** or **estar** can be used, but the meaning of each statement is different.

<table>
<tr><td>Julio **es alto**.
Julio is tall. (that is, a tall person)</td><td>¡Ay, qué **alta estás**, Adriana!
How tall you're getting, Adriana!</td></tr>
<tr><td>Dolores **es alegre**.
Dolores is cheerful. (that is, a cheerful person)</td><td>El jefe **está alegre** hoy. ¿Qué le pasa?
The boss is cheerful today. What's up with him?</td></tr>
<tr><td>Juan Carlos **es** un hombre **guapo**.
Juan Carlos is a handsome man.</td><td>¡Manuel, **estás** tan **guapo**!
Manuel, you look so handsome!</td></tr>
</table>

- Some adjectives have two different meanings depending on whether they are used with **ser** or **estar**.

ser + [*adjective*]	estar + [*adjective*]
Laura **es aburrida**. *Laura is boring.*	Laura **está aburrida** *Laura is bored.*
Ese chico **es listo**. *That boy is smart.*	**Estoy listo** para todo. *I'm ready for anything.*
No **soy rico**, pero vivo bien. *I'm not rich, but I live well.*	¡El pan **está** tan **rico**! *The bread is delicious!*
La actriz **es mala**. *The actress is bad.*	La actriz **está mala**. *The actress is ill.*
El coche **es seguro**. *The car is safe.*	Creo que puedo ir pero **no estoy seguro**. *I think I can go but I'm not sure.*
Los aguacates **son verdes**. *Avocados are green.*	Esta banana **está verde**. *This banana is not ripe.*
Javier **es** muy **vivo**. *Javier is very sharp.*	¿Todavía **está vivo** el autor? *Is the author still living?*
Pedro **es** un hombre **libre**. *Pedro is a free man.*	Esta noche no **estoy libre**. ¡Lo siento! *Tonight I am not available. Sorry!*

TALLER DE CONSULTA

Remember that adjectives must agree in gender and number with the person(s) or thing(s) that they modify. See **Manual de gramática, 1.4 p. 236**, and **1.5 p. 238**.

Presentation Hand back students summaries from **Actividad 6, p. 11**, with mistakes underlined. Have students correct their errors.

¡ATENCIÓN!

Estar, not **ser**, is used with **muerto/a**.

Bécquer, el autor de las *Rimas*, está muerto.
Bécquer, the author of Rimas, *is dead.*

To help students remember the different meanings of these adjectives, remind them that when used with **ser** they describe inherent qualities, while the meanings associated with **estar** describe temporary or variable qualities. Point out that **muerto/a** is an exception to this general rule. Also point out that the use of **estar malo/a** to mean *ill* with **estar** is restricted to Spain.

Práctica

1

La boda de Emilio y Jimena Completa cada oración de la primera columna con la terminación más lógica de la segunda columna.

1. La boda es ___f___
2. La iglesia está ___c___
3. El cielo está ___h___
4. La madre de Emilio está ___e___
5. El padre de Jimena está ___b___
6. Todos los invitados están ___d___
7. El mariachi que toca en la boda es ___a___
8. En mi opinión, las bodas son ___g___

a. de San Antonio, Texas.
b. deprimido por los gastos.
c. en la calle Zarzamora.
d. esperando a que entren la novia (*bride*) y su padre.
e. contenta con la novia.
f. a las tres de la tarde.
g. muy divertidas.
h. totalmente despejado.

2

La luna de miel Completa el párrafo en el que se describe la luna de miel (*honeymoon*) que van a pasar Jimena y Emilio. Usa formas de **ser** y **estar**.

2 As a follow-up, have students write a different story about Emilio and Jimena using **ser** and **estar**.

Emilio y Jimena van a pasar su luna de miel en Miami, Florida. Miami (1) ___es___ una ciudad preciosa. (2) ___Está___ en la costa este de Florida y tiene playas muy bonitas. El clima (3) ___es___ tropical. Jimena y Emilio (4) ___están___ interesados en visitar la Pequeña Habana. Julia (5) ___es___ fanática de la música cubana. Y Emilio (6) ___está___ muy entusiasmado por conocer el parque Máximo Gómez, donde las personas van a jugar dominó. Los dos (7) ___son___ aficionados a la comida caribeña. Quieren ir a todos los restaurantes que (8) ___están___ en la Calle Ocho. Cada día van a probar un plato diferente. Algunos de los platos que piensan probar (9) ___son___: el congrí, los tostones y el bistec palomilla. Después de pasar una semana en Miami, la pareja va a (10) ___estar___ cansada, pero muy contenta.

 Practice more at **suena.vhlcentral.com**.

Comunicación

3

Entrevistas

A. En parejas, usen la lista como guía para entrevistarse. Usen **ser** o **estar** en las preguntas y respuestas.

origen	estudios actuales
nacionalidad	sentimientos actuales
personalidad	lugar donde vive/trabaja
personalidad de los padres	actividades actuales
salud	

B. Cambien de pareja y cuéntenle a su compañero/a lo que descubrieron (*found out*) sobre el compañero/a entrevistado/a.

4

¿Dónde estamos? En grupos de cuatro, elijan una ciudad en la que supuestamente están de viaje. Sus compañeros deberán adivinar de qué ciudad se trata. Pueden elegir una de las ciudades de las fotos u otra ciudad importante.

Buenos Aires, Argentina

Quito, Ecuador

Madrid, España

Lima, Perú

San José, Costa Rica

México, D.F., México

- Hagan cinco afirmaciones usando **ser** o **estar** para dar pistas (*clues*) a sus compañeros.

- Si las pistas no son suficientes, sus compañeros pueden hacer preguntas con **ser** o **estar** cuya respuesta sea **sí** o **no**.

- Algunos temas para las afirmaciones o las preguntas pueden ser: ubicación, comida, características de la ciudad, actividades, sentimientos de los viajeros, etc.

INSTRUCTIONAL RESOURCES
Supersite: Audioscripts, SAM AK, Lab MP3s
SAM/WebSAM: WB, LM

1.3

To preview the material, ask volunteers to give examples of other verbs that follow the pattern of **gustar**.

TALLER DE CONSULTA

See **3.2**, page **100** for object pronouns.

Briefly review indirect object pronouns and remind students that they describe to whom or for whom an action is performed.

Gustar and similar verbs

*Al viajero le **encantan** los boleros.*

Using the verb *gustar*

- Though **gustar** is translated as *to like* in English, its literal meaning is *to please*. **Gustar** is preceded by an indirect object pronoun indicating *the person who is pleased*. It is followed by a noun indicating *the thing or person that pleases*.

INDIRECT OBJECT PRONOUN		SUBJECT
Me	**gusta**	**la película.**
I	*like*	*the movie. (literally: The movie pleases me.)*
¿Te	**gustan**	**los conciertos de rock?**
Do you	*like*	*rock concerts? (literally: Do rock concerts please you?)*

- Because *the thing or person that pleases* is the subject, **gustar** agrees in person and number with it. Most commonly the subject is third person singular or plural.

Singular subject	Plural subject
Nos gusta la música de Celia Cruz.	Me gustan las quesadillas.
We like Celia Cruz's music.	*I like quesadillas.*
Les gusta su casa nueva.	¿Te gustan las películas románticas?
They like their new house.	*Do you like romantic movies?*

- When **gustar** is followed by one or more verbs in the infinitive, the singular form of **gustar** is always used.

    No nos **gusta** llegar tarde.
    We don't like to arrive late.

    Les **gusta** cantar y bailar.
    They like to sing and dance.

- **Gustar** is often used in the conditional **(me gustaría)** to soften a request.

    Me **gustaría** un refresco, por favor.
    I would like a soda, please.

    ¿Te **gustaría** ir a una cita con mi amigo?
    Would you like to go on a date with my friend?

Verbs like *gustar*

- Many verbs follow the same pattern as **gustar**.

aburrir *to bore*	**hacer falta** *to miss; to need*
caer bien/mal *to (not) get along well with*	**importar** *to be important to; to matter*
disgustar *to upset*	**interesar** *to be interesting to; to interest*
doler *to hurt; to ache*	**molestar** *to bother; to annoy*
encantar *to like very much*	**preocupar** *to worry*
faltar *to lack; to need*	**quedar** *to be left over; to fit (clothing)*
fascinar *to fascinate*	**sorprender** *to surprise*

Me fascina el cine.
Movies fascinate me.

¿Te molesta si voy contigo?
Will it bother you if I come along?

A Sandra **le disgusta** esa situación.
That situation upsets Sandra.

Me duelen sus mentiras.
Her lies hurt me.

- The construction **a** + [*prepositional pronoun*] or **a** + [*noun*] can be used to emphasize who is pleased, bothered, etc.

A ella no le gusta bailar, pero **a él** sí.
She doesn't like to dance, but he does.

A Felipe le molesta ir de compras.
Shopping bothers Felipe.

- **Faltar** expresses what someone or something lacks and **quedar** expresses what someone or something has left. **Quedar** is also used to talk about how clothing fits or looks on someone.

Le falta dinero.
He's short of money.

Le falta sal a la comida.
The food needs some salt.

A la impresora no le **queda** papel.
The printer is out of paper.

Esa falda **te queda** bien.
That skirt fits you well.

TALLER DE CONSULTA

See **3.2**, page **101** for prepositional pronouns.

¿ Qué te hace falta en la vida?

Discoteca Paladio

Práctica

1

Completar Miguel y César son compañeros de cuarto y tienen algunos problemas. Hoy se han reunido para discutirlos. Completa su conversación con la forma correcta de los verbos entre paréntesis.

MIGUEL Mira, César, a mí (1) _me encanta_ (encantar) vivir contigo, pero la verdad es que (2) _me preocupan_ (preocupar) algunas cosas.

CÉSAR De acuerdo. A mí también (3) _me molestan_ (molestar) algunas cosas de ti.

MIGUEL Bueno, para empezar (4) _me disgusta_ (disgustar) que pongas la música tan alta cuando vienen tus amigos. Tus amigos (5) _me caen_ (caer) muy bien, pero a veces hacen mucho ruido y no me dejan dormir.

CÉSAR Sí, claro, lo entiendo. Pues mira, Miguel, a mí (6) _me preocupa_ (preocupar) que no laves los platos después de comer. Además, tampoco sacas la basura.

MIGUEL Es verdad. Pues... vamos a intentar cambiar estas cosas. ¿Te parece?

CÉSAR (7) _Me gusta_ (gustar) la idea. Yo bajo la música cuando vengan mis amigos y tú lavas los platos y sacas la basura más a menudo. ¿De acuerdo?

2 Call on several students to share their partner's response to items 1 and 5. Encourage them to debate each other's opinions

2

Preguntar En parejas, utilicen el modelo para hacerse preguntas, por turnos, sobre las siguientes personas.

Modelo **fascinar / a tu padre**
—¿Qué crees que le fascina a tu padre?
—Pues, no sé. Creo que le fascina dormir.

1. preocupar / al presidente
2. encantar / a tu hermano/a
3. gustar hacer los fines de semana / a ti
4. importar / a tus padres

5. interesar / a tu profesor(a) de español
6. aburrir / a tu novio/a y a ti
7. molestar / a tu mejor amigo/a
8. faltar / a ustedes

3 Remind students that the conditional is often used with verbs like **gustar** to soften a request. Ex: **¿Te interesaría ir al gimnasio?** Would you be interested in going to the gym?

3 Compare students' weekday activities with what they would like to do. Ex: **Los lunes tienes clase. ¿Qué te gustaría hacer en vez de ir a clase?**

3

¿Qué te gustaría hacer el fin de semana? En parejas, pregúntense si les gustaría hacer las actividades relacionadas con las fotos. Utilicen los verbos **aburrir, disgustar, encantar, fascinar, interesar** y **molestar**. Sigan el modelo:

Modelo —¿Te molestaría ir al parque de atracciones?
—No, me encantaría.

Comunicación

4

¿Te gusta? En parejas, pregúntense si les gustan o no las siguientes personas, cosas y actividades. Utilicen verbos similares a **gustar** y contesten las preguntas.

4 Take a survey of the students' answers and write the results on the board.

> Benicio del Toro
> Cameron Díaz
> los discos de Christina Aguilera
> dormir los fines de semana
> hacer bromas
>
> ir a discotecas
> las películas de misterio
> las películas extranjeras
> practicar algún deporte
> salir con tus amigos

5

¿Cómo son? Elige uno de los personajes de la lista. Luego escribe cuatro oraciones usando los verbos indicados. Dile a tu compañero/a lo que escribiste sin decirle el nombre del personaje. Él/Ella tiene que adivinar de quién se trata. Túrnense para describir por lo menos a seis personajes.

5 For a related game, divide the class into small groups and give each group member a different photograph of a famous person from current events, recent movies, or popular music. Have group members take turns trying to guess the names of the people from their teammates' descriptions.

> **Modelo** —Le gusta mucho cantar. Le preocupan los problemas sociales
> y ambientales. No le caen bien los *papparazzi*. Es muy rico.
> —¡Es Bono!

- América Ferrera
- Barack Obama
- Tom Cruise
- Eva Longoria
- Jessica Alba
- David Beckham
- Eli Manning
- Javier Bardem
- Hilary Duff

aburrir	encantar	hacer falta	molestar
caer bien/mal	faltar	importar	preocupar
disgustar	fascinar	interesar	quedar

6

Veinte datos Haz preguntas a por lo menos diez de tus compañeros para completar la tabla. Debes crear los últimos cinco datos de la tabla usando los verbos sugeridos. Luego, comenta con la clase las tres respuestas que más te sorprendieron.

Encuentra a alguien que/a quien...			
	Nombre		**Nombre**
le gusta el francés		le molesta chatear por Internet	
le encanta nadar		ama ir a la playa	
le disgusta tener mascotas		le gusta levantarse temprano	
no le gusta tener carro		odia viajar en avión	
ama los helados		le interesa la política	
ama la música clásica		(encantar) _____	
no le gusta el deporte		(caer bien) _____	
le gusta comprar cosas por Internet		(molestar) _____	
le fascina ir a conciertos de rock		(preocupar) _____	
no le interesa viajar		(sorprender) _____	

Síntesis

Un consejo sentimental

Doctora Corazones:

Tengo 30 años. Hace tres meses que conocí a Marcela, mi novia. Creo que es la mujer de mi vida y le soy fiel°.

Pero tengo un problema y me gustaría consultarlo con usted: Resulta° que me vine a San Antonio por seis meses por razones de trabajo y mi novia se quedó en Nueva York. Por eso, diariamente nos comunicamos por Internet: nos encanta escribirnos mensajes electrónicos por medio del chat.

Un día se me ocurrió hacerme pasar por otro hombre°, para ver si la conquistaba. La verdad es que me costó bastante, pero lo logré°. Ahora mi novia mantiene una segunda relación virtual con un hombre que ella piensa que es otro. Este juego me preocupa mucho y realmente no sé cómo manejarlo°. Yo la quiero mucho y estoy seguro de que ella me ama, pero para mí esto es como una traición°, un engaño°.
La verdad es que no sé qué hacer.

Estoy desesperado.

Gracias,

Carlos

faithful

It turns out

se me. . . I got the idea to pretend I was another man

I succeeded

handle it

betrayal/deception

1 **La carta** Trabajen en grupos pequeños. Lean la carta dirigida a la Dra. Corazones, consejera sentimental, y luego contesten las preguntas.

1. ¿Por qué Carlos y su novia se comunican por Internet?

2. ¿Qué hizo Carlos?

3. ¿Cuál es el resultado?

4. ¿Cómo se siente él ahora?

2 **Comentar** Con el grupo, comenten el problema de Carlos y propongan una solución. Elijan a un miembro del grupo para presentar la solución a la clase.

3 **La solución** Con toda la clase, escuchen y comenten las soluciones propuestas por los grupos, pensando en las siguientes preguntas. Entre todos, deben proponer una solución al problema de Carlos.

1. ¿Cómo reaccionan los grupos ante el problema de Carlos?

2. ¿Propone cada grupo una solución distinta?

3. ¿Son algunas soluciones más viables que otras?

Preparación Audio: Vocabulary

Vocabulario de la lectura	
ayudarse	*to help one another*
la calidad de vida	*quality of life*
los familiares	*relatives*
fortalecerse	*to grow stronger*
por su cuenta	*on his/her own*
la red de apoyo	*support network*
la voluntad	*will*

Vocabulario útil	
abandonar	*to leave*
cuidar	*to take care*
emigrar	*to emigrate*
el/la inmigrante	*immigrant*
el lazo	*tie*
la patria	*home country*
mudarse	*to move*

VARIACIÓN LÉXICA
familiares ↔ parientes
Point out that **relativo** is an adjective in Spanish and is a false cognate with the English noun *relative(s)*.

1 **Vocabulario** Completa el diálogo utilizando palabras y expresiones de la lista.

abandonar	ciudad	por tu cuenta
ayudarse	familiares	red de apoyo
calidad de vida	lazo	voluntad

LUISA Mañana vamos a tener una gran fiesta y van a venir todos mis (1) ___familiares___: mis tíos, mis primos y mis abuelos.

CATI ¡Qué lástima! No puedo comer pastel de cumpleaños porque estoy a dieta.

LUISA Te admiro, a mí me falta (2) ___voluntad___ para ponerme a dieta.

CATI Para mí no es difícil porque tengo una gran (3) ___red de apoyo___: mi madre y mis tías también están a dieta.

LUISA Es bueno (4) ___ayudarse___ entre todos.

CATI Es cierto. ¿Por qué no vienes al gimnasio con nosotras? Es más fácil que hacer ejercicio (5) ___por tu cuenta___.

1 To practice new vocabulary, have students work in pairs to write sentences or definitions using words from the above list.

2 **La inmigración** En parejas, contesten las preguntas.

1. ¿Por qué la gente decide emigrar? Comenta por lo menos tres razones.
2. ¿Alguien de tu familia inmigró a este país o emigró a otro país? ¿Por qué decidió hacerlo?
3. De estar forzado/a a abandonar tu patria, ¿adónde irías? ¿Por qué?
4. ¿Cómo crees que cambiaría tu vida al vivir en otro país?

3 **Encuesta** Indica si estás de acuerdo o no con las siguientes afirmaciones. Cuando termines, comparte tu opinión sobre cada afirmación con la clase.

	Sí	No
1. Es importante vivir siempre cerca de los familiares.	☐	☐
2. Es bueno mantener las tradiciones y costumbres de nuestras familias.	☐	☐
3. Es necesario ser económicamente independiente de los padres.	☐	☐
4. Es bueno que los familiares se ayuden mutuamente.	☐	☐
5. Se aprende mucho más de la vida cuando uno se muda a otra ciudad o a otro país para estudiar o trabajar.	☐	☐

3 Have students conduct a poll to determine the number of students who have moved out of their parents' homes and/or to another city to attend college. Then have them debate the pros and cons of living close to home.

CORRIENTE Latina

Ask students to speculate where this photo was taken (it is a swearing in ceremony for new citizens).

Las tendencias de la inmigración hispana han variado de manera considerable en los últimos años. El perfil del inmigrante ha cambiado y con mayor frecuencia el latino llega a los Estados Unidos con un nivel de estudios más alto y mejor preparado para ejercer° trabajos bien remunerados°.

to practice, to carry out
well-paid

También está cambiando el destino que elige para empezar su nueva vida. Si antes se establecía en las grandes ciudades y en los estados del suroeste°, ahora busca oportunidades en pueblos y ciudades del centro y norte del país.

southwest

La distribución de la inmigración se debe en parte a la disponibilidad° de trabajo y en parte a que los inmigrantes que llegan necesitan una red de apoyo. Muchos de ellos no pueden recurrir° a la ayuda que ofrecen los estados por su desconocimiento del inglés y de la cultura

availability

rely on

norteamericana. Los familiares y amigos son los responsables de ayudar a los miembros de su círculo y les facilitan casa y trabajo hasta que se puedan establecer por su cuenta. De esa forma, se han producido y se siguen produciendo grandes concentraciones de hispanos del mismo país de origen en áreas donde su presencia antes era escasa° o inexistente.

scarce, limited

Un muy buen ejemplo es Central Falls, en el estado de Rhode Island. Hoy en día, más de la mitad de sus habitantes° son de origen colombiano, específicamente del departamento° de Antioquia. Todo empezó en 1964 cuando el antioqueño° Pedro Cano llegó a Central Falls. Vino con la ilusión de tener una vida mejor y con la voluntad de trabajar duro° para conseguir sus ideales. Una vez establecido e integrado en la comunidad, fue acogiendo° a sus familiares y a personas conocidas que huían°

inhabitants
state, province
from Antioquia

hard

taking in

were fleeing

Vino con la ilusión de tener una vida mejor y con la voluntad de trabajar duro para conseguir sus ideales.

de la difícil situación socioeconómica y política de su país. Allí iban encontrando el apoyo que necesitaban y podían, de esa forma, mejorar su calidad de vida a la vez que mantenían sus tradiciones y costumbres.

El nacimiento de estos microcosmos también está cambiando el paisaje urbano. Una visita a Central Falls lleva al viajero a un mundo nuevo: las tiendas especializadas en música hispana, los restaurantes de comida colombiana y los establecimientos para enviar dinero a otros países conviven mano a mano con los símbolos de la cultura norteamericana. ■

Latino **USA**

16% Porcentaje de población hispana en los EE.UU.

16 Número de estados en los que viven más de 500.000 hispanos.

203,9% Porcentaje de crecimiento de la población latina en Kendall County, IL entre 2000 y 2006.

100.000.000 Número de hispanos en los EE.UU. proyectado para el año 2050.

Análisis

1 **Comprensión** Elige la opción correcta.

1. El perfil del inmigrante hispano _____.

   a. es el mismo **b.** ha cambiado **c.** es diferente al de otros inmigrantes

2. Además de los puestos de trabajo, lo que atrae hispanos a una comunidad
   es _____.

   a. la presencia de otros hispanos **b.** los alquileres baratos **c.** las buenas escuelas

3. Pedro Cano vino a los EE.UU. con la ilusión de _____.

   a. establecer una comunidad colombiana **b.** ahorrar para después volver a su país
   c. mejorar su calidad de vida

4. Muchos de los colombianos que viven en Central Falls, RI, emigraron
   por _____.

   a. la situación política y económica **b.** las oportunidades de trabajo en Central Falls
   c. la posibilidad de mantener sus tradiciones y su cultura

2 **Micrófono abierto** Trabajen en parejas para escribir una entrevista imaginaria con un(a) hispano/a que hace veinte años vive en los Estados Unidos. Uno/a de ustedes es el/la periodista y el/la otro/a es el/la inmigrante. Consideren estas preguntas y añadan más información.

- ¿Por qué decidió venir a los Estados Unidos?

- ¿Cómo es su vida aquí?

- ¿Cómo era su vida antes de venir?

- ¿Cuántos años tenía cuando llegó aquí?

- ¿Dónde está su familia?

- ¿Piensa regresar algún día a su país de origen?

3 **Carta** En grupos de tres, imaginen que son inmigrantes y que acaban de llegar a los Estados Unidos o Canadá. Escriban una carta a su familia incluyendo la información que responde a las preguntas. Cuando terminen, lean la carta delante de la clase.

- ¿Dónde están?

- ¿Cómo es la ciudad?

- ¿Qué les fascina de la ciudad? ¿Qué les molesta?

- ¿Estan emocionados/as o disgustados/as con el nuevo lugar?

> *6 de septiembre*
>
> *Queridos padres:*
> *¡Estamos en . . . ! ¿Pueden creerlo? Es una*
> *ciudad interesante con . . .*

Preparación Reading Audio: Vocabulary

Sobre el autor

Ya de muy joven, el chileno **Pablo Neruda** (1904-1973) mostraba inclinación por la poesía. En 1924, con tan sólo veinte años, publicó el libro que lo lanzó (*launched*) a la fama: *Veinte poemas de amor y una canción desesperada*. Además de poeta, fue diplomático y político. El amor fue sólo uno de los temas de su extensa obra: también escribió poesía surrealista y poesía con fuerte contenido histórico y político. Su *Canto general* lleva a los lectores en un viaje por la historia de América Latina desde los tiempos precolombinos hasta el siglo veinte. En 1971, recibió el Premio Nobel de Literatura.

Vocabulario de la lectura	
el alma	*soul*
besar	*to kiss*
contentarse	*to be contented/satisfied with*
el corazón	*heart*
el olvido	*forgetfulness, oblivion*

Vocabulario útil	
el/la amado/a	*the loved one, sweetheart*
amar(se)	*to love (each other)*
los celos	*jealousy*
enamorado/a	*in love*
el sentimiento	*feeling*

1 Vocabulario Completa este párrafo sobre una nueva película romántica usando palabras del vocabulario.

Amor sin fronteras es más que una película de amor. En la primera escena, Francisco le dice a Fernanda que él está (1) ___enamorado___ de ella. La joven, sin embargo, no comparte el (2) ___sentimiento___, ya que ama en secreto a Javier, el hermano de Francisco, que emigró a Texas hace dos años. Francisco la (3) ___besa___ y la abraza, pero confunde su frialdad con timidez. Sin embargo, cuando Francisco le ofrece llevarla a Texas con él, María no puede contener la emoción. Es su oportunidad de volver a ver a Javier. La historia de estas dos (4) ___almas___ confundidas se complica cuando, una vez en Texas, Francisco descubre que su (5) ___amada___ en realidad ama a su hermano y lo invaden los (6) ___celos___.

2 Preparación En parejas, hablen de los siguientes temas.

1. ¿Han estado enamorados/as alguna vez?
2. ¿Les gusta leer poesía?
3. ¿Han escrito alguna vez una carta o un poema de amor?
4. ¿Se consideran románticos/as?
5. ¿Comparten sus sentimientos por escrito? ¿A través de qué medio?
6. ¿Creen que el romanticismo es necesario en el amor?
7. ¿Cuál es su historia de amor favorita? ¿Por qué?
8. ¿Qué consejo le darían a alguien que tiene un amor imposible?
9. ¿Han visto películas que tratan sobre hacer películas o han leído libros en los que el narrador habla sobre personajes que a su vez escriben libros? Den ejemplos.
10. ¿Qué medio de comunicación usarían para una declaración de amor? ¿Qué palabras/imágenes/sonidos usarían? ¿Por qué?

INSTRUCTIONAL RESOURCES
Supersite: Literatura recording; Scripts; SAM AK
SAM/WebSAM: LM

1 As a variant, have students write a similar paragraph about a romantic movie or book they are familiar with.

2 For item 9, give students examples of metafictional films and books. Films: *Adaptation, 8 1/2, Stranger than fiction.* Books: *The shining, Secret window, Death in Venice.*

TEACHING OPTION Ask students to find another poem by Pablo Neruda and summarize it for the class. Ask: **¿Qué temas aparecen en esta obra de Neruda? ¿Cuál es su actitud hacia el amor, los sentimientos y la vida humana? ¿Es constante esa actitud?**

POEMA 20

Pablo Neruda

Puedo escribir los versos más tristes esta noche.

Escribir, por ejemplo: "La noche está estrellada°, *starry*
y tiritan°, azules, los astros°, a lo lejos°". *stars/in the distance*
blink, tremble
El viento de la noche gira° en el cielo y canta. *turns*

5   Puedo escribir los versos más tristes esta noche.
Yo la quise, y a veces ella también me quiso.

En las noches como ésta la tuve entre mis brazos.
La besé tantas veces bajo el cielo infinito.

Ella me quiso, a veces yo también la quería.
10 Cómo no haber amado sus grandes ojos fijos°. *fixed*

Puedo escribir los versos más tristes esta noche.
Pensar que no la tengo. Sentir que la he perdido.

Oír la noche inmensa, más inmensa sin ella.
Y el verso cae al alma como al pasto el rocío°. *como al... like the dew on*
the grass
15 Qué importa que mi amor no pudiera guardarla°. *keep, protect*
La noche está estrellada y ella no está conmigo.

Eso es todo. A lo lejos alguien canta. A lo lejos.
Mi alma no se contenta con haberla perdido.

to bring closer Como para acercarla° mi mirada la busca.
20 Mi corazón la busca, y ella no está conmigo.

La misma noche que hace blanquear° los mismos árboles. *to whiten*
Nosotros, los de entonces, ya no somos los mismos.

Ya no la quiero, es cierto, pero cuánto la quise.
voice Mi voz° buscaba el viento para tocar su oído.

25 De otro. Será de otro. Como antes de mis besos.
Su voz, su cuerpo claro. Sus ojos infinitos.

Ya no la quiero, es cierto, pero tal vez la quiero.
Es tan corto el amor, y es tan largo el olvido.

Porque en noches como ésta la tuve entre mis brazos,
30 mi alma no se contenta con haberla perdido.

Aunque éste sea el último dolor que ella me causa,
y éstos sean los últimos versos que yo le escribo. ■

Análisis

1 Have students write two more comprehension questions, then work in pairs to answer each other's questions.

2 Have students discuss their answers in small groups, then have them share their responses with the class.

3 Provide examples to expand the definition: **Por ejemplo, el narrador puede hacer referencia al proceso de escritura, puede escribir sobre un personaje que a su vez escribe, o puede hacer que sus personajes aprendan que son producto de la imaginación del autor.**

4 You may wish to introduce additional terms of endearment or affectionate expressions. Ex: **Mi corazón, Mi cielo, Abrazos, Te extraño, etc.**

4 As an alternate writing assignment, have students write a poem or a diary entry reflecting on how they would write a letter to a loved one.

TEACHING OPTION Ask a few volunteers to bring in the lyrics and music to a Spanish love song. Listen with the class and discuss how the theme of love is approached by each artist and how their attitudes compare with that of *Poema 20.*

Practice more at
suena.vhlcentral.com

1 Comprensión Contesta las preguntas con oraciones completas.

1. ¿Quién habla en este poema? Un hombre enamorado / Un poeta habla en este poema.

2. ¿De quién habla el poeta? El poeta habla de su amada / de su antigua novia.

3. ¿Cuál es el tema del poema? Possible answers: El tema del poema es el amor. / El tema del poema son los poemas de amor.

4. ¿Sigue enamorado el poeta? Explica tu respuesta. El poeta no lo sabe. Por ejemplo, dice: "Ya no la quiero, es cierto, pero tal vez la quiero".

2 Interpretar Contesta las siguientes preguntas con oraciones completas.

1. ¿Cómo se siente el poeta? Da algún ejemplo del poema.

2. ¿Es importante que sea de noche? Razona tu respuesta.

3. ¿Cómo interpretas este verso: "Ya no la quiero, es cierto, pero tal vez la quiero"?

4. Explica el significado de estos versos y su importancia en el poema. ¿Por qué escribe el poeta un verso entre comillas?

> Puedo escribir los versos más tristes esta noche.
> Escribir, por ejemplo: "La noche está estrellada,
> y tiritan, azules, los astros, a lo lejos".
> El viento de la noche gira en el cielo y canta.

3 Metaficción En grupos de tres, lean esta definición y busquen ejemplos de metaficción en el poema de Neruda. ¿Qué efecto tiene este recurso en el poema?

> "La metaficción consiste en reflexionar dentro de una obra de ficción sobre la misma obra."

4 Escribir Escribe una carta dirigida a un(a) amigo/a, a tu novio/a o a un desconocido/a (*stranger*) expresando lo que sientes por él o ella. Sigue el **Plan de redacción.**

> **Plan de redacción**

Escribir una carta

1 Encabezamiento Piensa a quién quieres dirigirle la carta: ¿a un(a) amigo/a? ¿a tu pareja? ¿a alguien que no te conoce? ¿a una estrella de cine? Elige un saludo apropiado: **Estimado/a, Querido/a, Amado/a, Amor mío, Vida mía.**

2 Contenido Organiza las ideas que quieres expresar en un esquema (*outline*) y después escribe la carta. Aquí tienes unas preguntas para ayudarte a ordenar lo que quieres decir:

1. ¿Sabe esta persona lo que sientes? ¿Es la primera vez que se lo dices?

2. ¿Cómo te sientes?

3. ¿Por qué te gusta esta persona?

4. ¿Crees que tus sentimientos son correspondidos?

5. ¿Cómo quieres que sea tu relación en el futuro?

3 Firma Termina la carta con una frase de despedida (*farewell*) adecuada. Aquí tienes unos ejemplos: **Un abrazo, Besos, Te quiero, Te amo, Tu eterno/a enamorado/a.**

Las relaciones personales

Audio: Vocabulary
Flashcards
Video: *Flash Cultura*

Las relaciones

el alma gemela *soul mate, kindred spirit*
la amistad *friendship*
el ánimo *spirit; mood*
el chisme *gossip*
la cita (a ciegas) *(blind) date*
el compromiso *commitment; responsibility; engagement*
el deseo *desire*
el divorcio *divorce*
la (in)fidelidad *(un)faithfulness*
el matrimonio *marriage*
la pareja *couple*
el riesgo *risk*
––––––––
compartir *to share*
confiar (en) *to trust (in)*
contar (o:ue) con *to rely on, to count on*
coquetear *to flirt*
dejar a alguien *to leave someone*
dejar plantado/a *to stand (someone) up*
discutir *to argue*
engañar *to cheat; to deceive*
ligar *to flirt; to hook up*
merecer *to deserve*
romper (con) *to break up (with)*
salir (con) *to go out (with)*

Los sentimientos

enamorarse (de) *to fall in love (with)*
enojarse *to get angry*
estar harto/a *to be fed up (with); to be sick (of)*
llevarse bien/mal/fatal *to get along well/badly/terribly*
odiar *to hate*
ponerse pesado/a *to become annoying*
querer(se) (e:ie) *to love (each other); to want*
sentirse (e:ie) *to feel*
soñar (o:ue) con *to dream about*
tener celos (de) *to be jealous (of)*
tener vergüenza (de) *to be ashamed (of)*

Los estados emocionales

agobiado/a *overwhelmed*
ansioso/a *anxious*
celoso/a *jealous*
deprimido/a *depressed*
disgustado/a *upset*
emocionado/a *excited*
enojado/a *angry, mad*
pasajero/a *fleeting*
preocupado/a (por) *worried (about)*

Los estados civiles

casarse (con) *to get married (to)*
divorciarse (de) *to get a divorce (from)*
––––––––
casado/a *married*
divorciado/a *divorced*
separado/a *separated*
soltero/a *single*
viudo/a *widowed*

Las personalidades

cariñoso/a *affectionate*
cuidadoso/a *careful*
falso/a *insincere*
genial *wonderful*
gracioso/a *funny, pleasant*
inolvidable *unforgettable*
inseguro/a *insecure*
maduro/a *mature*
mentiroso/a *lying; liar*
orgulloso/a *proud*
seguro/a *secure; confident*
sensible *sensitive*
tacaño/a *cheap/stingy*
tempestuoso/a *stormy*
tímido/a *shy*
tranquilo/a *calm*

Cortometraje

el boleto *ticket*
la broma *joke*
la caja *box*
el cortometraje/corto *short film*
la escena *scene*
el guión *script*
la historia *story*
el/la protagonista *main character*
el recuerdo *memento, souvenir*
la ventanilla *ticket window*
––––––––
abrazarse *to hug*
averiguar *to find out*
meterse *to break in (to a conversation)*
suceder *to happen*

Cultura

la calidad de vida *quality of life*
los familiares *relatives*
el/la inmigrante *immigrant*
el lazo *tie*
la patria *home country*
la red de apoyo *support network*
la voluntad *will*
––––––––
abandonar *to leave*
ayudarse *to help one another*
cuidar *to take care*
emigrar *to emigrate*
fortalecerse *to grow stronger*
mudarse *to move*
––––––––
por su cuenta *on his/her own*

Literatura

el alma *soul*
el/la amado/a *the loved one, sweetheart*
los celos *jealousy*
el corazón *heart*
el olvido *forgetfulness, oblivion*
el sentimiento *feeling*
––––––––
amar(se) *to love (each other)*
besar *to kiss*
contentarse con *to be contented/satisfied with*
––––––––
enamorado/a *in love*

INSTRUCTIONAL RESOURCES
Supersite/Test Generator: Testing program

Vivir en la ciudad

Cualquier paseo por una de las capitales del mundo hispano puede convertirse en un verdadero viaje al pasado. Los edificios y plazas de **Madrid**, **Buenos Aires**, **Bogotá** y **Lima** nos cuentan la historia de sus países. Una de estas capitales, famosa por la riqueza cultural que se respira en sus calles, es la **Ciudad de México**, una de las ciudades más grandes del mundo. En esta lección te invitamos a conocer la historia y la cultura de México, la nación hispanohablante más grande del mundo.

El Ángel de la Independencia en el Paseo de la Reforma, una de las principales avenidas de la Ciudad de México.

47

70

Destino:
MÉXICO

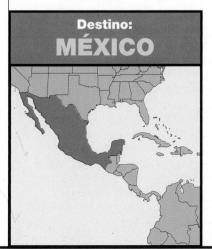

PREVIEW Ask if students have visited any cities in Spanish-speaking countries. Have them share their impressions and make comparisons to cities in the US and Canada. In groups, ask them to describe their own favorite cities.

En la ciudad Audio: Vocabulary

Lugares

las afueras *suburbs*
los alrededores *the outskirts*
el ayuntamiento *city hall*
el barrio *neighborhood*
el centro comercial *mall*
el cine *movie theater*

la ciudad *city*
la comisaría *police station*
la discoteca *dance club*
el edificio *building*
la estación (de trenes/autobuses)
  (train/bus) station
la estación de bomberos *fire station*
la estación de policía *police station*
el estacionamiento *parking lot*
el estadio *stadium*
el metro
  subway
el museo
  museum

la parada (de metro, de autobús)
  (subway, bus) stop
la plaza *square*
el rascacielos
  skyscraper
el suburbio *suburb*
la vivienda *housing;
  home*

Indicaciones

la acera *sidewalk*

la avenida *avenue*
la calle *street*
la cuadra *city block*
la dirección *address*
la esquina *corner*
el letrero *sign, billboard*
el puente *bridge*
el semáforo *traffic light*
el tráfico *traffic*
el transporte público *public transportation*

———

cruzar *to cross*
estar perdido/a
  to be lost
indicar el camino
  to give directions
preguntar el camino
  to ask for directions

Gente

el/la alcalde(sa) *mayor*
el/la ciudadano/a *citizen*
el/la conductor(a) *driver*
la gente *people*
el/la pasajero/a
  passenger
el/la peatón/peatona
  pedestrian
el policía/la mujer policía
  policeman/woman

Actividades

bajar *to go down; to get off (a bus)*
construir *to build*
conversar *to talk*
convivir *to live together; to coexist*
dar un paseo *to take a stroll*
dar una vuelta *to take a walk/ride*
dar una vuelta en bicicleta/carro/
  motocicleta *to take a bike/car/
  motorcycle ride*
disfrutar de *to enjoy*
doblar *to turn*
hacer diligencias *to run errands*
parar *to stop*
pasarlo/la bien/mal *to have a
  good/bad time*
poblar *to settle; to populate*
quedar *to be located*
quedarse *to stay*
recorrer *to travel (around a city)*
relajarse *to relax*
residir *to reside*
subir *to go up; to get on (a bus)*

———

la vida nocturna *nightlife*

Para describir

atrasado/a *late*
cotidiano/a *everyday*
inesperado/a
  unexpected
lleno/a *full*
ruidoso/a *noisy*
vacío/a *empty*

VARIACIÓN LÉXICA
cuadra ↔ manzana
doblar ↔ virar, girar
hacer diligencias ↔ hacer
  mandados/trámites

Point out that unlike the English word
suburb, the Spanish word **suburbio**
connotes a depressed area on a city's
outskirts. Tell students to use **las afueras**
to express the concept of the US suburb.
Point out that **pasarlo** and **pasarla** can
be used interchangeably in the expression
pasarlo/a bien/mal.

**INSTRUCTIONAL
RESOURCES
Supersite:** Audioscripts,
SAM AK, Lab MP3s
SAM/WebSAM: WB, LM

Práctica

1 **¿Qué significa?** Empareja cada palabra con su definición.

__g__ 1. no saber cómo llegar a un lugar   a. puente

__a__ 2. construcción que conecta   b. residir

       dos lugares   c. relajarse

__e__ 3. persona que toma el metro   d. letrero

__f__ 4. todos los días   e. pasajero

__c__ 5. reducir la tensión que   f. cotidiano

       uno tiene   g. estar perdido

__b__ 6. vivir (en un apartamento)   h. ruidoso

__i__ 7. pasarlo bien   i. disfrutar

__d__ 8. anuncio escrito   j. la cuadra

2 **Titulares** A estos titulares (*headlines*) de un periódico les faltan unas palabras. Complétalos utilizando palabras de la lista.

alrededores	discoteca	hace diligencias
ciudadanos	estacionamientos	suburbio
construyen	está perdida	tráfico

1. Encuentran un tesoro (*treasure*) escondido en un ___suburbio___ de la ciudad

2. Hombre muere en un accidente de ___tráfico___

3. Pareja baila sin parar 24 horas en una ___discoteca___

4. Los ___ciudadanos___ creen que el transporte público debe ser barato

5. ___Construyen___ un rascacielos de más de 300 pisos

6. Una familia de turistas ___está perdida___ en el metro; nadie los ayuda

7. No hay suficiente espacio en los ___estacionamientos___ para tantos automóviles

3 **La ciudad** Indica si estás de acuerdo con estas afirmaciones. Después, compara tus opiniones con las de un(a) compañero/a y explica por qué piensas así. ¿Tienen las mismas preferencias?

	Sí	No
1. Es mejor vivir en una ciudad que en un suburbio.	☐	☐
2. Nunca se debe hablar con desconocidos (*strangers*).	☐	☐
3. Es mejor convivir con alguien que vivir solo.	☐	☐
4. Es mejor vivir en una calle pequeña que en una avenida.	☐	☐
5. Se deben eliminar los parques para construir más edificios.	☐	☐
6. En una ciudad es más cómodo manejar que tomar transporte público.	☐	☐

4 **En el ayuntamiento** Imagina que eres el/la alcalde(sa) de una ciudad. ¿Cómo puedes mejorar la vida de los ciudadanos? ¿Qué cambios quieres hacer? Compara tus ideas con las de tus compañeros/as.

2 In groups, have students invent their own headlines using vocabulary from **Para empezar**. Then have the class vote to decide which headlines are the funniest, scariest, most/least believable, etc.

3 Based on their responses to this activity, divide the class into two groups for a debate on the pros and cons of living in a city versus a small town.

Practice more at **suena.vhlcentral.com.**

Preparación **Audio: Vocabulary**

Vocabulario del corto	Vocabulario útil
afligirse *to get upset*	**el/la cajero/a** *cashier*
borracho/a *drunk*	**el/la desconocido/a** *stranger*
el choque *crash*	**la fila** *line*
las facciones *features*	**ingenuo/a** *naïve*
parecerse *to look like*	**valorar** *to value*
repentino/a *sudden*	

EXPRESIONES

Pero... si sólo es/son... *But... it's only...*

¿Sabe(s)? *You know?*

¿Y a mí, qué? *What do I care?*

---

1 **Vocabulario** Completa el artículo con el vocabulario que acabas de aprender.

Robo en supermercado

Ayer un **(1)** __desconocido__ robó en el supermercado ESTRELLA. El hombre entró en la tienda a las nueve de la noche y esperó en la **(2)** __fila__ cinco minutos. Después, empezó a hablar del tiempo con la **(3)** __cajera__. De repente, las luces se apagaron (*went out*) y él se fue con el dinero de la caja. Salió del estacionamiento tan rápido que tuvo un **(4)** __choque__ con un carro deportivo. Se fue corriendo, pero la policía lo encontró. Había tomado tequila y estaba **(5)** __borracho__. Cuando dijeron que lo iban a llevar a la cárcel (*jail*), dijo: "¿ **(6)** __Y a mí, qué__ ?" y saltó al río. No se sabe si está vivo. Según la gente que estaba en el supermercado, este hombre tiene **(7)** __facciones__ idénticas a una persona famosa. **(8)** __Se parece__ mucho a Simon Cowell.

2 **Preguntas** En parejas, contesten las preguntas.

1. ¿Hablan con desconocidos en algunas ocasiones? ¿Les gusta hacerlo?

2. Den ejemplos de dos o tres lugares donde es más fácil o frecuente hablar con gente que no conocen.

3. Según el título del cortometraje, *Adiós mamá,* ¿de qué creen que va a tratar la historia?

3 **Fotogramas** En parejas, observen los fotogramas e imaginen lo que va a ocurrir en el cortometraje. Después, compartan sus ideas.

3 Ask students: ¿Dónde están estas personas? ¿Cómo se siente la mujer? ¿Y el hombre?

4 **¿Eres ingenuo?** En parejas, hagan el test de personalidad.

A. Marquen sus respuestas para saber si son ingenuos/as.

4 In pairs, have students describe a situation in which they were naïve.

TEST DE

PERSONALIDAD

1. **Tu compañero/a de apartamento tiene que ir a una conferencia durante el fin de semana y te vas a quedar solo/a.**
   a. Organizas una gran fiesta. Seguro que no lo va a descubrir.
   b. Invitas a unos amigos y se lo cuentas a tu compañero/a cuando regresa.
   c. Limpias la casa. Él/Ella está trabajando y tú debes hacer lo mismo.

2. **¿Con qué afirmación te identificas?**
   a. Debes creer en la gente y pensar bien de todos.
   b. Hay que esperar a conocer a las personas para tener una opinión de ellas.
   c. Todo el mundo es muy egoísta. Hay que tener cuidado.

3. **Un(a) desconocido/a te manda un mensaje de texto y quiere verte para tomar un café por la tarde.**
   a. ¿Quién será? ¿Qué emoción! ¿Será el/la chico/a tan guapo/a de la clase?
   b. Borras el mensaje inmediatamente. ¡Qué manera de perder el tiempo!
   c. ¡Caramba, seguro que es Amalia para pedir dinero! ¡Siempre igual!

4. **¿Con qué personaje de ficción te identificas?**
   a. El Hombre Araña
   b. Darth Vader
   c. Bart Simpson

5. **Un(a) amigo/a te cuenta que el fin de semana pasado estuvo cenando con tu actor/actriz favorito/a.**
   a. No le crees y le preguntas a todo el mundo si es verdad.
   b. Estás muy contento/a y le pides que te cuente todo, todo, todo.
   c. Le cuentas que el fin de semana pasado tú estuviste en Buenos Aires.

6. **Si les preguntamos a tus mejores amigos/as cuál es tu mejor cualidad, ¿qué contestarán?**
   a. Sin duda, eres la mejor persona del grupo.
   b. Eres inteligente como Einstein.
   c. Eres muy divertido/a y aventurero/a.

B. Ahora, intercambien (*exchange*) sus respuestas y díganle a su compañero/a si creen que es ingenuo/a y por qué.

Short Film

Premio especial
del Jurado,
Semana Internacional
de Cine Experimental
de Valladolid 1997,
España

Una producción de CONACULTA/INSTITUTO MEXICANO DE CINEMATOGRAFÍA Guión y Dirección ARIEL GORDON
Producción JAVIER BOURGES Producción ejecutiva PATRICIA RIGGEN
Fotografía SANTIAGO NAVARRETE Edición CARLOS SALCES Música GERARDO TAMEZ
Sonido SANTIAGO NUÑEZ/NERIO BARBERIS
Arte FERNANDO MERI/AARÓN NIÑO CÁMARA
Actores DANIEL GIMÉNEZ CACHO/DOLORES BERISTAIN/PATRICIA AGUIRRE/PACO MORAYTA

ARGUMENTO *Un hombre está en el supermercado. En la fila para pagar, la señora que está delante de él le habla.*

SEÑORA Se parece a mi hijo. Realmente es igual a él.
HOMBRE Ah pues no, no sé qué decir.

SEÑORA Murió en un choque. El otro conductor iba borracho. Si él viviera, tendría la misma edad que usted.
HOMBRE Por favor, no llore.

SEÑORA ¿Sabe? Usted es su doble. Bendito sea el Señor (*Blessed be the Good Lord*) que me ha permitido ver de nuevo a mi hijo. ¿Le puedo pedir un favor?
HOMBRE Bueno.

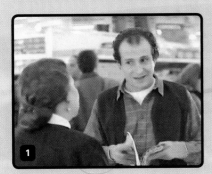

SEÑORA Nunca tuve oportunidad de despedirme de él. Su muerte fue tan repentina. ¿Al menos podría llamarme mamá y decirme adiós cuando me vaya?

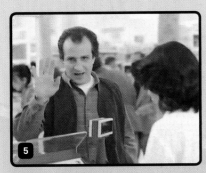

SEÑORA ¡Adiós hijo!
HOMBRE ¡Adiós mamá!
SEÑORA ¡Adiós querido!
HOMBRE ¡Adiós mamá!

CAJERA No sé lo que pasa, la máquina desconoce el artículo. Espere un segundo a que llegue el gerente.
El gerente llega y ayuda a la cajera.

PREVIEW Read and discuss the dialogue before viewing the film. Ask: **¿Por qué no termina el cortometraje en la quinta escena? ¿Cuál será el problema en la sexta escena?**

TEACHING OPTION While viewing the film, ask students to pay close attention to the characters' facial expressions and their own reactions to the characters' emotions.

Análisis

1 Have pairs correct the second paragraph and fill in more details about the short film.

1 Comprensión Lee cada párrafo y decide cuál resume mejor el cortometraje.

1. Los personajes están en un supermercado. Ellos no se conocen, pero la señora dice que el hombre se parece a su hijo. Ella nunca pudo despedirse de él porque murió en un accidente de tráfico. Por eso, la señora le pide al hombre que le diga "adiós mamá" al salir. El hombre se da cuenta de la trampa (*trap*).

2. Los personajes están en un supermercado. Ellos no se conocen y, aunque parece que el hombre no tiene ganas de hablar con la señora, ella insiste. Ella le cuenta que estuvo hace poco en un accidente de tráfico y que perdió a su hijo. Le pide al hombre que le diga "adiós mamá" al salir. La señora le cae tan bien al hombre que a él no le importa pagar por lo que ella compró.

2 In pairs, have students compare the results of the quiz on **p. 45** to their reactions to the woman in the film. Ask: **¿Dudaron de las intenciones de la mujer? ¿Son más ingenuos/as de lo que pensaban?**

2 Ampliar En parejas, háganse las preguntas.

1. ¿Qué verdaderos motivos tendría la señora para engañar (*deceive*) al hombre?

2. ¿Qué creen que aprendió el hombre con esta experiencia?

3. ¿Les pasó a ustedes o a alguien que conocen algo similar alguna vez? Expliquen.

4. Si alguien se les acerca (*approach*) en el supermercado y les pide este tipo de favor, ¿qué hacen?

3 Detective El hombre está contándole a un(a) detective lo que pasó en el supermercado. En parejas, uno/a de ustedes es el/la detective y el/la otro/a es el hombre. Preparen el interrogatorio y represéntenlo delante de la clase.

4 Encourage students to use active vocabulary from the film (**p. 44**).

4 Notas Ahora, imagina que eres el/la detective y escribe un informe (*report*) de lo que pasó. Tiene que ser lo más completo posible. Puedes inventar los datos que tú quieras.

5 Students may also write the paragraph individually, then compare and discuss their responses in pairs or with the class.

5 Inventar Primero, lean lo que dice la madre. Después, en parejas, imaginen que el hijo ficticio nunca tuvo un accidente y, por lo tanto, no murió. ¿Qué pasó con él? ¿Cómo fue su vida? ¿Visitaba a su madre con frecuencia? Escriban un párrafo de unas diez líneas.

> **Murió en un choque. El otro conductor iba borracho.**
>
> **Si él viviera, tendría la misma edad que usted.**
>
> **Se habría titulado y probablemente tendría una familia.**
>
> **Yo sería abuela.**

6 **Imaginar** En parejas, imaginen la vida de uno de los personajes del corto. Escriban por lo menos cinco oraciones usando como base las preguntas.

- ¿Cómo es?
- ¿Dónde vive?

- ¿Con quién vive?
- ¿Qué le gusta?

- ¿Qué no le gusta?
- ¿Tiene dinero?

7 **Sociedad** En grupos, conversen sobre estas preguntas. Después compartan sus ideas con la clase.

1. ¿Creen que se cometen más delitos (*crimes*) ahora que hace diez años? ¿Por qué?

2. ¿Son más frecuentes en pueblos pequeños o en grandes ciudades? ¿Por qué?

3. ¿Creen que la televisión y el cine son malas influencias para los jóvenes? Expliquen su respuesta.

4. ¿Cómo piensan que se puede eliminar este tipo de conducta criminal? ¿Con más justicia social? ¿Con castigos (*punishments*) más severos?

Pregunta de debate

8 **Directores** En parejas, imaginen que tienen que hacer su propio (*own*) cortometraje. Contesten las preguntas y luego compartan sus respuestas con la clase.

- ¿De qué trata?
- ¿Por qué les interesa ese tema?
- ¿Quiénes son los protagonistas?
- ¿Qué género (*genre*) prefieren usar (comedia, drama, suspenso, etc.)? ¿Por qué?

9 **¿Y tú?** En parejas, elijan una de las situaciones y escriban un diálogo. Cuando terminen, represéntenlo delante de la clase.

A

Necesitan mucho dinero y están desesperados porque no saben dónde conseguirlo. ¿Qué hacen? ¿Por qué? ¿Con quién hablan? ¿Qué se dicen?

B

Su mejor amigo/a les pidió mucho dinero el mes pasado; les dijo que se lo iba a devolver en dos días. No se lo ha devuelto todavía y saben que está comprando muchas cosas inútiles.

 Practice more at **suena.vhlcentral.com**.

7 Point out that the word **el crimen** is a false cognate which implies a serious crime, usually involving murder or physical harm. Explain that **el delito** is the general word to refer to minor crimes or offenses.

7 In groups, have students stage a mock political debate to discuss the issue of crime in their own community. Then have them vote for the candidate whose ideas were most convincing.

8 As a project, have students write their own **cortometraje** scripts. If time permits, they may perform or film them for class discussion.

INSTRUCTIONAL RESOURCES Supersite: En pantalla; Script & Translation; Teaching suggestions; **SAM/WebSAM:** WB

SUEÑA

S En **suena.vhlcentral.com** encontrarás más información y actividades relacionadas con esta sección.

MÉXICO

México es un país muy rico y de geografía, tradiciones, recursos y gente muy variados. En él vive cerca de la tercera parte de la población mundial de hispanohablantes. Sus habitantes pertenecen a todos los grupos étnicos, entre los que hay más de cincuenta culturas indígenas autóctonas[1]. Su geografía abarca[2] áridos desiertos, densas selvas tropicales y majestuosas cordilleras[3]. Para el viajero, México ofrece hermosísimos y modernos balnearios[4] en **Acapulco**, **Mazatlán**, **Cabo San Lucas** y **Cancún**, espectaculares sitios arqueológicos, como los de **Chichén Itzá**, **Teotihuacán** y **Palenque**, donde se conservan las ruinas de civilizaciones prehispánicas como las de los mayas y los aztecas, y grandes ciudades cuya riqueza cultural y artística se refleja[5] en su arquitectura colonial y moderna. Algunas fiestas tradicionales, como el **Día de los muertos**, han trascendido fronteras y se festejan también en los Estados Unidos.

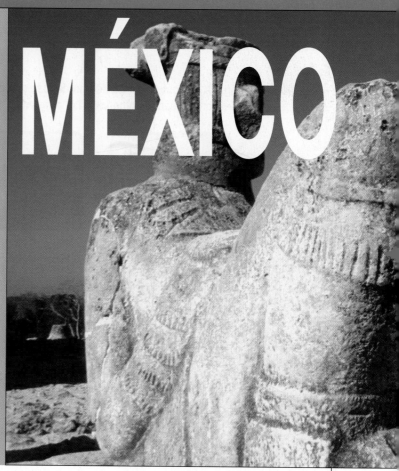

Templo de Kukulcán en Chichén Itzá

MÉXICO D.F.: el corazón de México

La **Ciudad de México**, o **México D.F.** (Distrito Federal), es el centro cultural, gubernamental[6] y comercial de México. Con más de veinte millones de habitantes, es una de las ciudades más grandes del mundo. El carácter contemporáneo del D.F. se entrelaza[7] día a día con las profundas tradiciones prehispánicas que conservan sus habitantes. La variedad de atractivos que ofrece es innumerable: desde la **Alameda Central**, un parque que ha sido centro de actividad desde la época de los aztecas, hasta **Polanco**, una de las zonas de tiendas y restaurantes más chic de la ciudad.

Catedral Metropolitana en el Zócalo del D.F.

El corazón de la Ciudad de México es la **Plaza de la Constitución**, más conocida como el **Zócalo**. Esta plaza es el punto de encuentro de las más diversas manifestaciones artísticas[8] y movimientos sociales. A su alrededor también se encuentran varias de las instituciones más importantes del país. A un lado del Zócalo está el **Palacio Nacional**, donde el presidente mexicano tiene sus oficinas y donde **Diego Rivera** pintó algunos de sus famosos murales sobre la historia de México. En otro lado de la plaza se encuentra la **Catedral Metropolitana**, cuya construcción fue ordenada por **Hernán Cortés** en el siglo XVI.

Signos vitales

Con más de 113 millones de habitantes, **México** es el primer país en población del mundo hispanohablante. Más del 60% de la población es considerada "mestiza", o sea, de raza mixta. Sin embargo, existen unos 50 grupos indígenas que han podido subsistir y mantener sus lenguas y culturas autóctonas.

[1] *native* [2] *covers* [3] *mountain ranges* [4] *resorts* [5] *is reflected* [6] *governmental* [7] *intertwines* [8] **manifestaciones...** *artistic expressions*

¡Conozcamos el D.F.!

Bosque de Chapultepec Es el parque más grande de la **Ciudad de México**, con un área de más de seis kilómetros

cuadrados. En **Chapultepec** se encuentran algunos de los mejores museos de la ciudad, incluyendo el **Museo Nacional de Antropología**, el **Museo de Arte Moderno** y el **Museo Rufino Tamayo**.

Tianguis Ya desde la época de los aztecas se organizaban los llamados "tianguis", mercados al aire libre. Allí se vendían e intercambiaban toda clase de productos, desde comida y animales, hasta canastas[1] y tapetes[2]. Hoy los tianguis se pueden ver por toda la ciudad.

Paseo de la Reforma Es una de las principales avenidas de la ciudad y va desde la **Alameda Central** hasta el **Bosque de Chapultepec**. Aquí encontramos,

además de museos, importantes bancos y edificios históricos, así como hoteles, almacenes y restaurantes. Cerca de la **Zona Rosa** encontramos el **Monumento a la Independencia**, donde está la escultura del **Ángel de la Independencia**.

El Metro El **Metro** es la manera más eficaz[3] y económica de moverse por todo el **D.F.** Con once líneas diferentes que cubren más de 200 kilómetros, más de cuatro millones de personas lo utilizan todos los días. En las horas de mayor congestión, no

está permitido llevar maletas o equipaje[4] por encima de cierto tamaño[5] para facilitar el movimiento de los usuarios.

[1] baskets [2] rugs (Col.; Méx.) [3] efficient [4] baggage [5] size

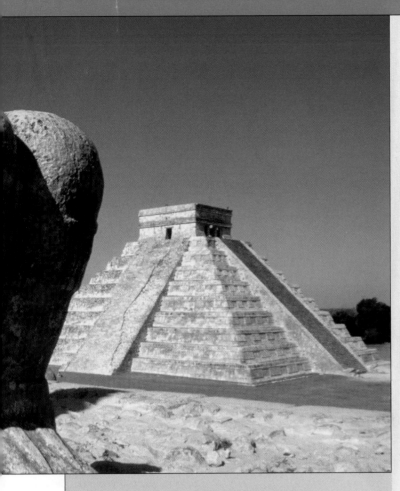

El español de México

alberca	piscina; *pool*
aventarse	atreverse; *to dare*
botana(s)	tapas, aperitivos; *appetizers*
camión	autobús; *bus*
colonia	barrio; *neighborhood*
chavo/a	chico/a; *kid, boy/girl*
chacharear	comprar cosas pequeñas; *to shop for trinkets*
platicar	hablar; *to chat*
sale	de acuerdo; *OK*

Palabras derivadas de lenguas indígenas

guajolote	pavo; *turkey*
jorongo	poncho
papalote	cometa; *kite*
huaraches	sandalias; *sandals*

Expresiones y coloquialismos

¡Órale, pues!	*Okay! Great! Let's do it!*
¡Es/Está padre/padrísimo!	Es/Está muy bueno; *It's great!, It's cool!*
¿Qué onda?	¿Qué pasa? ¿Qué tal?; *What's happening?*

GALERÍA DE CREADORES

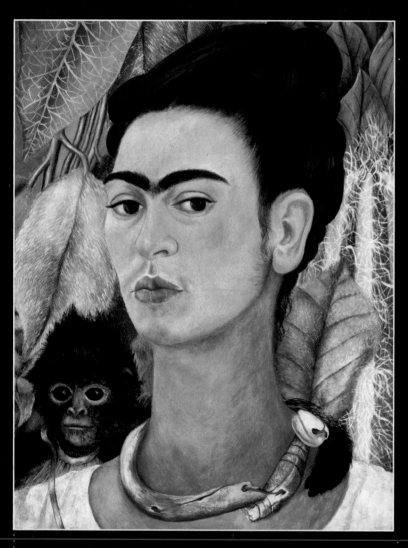

LITERATURA/PERIODISMO
Elena Poniatowska

Hija de madre mexicana y padre polaco, nació en París en 1932 y reside en México desde 1942. Escritora activa y multifacética, Elena Poniatowska es también una intelectual pública y figura política. Ha escrito para muchos periódicos y colaboró en la fundación del diario mexicano *La Jornada*. Como autora, ha escrito en casi todos los géneros: novela, cuento, poesía, ensayo, crónica y entrevista. Algunas de sus obras más conocidas son *La noche de Tlatelolco*, *Tinísima* y *La piel del cielo*.

PINTURA **Frida Kahlo**

Considerada la mayor representante de la pintura introspectiva mexicana del siglo XX, Frida Kahlo es conocida principalmente por sus autorretratos (*self-portraits*), en los que expresa el dolor de su vida personal. En 1929 se casó con el pintor y muralista Diego Rivera, con quien compartía el deseo de afirmar (*assert*) su identidad mexicana a través del arte. Aquí aparece su obra *Autorretrato con mono*.

CINE/DRAMA **Gael García Bernal**

Gael García Bernal nació en el año 1978 en Guadalajara, México, y actualmente es una figura del cine internacional. Hijo de actores, empezó actuando en teatro y apareció en telenovelas y cortometrajes antes de triunfar con la película *Amores perros* (2000). También ha trabajado en *Y tu mamá también* (2001), *La mala educación* (2004), *Babel* (2006) y *Blindness* (2008). García Bernal debutó como director con la película *Déficit* (2007), en la cual también interpreta uno de los papeles (*roles*).

PINTURA/MURALISMO **Diego Rivera**

Diego Rivera es uno de los pintores mexicanos más reconocidos. Sus murales y frescos relatan la historia y los problemas sociales de su país. Pintó muchas de sus composiciones en techos y paredes de edificios públicos para que la clase trabajadora también pudiera tener acceso al arte. Su obra también cuenta con acuarelas (*watercolors*) y óleos (*oil paintings*) que han sido expuestos en todo el mundo. Aquí se ve una sección de su fresco *Batalla de los Aztecas y Españoles*.

CONEXIÓN INTERNET

En **suena.vhlcentral.com** encontrarás más información y actividades relacionadas con esta sección.

¿Qué aprendiste?

Cierto o falso Indica si estas afirmaciones son ciertas o falsas. Corrige las falsas.

1. En México vive casi la tercera parte de los hispanohablantes del mundo. Cierto.

2. En Chichén Itzá, Teotihuacán y Palenque se conservan los restos de edificios coloniales. Falso. Se conservan restos de las civilizaciones prehispánicas de los mayas y los aztecas.

3. Elena Poniatowska es una escritora mexicana que nació en Francia. Cierto.

4. La Alameda Central es una catedral de la época azteca. Falso. La Alameda Central es un parque.

5. El Paseo de la Reforma es un mercado al aire libre medio azteca y medio maya. Falso. El Paseo de la Reforma es una de las principales avenidas de la Ciudad de México.

6. Diego Rivera se preocupó por los problemas sociales de su país, pero no los retrató en su obra. Falso. Sus murales y frescos relatan los problemas sociales de su país.

Preguntas Contesta las preguntas.

1. ¿Qué expresa Frida Kahlo en sus autorretratos? Expresa el dolor de su vida personal.

2. ¿Qué mantienen los 50 grupos indígenas que subsisten en México? Mantienen sus lenguas y sus culturas autóctonas.

3. ¿Qué son los tianguis? Los tianguis son mercados al aire libre que empezaron a existir en la época de los aztecas y todavía existen hoy día.

4. ¿En qué edificio público del D.F. se pueden ver murales de Diego Rivera? ¿Quién trabaja allí? En el Palacio Nacional se pueden ver murales de Diego Rivera. Allí es donde trabaja el presidente mexicano.

5. ¿Qué hizo Gael García Bernal por primera vez en la película *Déficit*? Por primera vez actuó y trabajó como director al mismo tiempo.

6. ¿Qué artista de la Galería te interesa más? ¿Por qué? Answers will vary.

PROYECTO

Un viaje a México

Imagina que vas a hacer un viaje a México. Investiga toda la información que necesites en Internet. Después, prepara tu viaje según los siguientes puntos:

- Selecciona los lugares que quieres visitar y recopila fotos.
- Dibuja un mapa para mostrar tu itinerario.
- Presenta tu plan de viaje a tus compañeros/as de clase. Explícales por qué escogiste los lugares adonde vas a ir.

MINIPRUEBA

Completa las oraciones con la información correcta y demuestra lo que aprendiste sobre México.

1. En Acapulco, Mazatlán, Cabo San Lucas y Cancún hay maravillosos _____.
   a. balnearios   b. edificios   c. desiertos

2. La riqueza cultural y artística de las grandes ciudades mexicanas está presente en su _____ colonial y moderna.
   a. civilización   b. geografía   c. arquitectura

3. _____ ha escrito en casi todos los géneros: novela, cuento, poesía, ensayo y más.
   a. Elena Poniatowska   b. Gael García Bernal
   c. Frida Kahlo

4. Todavía hoy en día los habitantes del D.F. conservan las tradiciones _____ que coexisten con el carácter contemporáneo de la ciudad.
   a. tianguis   b. prehispánicas   c. majestuosas

5. En el D.F., _____ es el punto de encuentro de todo tipo de manifestaciones artísticas.
   a. el Zócalo   b. el Palacio Nacional   c. el zoológico

6. Después de trabajar en teatro y telenovelas, Gael García Bernal se convirtió en estrella de cine con la película _____.
   a. *Babel*   b. *Amores perros*
   c. *Y tu mamá también*

7. Rufino Tamayo es el nombre de un prestigioso _____ de México D.F.
   a. artesano   b. museo   c. sitio arqueológico

8. La palabra _____ es un ejemplo del español de México.
   a. piscina   b. sandalia   c. platicar

9. El Paseo de la Reforma es una avenida que empieza en _____ y termina en un bosque.
   a. el Zócalo   b. la Alameda   c. la Catedral

10. En 1929 Frida Kahlo se casó con _____.
    a. Diego Rivera   b. el presidente   c. Rufino Tamayo

11. Diego Rivera pintaba en las paredes de edificios públicos para que los _____ tuvieran acceso al arte.
    a. niños   b. trabajadores   c. políticos

En pantalla Video: *Reportaje*

Vocabulario

los callejones *alleys*	**el recorrido** *route*
el desafío *challenge*	**el reto** *challenge*
enredadas *twisting*	

El *downhill* es la modalidad más radical del ciclismo de montaña. Los ciclistas bajan a toda velocidad en una carrera (*race*) contrarreloj. *Down Taxco*, un reportaje de la cadena Univisión, da cuenta del *downhill* que se organiza anualmente en Taxco, una ciudad mexicana ubicada en las montañas. Es un pintoresco laberinto de estrechas calles, plazas y terrazas que complementan una riquísima arquitectura colonial. Deportistas locales y extranjeros provenientes de muchos países participan de esta competencia en una pista (*track*) única, que exige la mayor intrepidez y excelencia técnica y en la que hay no pocos accidentes.

Conexión personal ¿Practicas deportes urbanos o conoces a alguien que los practique? ¿Qué actividad física peligrosa te gustaría aprender? ¿Por qué?

Comprensión Contesta las preguntas.

1. ¿Qué distancia recorren los competidores? *Recorren aproximadamente una milla.*
2. ¿Cuál es el principal desafío que enfrentan? *El principal desafío es el diseño de la ciudad.*
3. ¿Por dónde pasa el recorrido de la carrera? *Pasa por escaleras, callejones, rampas, tiendas y hasta alguna que otra casa.*
4. ¿Qué consecuencias puede tener este tipo de ciclismo? *Los ciclistas pueden tener accidentes y lastimarse.*
5. ¿En cuánto tiempo completó la carrera el ganador? *El ganador completó la carrera en dos minutos, catorce segundos.*

Expansión

A. En grupos de tres, organicen un evento como el Down Taxco en su comunidad. ¿En qué consistirá?

- Escriban una lista de distintas competencias (*competitions*) de riesgo. ¿Cuál sería más adecuada en su comunidad? Justifiquen su selección.
- Expliquen el papel de los patrocinadores.
- Decidan cómo van a anunciar el evento para atraer a participantes y espectadores.
- Enumeren las precauciones a tomar para evitar accidentes.
- Enumeren las ventajas y las desventajas de organizar este tipo de competencia.

B. Presenten su proyecto ante la clase.

Down Taxco: locura en bicicletas

El reto es descender en el menor tiempo posible, desde lo más alto de la ciudad hasta la plaza central.

Pues, en sí, los callejones están muy cerrados. Hay curvas muy cerradas, donde sí hay que bajar la velocidad un poco para que puedas entrar.

La ruta pasa por escaleras, callejones, rampas, tiendas y hasta por alguna que otra casa.

Como era de esperarse, esta exótica manera de andar en bicicleta también tiene sus consecuencias.

Practice more at
suena.vhlcentral.com.

INSTRUCTIONAL RESOURCES 2.1

Supersite: Audioscripts, SAM AK, Lab MP3s
SAM/WebSAM: WB, LM

TALLER DE CONSULTA

These additional grammar topics are covered in the **Manual de gramática, Lección 2.**

2.4 Progressive forms, p. 240
2.5 Telling time, p. 242

The preterite

- Spanish has two simple tenses to indicate actions in the past: the preterite (**el pretérito**) and the imperfect (**el imperfecto**). The preterite is used to describe actions or states that began or were completed at a definite time in the past.

The preterite of regular -*ar*, -*er*, and -*ir* verbs		
comprar	vender	abrir
compré	vendí	abrí
compraste	vendiste	abriste
compró	vendió	abrió
compramos	vendimos	abrimos
comprasteis	vendisteis	abristeis
compraron	vendieron	abrieron

- The preterite tense of regular verbs is formed by dropping the infinitive ending (**-ar, -er, -ir**) and adding the preterite endings. Note that the endings of regular **-er** and **-ir** verbs are identical in the preterite tense.

- The preterite of all regular and some irregular verbs requires a written accent on the endings in the **yo, usted, él**, and **ella** forms.

Ayer **empecé** un nuevo trabajo.	Mi mamá **preparó** una cena deliciosa.
Yesterday I started a new job.	*My mom prepared a delicious dinner.*

Remind students that **c** and **g** change to **qu** and **gu** to maintain the hard consonant sounds.

- Verbs that end in **-car**, **-gar**, and **-zar** have a spelling change in the **yo** form of the preterite. All other forms are regular.

buscar	busc-	-qu-	yo busqué
llegar	lleg-	-gu-	yo llegué
empezar	empez-	-c-	yo empecé

Explain that the combination of a strong vowel (**a, e, o**) and a weak vowel (**i, u**) usually forms a diphthong. The **i** in these verbs is stressed in order to break the diphthong.

- **Caer, creer, leer,** and **oír** change **-i-** to **-y-** in the **usted, él,** and **ella** forms and in the **ustedes, ellos,** and **ellas** forms of the preterite. They also require a written accent on the **-i-** in all other forms.

caer	caí, caíste, cayó, caímos, caísteis, cayeron
creer	creí, creíste, creyó, creímos, creísteis, creyeron
leer	leí, leíste, leyó, leímos, leísteis, leyeron
oír	oí, oíste, oyó, oímos, oísteis, oyeron

Point out that **–uir** verbs require written accents in the **yo** and **él/ella/Ud.** forms.

- Verbs with infinitives ending in **-uir** change **-i-** to **-y-** in the **usted, él,** and **ella** forms and in the **ustedes, ellos,** and **ellas** forms of the preterite.

construir	construí, construiste, construyó, construimos, construisteis, construyeron
incluir	incluí, incluiste, incluyó, incluimos, incluisteis, incluyeron

You may want to explain that the **y** in forms such as **cayó** and **incluyeron** is a phonetic convention to avoid the three-vowel sequence that would otherwise occur in such forms.

- Stem-changing **-ir** verbs also have a stem change in the **usted, él,** and **ella** forms and in the **ustedes, ellos,** and **ellas** forms of the preterite.

Preterite of *-ir* stem-changing verbs			
pedir		**dormir**	
pedí	pedimos	dormí	dormimos
pediste	pedisteis	dormiste	dormisteis
pidió	pidieron	durmió	durmieron

- Stem-changing **-ar** and **-er** verbs do not have a stem change in the preterite.

- A number of verbs, most of them **-er** and **-ir** verbs, have irregular preterite stems. Note that none of these verbs takes a written accent on the preterite endings.

—*Nunca **tuve** oportunidad de despedirme de él.*

Preterite of irregular verbs

infinitive	u-stem	preterite forms
andar	and**uv**-	**anduve, anduviste, anduvo, anduvimos, anduvisteis, anduvieron**
estar	est**uv**-	**estuve, estuviste, estuvo, estuvimos, estuvisteis, estuvieron**
poder	p**ud**-	**pude, pudiste, pudo, pudimos, pudisteis, pudieron**
poner	p**us**-	**puse, pusiste, puso, pusimos, pusisteis, pusieron**
saber	s**up**-	**supe, supiste, supo, supimos, supisteis, supieron**
tener	t**uv**-	**tuve, tuviste, tuvo, tuvimos, tuvisteis, tuvieron**

infinitive	i-stem	preterite forms
hacer	h**ic**-	**hice, hiciste, hizo, hicimos, hicisteis, hicieron**
querer	qu**is**-	**quise, quisiste, quiso, quisimos, quisisteis, quisieron**
venir	v**in**-	**vine, viniste, vino, vinimos, vinisteis, vinieron**

infinitive	j-stem	preterite forms
conducir	condu**j**-	**conduje, condujiste, condujo, condujimos, condujisteis, condujeron**
decir	di**j**-	**dije, dijiste, dijo, dijimos, dijisteis, dijeron**
traer	tra**j**-	**traje, trajiste, trajo, trajimos, trajisteis, trajeron**

- Note that not only does the stem of **decir (dij-)** end in **j**, but the stem vowel **e** changes to **i**. In the **usted, él,** and **ella** form of **hacer (hizo)**, **c** changes to **z** to maintain the pronunciation. Most verbs that end in **-cir** have **j**-stems in the preterite.

Práctica

Acapulco Escribe la forma correcta del pretérito de los verbos indicados.

1. El sábado pasado, mis compañeros de apartamento y yo ___fuimos___ (ir) a Acapulco.

2. (Nosotros) _Nos quedamos_ (quedarse) en un edificio muy alto y bonito.

3. En la playa, yo ___leí___ (leer) un libro y Carlos ___tomó___ (tomar) el sol.

4. Mariela y Felisa ___caminaron___ (caminar) mucho por la ciudad.

5. Una señora les ___indicó___ (indicar) el camino para ir a un restaurante muy conocido.

6. Por la noche, todos nosotros ___cenamos___ (cenar) en el restaurante.

Playa de Acapulco

7. Después, en la discoteca, Carlos y Mariela ___bailaron___ (bailar) toda la noche.

8. Y yo ___vi___ (ver) a unos amigos de Monterrey. ¡Qué casualidad!

9. (Yo) ___Hablé___ (hablar) con ellos un ratito.

10. Y (nosotros) ___llegamos___ (llegar) al hotel a las tres de la mañana. ¡Qué tarde!

¿Qué hicieron? Combina elementos de cada columna para narrar lo que hicieron estas personas.

anoche	yo	conversar
anteayer	mi compañero/a de cuarto	dar
ayer		decir
la semana pasada	mis amigos/as	ir
	el/la profesor(a) de español	pasar
una vez		pedir
dos veces	mi novio/a	tener que

?

Nota CULTURAL

A principios de los años 30, los habitantes de clase media del **D.F.** escogieron **Acapulco** para escapar del ruido (*noise*) de la ciudad. En los años 60, se convirtió en un centro turístico de gran prosperidad y en destino de ricos y famosos. Hoy día, todavía ofrece sus encantos básicos —playas, naturaleza exótica y diversión de día y de noche— a los que buscan paraísos en la Tierra.

La última vez En parejas, indiquen cuándo hicieron por última vez estas cosas. Incluyan detalles en sus respuestas. Answers will vary.

Modelo **llorar viendo una película**
— La última vez que lloré viendo una película fue en 2007. La película fue *Mar adentro*.
— Bueno, ¡yo lloré mucho viendo *Adiós mamá...*!

1. hacer diligencias …hice …
2. decir una mentira …dije …
3. olvidar algo importante …olvidé …
4. perderse en una ciudad …me perdí …
5. indicar el camino …indiqué …

6. oír una buena/mala noticia …oí …
7. hablar con un(a) desconocido/a …hablé …
8. estar enfadado con un(a) amigo/a …estuve …
9. ver tres programas de televisión seguidos …vi …
10. comer en un restaurante …comí…

 Practice more at **suena.vhlcentral.com**.

Comunicación

4

La semana pasada Pasea por el salón de clase y haz preguntas a tus compañeros/as para averiguar qué hicieron la semana pasada. Anota el nombre de la primera persona que conteste que sí a las preguntas.

4 VARIACIÓN LÉXICA
conducir ↔ manejar
carro ↔ coche, auto/
automóvil

> **Modelo** **ir al cine**
> —¿Fuiste al cine la semana pasada?
> —Sí, fui al cine y vi una película muy buena./No, no fui al cine.

Actividades	Nombre
1. asistir a un partido de fútbol	_____
2. conducir tu carro a la universidad	_____
3. dar un consejo (*advice*) a un(a) amigo/a	_____
4. dormirse en clase o en el laboratorio	_____
5. estudiar toda la noche para un examen	_____
6. hablar con un policía	_____
7. hacer una tarea dos veces	_____
8. ir al centro comercial	_____
9. perder algo importante	_____
10. tomar un autobús	_____
11. viajar en transporte público	_____
12. visitar un museo	_____

5

La ciudad En parejas, túrnense para hablar de la última vez que visitaron una ciudad que no conocían.

5 Have students share their partners' answers with the class. If any students described the same city, ask the class to compare and contrast the students' experiences.

> **Modelo** —¿Y qué hiciste en Taxco?
> —Pues muchas cosas… Visité la Iglesia de Santa Prisca, una de las más bellas de México, disfruté de la arquitectura colonial, anduve y anduve, tomé miles de fotos…

- ¿Adónde fuiste?
- ¿Por qué fuiste?
- ¿Quién planeó el viaje?
- ¿Cuándo fue?
- ¿Cuánto tiempo te quedaste?
- ¿Qué hiciste allí?
- ¿Quiénes fueron y quiénes no pudieron ir?
- ¿Te gustó? ¿Por qué?

6

¿Qué haces para divertirte?

A. Haz una lista de diez actividades divertidas que hiciste el mes pasado.

B. En parejas, túrnense para preguntarse qué hicieron y averigüen si hicieron lo mismo.

C. Describan a la clase lo que hizo su compañero/a.

D. Luego, la clase decide quién es el/la más activo/a.

INSTRUCTIONAL RESOURCES
Supersite: Audioscripts, SAM AK, Lab MP3s
SAM/WebSAM: WB, LM

2.2

The imperfect

- The imperfect tense in Spanish is used to narrate past events without focusing on their beginning, end, or completion.

—*Mi hijo* **era** *tímido y de pocas palabras como usted.*

- The imperfect tense of regular verbs is formed by dropping the infinitive ending (**-ar, -er, -ir**) and adding personal endings. **-Ar** verbs take the endings **-aba, -abas, -aba, -ábamos, -abais, -aban**. **-Er** and **-ir** verbs take **-ía, -ías, -ía, -íamos, -íais, -ían**.

The imperfect of regular *-ar*, *-er*, and *-ir* verbs		
caminar	**deber**	**abrir**
camin**aba**	deb**ía**	abr**ía**
camin**abas**	deb**ías**	abr**ías**
camin**aba**	deb**ía**	abr**ía**
camin**ábamos**	deb**íamos**	abr**íamos**
camin**abais**	deb**íais**	abr**íais**
camin**aban**	deb**ían**	abr**ían**

- **Ir, ser,** and **ver** are the only verbs that are irregular in the imperfect.

The imperfect of irregular verbs		
ir	**ser**	**ver**
iba	era	veía
ibas	eras	veías
iba	era	veía
íbamos	éramos	veíamos
ibais	erais	veíais
iban	eran	veían

- The imperfect tense narrates what was going on at a certain time in the past. It often indicates what was happening in the background.

  Cuando yo **era** joven, **vivía** en una ciudad muy grande. Todas las semanas, mis padres y yo **visitábamos** a mis abuelos.
  When I was young, I lived in a big city. Every week, my parents and I visited my grandparents.

TALLER DE CONSULTA

To express past actions in progress, the imperfect or the past progressive may be used. See **Manual de gramática 2.4, p. 240.**

¿Qué hacías ayer cuando llamé?
What were you doing yesterday when I called?
Estaba estudiando.
I was studying.

Remind students that progressive forms are less common in Spanish than in English. Ex:
I am walking to the bank.
Camino al banco.
I was walking to the bank.
Caminaba al banco.

- The imperfect of **haber** is **había**. There is no plural form.

  Había tres cajeros en el supermercado.
  There were three cashiers in the supermarket.

  Sólo **había** un mesero en el café.
  There was only one waiter in the café.

- These words and expressions, among others, are often used with the imperfect because they express habitual or repeated actions without reference to their beginning or end: **de niño/a** (*as a child*), **todos los días** (*every day*), **mientras** (*while*).

  De niño, vivía en las afueras de la Ciudad de México.
  As a child, I lived in a suburb of Mexico City.

  Todos los días visitaba a mis primos en un pueblo cercano.
  Every day I visited my cousins in a nearby village.

Siempre dormía muy mal.
Nunca podía relajarme.
Estaba desesperado; no sabía qué hacer.
Ahora, mis problemas están resueltos con mi nueva cama.

DORMALUX
LA CAMA DE TUS SUEÑOS

Práctica

Nota CULTURAL

El **Palacio de Cortés** es uno de los edificios más famosos de **Cuernavaca**. Se terminó de constuir en 1535. Ha servido de cárcel (*jail*) y de sede del gobierno y hoy día es el **Museo Cuauhnáhuac.** Los murales que pintó **Diego Rivera** en 1930 sobre la conquista española añaden interés a este histórico lugar.

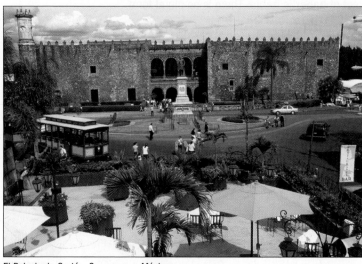

El Palacio de Cortés, Cuernavaca, México

1 Point out that the imperfect is usually used to talk about someone's age in the past.

1 Ask students: **De niños/as, ¿vivían en otra ciudad? ¿Cómo era su vida diaria allá?**

2 Remind students that the imperfect is used with expressions that signal repetition, such as **los fines de semana** and **por las tardes.**

1 **Cuernavaca** Escribe la forma correcta del imperfecto de los verbos indicados.

Cuando yo (1) ___tenía___ (tener) veinte años, estuve en México por seis meses. (2) ___Vivía___ (vivir) en Cuernavaca, una ciudad cerca de la capital. (3) ___Era___ (ser) estudiante en un programa de español para extranjeros. Entre semana mis amigos y yo (4) ___estudiábamos___ (estudiar) español por las mañanas. Por las tardes, (5) ___visitábamos___ (visitar) los lugares más interesantes de la ciudad para conocerla mejor. Los fines de semana, nosotros (6) ___íbamos___ (ir) de excursión. (Nosotros) (7) ___Visitábamos___ (visitar) ciudades y pueblos nuevos. ¡Los paisajes (8) ___eran___ (ser) maravillosos!

2 **Antes** En parejas, túrnense para hacerse preguntas usando estas frases.

> **Modelo** **tomar el metro**
> — ¿Tomas el metro?
> — Ahora sí, pero antes nunca lo tomaba./Ahora no, pero antes siempre lo tomaba.

1. ir a las discotecas vas / iba
2. tomar vacaciones tomas / tomaba
3. ir de compras al centro comercial vas / iba
4. hacer diligencias los fines de semana haces / hacía
5. trabajar por las tardes trabajas / trabajaba
6. preocuparse por el futuro te preocupas / me preocupaba

3 **Rutinas** En parejas, un(a) compañero/a comienza la narración de alguna rutina que tenía en el pasado. El/La otro/a debe adivinar (*to guess*) cómo termina.

> **Modelo** — Mi madre me daba dinero y me llevaba al centro comercial.
> — Tú comprabas ropa y discos. Luego tu madre te recogía y regresaban a casa.

 Practice more at **suena.vhlcentral.com.**

Comunicación

4 **¿Y ustedes?**

A. Busca en la clase compañeros/as que hacían estas cosas cuando eran niños/as. Escribe el nombre de la primera persona que conteste afirmativamente cada pregunta.

Modelo   **ir mucho al cine**
—¿Ibas mucho al cine?
—Sí, iba mucho al cine.

¿Qué hacían?	Nombre
1. tener miedo de los monstruos y fantasmas de los cuentos	_____
2. llorar todo el tiempo	_____
3. siempre hacer su cama	_____
4. ser muy travieso/a (*mischievous*)	_____
5. romper los juguetes (*toys*)	_____
6. darles muchos regalos a sus padres	_____
7. comer muchos dulces	_____
8. montar bicicleta	_____
9. correr en el parque	_____
10. beber limonada	_____

B. Ahora, comparte con la clase los resultados de tu búsqueda.

5 **Antes y ahora** En parejas, comparen cómo ha cambiado este lugar en los últimos años. ¿Cómo era antes? ¿Cómo es ahora?

Antes

Ahora

6 **Entrevista** Trabajen en parejas. Uno/a de ustedes es una persona famosa y el/la otro/a es un(a) reportero/a que la entrevista para saber cómo era su vida de niño/a. Después informen a la clase sobre la celebridad. Sean creativos.

Modelo   De niña, Salma Hayek viajaba todos los veranos al sureste de México. Le gustaba ir a las tiendas en el centro de Mérida...

---

4 Have students use the imperfect to write a paragraph about themselves as children. Ask: **¿Cómo eran? ¿Qué hacían?** Then ask them to compare their answers with a partner´s. Ask: **¿Qué tenían en común? ¿En qué eran distintos/as?**

5 Have students perform the same activity as a class using old photographs of the college campus.

6 Ask students to read their summaries to the class, omitting the name of the celebrity. Classmates must try to guess who is described.

INSTRUCTIONAL RESOURCES

Supersite: Audioscripts, SAM AK, Lab MP3s

SAM/WebSAM: WB, LM

2.3

The preterite vs. the imperfect

- Although the preterite and imperfect both express past actions or states, the two tenses have different uses. They are not interchangeable.

Uses of the preterite

- To express actions or states viewed by the speaker as completed.

    Viviste en ese barrio el año pasado.
    You lived in that neighborhood last year.

    Mis amigas **fueron** al centro comercial ayer.
    My girlfriends went to the mall yesterday.

—*Mi hijo **murió** en un choque.*

- To express the beginning or end of a past action.

    La telenovela **empezó** a las ocho.
    The soap opera began at eight o'clock.

    Estas dos noticias **se difundieron** la semana pasada.
    These two news items were broadcast last week.

- To narrate a series of past actions.

    Salí de casa, **crucé** la calle y **entré** en el edificio.
    I left the house, crossed the street, and entered the building.

    Llegó al centro, le **dieron** indicaciones y **se fue**.
    He arrived at the center, they gave him directions, and he left.

Uses of the imperfect

- To describe an ongoing past action without reference to beginning or end.

    No se podía parar delante de la comisaría.
    Stopping in front of the police station was not permitted.

    Juan **tomaba** el transporte público frecuentemente.
    Juan frequently took public transportation.

—*El otro conductor **iba** borracho.*

- To express habitual past actions.

    Me gustaba jugar al fútbol los domingos.
    I used to like to play soccer on Sundays.

    Solían hacer las diligencias los fines de semana.
    They used to run errands on weekends.

Remind students that **soler** means *to do something usually*. Point out that **soler** is often used in the imperfect because its meaning implies repetition. Ask personalized questions to practice the use of **soler** with infinitives.

- To describe mental, physical, and emotional states or conditions.

    Estaba muy nerviosa antes de la entrevista.
    She was very nervous before the interview.

- To tell time.

    Eran las ocho y media de la mañana.
    It was eight thirty a.m.

TALLER DE CONSULTA

To review telling time, see **Manual de gramática 2.5, p. 242.**

The preterite and imperfect used together

- When narrating in the past, the imperfect describes *what was happening*, while the preterite describes the action that *interrupted* the ongoing activity. The imperfect provides background information, while the preterite indicates specific events that advance the plot.

> Mientras **estudiaba, sonó** la alarma contra incendios. Me **levanté** de un salto y **miré** el reloj. **Eran** las 11:30 de la noche. **Salí** corriendo de mi cuarto. En el pasillo **había** más estudiantes. La alarma **seguía** sonando. **Bajamos** las escaleras y, al llegar a la calle, me **di** cuenta de que **hacía** un poco de frío. No **tenía** un suéter. De repente, la alarma **dejó** de sonar. No **había** ningún incendio.

> *While I was studying, the fire alarm went off. I jumped up and looked at the clock. It was 11:30 p.m. I ran out of my room. In the hall there were more students. The alarm continued to blare. We rushed down the stairs and, when we got to the street, I realized that it was a little cold. I didn't have a sweater. Suddenly, the alarm stopped. There was no fire.*

Different meanings in the imperfect and preterite

- The verbs **querer**, **poder**, **saber**, and **conocer** have different meanings when they are used in the preterite. Notice also the meanings of **no querer** and **no poder** in the preterite.

infinitive	imperfect	preterite
querer	**Quería** acompañarte. *I **wanted** to go with you.*	**Quise** acompañarte. *I **tried** to go with you (but failed).*
		No quise acompañarte. *I **refused** to go with you.*
poder	Ana **podía** hacerlo. *Ana **could** do it.*	Ana **pudo** hacerlo. *Ana **succeeded** in doing it.*
		Ana **no pudo** hacerlo. *Ana **could not** (and did not) do it.*
saber	Ernesto **sabía** la verdad. *Ernesto **knew** the truth.*	Por fin Ernesto **supo** la verdad. *Ernesto finally **discovered** the truth.*
conocer	Yo ya **conocía** a Andrés. *I already **knew** Andrés.*	Yo **conocí** a Andrés en la fiesta. *I **met** Andrés at the party.*
	María y Andrés **se conocían.** *María and Andrés **knew** each other.*	María y Andrés **se conocieron** en Acapulco. *María and Andrés **met** in Acapulco.*

Práctica

1 Use item 7 to explain the difference between **hubo** and **había**. Ex. **Había veinte estudiantes en la clase. Hubo un examen ayer.**

1 Have students call out verbs and list them on the board. Use one of the verbs to begin a story in the past tense, then let students take turns adding to the story, using verbs from the list.

3 Remind students how to write dates in Spanish.

1 **El centro** Elena y Francisca prometieron llevar a su amigo Felipe a una entrevista de trabajo. Completa las oraciones con el imperfecto o el pretérito de estos verbos. Usa cada verbo una sola vez.

conducir	desayunar	llamar
construir	estar	llegar
cruzar	haber	salir
dar	leer	ser
decir	levantarse	ver

Eran las ocho cuando Francisca y Elena (1)_se levantaron_ para ir al centro. Elena (2)_desayunaba_ cuando Felipe la (3)_llamó_ para decir que estaba listo. Le (4)_dijo_ otra vez que la cita (5)_era_ a las diez y media. Ellas (6)_salieron_ a las nueve y media. Todavía era temprano y (7)_había_ tiempo. Elena (8)_conducía_ mientras Francisca (9)_leía_ las indicaciones para llegar. Había mucho tráfico cuando (10)_cruzaron_ el puente. No (11)_vieron_ el edificio de oficinas porque (12)_estaban_ perdidas. (13)_Dieron_ muchas vueltas y por fin (14)_llegaron_. Ya eran las once menos cuarto. ¡Pero no (15)_había_ nadie allí!

2 **Interrupciones** Combina palabras y frases de cada columna para contar lo que hicieron las siguientes personas. Usa el pretérito y el imperfecto.

> **Modelo** **Ustedes miraban la tele cuando el médico llamó.**

yo	dormir	usted	llamar por teléfono
tú	comer	el médico	salir
Marta y Miguel	escuchar música	la policía	sonar
nosotros	mirar la tele	el/la profesor(a)	recibir el correo electrónico
Paco	conducir	los amigos	ver el accidente
ustedes	ir a...	Shakira	
		la alarma	

cuando

3 **Las fechas importantes**

A. Escribe cuatro fechas importantes en tu vida y explica qué pasó.

Fecha	¿Qué pasó?	¿Con quién estabas?	¿Dónde estabas?	¿Qué tiempo hacía?
Modelo				
el 6 de agosto de 2008	**Conocí a Dave Navarro.**	**Estaba con un amigo.**	**Estábamos en el gimnasio Vida.**	**Llovía mucho.**

B. Intercambia tu información con tres compañeros/as. Ellos te van a hacer preguntas para conocer más detalles sobre lo que te pasó.

Comunicación

4 Note that the imperfect is used to tell time in the past. Refer students to **Manual de gramática 2.5, p. 242** to review telling time in Spanish.

4

La mañana de Esperanza

A. En parejas, observen los dibujos. Escriban lo que le pasó a Esperanza después de abrir la puerta de su casa. ¿Cómo fue su mañana? ¡Inventen! Utilicen el pretérito y el imperfecto en la narración. Sample answers.

1. Abrió la puerta. Salió a la calle. Estaba nublado. Eran las diez y media de la mañana.

2. Mientras caminaba por la calle, empezó a llover. Eran las once menos dieciséis.

3. Cuando llegó al supermercado, estaba lloviendo mucho. Eran las once.

4. Llegó a su casa a las once y media. Empezó a preparar el almuerzo.

B. Con dos parejas más, túrnense para presentar las historias que han escrito. Después, combinen sus historias para hacer una nueva.

5

Crónicas En grupos de tres, pongan estos fragmentos de oraciones en una secuencia lógica. Después, completen las oraciones y añadan otras para crear una historia. Usen el pretérito y el imperfecto.

1. Con frecuencia, mis amigos/as…
2. El sábado pasado…
3. Regularmente, en la plaza de…
4. Anoche, un conductor…
5. Generalmente, los pasajeros…
6. Ayer en la ciudad…

5 Have each group share its story with the class. Then have students vote for the most interesting one.

TEACHING OPTION Using comic strips or series of photos, have students use the preterite and imperfect to describe what happened in the pictures.

6

Cambios En parejas, díganse en qué ciudad crecieron. Luego describan los cambios que han transformado esa ciudad y cómo se vivía antes. Luego, resuman para la clase la descripción de su compañero/a.

Modelo Hace cinco años, construyeron un nuevo rascacielos.
Antes, podíamos ver las montañas desde nuestro jardín.

Síntesis

La ciudad es mía

Esta mañana abrí la ventana de la habitación. Hacía calor. En un instante decidí no leer el periódico, es más, decidí no ir al trabajo. Salí a la calle sin desayunar y, sin dudar, me subí al primer autobús que paró. Había muchos asientos libres, elegí uno sin prisa y me senté.

El autobús avanzaba° y yo observaba escenas cotidianas. Estuve en el autobús un buen rato° y después bajé. Crucé la calle y empecé a caminar y llegué a una plaza inmensa. Había mucha gente. Hombres y mujeres de todas las edades iban y venían en todas direcciones. Me perdí entre la multitud. Estaba contento. Me gusta vagabundear° por la ciudad sin destino°. En una esquina me paré y tomé otra decisión.

Mientras caminaba, seguí a un grupo de jóvenes. Pensé que ellos iban a algún lugar interesante. ¡Y así fue! Yo no solía seguir a la gente, pero hoy era diferente; quería improvisar.

Empezaba a llover, pero las calles no estaban vacías. Yo quise terminar el día con un paseo bajo la lluvia, pero no pude. Algo inesperado° sucedió°. ∎

was moving forward

a while

roam
destination

unexpected/
happened

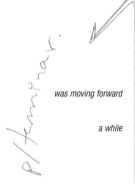

1 **Preguntas** Contesta las preguntas.

1. ¿Qué decisiones tomó el protagonista ("P") de la historia? Decidió no leer el periódico, no ir al trabajo y seguir a un grupo de jóvenes.

2. ¿Qué transporte público tomó? Tomó el autobús.

3. ¿A quién siguió? ¿Por qué? Siguió a un grupo de jóvenes porque pensó que iban a un lugar interesante.

2 **Detalles** En parejas, inventen las respuestas para completar el día de P por las calles de la Ciudad de México. Utilicen la imaginación y su conocimiento de esta ciudad.

1. ¿A qué plaza llegó P? ¿Qué había? ¿Cómo era?

2. ¿Adónde fueron los jóvenes? ¿Qué hicieron? ¿Qué hizo P?

3. ¿Cómo fue el día de P? ¿Lo pasó bien? ¿Por qué?

3 **Algo inesperado** P no pudo contarnos qué sucedió mientras regresaba a casa bajo la lluvia. En grupos de tres, inventen un desenlace (*outcome*) posible y después compártanlo con la clase.

Preparación Audio: Vocabulary

Vocabulario de la lectura	
acostumbrar	*to do as a custom/habit*
la costumbre	*custom; habit*
el cuidado	*care*
decidido/a	*determined*
difundir (noticias)	*to spread (news)*
el/la habitante	*inhabitant*
el matriarcado	*matriarchy*
el mito	*myth*
permitir	*to allow*

Vocabulario útil	
el bienestar	*well-being*
la característica	*characteristic*
conservar	*to preserve*
cooperar	*to cooperate*
la influencia	*influence*
justo/a	*just, fair*
significar	*to mean*

Explain that, like **soler**, the verb **acostumbrar** often translates as *usually* or *typically*.

1 Vocabulario Completa cada oración con la palabra más adecuada.

1. Me caí dando una vuelta en bicicleta. Iba rápido y no tuve suficiente _____.
   (a.) cuidado   b. influencia   c. bienestar

2. La ley no _____ doblar cuando hay peatones en la esquina.
   a. significa   (b.) permite   c. coopera

3. Trata de relajarte un poco cada día. Tienes que pensar en tu _____ mental.
   (a.) bienestar   b. costumbre   c. mito

4. Supe del accidente porque _____ las imágenes en la televisión.
   a. significaron   b. acostumbraron   (c.) difundieron

5. Cada barrio es diferente y _____ sus tradiciones independientes.
   (a.) conserva   b. coopera   c. significa

1 Have students use verbs from the vocabulary lists to write sentences in the preterite and imperfect.

2 Las mujeres de tu vida Contesta las preguntas y explica tus respuestas. También puedes añadir anécdotas y detalles.

1. ¿Qué mujeres ocupan un papel importante en tu vida personal?

2. ¿Qué mujeres tienen papeles importantes en tu comunidad?

3. ¿A qué mujer famosa admiras?

4. ¿Qué cualidades admiras más en la personalidad de una mujer? ¿Y en la de un hombre? ¿Son las mismas?

3 Hombres y mujeres En parejas, hagan dos listas: una con cinco cosas que creen que tienen en común los hombres y las mujeres; y otra con cinco cosas en las que son diferentes. Después, compartan sus listas con la clase. ¿Pueden llegar a alguna conclusión?

Iguales
- *Los hombres y las mujeres tienen preocupaciones similares.*
- *A ambos les preocupa el medioambiente.*

Diferentes
- *Las mujeres son más sensibles.*
- *Los hombres tienen menos paciencia.*

TEACHING OPTION
To preview the reading, ask groups to describe possible characteristics of a matriarchal society.

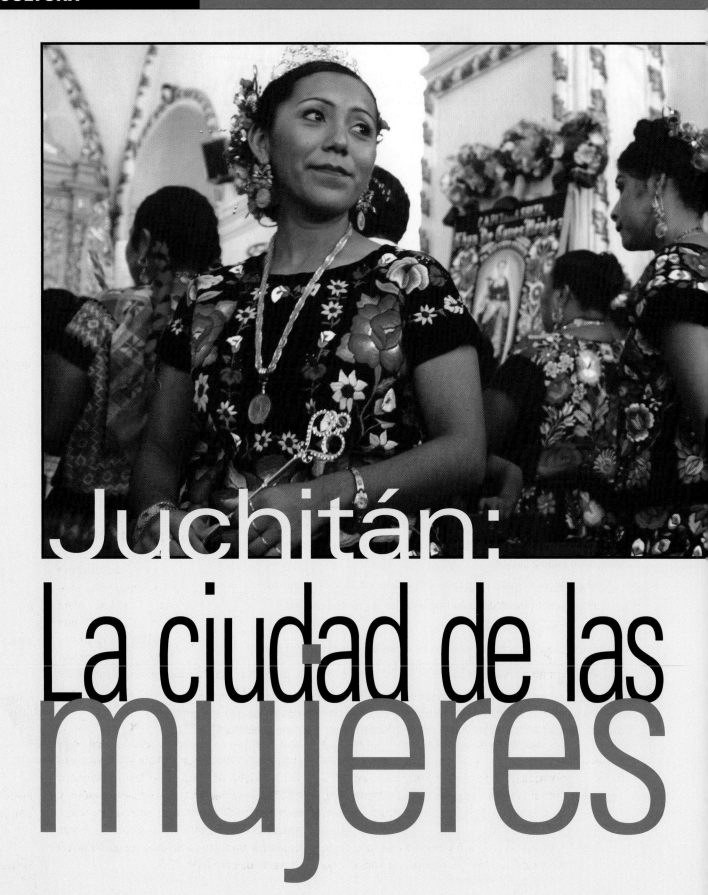

Juchitán: La ciudad de las mujeres

Famosa por sus mujeres, fuertes y decididas, Juchitán es una ciudad mexicana mayoritariamente° indígena cuyos mitos y
5 costumbres se resisten a la influencia del exterior.

mainly

Está en una zona de México llamada Istmo de Tehuantepec, en el sur del estado de Oaxaca, muy cerca de la frontera con
10 Guatemala. Sus habitantes son en su mayoría de la etnia zapoteca y, hasta hoy, todavía hablan su lengua ancestral°, el zapoteco.

ancient

Muchos afirman que en Juchitán existe un matriarcado por la presencia tan
15 trascendental que las mujeres tienen en la economía y la sociedad en general. Además, ellas son las que toman las decisiones importantes en la familia; por ejemplo, si un hombre quiere comprar algo o salir a
20 divertirse, tiene que pedirle dinero a la mujer de la casa.

Las mujeres juchitecas° son extrovertidas y acostumbran llevar trajes° de colores brillantes; además, se desenvuelven° con
25 dignidad y siempre son directas al hablar. Aun las mujeres de mayor edad se visten con garbo°, confianza° y sin la intención de esconder su edad, porque ser "viejo" no tiene una
35 connotación negativa en su cultura.

habitantes de Juchitán
vestidos
carry themselves

poise/confidence 30

La estructura social de esta comunidad está claramente dividida. Los hombres trabajan en el sector de la producción: son campesinos°, pescadores°, artesanos°
40 y también son los que toman las decisiones políticas. Por su parte, las mujeres manejan° la organización doméstica, la economía familiar, el comercio y el sistema festivo.
45 Las fiestas son parte importante de la vida en Juchitán, ya que duran varios días

agricultural workers/ fishermen/ craftsmen

handle

Frida y Juchitán

La pintora mexicana Frida Kahlo admiraba mucho a las mujeres juchitecas. Tenía muchos vestidos bordados (*embroidered*) en Juchitán que llevaba a diario y en varios de sus autorretratos (*self-portraits*) se pintó con estos vestidos.

y requieren de una compleja preparación. Las mujeres son las anfitrionas° y, a la hora del baile, hay más mujeres que hombres en la pista° bailando al ritmo de la música
50 tradicional.

hostesses
dance floor

El mercado es un punto central en Juchitán, donde las mujeres venden los productos del campo o del mar que los hombres han traído a casa. Es también ahí
55 donde se difunden las noticias entre todos y se arreglan asuntos° sociales y familiares.

issues are settled

Su capacidad económica le permite a la mujer
60 juchiteca una gran autonomía en relación con el hombre. Ésta se refleja en una
65 sólida autoestima°, en una presencia dominante dentro del sistema social de la comunidad y en una fuerte y aceptada autoridad en la familia.
70
Ningún hombre juchiteco se siente mal porque el sistema económico está dirigido por las mujeres. Aquí —al contrario del modelo occidental— las prioridades son la alimentación°, el cuidado de niños y
75 ancianos°, y los banquetes colectivos. Nadie se queda con hambre en Juchitán. ¿Cuántas ciudades pueden decir esto en el llamado "mundo desarrollado°"? ■

self-esteem

comida
elderly people

developed

Las mujeres juchitecas son extrovertidas y acostumbran llevar trajes de colores brillantes.

1 Have students check their answers with a partner.

Análisis

1

Comprensión Contesta las preguntas con oraciones completas.

1. ¿Cómo son las mujeres juchitecas? Usa por lo menos tres adjetivos de la lectura. Las mujeres juchitecas son fuertes, decididas y extrovertidas.

2. ¿Cuáles son las principales ocupaciones de los hombres juchitecos? Los hombres son campesinos, pescadores, artesanos y políticos.

3. ¿En qué trabajan las mujeres de esta ciudad? Las mujeres trabajan en la organización doméstica, la economía familiar, el comercio y el sistema festivo.

4. ¿Cómo son las fiestas en Juchitán? Duran varios días y se baila mucho.

5. Si quieres saber lo que ha pasado últimamente (*lately*) en Juchitán, ¿adónde debes ir? Debes ir al mercado.

6. ¿Cuándo usaba Frida Kahlo sus vestidos bordados en Juchitán? Los usaba diariamente.

7. ¿Qué logra (*achieve*) la mujer juchiteca con su capacidad económica? Logra una gran autonomía con relación al hombre.

8. ¿A qué le da más importancia el sistema económico de Juchitán? Se le da a la alimentación, al cuidado de niños y ancianos, y a los banquetes colectivos.

2

Opiniones En parejas, contesten las preguntas.

1. ¿Qué opinan del papel de las mujeres en Juchitán?

2. ¿Qué aspecto les pareció el más interesante de esta sociedad?

3. ¿Qué cosas son diferentes entre Juchitán y la sociedad en la que ustedes viven? Hagan una lista.

3 Write responses on the board in two columns: **Positivas** and **Negativas**. Were any qualities listed as both positive and negative? Encourage students to debate the pros and cons of their own community and defend their points of view.

3

Tu comunidad Escribe cuatro características positivas y cuatro negativas de la comunidad en que vives. Compártelas con la clase.

Características

Positivas	Negativas

4

Imaginar En grupos de cinco, imaginen que forman parte de un nuevo modelo de sociedad. ¿Cómo es? Descríbanlo usando estas preguntas como referencia y añadan otros detalles. Después, compartan sus "sociedades" con la clase.

- ¿Cómo participan las mujeres? ¿Y los hombres?
- ¿Qué trabajo hace cada uno/a de ustedes?
- ¿Cuáles son las prioridades del gobierno?
- ¿Quién(es) encabeza(n) (*lead*) el gobierno?

TEACHING OPTION Ask students to compare the description of Juchitán to their previous ideas about what constitutes a matriarchal society. **¿Están de acuerdo en que existe un matriarcado en Juchitán? ¿Por qué?**

5

Explicar En parejas, lean las siguientes afirmaciones del artículo. ¿Qué filosofía tienen en común? ¿La cultura occidental valora también esa filosofía? Den al menos tres razones para explicar su opinión.

- "Nadie se queda con hambre en Juchitán."
- "... ser viejo no tiene una connotación negativa..."
- "Ningún hombre juchiteco se siente mal porque el sistema económico está dirigido por las mujeres."

Practice more at **suena.vhlcentral.com**

Preparación Reading Audio: Vocabulary

Sobre el autor

El escritor mexicano **José Emilio Pacheco** (1939-) cultiva con maestría casi todos los géneros: la poesía, el cuento, la novela, el guión cinematográfico y el ensayo. Es especialista en literatura mexicana, disciplina a la que ha dedicado su trabajo como profesor de la Universidad Nacional Autónoma de México. Su poesía, que incluye obras como *Los elementos de la noche* (1963), *El reposo del fuego* (1966) y *No me preguntes cómo pasa el tiempo* (1970), es a menudo de lenguaje sencillo y directo, y reflexiona tanto sobre los temas cotidianos como sobre los más universales. En su narrativa, aparecen con frecuencia el mundo de la infancia y de la adolescencia, con la Ciudad de México como fondo. Entre sus obras en prosa se destacan (*stand out*) *El viento distante* (1963-1969) y *Las batallas en el desierto* (1981). Pacheco ha recibido numerosos premios literarios a través de su carrera, entre ellos el Premio Octavio Paz en 2003.

INSTRUCTIONAL RESOURCES
Supersite: Literatura recording; Scripts; SAM AK
SAM/WebSAM: LM

VARIACIÓN LÉXICA
mesero/a ↔ camarero/a

Vocabulario de la lectura	Vocabulario útil
el desenlace *ending, outcome*	**atreverse** *to dare*
enrojecer *to blush, to turn red*	**atrevido/a** *daring, brave*
esconder *to hide*	**disimular** *to hide, to conceal*
el/la mesero/a *waiter, waitress*	**la soledad** *loneliness*
la mirada *gaze, look*	**la vergüenza** *embarrassment*
la timidez *shyness*	

1

Vocabulario Empareja las palabras con la definición adecuada.

___e___ 1. disimular
___h___ 2. atrevido
___f___ 3. timidez
___g___ 4. enrojecer
___d___ 5. vergüenza
___b___ 6. desenlace
___a___ 7. esconder
___c___ 8. soledad

a. poner algo donde no se puede ver

b. sinónimo de **fin**

c. falta de amigos o seres queridos

d. emoción que sentimos al cometer públicamente un error

e. esconder lo que uno siente

f. no hacer algunas cosas por miedo a hacer el ridículo

g. ponerse de color rojo por estar en una situación incómoda (*uncomfortable*)

h. alguien valiente

1 In pairs, have students use the active vocabulary to describe a recent moment of shyness, loneliness, or embarrassment.

2

Preparación En parejas, contesten las preguntas y expliquen sus respuestas.

1. ¿Les gusta la soledad? ¿Por qué?

2. ¿En qué ciudad o pueblo quieren vivir en el futuro? Den sus razones.

3. ¿Qué hacen cuando están solos/as un domingo por la tarde?

4. ¿Les gusta coquetear? ¿Son tímidos/as? Expliquen.

3

Aqueronte Mira la foto que se encuentra en la próxima página, junto con la cita (*quote*) que aparece debajo de ella. ¿De qué crees que va a tratar el cuento?

Nota CULTURAL

En la mitología griega, **Aqueronte** era el río que separaba el mundo superior y el mundo subterráneo, conocido también como el mundo de los muertos. Una vez que las almas cruzaban sus aguas, no podían volver al mundo exterior. Aquel mundo subterráneo se caracterizaba por la profunda oscuridad que cubría sus caminos laberínticos.

AQUERONTE

José Emilio Pacheco

Son las cinco de la tarde, la lluvia° ha cesado°, bajo la húmeda luz el domingo parece vacío. La muchacha entra en el café. La observan dos parejas de edad madura°, un padre con cuatro niños pequeños. A una velocidad que demuestra su timidez, atraviesa° el salón, toma asiento° a una mesa en el extremo izquierdo. Por un instante se aprecia nada más la silueta a contraluz° del brillo° solar en los ventanales°. Cuando se acerca el mesero la muchacha pide una limonada, saca un cuaderno y se pone a escribir algo en sus páginas. No lo haría si esperara a alguien que en cualquier momento puede llegar a interrumpirla. La música de fondo° está a bajo volumen. De momento no hay conversaciones.

El mesero sirve la limonada, ella da las gracias, echa° azúcar en el vaso alargado° y la disuelve con una cucharilla de peltre°. Prueba el líquido agridulce°, vuelve a concentrarse en lo que escribe con un bolígrafo de tinta° roja. ¿Un diario, una carta, una tarea escolar, un poema, un cuento? Imposible saberlo, imposible saber por qué está sola en la capital y no tiene adónde ir la tarde de un domingo en mayo de 1966. Es difícil calcular su edad: catorce, dieciocho, veinte años. La hacen muy atractiva la esbelta° armonía de su cuerpo, el largo pelo castaño°, los ojos un poco rasgados°, un aire de inocencia y

- rain/stopped
- middle-aged
- crosses
- seat
- against the light / light, brightness / large windows
- background
- pone/elongated
- pewter
- bittersweet
- ink
- slender, graceful
- brown
- almond-shaped

Los gritos del mesero llaman la atención de todos los presentes. La muchacha enrojece y no sabe en dónde ocultarse.

Ⓢ Audio: Dramatic Recording

35 desamparo°, la pesadumbre° de quien tiene
un secreto.

Un joven de su misma edad o acaso°
un poco mayor se sienta en un lugar
de la terraza, aislada° del salón por un
40 ventanal. Llama al mesero y ordena
un café. Observa el interior. Su mirada
recorre° sitios vacíos, grupos silenciosos,
y se detiene° un instante en la muchacha.
Al sentirse observada alza la vista°.

45 Enseguida° baja los ojos y se concentra
en su escritura. El salón ya no flota en la
penumbra°: acaban de encender las luces
fluorescentes.

Bajo la falsa claridad ella de nuevo
50 levanta la cabeza y encuentra la mirada del
joven. Agita° la cucharilla de peltre para
disolver el azúcar asentada° en el fondo°.
Él prueba su café y observa a la muchacha.
Sonríe al ver que ella lo mira y luego se
55 vuelve hacia la calle. Este mostrarse y

ocultarse°, este juego que parece divertirlos
o exaltarlos se repite con leves° variantes
por espacio de un cuarto de hora o veinte
minutos. Por fin él la mira de frente° y sonríe
60 una vez más. Ella aún trata de esconder el
miedo o el misterio que impiden el natural
acercamiento.

El ventanal la refleja, copia sus actos, los
duplica sin relieve° ni hondura°. Recomienza
65 la lluvia, el aire arroja° gotas° de agua a la
terraza. Cuando siente humedecerse° su ropa
el joven da muestras de inquietud° y ganas
de marcharse. Entonces ella desprende° una
hoja del cuaderno, escribe unas líneas y da
70 una mirada ansiosa al desconocido. Con la
cuchara golpea° el vaso alargado. Se acerca
el mesero, toma la hoja de papel, lee las
primeras palabras, retrocede°, gesticula,
contesta indignado, se retira como quien
75 opone un gesto altivo° a la ofensa que acaba
de recibir.

Los gritos° del mesero llaman la
atención de todos los presentes. La
muchacha enrojece y no sabe en dónde
80 ocultarse. El joven observa paralizado la
escena inimaginable: el desenlace lógico
era otro. Antes de que él pueda intervenir,
vencer° la timidez que lo agobia° cuando
se encuentra sin el apoyo°, el estímulo, la
85 mirada crítica de sus amigos, la muchacha
se levanta, deja unos billetes sobre la mesa
y sale del café.

Él la ve pasar por la terraza sin mirarlo,
se queda inmóvil un instante, luego
90 reacciona y toca en el ventanal para que
le traigan la cuenta. El mesero toma lo
que dejó la muchacha, va hacia la caja° y
habla mucho tiempo con la encargada°. El
joven recibe la nota, paga, sale al mundo
95 en que se oscurece° la lluvia. En una
esquina donde las calles se bifurcan° mira
hacia todas partes. No la encuentra. El
domingo termina. Cae la noche en la ciudad
que para siempre ocultará a la muchacha. ∎

*Glosses (left and right margins):*

- neglect, vulnerability / grief, sorrow
- quizás
- isolated
- scans
- halts, stops
- looks up
- Inmediatamente
- semi-darkness
- She stirs
- settled / bottom
- hide oneself
- slight
- directamente
- emphasis / depth
- throws / drops
- dampen
- restlessness
- saca
- taps
- steps back
- haughty, arrogant
- yelling
- conquer / overwhelms
- support
- register
- manager
- gets darker
- fork

Análisis

1 **Comprensión** Contesta las preguntas con oraciones completas.

1. Al entrar en el café, ¿qué hace la muchacha? Atraviesa el salón muy de prisa y se sienta en una mesa en el extremo izquierdo.

2. ¿Cómo muestra el joven que le gusta la muchacha? La mira y sonríe.

3. ¿Qué le da la muchacha al mesero? Le da una hoja de papel.

4. ¿Cómo reacciona el mesero? Se enfada.

5. ¿Qué hace la muchacha cuando oye los gritos del mesero? Enrojece, se levanta, paga y sale del café.

6. ¿Se conocen los jóvenes al final? ¿Por qué? No, porque cuando el muchacho sale a la calle, la chica no está.

2 **Interpretar** Contesta las preguntas con oraciones completas.

1. ¿Cómo crees que es la muchacha? ¿Y el muchacho?

2. ¿Qué ocurre entre la muchacha y el mesero? Intenta dar una explicación lógica.

3. ¿Qué hace y cómo se siente el muchacho cuando la joven sale del café?

4. Comenta el significado de la última oración del cuento: "Cae la noche en la ciudad que para siempre ocultará a la muchacha".

5. ¿Por qué se titula *Aqueronte* este cuento? Explica tu respuesta.

3 **Las emociones** En grupos de tres, lean las siguientes emociones. Para cada una, escojan una escena del cuento en la que la emoción se aplica a uno de los personajes. Expliquen por qué el personaje la siente y cómo la emoción contribuye al misterio del desenlace.

- la timidez
- la alegría
- el insulto
- la vergüenza
- la desilusión
- el enojo

4 **Imaginar** En parejas, imaginen que los jóvenes sí se conocieron. Escriban su conversación y después represéntenla delante de la clase.

5 **Escribir** ¿Te ha pasado algo parecido a lo que vivieron los protagonistas del cuento? Sigue el **Plan de redacción** para escribir una experiencia similar tuya. Puedes también inventar una situación. Usa el pretérito y el imperfecto.

Plan de redacción

Escribir una historia en pasado

1 Presentación Inicia tu composición contando cuándo pasó, dónde y con quién estabas.

2 Experiencia Cuenta lo que ocurrió. Recuerda que debes utilizar el pretérito para las acciones y el imperfecto para las descripciones. Usa expresiones como: **todo empezó, mientras, entonces, después, al final, finalmente…**

3 Conclusión Termina tu historia resumiendo muy brevemente qué pasó y lo que sentiste en esa ocasión.

**Side notes:**

2 Ask pairs to write the text of the note given to the waiter. Then have them pass the notes around the class. Which ones seem most probable, based on the story?

2 Ask students: En este cuento, ¿qué simboliza la ciudad? ¿El café? ¿El ventanal?

5 Before writing, assign sections of *Aqueronte* to groups and have them retell their portions of the story in the past tense to review the uses of the preterite and the imperfect in past narrations.

5 Encourage students to describe not just the events themselves, but also the mood and atmosphere. How is the setting important or symbolic?

 Practice more at **suena.vhlcentral.com**

En la ciudad

Audio: Vocabulary
Flashcards
Video: *Flash Cultura*

Lugares

las afueras *suburbs*
los alrededores *the outskirts*
el ayuntamiento *city hall*
el barrio *neighborhood*
el centro comercial *mall*
el cine *movie theater*
la ciudad *city*
la comisaría *police station*
la discoteca *dance club*
el edificio *building*
la estación (de trenes/de autobuses) *(train/bus) station*
la estación de bomberos *fire station*
la estación de policía *police station*
el estacionamiento *parking lot*
el estadio *stadium*
el metro *subway*
el museo *museum*
la parada (de metro, de autobús) *(subway, bus) stop*
la plaza *square*
el rascacielos *skyscraper*
el suburbio *suburb*
la vivienda *housing; home*

Indicaciones

la acera *sidewalk*
la avenida *avenue*
la calle *street*
la cuadra *city block*
la dirección *address*
la esquina *corner*
el letrero *sign, billboard*
el puente *bridge*
el semáforo *traffic light*
el tráfico *traffic*
el transporte público *public transportation*

cruzar *to cross*
estar perdido/a *to be lost*
indicar el camino *to give directions*
preguntar el camino *to ask for directions*

Gente

el/la alcalde(sa) *mayor*
el/la ciudadano/a *citizen*
el/la conductor(a) *driver*
la gente *people*
el/la pasajero/a *passenger*
el/la peatón/peatona *pedestrian*
el policía/la mujer policía *policeman/woman*

Actividades

bajar *to go down; to get off (a bus)*
construir *to build*
conversar *to talk*
convivir *to live together; to coexist*
dar un paseo *to take a stroll*
dar una vuelta *to take a walk/ride*
dar una vuelta en bicicleta/carro/motocicleta *to take a bike/car/motorcycle ride*
disfrutar de *to enjoy*
doblar *to turn*
hacer diligencias *to run errands*
parar *to stop*
pasarlo bien/mal *to have a good/bad time*
poblar *to settle; to populate*
quedar *to be located*
quedarse *to stay*
recorrer *to travel (around a city)*
relajarse *to relax*
residir *to reside*
subir *to go up; to get on (a bus)*

la vida nocturna *nightlife*

Para describir

atrasado/a *late*
cotidiano/a *everyday*
inesperado/a *unexpected*
lleno/a *full*
ruidoso/a *noisy*
vacío/a *empty*

Cortometraje

el/la cajero/a *cashier*
el choque *crash*
el/la desconocido/a *stranger*
las facciones *features*
la fila *line*

afligirse *to get upset*
parecerse *to look like*
valorar *to value*

borracho/a *drunk*
ingenuo/a *naïve*
repentino/a *sudden*

Cultura

el bienestar *well-being*
la característica *characteristic*
la costumbre *custom; habit*
el cuidado *care*
el/la habitante *inhabitant*
la influencia *influence*
el matriarcado *matriarchy*
el mito *myth*

acostumbrar *to do as a custom/habit*
conservar *to preserve*
cooperar *to cooperate*
difundir (noticias) *to spread (news)*
permitir *to allow*
significar *to mean*

decidido/a *determined*
justo/a *just, fair*

Literatura

el desenlace *ending, outcome*
el/la mesero/a *waiter/waitress*
la mirada *gaze*
la soledad *loneliness*
la timidez *shyness*
la vergüenza *embarrassment*

atreverse *to dare*
disimular *to hide, to conceal*
enrojecer *to blush, to turn red*
esconder *to hide*

atrevido/a *daring, brave*

La influencia de los medios

Hoy más que nunca los medios de comunicación son parte fundamental de nuestra vida cotidiana. Éstos no sólo informan, sino que influyen en la opinión pública y en la interpretación de la realidad. La prensa escrita, la radio, la televisión e Internet están tan presentes en nuestras vidas que casi puede decirse que si algo no aparece en los medios, no existe. ¿Estamos informados o hipnotizados?

85

89

Destino:
EL CARIBE

CUBA
REPÚBLICA DOMINICANA
PUERTO RICO

PREVIEW Read the text on the previous page together as a class and have students discuss the question in small groups. Ask volunteers from each group to report back to the class, then encourage further debate about the proliferation of the media.

Los medios de comunicación

 Audio: Vocabulary

Los medios

el acontecimiento *event*
la actualidad *current events*
el anuncio *advertisement, commercial*
la censura *censorship*
Internet *Internet*
los medios (de comunicación) *media*
la parcialidad *bias*
la publicidad *advertising*
la radio *radio*
la radioemisora
  radio station
el reportaje
  news report
el sitio web *website*
la temporada *season*

enterarse (de) *to become informed (about)*
navegar en la red *to surf the web*

opinar *to express an opinion, to think*
ser parcial *to be biased*
tener buena/mala fama *to have a good/bad reputation*

actualizado/a *up-to-date*
destacado/a *prominent*
en directo/vivo *live*
imparcial *impartial, unbiased*
influyente *influential*

Profesionales de los medios

el/la actor/actriz *actor/actress*
el/la cantante *singer*
el/la crítico/a de cine
  film critic
el/la director(a)
  director
la estrella (de cine)
  (movie) star (male or female)
el/la fotógrafo/a *photographer*
el/la locutor(a) de radio *radio announcer*

el/la oyente *listener*
el/la periodista *journalist*
el público *audience, public*
el/la redactor(a) *editor*
el/la reportero/a *reporter*
el/la televidente *television viewer*

El cine y la televisión

la banda sonora *soundtrack*
la cadena *network*

UNIVISION

el cine *cinema, movies*
el doblaje *dubbing*
el documental *documentary*
los efectos especiales *special effects*
el estreno *premiere, new movie*
la pantalla *screen*
la película *movie*
el programa de concursos *game show*
el programa de telerrealidad
  reality show
los subtítulos *subtitles*
la telenovela *soap opera*

VARIACIÓN LÉXICA
Point out that in many regions, **el radio** refers to a radio set, while **la radio** refers to the medium.

la transmisión *broadcast*
el video musical *music video*

ensayar *to rehearse*
entretener *to entertain*
entrevistar *to interview*
rodar (o:ue) *to shoot (a movie)*
grabar *to record*
transmitir
  to broadcast

La prensa

el horóscopo *horoscope*
la libertad de prensa *freedom of the press*
las noticias locales/internacionales/ nacionales *local/international/ national news*
el periódico/el diario
  newspaper
la portada *front page, cover*
la prensa (sensacionalista)
  (sensationalist) press
la revista *magazine*
la sección de sociedad *lifestyle section*
la sección deportiva *sports section*
la tira cómica *comic strip*
el titular *headline*

El Mundo
El presidente denuncia terrorismo
Ex líder se llevó fondos secretos

investigar *to research; to investigate*
publicar *to publish*
suscribirse (a) *to subscribe (to)*

INSTRUCTIONAL RESOURCES
Supersite: Audioscripts, SAM AK, Lab MP3s
SAM/WebSAM: WB, LM

Práctica

1 In pairs, ask students to come up with two of their own analogies using the new vocabulary.

1 **Analogías** Completa cada analogía con una palabra de la lista.

actualidad	destacado	imparcial	radio
censura	entretener	periodista	sitio web

1. reportero : reportaje = _periodista_ : periódico
2. noticia internacional : informar = telenovela : _entretener_
3. televidente : televisión = oyente : _radio_
4. mentiroso : sincero = parcial : _imparcial_
5. influyente : importante = _destacado_ : prominente
6. escena : película = _sitio web_ : Internet

2 **Completar** Completa el texto con las palabras correctas de la lista.

acontecimiento	crítico de cine	mala fama	sociedad
anuncios	entrevistó	pantalla	tira cómica
cadena	estrella	sensacionalista	transmitieron

2 Have students list a few recent media events, such as awards shows, season premieres, or important news coverage. Then have them poll each other to find out who viewed each event.

No quería perderme el (1) _acontecimiento_ del año y al final me lo perdí. La (2) _estrella_ de cine asistió al estreno de su última película y una periodista la (3) _entrevistó_. Fotógrafos de buena y (4) _mala fama_ sacaban fotos para venderlas a la prensa (5) _sensacionalista_. Algunos reporteros hablaban con un destacado (6) _crítico de cine_ para saber su opinión de la película. El público se entretenía mirando escenas en una (7) _pantalla_ gigante. Varios canales de televisión (8) _transmitieron_ el evento en directo. Al final, no sé qué pasó. ¡Cambié de canal durante los (9) _anuncios_ y me dormí! Mañana voy a leer la sección de (10) _sociedad_ para enterarme de lo que me perdí.

3 **¿Qué opinas tú?** Di si estás de acuerdo con cada afirmación. Después, comparte tus opiniones con la clase.

3 Encourage students to support their opinions with specific examples.

	Sí	No
1. Hoy día es más fácil enterarse de lo que pasa en el mundo.	☐	☐
2. Gracias a los medios de comunicación, la gente tiene menos prejuicios que antes.	☐	☐
3. La libertad de prensa es un mito.	☐	☐
4. La publicidad sólo quiere entretener al público.	☐	☐
5. El objetivo de la prensa sensacionalista es informar.	☐	☐
6. Gracias a Internet, ahora podemos encontrar más información imparcial.	☐	☐
7. La imagen tiene mucho poder en el mundo de la comunicación.	☐	☐
8. Actualmente los reporteros son vendedores de opiniones.	☐	☐
9. Tenemos demasiada información. Es imposible asimilarla toda.	☐	☐
10. El mundo es mejor gracias a los medios de comunicación.	☐	☐

Practice more at **suena.vhlcentral.com**.

INSTRUCTIONAL RESOURCES
Supersite/DVD: Film Collection
Supersite: Script & Translation

VARIACIÓN LÉXICA
Point out that **un crimen** denotes a serious crime, often involving murder. **Un delito** refers to a lesser infraction.

VARIACIÓN LÉXICA
¿No es cierto? ↔ ¿Verdad que sí?, ¿A que sí?

Preparación **Audio: Vocabulary**

Vocabulario del corto	
apenas *hardly; just*	
el arma *gun*	
el Diablo *the Devil*	
el disparo *shot*	
la encrucijada *crossroads*	
firmar *to sign*	
el pasamontañas *ski mask*	

Vocabulario útil	
adivinar *to guess*	**el fenómeno** *phenomenon*
el alma *soul*	**invocar** *to invoke, to call on*
el ángel *angel*	**los rasgos** *features*
arrepentirse *to regret*	**robar** *to rob*
castigar *to punish*	**el robo** *robbery*
cometer (un delito) *to commit (a crime)*	**la sangre** *blood*
engañar *to deceive, to trick*	**el ser humano** *human being*
la fantasía *fantasy*	**el suceso** *incident*

EXPRESIONES

¿Cómo que…? *What do you mean…?*
en lo que respecta a… *with respect to…*
¿no es cierto? *am I right?, isn't that right?*

1 **Emparejar** Elige la palabra de la columna B que corresponde a la definición de la columna A.

A

<u>h</u> 1. llevarse algo contra la voluntad del dueño
<u>d</u> 2. llamar a algo o a alguien
<u>i</u> 3. líquido que corre por las venas
<u>c</u> 4. instrumento capaz de lastimar a otra persona
<u>f</u> 5. punto donde dos caminos se cruzan
<u>a</u> 6. dar una respuesta sin estar seguro/a de ella
<u>g</u> 7. artículo que cubre toda la cabeza hasta el cuello
<u>e</u> 8. descarga de un arma de fuego

B

a. adivinar
b. apenas
c. arma
d. invocar
e. disparo
f. encrucijada
g. pasamontañas
h. robar
i. sangre
j. suceso

2 Divide the class into two teams. Have students read their descriptions to the class to see which team can guess the most movie titles.

3 Call on students to share their partners' responses. Encourage them to comment on differences of opinion and to defend their personal beliefs.

2 **Vocabulario** Usa el vocabulario de esta página para escribir el argumento de una película que hayas visto. Después, léeselo a tu compañero/a, quien te hará preguntas para adivinar el título.

3 **Preparación** En parejas, contesten las preguntas.

1. ¿Conocen alguna historia en la que alguien le vende su alma al Diablo? ¿Cuál? ¿Qué tipo de obra es (novela, película, etc.)?

2. El tema de venderle el alma al Diablo es muy antiguo y frecuente en la cultura occidental (*Western*). ¿Por qué creen que es tan popular?

3. ¿Creen que las malas acciones se castigan de alguna forma? Expliquen.

4 Fotogramas Observa los fotogramas e imagina lo que va a ocurrir en el cortometraje.

1.

2.

3.

4.

4 Ask specific questions about each photo to help students form predictions. Ex: **¿Qué hace el hombre en la primera foto? ¿Quién es el hombre que sale del carro? ¿Quién es el hombre con el pasamontañas? ¿Creen que alguien muere?**

5 Tres deseos En parejas, imaginen que hace diez años le pidieron tres deseos a un ser fantástico. Después, imaginen que hoy pueden pedirle tres más. ¿Son los mismos? ¿Por qué? Escriban sus deseos y compartan sus conclusiones con la clase.

	Hace 10 años	Hoy
Deseo 1		
Deseo 2		
Deseo 3		

5 Use this activity to review present and past tense verb conjugations and/or to preview the subjunctive in noun clauses (presented in **Estructuras 3.1, pp. 94–96**). Ex: **Hace 10 años quería/ pedí un coche deportivo de juguete. Hoy quiero un coche deportivo de verdad.** Ex: **Hoy quiero que me des un millón de dólares.**

6 Y ahora, ¿qué? Trabajen con la misma persona de la actividad anterior. Imaginen que el ser fantástico les concedió los tres últimos deseos que pidieron y contesten las preguntas.

1. ¿Cómo se sienten? ¿Son más felices? ¿Por qué?

2. ¿Cómo han cambiado sus vidas?

3. ¿Han cambiado sus relaciones con sus familias y amigos? ¿Cómo? ¿Por qué?

7 Opiniones En grupos de tres, lean las citas y expresen sus opiniones. Escriban sus comentarios y después compártanlos con la clase.

1. "Quienes creen que el dinero lo hace todo, terminan haciendo todo por dinero." *Voltaire*

2. "La riqueza consiste mucho más en el disfrute (*enjoyment*) que en la posesión." *Aristóteles*

3. "La felicidad (*happiness*) es darse cuenta de (*realizing*) que nada es demasiado importante." *Antonio Gala*

7 Ask students to provide examples from their own life or someone else's that support the claims made in the quotes. For the next class, have them explain who the quotes' authors are.

Short Film

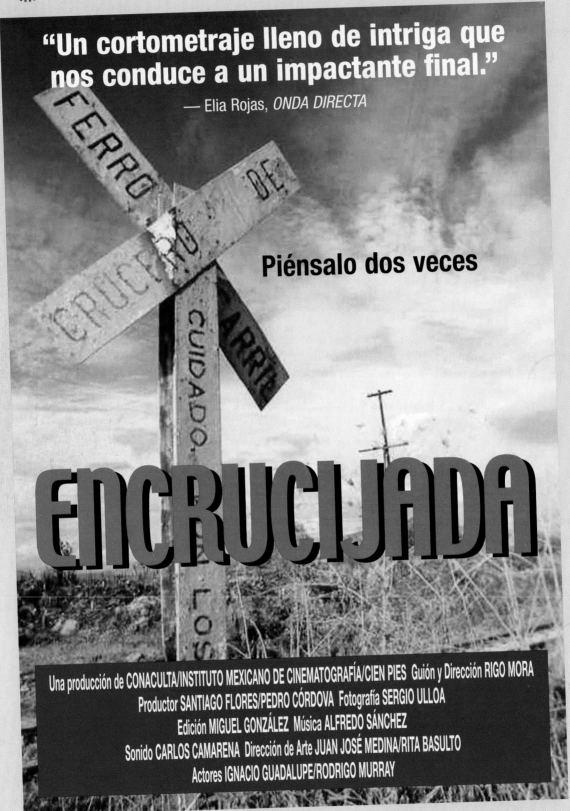

ARGUMENTO *Un hombre desesperado invoca al Diablo.*

(El hombre está invocando al Diablo.)

DIABLO ¿Cómo que te vas? Si apenas voy llegando. Yo sólo vine porque tú me llamaste. Porque tú me llamaste, ¿no es cierto? Necesitas dinero, ¿no?
HOMBRE Sí, creo que sí…

DIABLO *(señalando su carro)* Súbete. Voy a llevarte a un sitio donde hay mucho, pero mucho dinero.
(Se marchan en el carro. El Diablo estaciona en frente de un banco.)

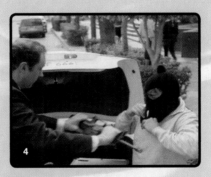

DIABLO Ya llegamos.
HOMBRE ¿Aquí?
DIABLO *(suspirando con resignación)* ¡Ay! ¿Dónde más? Vamos. Toma, ponte esto.
(Le entrega un pasamontañas.) Toma.
(Le entrega un arma de fuego.)

HOMBRE ¿Qué vamos a hacer?
DIABLO ¿No quieres dinero?
HOMBRE ¿Tú no te cubres?
DIABLO ¿Por quién me tomas? Sígueme.
(Entran al banco. Se oyen unos disparos. Salen el hombre y el Diablo.)

DIABLO *(entregándole el dinero al hombre)* Ten, misión cumplida.

Nota CULTURAL

La Virgen de Guadalupe

Según el texto *Nican Mopohua* (1649), en diciembre de 1531, la Virgen de Guadalupe se apareció al indio Juan Diego en unas montañas situadas al norte de la Ciudad de México y pidió que se le construyera una basílica en ese lugar. Hoy día, esta basílica es una de las iglesias católicas más visitadas del mundo. Esta Virgen de rasgos indígenas es un verdadero° icono mexicano. En muchas casas hay una imagen de la Virgen de Guadalupe, a la cual la familia le ofrece flores y le prende velas°.

verdadero *true* **prende velas** *lights candles*

Análisis

1

Comprensión Contesta las preguntas.

1. ¿Quién es el personaje que maneja el carro? El personaje que maneja el carro es el Diablo.

2. ¿Qué quiere el hombre desesperado? El hombre desesperado quiere dinero.

3. ¿Adónde lo lleva el Diablo para ayudarlo? El Diablo lo lleva al banco.

4. ¿Qué hacen dentro del banco? Roban dinero.

5. ¿Qué tiene que firmar el hombre después del robo? Tiene que firmar un contrato.

6. ¿Cómo lo engañó el Diablo? En la imagen de la televisión el Diablo tiene la cara del hombre.

2 Ask students to study both the foreground and the background of the video still. Refer them to the **Nota cultural** on **p. 85** and ask them to comment on the significance of the portrait.

2

Interpretar Contesta las preguntas.

1. ¿Por qué se titula *Encrucijada* este cortometraje?

2. ¿Por qué el Diablo no se cubre la cara con un pasamontañas?

3. ¿Por qué el Diablo hace que el hombre firme un contrato con su sangre?

4. ¿Qué obtiene el Diablo por ayudar al hombre?

5. ¿Por qué la familia del hombre está tan seria cuando él llega?

6. Mira el fotograma. ¿Cuál es la importancia de esta escena en el desarrollo de la historia?

3 Have pairs answer the questions by creating the background and follow-up stories. Remind them to provide as much information as possible about the characters' lives and to use details from the short film to justify their stories.

3

Antes y después En parejas, imaginen qué pasó en la vida del hombre antes y después de robar el banco.

- ¿Cuál es su situación al principio del corto?
- ¿Por qué decide pedir ayuda al Diablo?
- ¿Para qué necesita tanto dinero?
- ¿Qué le pasó después de robar el banco?
- ¿Lo atrapó la policía o consiguió escapar?
- ¿Cómo reaccionó su familia?
- ¿Qué hizo con el dinero?
- ¿Se arrepintió de su decisión?
- ¿Cómo fue su vida después del robo?

4 Encourage class discussion of images and beliefs about angelic and demonic creatures. Ex: **¿Qué diferencias hay entre las creencias de culturas y religiones diferentes? ¿Cómo han cambiado estas imágenes a través de la historia?**

4

El Diablo En parejas, primero describan brevemente al Diablo del cortometraje. Después, contesten estas preguntas.

1. ¿Es diferente del Diablo que ustedes se imaginaban? ¿Cuáles son las diferencias?

2. ¿Por qué creen que el director eligió presentarlo así?

3. ¿Cómo representarían ustedes al Diablo? ¿Por qué?

5 Otro deseo Imaginen que el hombre no desea pedirle dinero al Diablo, sino una de las cosas de esta lista. En parejas, elijan una de ellas y escriban un diálogo.

- conseguir a la mujer amada
- ser más joven
- ser presidente del país
- ser un actor famoso
- otro deseo que se imaginen ustedes

5 As a variant, divide the class into five groups and assign each one a different scenario. Then have volunteers from each group perform their dialogues for the class. Encourage students to add new characters as needed.

6 ¿Qué harían? Trabajen en grupos para discutir las siguientes situaciones. Después compartan sus ideas con la clase.

1. Imaginen que están pasando por una situación desesperada. ¿Cómo la solucionan? ¿Consideran vender su alma al Diablo? ¿Por qué?

2. Imaginen que necesitan conseguir mucho dinero en 24 horas. ¿Qué opciones consideran? ¿Cuál escogen? ¿Por qué?

7 Diálogo En parejas, elijan una de las situaciones e improvisen un diálogo. Utilicen al menos seis palabras o expresiones de la lista. Después, represéntenlo delante de la clase.

7 Have students share everyday situations in which they must resist temptation and/or choose between right and wrong. Ask them how often they choose one over the other and how they arrive at the decision.

alma	disparo	robar
arma	engañar	robo
castigar	fantasía	sangre
cometer un delito	firmar	ser humano
convocar	pasamontañas	suceso

A

Una persona que necesita mucho dinero va paseando por la calle y se le aparece el Diablo para convencerla de que tiene que robar un banco.

B

Un(a) criminal va a robar el dinero de un banco y un ángel se le presenta y lo/la tiene que convencer para que no lo robe.

TEACHING OPTION As a follow-up writing and/ or discussion topic, have students respond to the following questions: **¿Te has encontrado en algún tipo de "encrucijada"? ¿Qué hiciste y por qué? ¿Harías lo mismo otra vez?**

 Practice more at **suena.vhlcentral.com.**

INSTRUCTIONAL RESOURCES Supersite: En pantalla; Script & Translation; Teaching suggestions; SAM/WebSAM: WB

SUEÑA

S En **suena.vhlcentral.com** encontrarás más información y actividades relacionadas con esta sección.

¡Ecos de piratas y bucaneros!

Septiembre de 1564. Unos pasos que provienen del acantilado[1] se dirigen al corazón de la ciudad amurallada[2]. Las sombras[3], apenas perceptibles en la oscuridad, se comunican sin necesidad de hablar: acaban de encontrar la casa que buscaban. Los habitantes de la gran mansión no van a saber lo que ocurre, pero se darán cuenta de que alguien les está apuntando con un arma. Los piratas han entrado de nuevo en **San Juan**.

Esta escena, que parece extraída de un libro de aventuras, era, sin embargo, la realidad para los habitantes de las islas caribeñas de la época. Desde principios del siglo XVI hasta bien entrado el siglo XVIII, el **Caribe** español sufrió continuos ataques piratas. Los barcos, llenos del oro[4] y la plata[5] que se extraían de las tierras colonizadas, seguían esta ruta. Esto convirtió la zona en gran atractivo para los que buscaban la riqueza rápida a cualquier precio y sin considerar los métodos que tenían que usar para conseguirla.

El **mar Caribe** era el escenario donde se desarrollaba la política internacional de la época. **España** tenía bajo su dominio las **Indias Occidentales**,

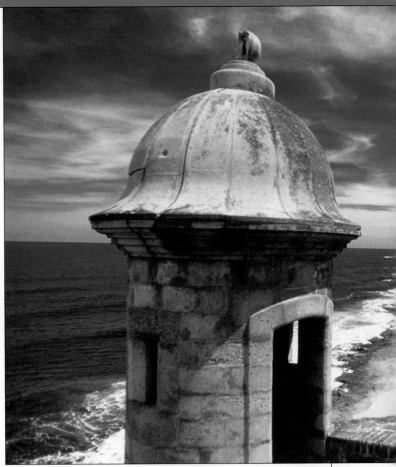

Castillo de San Cristóbal en San Juan, Puerto Rico

una hegemonía que países como **Francia** e **Inglaterra** querían arrebatarle[6] a toda costa. Para ello, los gobiernos de estos países financiaban los ataques piratas a las ciudades y barcos españoles.

Los colonizadores españoles, con el fin de proteger las enormes riquezas en oro, plata y piedras preciosas, construyeron fuertes en todo el Caribe: en **La Habana**, en **Santo Domingo** y en San Juan. Estas ciudades-fortaleza[7] fueron el centro vital de las Indias Occidentales por casi cuatro siglos. Sus iglesias y ayuntamientos[8] ya habían existido más de cien años antes de la llegada de los primeros colonos ingleses a tierras norteamericanas. Sus calles vieron pasar a todos los aventureros, conquistadores, bucaneros y comerciantes de esclavos que vivían en esa época.

Estas tres capitales del Caribe están además entre las ciudades más antiguas del continente americano fundadas por los europeos. Los barrios coloniales de El **Distrito Colonial**, La **Habana Vieja** y El **Viejo San Juan** han sido declarados Patrimonio Mundial[9] de la Humanidad por la **UNESCO** por su valor histórico.

[1] cliff [2] walled [3] shadows [4] gold [5] silver [6] snatch [7] fortified cities [8] city halls [9] World Heritage

EL CARIBE

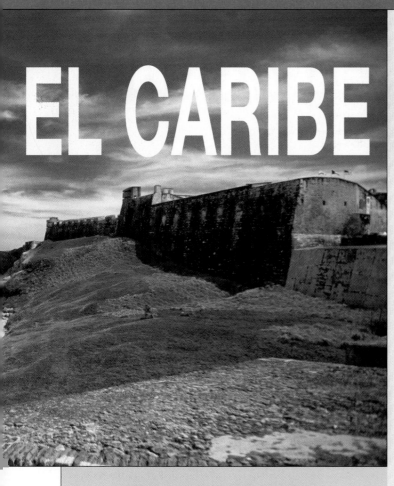

¡Visitemos las ciudades coloniales!

La Bodeguita del Medio Muy cerca de la **Catedral de la Habana**, en La Habana Vieja, está este famoso restaurante

frecuentado por muchos turistas de todo el mundo. Es célebre por su comida cubana típica y por sus mojitos, la bebida típica de la isla. Este lugar ha recibido a personalidades internacionales tales como **Pablo Neruda**, **Gabriela Mistral**, **Julio Cortázar**, **Nat King Cole** y **Gabriel García Márquez**, entre otros. También era el sitio favorito de **Ernest Hemingway**, quien pasaba horas allí bebiendo café y conversando con sus amigos.

Mercado Modelo En pleno **Distrito Colonial** de **Santo Domingo**, este tradicional mercado es conocido por la simpatía de sus vendedores, quienes ofrecen su mercadería[1] en voz muy alta. La variedad de sus productos convierten al **Mercado Modelo** en una muestra

viviente de la cultura dominicana. Aquí se pueden conseguir desde perfumes y flores hasta amuletos e imágenes de santos.

Calle San Sebastián El **Viejo San Juan** cobra vida[2] durante la noche como pocos lugares en **Puerto Rico**, mostrando sus encantos culturales en una combinación de música en

vivo, excelentes restaurantes e innumerables sitios para bailar. La zona más famosa es la **calle San Sebastián**. Tiene tabernas y cantinas a ambos lados de sus aceras, adonde acuden personas de todas las edades hasta altas horas de la madrugada.

La Mallorquina es el restaurante más antiguo y famoso del **Viejo San Juan**. Fue fundado en 1848 y desde 1936 funciona como negocio familiar. Desde entonces hasta hoy, su menú sigue siendo básicamente el mismo. Entre sus múltiples platos típicos de

la cocina tradicional española, no faltan dos clásicos como la paella y el gazpacho. Conocidísimas personalidades del mundo de las artes, la cultura y la política han dejado sus comentarios en el libro de visitas.

[1] *merchandise* [2] *comes to life*

El español del Caribe

ahorita	dentro de poco; *soon* (Cu., P.R., R.D.)
amarillo	plátano maduro; *ripe banana* (R.D., P.R.)
boricua	puertorriqueño/a; *Puerto Rican* (P.R.)
cacata	araña; *spider* (R.D.)
chavos	dinero; *money* (P.R.)
china	naranja; *orange* (P.R.)
embullar	animar; *encourage* (Cu.)
enfogonado/a	enojado/a; *angry* (P.R.)
espejuelos	gafas; *glasses* (Cu.)
guagua	autobús; *bus* (Cu., P.R., R.D.); *SUV* (P.R)
guapo/a	valiente; *brave* (Cu., R.D.)
guiar	manejar; *to drive* (P.R.)
halar	tirar; *to pull* (Cu.)
jaba	bolsa; *bag* (Cu.)
juaniquiqui	dinero; *money* (Cu.)
lechosa	papaya (R.D.)
mahones	*blue jeans* (P.R.)
mata	árbol; *tree* (Cu., R.D.)
¿Qué volá?	¿Qué pasa?; *What's up?* (Cu.)
radiobemba	chismoso/a; *gossipy* (Cu.)
socio/a	amigo/a; *friend, buddy* (Cu.)
timón	volante; *steering wheel* (Cu.)

NATIONAL STANDARDS
communities cultures connections

GALERÍA DE CREADOR

LITERATURA **Rosario Fer**

La conocida escritora puertorrique
Ferré ha escrito cuentos, novelas,
ensayos, biografías y artículos per
Uno de sus temas centrales es la
la mujer en un mundo dominado y
por los hombres. Su primer libro,
de cuentos *Papeles de Pandora* (1
recibió premios (*awards*) nacional
internacionales. Ferré escribe tant
como en inglés. También es autor
amor, *La casa de la laguna*, *Las d*
y *Eccentric neighborhoods*, entre

La casa
de la laguna

Rosario Ferré

PINTURA **Wifredo Lam**

El arte del pintor cubano Wifredo Lam es, como él,
fruto de un sincretismo de culturas. De padre chino
y madre de descendencia europea, africana e india,
Lam fue influyente en el arte del siglo XX. El arte
africano y el arte primitivo fueron especialmente
importantes en sus creaciones surrealistas. Trabajó
varios años con Pablo Picasso en París y fue amigo
de los mexicanos Frida Kahlo y Diego Rivera. Aquí
vemos una pieza que se titula *Vegetación tropical*.

LITERATURA **Julia de Burgos**

Aunque vivió sólo 39 años, Julia de Burgos se destacó (*distinguished herself*) como poeta ilustre no sólo en Puerto Rico, sino también en el resto de Latinoamérica. Sus poemas incluyen elementos caribeños, apasionados temas amorosos y fuertes cuestionamientos feministas. Sus obras incluyen *Poema en veinte surcos*, *Canción de la verdad sencilla* y *El mar y tú*, entre otras.

DISEÑO Y MODA **Oscar de la Renta**

Cuando las primeras damas de los Estados Unidos, como Nancy Reagan, Hillary Clinton y Laura Bush, necesitaban un vestido para una ocasión especial, llamaban a Oscar de la Renta. En Hollywood, actrices como Penélope Cruz y Sandra Bullock visten sus creaciones. Desde los años 60, este diseñador dominicano ha sido una verdadera institución en el mundo de la moda. Sin embargo, aunque trabaja principalmente en su elegante estudio en Nueva York, de la Renta nunca ha olvidado sus orígenes. Todavía tiene una casa en la República Dominicana y ha ayudado a crear una escuela y guardería para 1.200 niños en su país natal.

S CONEXIÓN INTERNET

En suena.vhlcentral.com encontrarás más información y actividades relacionadas con esta sección.

¿Qué aprendiste?

Cierto o falso Indica si estas afirmaciones son ciertas o falsas. Corrige las falsas.

1. Los piratas atacaban las ciudades y los barcos en el Caribe para robar joyas traídas de España. *Falso. Lo hacían para robar oro y plata de las tierras colonizadas.*

2. Los gobiernos locales financiaban los ataques piratas. *Falso. Los gobiernos de países como Francia e Inglaterra financiaban los ataques piratas.*

3. El Caribe contaba con ciudades organizadas más de cien años antes de la llegada de los europeos a Norteamérica. *Cierto*

4. Oscar de la Renta ha ayudado a crear una escuela y guardería para niños en la República Dominicana. *Cierto*

5. Célebres personalidades han visitado el restaurante La Bodeguita del Medio en La Habana Vieja. *Cierto*

6. Wifredo Lam no quiso conocer a otros artistas de su época. *Falso. Trabajó con Pablo Picasso y fue amigo de Frida Kahlo y Diego Rivera.*

Preguntas Contesta las preguntas.

1. ¿Qué buscaban los piratas ingleses y franceses en el Caribe? *Buscaban el oro y la plata que los españoles extraían de los territorios colonizados.*

2. ¿Qué elementos y temas se encuentran en la poesía de Julia de Burgos? *Se encuentran elementos caribeños y temas amorosos y feministas.*

3. ¿Qué dos ingredientes convierten al Mercado Modelo en una muestra de la cultura dominicana? *La simpatía de sus vendedores y la variedad de sus productos.*

4. ¿De qué país son los platos típicos que ofrece el menú de La Mallorquina? ¿Cuáles son dos de los más conocidos? *Son de España. La paella y el gazpacho son dos de los más conocidos.*

5. ¿Qué artista de la Galería te interesa más? ¿Por qué? *Answers will vary.*

PROYECTO

Aventuras en el Caribe

Imagina que eres un(a) explorador(a) o pirata en el Caribe del siglo XVI. Investiga la información que necesites en Internet para escribir una entrada en tu diario explicando lo que sucedió durante el pasado mes.

- Inventa tu aventura y añade todos los detalles: ¿qué lugares visitaste?, ¿qué problemas tuviste?, ¿qué personas/peligros encontraste?, etc.

- Dibuja un mapa con las rutas de ese mes.

- Escribe la entrada en tu diario y preséntala a la clase.

MINIPRUEBA

Completa las oraciones con la información correcta y demuestra lo que aprendiste sobre el Caribe.

1. La escritora puertorriqueña Rosario Ferré escribe tanto en español como en _____.
   a. francés   b. inglés   c. portugués

2. Los ataques piratas estaban _____ por los gobiernos de Inglaterra y Francia.
   a. bloqueados   b. colonizados   c. financiados

3. Los colonizadores españoles construyeron _____ en las tres principales ciudades del Caribe para proteger sus riquezas de los ataques piratas. Por eso, estas ciudades se conocían como ciudades _____.
   a. murallas; amuralladas   b. colonias; colonizadas
   c. fuertes; fortaleza

4. Cuando no quieren caminar, los boricuas toman la _____.
   a. china   b. ananá   c. guagua

5. El escritor norteamericano que pasaba horas en La Bodeguita del Medio era _____.
   a. Ernest Hemingway   b. John Steinbeck
   c. Mark Twain

6. El Mercado Modelo de Santo Domingo está en el histórico _____.
   a. Patrimonio Colonial   b. Distrito Colonial
   c. Patrimonio Mundial

7. La calle San Sebastián se ha convertido en un importante centro _____ puertorriqueño.
   a. industrial   b. religioso   c. cultural

8. Las puertas de La Mallorquina están _____ al público desde 1848.
   a. cerradas   b. abiertas   c. amuralladas

9. En Cuba, las personas que no ven bien llevan _____.
   a. chavos   b. mahones   c. espejuelos

10. Wifredo Lam tiene varios orígenes culturales, pero el _____ no es uno de ellos.
    a. árabe   b. chino   c. indio

11. Oscar de la Renta es una institución en el mundo de la moda desde los años _____.
    a. 60   b. 50   c. 80

En pantalla Video: *Reportaje*

a orillas *on the edge*	**el humedal** *swamp*
la amenaza *threat*	**la rana** *frog*
la ciénaga *swamp*	**la sequía** *drought*
diminuto/a *tiny, minute*	**el vertedero** *dump*

Los coquíes son ranas muy pequeñas originarias de Puerto Rico y las Islas Vírgenes. El **coquí llanero**, variedad que sólo se ha encontrado en el humedal de Sabana Seca al norte de Puerto Rico, es el más pequeño de todos los coquíes de la isla. La actividad humana está poniendo en peligro a esta especie. La alteración de las fuentes de agua dulce (*freshwater sources*) del área podría ocasionar la aparición de nuevas plantas, sequías y la destrucción del hábitat del coquí llanero. Este reportaje de la cadena *Telemundo* explica cómo una serie de proyectos de construcción podría hacer desaparecer esta especie en un año.

Conexión personal En ocasiones, la actividad humana es la principal amenaza para la estabilidad y supervivencia de especies de animales y plantas. ¿Puedes dar ejemplos que ilustren cómo podemos poner en peligro la vida de animales o plantas?

Comprensión Contesta las preguntas.

1. ¿Por qué fue importante el descubrimiento de este coquí? Fue el primer descubrimiento de un animal endémico de Puerto Rico en los últimos treinta años.
2. ¿Por qué está en peligro el coquí llanero? Está en peligro porque una serie de proyectos de construcción amenazan su hábitat.
3. ¿Qué medidas (*measures*) tomó el gobierno para protegerlo? Lo ha calificado como especie en peligro de extinción y ha establecido la protección de la ciénaga.
4. ¿Por qué el municipio de Toa Baja se opone a las medidas del gobierno para proteger al coquí llanero? Esto afecta sus planes de establecer un vertedero.
5. ¿Cuántas especies de coquíes se han encontrado en Puerto Rico y cuántas están en peligro de extinción? Se conocen 17 especies de coquíes; 10 están en peligro de extinción.

Expansión

A. En grupos de tres, seleccionen una obra de construcción en su región y pronostiquen (*predict*) las consecuencias.

- Escriban una lista de las ventajas y de las consecuencias negativas que traerá la obra.

- Mencionen los beneficios o riesgos que la obra traerá específicamente para los animales y las plantas.

- Enumeren las precauciones que se deberán tomar para minimizar el impacto ambiental durante la construcción.

B. Presenten ante la clase un informe sobre el impacto ambiental de este tipo de construcción.

Alerta Verde: coquí en peligro de extinción

El descubrimiento de esta diminuta rana amarilla brillante representó el primer hallazgo (*find*) de una nueva especie endémica en Puerto Rico en 30 años.

Si se altera la fuente de agua dulce que le da vida a este humedal, se transforma este lugar. Y obviamente, al irse la casa, se va el animal también.

El coquí llanero es la especie de coquí más pequeña de Puerto Rico.

Una compañía privada ha construido una pista de carreras justo a orillas del humedal.

 Practice more at **suena.vhlcentral.com.**

3.1

The subjunctive in noun clauses

Forms of the present subjunctive

- The subjunctive (**el subjuntivo**) is used mainly in the subordinate clause of multiple-clause sentences to express will, influence, emotion, doubt, or denial. The present subjunctive is formed by dropping the **–o** from the **yo** form of the present indicative and adding these endings:

The present subjunctive		
hablar	**comer**	**escribir**
hable	coma	escriba
hables	comas	escribas
hable	coma	escriba
hablemos	comamos	escribamos
habléis	comáis	escribáis
hablen	coman	escriban

- Verbs with irregular **yo** forms show that same irregularity in all forms of the present subjunctive.

conocer	conozca	seguir	siga
decir	diga	tener	tenga
hacer	haga	traer	traiga
oír	oiga	venir	venga
poner	ponga	ver	vea

- Verbs with stem changes in the present indicative show the same changes in the present subjunctive. Stem-changing **–ir** verbs also undergo a stem change in the **nosotros/as** and **vosotros/as** forms of the present subjunctive.

pensar (e:ie)	piense, pienses, piense, pensemos, penséis, piensen
jugar (u:ue)	juegue, juegues, juegue, juguemos, juguéis, jueguen
mostrar (o:ue)	muestre, muestres, muestre, mostremos, mostréis, muestren
entender (e:ie)	entienda, entiendas, entienda, entendamos, entendáis, entiendan
resolver (o:ue)	resuelva, resuelvas, resuelva, resolvamos, resolváis, resuelvan
pedir (e:i/i)	pida, pidas, pida, pidamos, pidáis, pidan
sentir (e:ie/i)	sienta, sientas, sienta, sintamos, sintáis, sientan
dormir (e:ue/u)	duerma, duermas, duerma, durmamos, durmáis, duerman

- The following five verbs are irregular in the present subjunctive.

dar	dé, des, dé, demos, deis, den
estar	esté, estés, esté, estemos, estéis, estén
ir	vaya, vayas, vaya, vayamos, vayáis, vayan
saber	sepa, sepas, sepa, sepamos, sepáis, sepan
ser	sea, seas, sea, seamos, seáis, sean

TALLER DE CONSULTA

These grammar topics are covered in the **Manual de gramática, Lección 3.**

3.4 Possessive adjectives and pronouns, p. 244
3.5 Demonstrative adjectives and pronouns, p. 246

¡ATENCIÓN!

The *indicative* is used to express actions, states, or facts the speaker considers to be certain. The *subjunctive* expresses the speaker's attitude toward events, as well as actions or states that the speaker views as uncertain.

INSTRUCTIONAL RESOURCES
Supersite: Audioscripts, SAM AK, Lab MP3s
SAM/WebSAM: WB, LM

¡ATENCIÓN!

Verbs that end in **–car, –gar,** and **–zar** undergo spelling changes in the present subjunctive.

sacar: saque
jugar: juegue
almorzar: almuerce

To preview the material, write three sentences on the board that take the subjunctive. (Use regular **–ar, –er,** and **–ir** verbs.) Have volunteers identify the verb forms. Ask how the endings differ from indicative endings. (The **yo** form is the same as the **Ud./él/ella** form; the vowels in the verb endings switch roles: **a** marks the subjunctive in **–er/–ir** verbs and **e** marks it in the **–ar** group.)

Verbs of will and influence

- A clause is a sequence of words that contains both a conjugated verb and a subject (expressed or implied). In a subordinate (dependent) noun clause (**oración subordinada sustantiva**), the words in the sequence function together as a noun.

*El hombre le pide al Diablo **que lo ayude**.*

- When the subject of a sentence's main (independent) clause exerts influence or will on the subject of the subordinate clause, the verb in the subordinate clause takes the subjunctive.

MAIN CLAUSE	CONNECTOR	SUBORDINATE CLAUSE
Yo quiero	que	tú vayas al cine conmigo.

Verbs and expressions of will and influence

aconsejar *to advise*	**hacer** *to make*	**prohibir** *to prohibit*
desear *to desire, to wish*	**importar** *to be important*	**proponer** *to propose*
es importante *it's important*	**insistir (en)** *to insist (on)*	**querer (e:ie)** *to want; to wish*
es necesario *it's necessary*	**mandar** *to order*	**recomendar (e:ie)** *to recommend*
es urgente *it's urgent*	**necesitar** *to need*	**rogar (o:ue)** *to beg; to plead*
exigir *to demand*	**oponerse a** *to oppose; to object to*	**sugerir (e:ie/i)** *to suggest*
gustar *to like; to be pleasing*	**pedir (e:i/i)** *to ask for; to request*	
	preferir (e:ie/i) *to prefer*	

Martín quiere que **grabemos** este anuncio para el viernes.
Martín wants us to record this ad by Friday.

Es necesario que **lleguen** al estreno antes de la una.
It's necessary that they arrive at the premiere before one o'clock.

El abogado recomienda que **lea** el contrato antes de firmar.
The lawyer recommends that I read the contract before signing.

Tus padres se oponen a que **salgas** tan tarde por la noche.
Your parents object to your going out so late at night.

- The infinitive, not the subjunctive, is used with verbs and expressions of will and influence if there is no change of subject in the sentence. The **que** is unnecessary in this case.

Infinitive	Subjunctive
Quiero **ir** al Caribe en enero.	Prefiero que **vayas** en marzo.
I want to go to the Caribbean in January.	*I prefer that you go in March.*

Write a sentence on the board using **querer** and a noun object. Below it, write a second sentence in which a subordinate noun clause replaces the noun. Have students point out the parallel structures. Ex: **Quieren una nueva locutora. Quieren que ella empiece pronto.**

¡ATENCIÓN!

Pedir is used with the subjunctive to ask someone to do something.

Preguntar is used to ask questions, and is not followed by the subjunctive.

No te pido que lo hagas ahora.
I'm not asking you to do it now.

No te pregunto si lo haces ahora.
I'm not asking you if you're doing it now.

Remind students that impersonal expressions are followed by the infinitive unless a subject is introduced in the dependent clause. Ex: **Es importante sacar buenas notas./Es importante que tú saques buenas notas.**

Verbs of emotion

- When the main clause expresses an emotion like hope, fear, joy, pity, or surprise, the verb in the subordinate clause must be in the subjunctive if its subject is different from that of the main clause.

Espero que la película **tenga** subtítulos.
I hope the movie will have subtitles.

Es una lástima que no **puedas** ir a la fiesta.
It's a shame you can't go to the party.

Verbs and expressions of emotion

alegrarse (de) *to be happy (about)*	**es terrible** *it's terrible*	**molestar** *to bother*
es bueno *it's good*	**es una lástima** *it's a shame*	**sentir (e:ie/i)** *to be sorry; to regret*
es extraño *it's strange*	**es una pena** *it's a pity*	**sorprender** *to surprise*
es malo *it's bad*	**esperar** *to hope; to wish*	**temer** *to fear*
es mejor *it's better*	**gustar** *to like; to be pleasing*	**tener (e:ie) miedo (de)** *to be afraid (of)*
es ridículo *it's ridiculous*		

- The infinitive, not the subjunctive, is used with verbs and expressions of emotion if there is no change of subject in the sentence. The **que** is unnecessary in this case.

Infinitive	Subjunctive
No me gusta llegar tarde. *I don't like to arrive late.*	**Me molesta que la clase no termine a tiempo.** *It bothers me that the class doesn't end on time.*

Verbs of doubt or denial

- When the main clause implies doubt, uncertainty, or denial, the verb in the subordinate clause must be in the subjunctive if its subject is different from that of the main clause.

No creo que ella nos **quiera** engañar.
I don't think that she wants to deceive us.

Dudan que la novela **tenga** éxito.
They doubt that the novel will be successful.

Verbs and expressions of doubt and denial

dudar *to doubt*	**negar (e:ie)** *to deny*
es imposible *it's impossible*	**no creer** *not to believe*
es improbable *it's improbable*	**no es evidente** *it's not evident*
es poco cierto/seguro *it's uncertain*	**no es cierto/seguro** *it's not certain*
(no) es posible *it's (not) possible*	**no es verdad** *it's not true*
(no) es probable *it's (not) probable*	**no estar seguro (de)** *not to be sure (of)*

- The infinitive, not the subjunctive, is used with verbs and expressions of doubt or denial if there is no change in the subject of the sentence. The **que** is unnecessary in this case.

Es imposible **rodar** sin los permisos.
It's impossible to shoot the movie without the permits.

Es improbable que **rueden** sin los permisos.
It's unlikely that they'll shoot the movie without the permits.

¡ATENCIÓN!

The subjunctive is also used with expressions of emotion that begin with **¡Qué...** (*What a...!/ It's so...!*)

¡Qué pena que él no vaya!
What a shame he's not going!

The subjunctive is also used in sentences that begin with **que** when the main clause is inferred or implied. Ex: **(Espero) Que te vaya bien.**

Point out that the subjunctive exists in English, though only rarely does it differ in form from the indicative. Ex: *I wish I knew.../If I had a million dollars.../If I were you...*

¡ATENCIÓN!

The expression **ojalá** (*I hope; I wish*) is always followed by the subjunctive. The use of **que** with **ojalá** is optional.

Ojalá (que) no llueva.
I hope it doesn't rain.

Ojalá (que) no te enfermes.
I hope you don't get sick.

The subjunctive is also used after **quizás** and **tal vez** (*maybe, perhaps*) when they signal uncertainty.

Quizás vengan a la fiesta.
Maybe they'll come to the party.

Práctica

1 **Seleccionar** Escoge el infinitivo, el indicativo o el subjuntivo para completar las oraciones.

1. Me gusta (escuchar / escuche) merengue y salsa.
2. Quiero que me (compras / compres) un disco compacto de Milly Quesada.
3. Es una pena que no (hay / haya) más conciertos de merengue en nuestra ciudad.
4. No dudo que en el futuro (van / vayan) a tocar merengue en las discotecas locales.
5. Espero que mis amigos y yo (viajamos / viajemos) a Santo Domingo este verano.

2 **Terco** Usa el subjuntivo o el indicativo para completar este diálogo entre un actor terco (*stubborn*) y su director.

DIRECTOR Mira, yo sé que (1) ___estás___ (estar) muy ocupado, pero es muy importante que mañana (2) ___vayas___ (ir) al estreno de la película.

VICENTE Ya te he dicho que no quiero que (3) ___insistas___ (insistir). Prefiero que me (4) ___desees___ (desear) un buen viaje. Me voy de fin de semana a Santo Domingo.

DIRECTOR Pero Vicente, necesitamos que (5) ___hables___ (hablar) con los periodistas y que (6) ___saludes___ (saludar) al público.

VICENTE No creo que los periodistas (7) ___quieran___ (querer) entrevistarme.

DIRECTOR Pues sí. Ellos desean que tú (8) ___seas___ (ser) más cooperativo.

VICENTE Honestamente, me molesta que nosotros (9) ___sigamos___ (seguir) hablando de esto. ¡Adiós!

3 **Opuestas** Escribe la oración que expresa lo opuesto en cada ocasión.

> **Modelo** **Es poco seguro que este actor sepa actuar bien.**
> Es seguro que este actor sabe actuar bien.

1. El director cree que los periodistas van a hablar con el presidente. El director no cree que los periodistas vayan a hablar con el presidente.
2. Niegas que el director les dé buenas instrucciones a sus actores. No niegas que el director les da buenas instrucciones a sus actores.
3. Estamos seguros de que la mayoría del público lee la noticia. No estamos seguros de que la mayoría del público lea la noticia.
4. Es verdad que la banda sonora es de los años ochenta. No es verdad que la banda sonora sea de los años ochenta.
5. No es evidente que esa actriz escuche música en español. Es evidente que esa actriz escucha música en español.

Nota CULTURAL

Aunque el **merengue** se baila en la **República Dominicana** desde mediados del siglo XIX, su origen es, aún hoy día, un enigma. Según una de las muchas explicaciones que existen, el merengue deriva de la **upa**, ritmo cubano con una parte llamada precisamente merengue. De lo que no hay duda es de sus raíces africanas y de su legendaria unión con la cultura dominicana. Actualmente el merengue es muy popular en muchos países y **Juan Luis Guerra** es su máximo representante.

2 In pairs, have students decide if the actor went to the premiere. Then have them write either his interview with the press or a brief tabloid article speculating about his absence.

TEACHING OPTION Play the song *Ojalá que llueva café,* by Juan Luis Guerra (available on his CD **Grandes Éxitos**). Pass out lyrics with blank lines for students to fill in the subjunctive verb forms, or have them listen and jot down examples as they hear them.

 Practice more at **suena.vhlcentral.com.**

Comunicación

4

Jacinto enamorado Jacinto está enamorado de Maricarmen y para impresionarla quiere convertirse en su hombre ideal. Usa las palabras y expresiones de la lista para darle consejos al pobre chico.

> **Modelo**   Es importante que te peines bien.

aconsejar	es mejor	recomendar
es importante	es necesario	rogar
es malo	insistir en	sugerir

Jacinto

Hombre ideal

5

¡Despedido! En parejas, usen las frases para improvisar una conversación en la que un(a) actor/actriz de televisión es despedido/a (*fired*) por el/la director(a) del programa. Usen el indicativo y el subjuntivo.

> **Modelo**   ¿No es extraño que los televidentes estén pidiendo otro actor
> para ese papel?

creo que	los anuncios
es extraño	el canal
es necesario	los chismes
es verdad	el comportamiento (*behavior*)
espero que	los críticos
necesito que	la escena
te ruego que	los televidentes

6

¿Cómo son? ¿Qué hacen? En parejas, usen el subjuntivo para inventar e intercambiar descripciones de estas personas.

> **Modelo**   **La estrella de cine es tacaña.**
> Dudo que gaste mucho dinero. Prefiere que sus amigos le compren todo.

1. La actriz es antipática.
2. El periodista es muy generoso.
3. El cantante es extraño.
4. La crítica de cine es insegura.

7

Opiniones En parejas, combinen las expresiones de las columnas para formar opiniones. Luego, improvisen tres conversaciones breves basadas en las oraciones.

Modelo —No creo que los futbolistas lean sólo la sección deportiva. Seguramente también leen las noticias locales.

—No estoy de acuerdo. Es imposible que tengan tiempo para leer las noticias porque pasan mucho tiempo jugando al fútbol.

Creo		los medios de comunicación publican la verdad.
No creo		los futbolistas lean sólo la crónica deportiva.
Dudo		ese actor vive en una casa elegante.
No dudo	que	se graben muchas telenovelas en México.
No es cierto		se transmiten telenovelas españolas.
Es evidente		la televisión sea entretenida (*entertaining*).
Es imposible		hay censura en los medios de comunicación.
Me opongo a		los videos musicales se rueden en el extranjero.

8

Hermanas Leticia es una cantante famosa y su hermana Mercedes quiere seguir sus pasos como artista. En parejas, lean el correo electrónico de Mercedes. Luego escriban la respuesta de Leticia, usando el subjuntivo con los verbos y expresiones que acaban de aprender.

De:	mercedes@email.com
Para:	leticia@email.com
Asunto:	Estreno

¡Leticia!

¡Hola! ¿Cómo estás?
Terminé mis estudios y quiero ser artista como tú. Tengo un amigo que está trabajando en una película y una amiga que es actriz de telenovelas. ¿Crees que debo trabajar con alguno de ellos? ¡Creo que quiero ser actriz de cine! Ayer leí el guión de la película de mi amigo y me pareció estupendo. ¡Imagínate! Yo... en la pantalla grande...☺
Sé que vas a ir al estreno de la nueva película de Penélope Cruz. ¿Me invitas? Así puedo conocer a las estrellas de cine. ¿Qué opinas?

Un beso,
Mercedes

P. D.: ¿Qué te vas a poner para ir al estreno? Si puedo ir contigo, ¿crees que me puedes prestar uno de tus vestidos?

7 Ask students to share their partners' opinions with the class. Write several on the board and ask who disagrees with each opinion and why.

8 Have pairs read their replies aloud. Tell the class to jot down all the subjunctive forms they hear. After each pair is done, ask students to call out the forms they heard while you list them on the board. Name winning pairs based on who used the greatest number of verbs, the most irregular forms, etc.

INSTRUCTIONAL RESOURCES
Supersite: Audioscripts, SAM AK, Lab MP3s
SAM/WebSAM: WB, LM

3.2

Object pronouns

- Pronouns are words that take the place of nouns. Direct object pronouns directly receive the action of the verb. Indirect object pronouns identify *to whom* or *for whom* an action is done.

*El Diablo **le** dio el dinero.*

Indirect object pronouns		Direct object pronouns	
me	nos	me	nos
te	os	te	os
le	les	lo/la	los/las

Position of object pronouns

- Direct and indirect object pronouns (**los pronombres de complemento directo e indirecto**) precede the conjugated verb.

Indirect object	**Direct object**
Carla siempre **me** da boletos para el cine. *Carla always gives me movie tickets.*	Ella **los** consigue gratis. *She gets them for free.*
No **le** guardé la sección deportiva. *I didn't save the sports section for him.*	Nunca **la** quiere leer. *He never wants to read it.*

- When the verb is an infinitive construction, object pronouns may be either attached to the infinitive or placed before the conjugated verb.

Indirect object	**Direct object**
Debes pedir**le** el dinero de la apuesta. **Le** debes pedir el dinero de la apuesta.	Voy a hacer**lo** enseguida. **Lo** voy a hacer enseguida.
Tienes que presentar**me** a los actores. **Me** tienes que presentar a los actores.	Vamos a rodar**la** en Kenia. **La** vamos a rodar en Kenia.

- When the verb is in the progressive, object pronouns may be either attached to the present participle or placed before the conjugated verb.

Indirect object	**Direct object**
Está mandándo**les** el guión. **Les** está mandando el guión.	Estuvimos buscándo**las** por todos lados. **Las** estuvimos buscando por todos lados.

¡ATENCIÓN!

Lo is also used to refer to an abstract thing or idea that has no gender.

Lo pensé.
I thought about it.

TALLER DE CONSULTA

For a detailed review of the neuter **lo**, see **Manual de gramática, 5.5, p. 252.**

Double object pronouns

- The indirect object pronoun precedes the direct object pronoun when they are used together in a sentence.

> Me **mandaron** los boletos **por correo.** ⟩ Me los **mandaron por correo.**
>
> Te **exijo** una respuesta **ahora mismo.** ⟩ Te la **exijo ahora mismo.**

- **Le** and **les** change to **se** when they are used with **lo, la, los,** or **las**.

> Le **damos** las revistas **a Ricardo.** ⟩ Se las **damos.**
>
> Les **enseña** el periódico **a las reporteras.** ⟩ Se lo **enseña.**

Prepositional pronouns

Prepositional pronouns			
mí *me, myself*	**él** *him, it*	**nosotros/as** *us, ourselves*	**ellos** *them*
ti *you, yourself*	**ella** *her, it*		**ellas** *them*
Ud. *you, yourself*	**sí** *himself, herself, itself*	**vosotros/as** *you, yourselves*	**sí** *themselves*
		Uds. *you, yourselves*	

- Prepositional pronouns function as the objects of prepositions. Except for **mí, ti,** and **sí,** they are identical to their corresponding subject pronouns.

> ¿Qué opinas de **ella**? ¿Lo compraron para **mí** o para Javier?
>
> Ay, mi amor, sólo pienso en **ti**. Lo compramos para **él**.

- **A** + [*prepositional pronoun*] is often used for clarity or emphasis.

> ¿Te gusta aquel actor? ¿Se lo dieron a Héctor o a Verónica?
>
> ¡**A mí** me fascina! Se lo dieron **a ella**.

- The pronoun **sí** (*himself, herself, itself, themselves*) is the prepositional pronoun used to refer back to the same third-person subject. In this case, the adjective **mismo/a(s)** is usually added for clarification.

> José se lo regaló a **él**. José se lo regaló a **sí mismo**.
> *José gave it to him (someone else).* *José gave it to himself.*

- When **mí, ti,** and **sí** are used with **con,** they become **conmigo, contigo,** and **consigo**.

> ¿Quieres ir **conmigo** al museo?
> *Do you want to go to the museum with me?*
>
> Laura y Salvador siempre traen sus computadoras portátiles **consigo**.
> *Laura and Salvador always bring their laptops with them.*

- These prepositions are used with **tú** and **yo** instead of **mí** and **ti: entre, excepto, incluso, menos, salvo, según.**

> Todos están de acuerdo **menos tú** y **yo**.

¡ATENCIÓN!

When object pronouns are attached to infinitives, participles, or commands, a written accent is often required to maintain proper word stress.

Infinitive
cantármela

Present participle
escribiéndole

Command
acompáñeme

For more information on using object pronouns with commands, see **3.3, p. 105.**

TALLER DE CONSULTA

See **Manual de gramática, 3.4, p. 244** and **3.5, p. 246** for information on possessive and demonstrative pronouns.

Stress that, unlike in English, the construction **a** + [*prepositional pronoun*] does not take the place of the indirect object pronoun. Rather, it is added for clarity or emphasis.

Point out that **mismo/a(s)** may be used with any prepositional pronoun, not just with those of the third person.
Ex: **Hablo de mí misma.**

Práctica

1 **Dos amigas** Berta y Susi están hablando del cantante Chayanne. Selecciona las personas de la lista que corresponden a los pronombres subrayados (*underlined*).

a Chayanne	a Claudia	a mí
a Chayanne y a la muchacha	a la muchacha	a nosotras
		a ti

BERTA Como (1) <u>te</u> digo. (2) <u>Lo</u> vi caminando por la calle junto a una muchacha.

SUSI ¿De verdad? ¿(3) <u>Los</u> viste tomados de la mano?

BERTA No. Creo que él sólo (4) <u>la</u> estaba ayudando a cargar algunas bolsas de la tienda.

SUSI ¿Será su esposa?

BERTA No creo. Iban juntos, pero casi no hablaban. (5) <u>Me</u> parece que no son ni novios.

SUSI Y tú, ¿qué hiciste? ¿No (6) <u>le</u> dijiste que (7) <u>nos</u> parece el hombre más guapo del planeta y que (8) <u>lo</u> amamos?

BERTA No pude hacer nada, estaba paralizada por la emoción.

SUSI Voy a llamar a Claudia inmediatamente. ¡(9) <u>Le</u> tengo que contar todo!

1. _____a ti_____
2. _____a Chayanne_____
3. _a Chayanne y a la muchacha_
4. _____a la muchacha_____
5. _____a mí_____
6. _____a Chayanne_____
7. _____a nosotras_____
8. _____a Chayanne_____
9. _____a Claudia_____

2 **Un concierto** Rogelio y Raquel han organizado un concierto y un policía les explica cómo evitar problemas. Reescribe las oraciones cambiando las palabras subrayadas por pronombres de complemento directo e indirecto.

1. Traten amablemente <u>a los policías</u>. Trátenlos amablemente.

2. No pueden contratar <u>al grupo musical</u> sin permiso. No pueden contratarlo sin permiso./No lo pueden contratar sin permiso.

3. Hay que poner <u>la música</u> a volumen moderado. Hay que ponerla a volumen moderado.

4. Tienen que darme <u>la lista de periodistas y fotógrafos</u>. Tienen que dármela./Me la tienen que dar.

5. Deben respetar <u>a los vecinos</u>. Deben respetarlos./Los deben respetar.

6. Me dicen que van a transmitir <u>el concierto</u> por la radio. Me dicen que van a transmitirlo por la radio./Me dicen que lo van a transmitir por la radio.

3 **Entrevista** Completa la entrevista con el pronombre correcto.

REPORTERO (1) __Te__ digo que pareces muy contento con el éxito de tu sitio web.

JOAQUÍN Sí, (2) __lo__ estoy. Este sitio es muy importante para (3) __mí__.

REPORTERO ¿Con quién trabajas?

JOAQUÍN Con mi hermano. (4) __Le__ doy la mitad del trabajo. (5) __Me__ ayuda mucho en los momentos de estrés.

REPORTERO ¿Cuáles son tus proyectos ahora?

JOAQUÍN (6) __Me__ gustaría presentar cortometrajes y documentales en el sitio web. A mi hermano y a mí (7) __nos__ encantan las películas.

REPORTERO ¿(8) __Te__ preocupa mucho la censura? Por ejemplo, ¿editas los guiones?

JOAQUÍN A veces, sí. Porque si (9) __los__ editamos, luego no tenemos problemas.

 Practice more at **suena.vhlcentral.com**.

Comunicación

4 **¿En qué piensas?** Piensa en algunos de los objetos típicos que ves en la clase o en tu casa (un cuadro, una maleta, un mapa, etc.). Tu compañero/a debe adivinar el objeto que tienes en mente, haciéndote preguntas con pronombres.

> **Modelo** **Tú piensas en: un libro**
> —Estoy pensando en algo que uso para estudiar.
> —¿Lo usas mucho?
> —Sí, lo uso para aprender español.
> —¿Lo compraste?
> —Sí, lo compré en la librería.

5 **A conversar** En parejas, túrnense para contestar las preguntas usando pronombres de complemento directo o indirecto según sea necesario.

1. ¿Te gusta organizar fiestas? ¿Cuándo fue la última vez que organizaste una? ¿Por qué la organizaste?

2. ¿Invitaste a muchas personas? ¿A quiénes invitaste? ¿Cómo lo decidiste?

3. ¿Qué actividades les sugeriste a los invitados? ¿Las hicieron? Explica.

4. ¿Qué les ofreciste de comer a los invitados en tu fiesta? ¿Qué opinaron de la comida?

6 **Fama** La actriz Pamela de la Torre debe encontrarse con sus fans, pero no recuerda a qué hora. En grupos de cuatro, miren la ilustración e inventen una historia inspirándose en ella. Utilicen por lo menos cinco pronombres de complemento directo o indirecto.

7 **Una persona famosa** En parejas, escriban una entrevista con una persona famosa. Utilicen estas preguntas y escriban cuatro más. Utilicen pronombres en las respuestas. Después, representen la entrevista delante de la clase.

> **Modelo** —¿Quién prepara la comida en su casa?
> —Mi cocinero la prepara.

1. ¿Visita frecuentemente a sus amigos/as?

2. ¿Mira mucho la televisión?

3. ¿Quién conduce su auto?

4. ¿Prepara usted mismo/a sus maletas cuando viaja?

4 As a variant, divide the class into two teams and play the same game. You may wish to have them draw from a bag of names to ensure that a variety of masculine, feminine, singular and plural object pronouns are used.

5 Call on students to summarize their partners' responses.

6 Alternatively, have pairs write a list of sentences about Pamela using object pronouns but without disclosing the nouns to which they refer. Next, pairs should hand their sentences to another pair, who will flesh out the story by inserting sentences that reveal the missing nouns. Later, take a class vote to determine which pair has the funniest, most realistic, strangest, etc. story.

INSTRUCTIONAL RESOURCES
Supersite: Audioscripts, SAM AK, Lab MP3s
SAM/WebSAM: WB, LM

Point out that while **usted** and **ustedes** may be omitted after polite commands, using them is more courteous.

3.3

Commands

Formal (**Ud.** and **Uds.**) commands

- Formal commands (**mandatos**) are used to give orders or advice to people you address as **usted** or **ustedes**. Their forms are identical to the present subjunctive forms for **usted** and **ustedes**.

Formal commands		
Infinitive	Affirmative command	Negative command
tomar	**tome** (usted) **tomen** (ustedes)	**no tome** (usted) **no tomen** (ustedes)
volver	**vuelva** (usted) **vuelvan** (ustedes)	**no vuelva** (usted) **no vuelvan** (ustedes)
salir	**salga** (usted) **salgan** (ustedes)	**no salga** (usted) **no salgan** (ustedes)

Familiar (**tú**) commands

- Familar commands are used with people you address as **tú**. Affirmative **tú** commands have the same form as the **él, ella,** and **usted** form of the present indicative. Negative **tú** commands have the same form as the **tú** form of the present subjunctive.

Familiar commands		
Infinitive	Affirmative command	Negative command
viajar	viaja	no viajes
empezar	empieza	no empieces
pedir	pide	no pidas

—*Toma, ponte esto.*

- Eight verbs have irregular affirmative **tú** commands. Their negative forms are still the same as the **tú** form of the present subjunctive.

decir	di	salir	sal
hacer	haz	ser	sé
ir	ve	tener	ten
poner	pon	venir	ven

Nosotros/as commands

- **Nosotros/as** commands are used to give orders or suggestions that include yourself as well as others. They correspond to the English *let's* + [*verb*]. Affirmative *and* negative **nosotros/as** commands are generally identical to the **nosotros/as** forms of the present subjunctive.

Indicate that **nosotros/as** commands can also be expressed with **vamos**. Ex: **¡Vamos a comer!** *Let's eat!*

Nosotros/as commands		
Infinitive	Affirmative command	Negative command
bailar	bailemos	no bailemos
beber	bebamos	no bebamos
abrir	abramos	no abramos

- The verb **ir** has two possible affirmative **nosotros/as** commands: **vayamos**, the form identical to that of the present subjunctive, and the more common **vamos**. In the negative, however, use only **no vayamos**.

Using pronouns with commands

- When object and reflexive pronouns are used with affirmative commands, they are always attached to the verb. When used with negative commands, the pronouns appear between **no** and the verb.

Levánten**se** temprano.
Wake up early.

No **se** levanten temprano.
Don't wake up early.

Dí**melo** todo.
Tell me everything.

No **me lo** digas.
Don't tell it to me.

¡ATENCIÓN!

When one or more pronouns are attached to an affirmative command, an accent mark may be necessary to maintain the command form's original stress. This usually happens when the combined verb form has three or more syllables.

decir:

di, dile, dímelo

diga, dígale, dígaselo

digamos, digámosle, digámoselo

- When the pronouns **nos** or **se** are attached to an affirmative **nosotros/as** command, the final **s** of the command form is dropped.

Senté**monos** aquí.
Let's sit here.

No nos **sentemos** aquí.
Let's not sit here.

Démo**selo** mañana.
Let's give it to him tomorrow.

No se lo **demos** mañana.
Let's not give it to him tomorrow.

Indirect (él, ella, ellos, ellas) commands

- The construction **que** + [*subjunctive*] can be used with a third-person form to express indirect commands that correspond to the English *let someone do something*. If the subject of the indirect command is expressed, it usually follows the verb.

Que pase el siguiente.
Let the next person pass.

Que lo **haga** ella.
Let her do it.

TALLER DE CONSULTA

See **3.2, p. 100** for object pronouns.

See **4.2, p. 138** for reflexive pronouns.

- Unlike with direct commands, pronouns are never attached to the conjugated verb.

Que se lo den los otros.

Que lo vuelvan a hacer.

Que no **se lo den.**

Que no **lo vuelvan** a hacer.

TEACHING OPTION
The short film from **Cortometraje, Lección 3** may be used to preview or reinforce regular and irregular command forms, as well as pronoun placement. Play the film and have students write down the commands they hear.

Práctica

1 **Cambiar** Cambia estas oraciones para que sean mandatos. Usa el imperativo.

1. Te conviene buscarlo en Internet. Búscalo en Internet.
2. ¿Por qué no leemos el horóscopo? Leamos el horóscopo.
3. Te pido que mires la película con subtítulos. Mira la película con subtítulos.
4. ¿Quiere hacer la entrevista? Haga la entrevista.
5. ¿Podrían ustedes grabar mi telenovela favorita hoy? Graben (ustedes) mi telenovela favorita hoy.
6. ¿Y si vamos al estreno? Vayamos/Vamos al estreno.
7. Traten de darme el guión antes de las tres. Denme (ustedes) el guión antes de las tres.
8. Debes escuchar esta banda sonora. Es muy buena. Escucha esta banda sonora. Es muy buena.

2 **Recién famoso** El actor Mateo Domínguez va al estreno de su primera película. Usa mandatos informales para darle consejos sobre lo que debe y no debe hacer.

besar a la gente
contar el final de la película
darle una entrevista a la prensa sensacionalista
explicar los efectos especiales

firmar (*to sign*) autógrafos
gritarle al público
hablar durante la película
llegar tarde/temprano
vestirse bien/mal

3 **Un director difícil**

A. Agustín Álvarez es un director de teatro muy exigente (*demanding*). Usa mandatos formales afirmativos y negativos para escribir los consejos que les dio a sus actores antes del estreno.

1. No olvidar llegar temprano. No olviden (ustedes) llegar temprano.
2. Comer dos horas y media antes. Coman (ustedes) dos horas y media antes.
3. Venir con los diálogos memorizados. Vengan (ustedes) con los diálogos memorizados.
4. Evitar los medios de comunicación 24 horas antes del estreno. Eviten (ustedes) los medios de comunicación 24 horas antes del estreno.
5. Hacer ejercicios de respiración y de voz. Hagan (ustedes) ejercicios de respiración y de voz.
6. No fumar ni tomar bebidas frías. No fumen ni tomen (ustedes) bebidas frías.

B. El estreno de la obra de teatro fue un éxito. Sin embargo, el señor Álvarez no estuvo contento con el actor principal. En parejas, usen mandatos informales afirmativos y negativos para escribir siete nuevos consejos que le dio a este actor. Usen pronombres y sean creativos.

Modelo No empieces a ensayar tu papel en el último minuto.
Ensáyalo con tiempo.

Comunicación

4 **Internet** ¿Qué le dirían a un(a) amigo/a para que esté mejor informado/a sobre la actualidad? En parejas, escojan verbos de la lista y otros para hacerle ocho recomendaciones utilizando mandatos informales afirmativos y negativos. Sean creativos.

Modelo   Navega en la red. Hay sitios web que ofrecen noticias de todo tipo.

enterarse	hacer	leer
escuchar	investigar	navegar
hablar	ir	ver

5 **Escenas** En parejas, escojan por lo menos dos de estos personajes y escriban una escena para una película. Usen mandatos afirmativos y negativos de las formas **tú**, **usted(es)** y **nosotros/as**. Usen pronombres cuando sea posible. *agregar el viaje a Sn Juan.*

Modelo   **OLGA**   ¡Sal de aquí! No quiero verte más.

RODOLFO   No quiero irme. ¡Quedémonos aquí! Hablemos del viaje a San Juan.

o la historia de Juan.

Rodolfo   Olga   Tomasito   doña Filomena

6 **Anuncio** En grupos de tres, elijan cuatro de estos productos y escriban un anuncio de televisión para promocionar cada uno de ellos. Utilicen mandatos formales y pronombres para convencer al público de que lo compre.

Modelo   El nuevo perfume "Enamorar" de Carolina Ferrero le va a encantar. Cómprelo en cualquier perfumería de su ciudad. Pruébelo y...

1. perfume "Enamorar" de Carolina Ferrero
2. chocolate sin calorías "Deliz"
3. raqueta de tenis "Rayo"
4. pasta de dientes "Sonrisa Sana"
5. computadora portátil "Digitex"
6. crema hidratante "Suave"
7. todo terreno "4 × 4"
8. cámara fotográfica "Flimp"

4 Call on students to write one of their commands on the board.

4 As a variant, have students convert their sentences into **Uds.** commands for the entire class. Then have them brainstorm recommendations for different people for accomplishing other goals. Ex: **para saber qué ocurre en nuestra escuela, para ser voluntario en una organización, para enterarse de los últimos éxitos literarios, para reparar su computadora,** etc.

5 After writing the scenes, have pairs peer-edit each other's work. Then have volunteers perform their scenes for the class.

6 Ask groups to read their advertisements aloud, then have the class vote on whether they were convinced to buy the product.

TEACHING OPTION To review **Estructuras, Lección 3**, have pairs write five suggestions they would make to future students of your class. They should include at least one example each of the subjunctive, object pronouns, and command forms. Ex: **Les recomiendo que no lleguen tarde. Díganle que es el mejor profesor del mundo.** Ask volunteers to read their suggestions aloud.

Síntesis

Noticias: ¿Mucho, poco o nada?

Los noticieros de la televisión tienen la misión de informar al público. Sin embargo, hay distintas opiniones sobre estos programas de noticias. Algunas personas están satisfechas con mirar solamente un noticiero para informarse. Generalmente estas personas miran el mismo programa todos los días o todas las semanas. Otras personas creen que deben obtener información de diferentes fuentes°, por ejemplo de otros canales de televisión.

sources

Estas personas generalmente miran más de un programa de noticias, en diferentes cadenas de televisión. Y hay incluso otro tipo de televidente que simplemente no cree en los programas de noticias y, por lo tanto, no mira las noticias. Estas personas buscan información en medios de comunicación alternativos, como la radio o Internet, o simplemente no buscan ninguna información y sólo miran la televisión para entretenerse y evadirse de la realidad. ■

1

Consejos ¿Qué consejos le darían a un(a) amigo/a que mira la televisión sólo como entretenimiento y nunca mira las noticias? En parejas, escríbanle un párrafo con recomendaciones. Deben utilizar el subjuntivo y el infinitivo. También deben utilizar por lo menos dos mandatos afirmativos y dos negativos.

Modelo Compra el periódico y léelo. Te recomiendo también que consideres opciones en Internet.

2

Anuncio En grupos pequeños, imaginen que en la historia de la universidad nunca hubo tan pocos nuevos estudiantes inscritos como en este semestre. Escriban un anuncio para la radio para atraer un mayor número de estudiantes el año que viene. Usen tres mandatos informales afirmativos y tres negativos.

Modelo ¿Todavía no sabes dónde vas a estudiar el semestre que viene? Considera la universidad de...

3

Debate En parejas, imaginen un diálogo entre una persona que nunca utiliza Internet y otra que está todo el día frente a la computadora. Representen el diálogo ante la clase, utilizando la mayor cantidad de pronombres posible.

Preparación Audio: Vocabulary

NATIONAL STANDARDS connections cultures

Vocabulario de la lectura		Vocabulario útil
controvertido/a *controversial*	**golpear** *to beat (a drum)*	**el bajo** *bass*
el crecimiento *growth*	**la letra** *lyrics*	**la flauta** *flute*
el estilo *style*	**la pista de baile** *dance floor*	**el tambor** *drum*
el éxito *success*	**el ritmo** *rhythm*	**tocar** *to play (an instrument)*
la fama *fame*	**salir a la venta** *to go on sale*	
el género *genre*	**el violonchelo** *cello*	

Point out that both **la letra** and **la lírica** act as false cognates in certain contexts. **la letra** → *letter (of the alphabet); song lyrics; **not** letter written to someone* **la lírica** → *lyric poem; lyric poetry; female lyric poet; **not** song lyrics*

1

Vocabulario Completa las oraciones con el vocabulario de la lista.

1 Point out that **salir a la venta** usually refers to the release of a new product for sale, whereas **estar en venta** means *to be for sale.*

controvertido	fama	pista de baile
estilo	géneros	ritmo
éxito	golpear	salir a la venta

1. La nueva novela de Gabriel García Márquez va a _salir a la venta_ en mayo.

2. La diseñadora de moda (*fashion designer*) Carolina Herrera tiene un _estilo_ único.

3. Para tener _éxito_ en la vida, hay que trabajar y estudiar mucho.

4. El origen de la vida es un tema muy _controvertido_.

5. La salsa, la rumba y el tango son diferentes _géneros_ musicales.

6. Algunos actores que viven en Hollywood tienen dinero y mucha _fama_.

7. En una discoteca, se puede bailar en la _pista de baile_.

2

La música En parejas, contesten las siguientes preguntas y expliquen sus respuestas.

1. ¿Les gusta la música latina? ¿Por qué?

2. ¿Qué cantantes latinos conocen?

3. ¿De qué países son esos/as cantantes?

4. ¿En qué situaciones escuchan música en español?

5. ¿Les gusta bailar música latina? ¿Por qué?

6. ¿Toman clases de baile? ¿De qué tipo?

2 Have volunteers bring in music in Spanish from their personal collections, or bring some of your own, if necessary. Listen to excerpts from several artists and discuss the genre of each song and the instruments used.

3

Completar En grupos de cuatro, completen las siguientes oraciones de acuerdo a sus opiniones.

1. Me identifico con la música de... porque...

2. La música (no) es importante en mi vida porque...

3. Me gusta que mi cantante favorito/a... porque...

4. Pienso que las bandas y los cantantes que tienen éxito son aquéllos que… porque...

5. Saber bailar es importante/necesario... porque...

6. Las personas que saben bailar... porque...

Ritmos del Caribe

experiencing

Durante los últimos años, en los Estados Unidos se está viviendo° una explosión en las ventas de discos en español. Las estaciones de radio especializadas en
5 música latina son las de mayor crecimiento y los cantantes y grupos musicales hispanos programan conciertos por todo el territorio norteamericano. Este fenómeno resulta de los cambios socioculturales que se están
10 viviendo en el país. En primer lugar, se debe al crecimiento de la población latina que mantiene sus tradiciones y con ello el consumo de su música. En segundo lugar, se debe al nuevo interés por la música en
15 español por parte de un público que antes se limitaba a oírla sólo en inglés.

Los estilos musicales de origen caribeño, mezclas de ritmos africanos, españoles e *distribution* indígenas, gozan de la mayor proyección°
20 internacional. Algunos de los ritmos *Cuban musical* caribeños más populares son la salsa, el son° *style* cubano y el reggaetón.

La salsa

La salsa, que nació como una versión
25 modernizada del son cubano, se extendió en el mercado latinoamericano en 1975. El ritmo salsero se hizo compañero indispensable en el día a día hispano. A partir de entonces, se empezó a oír en los comercios, en las
30 oficinas, en los bares, en las fiestas, en el *home* hogar° y en las calles. Sus letras hablan de los sufrimientos y las alegrías de la vida *daily, everyday* cotidiana°. El gran número de inmigrantes latinos que vivían en Nueva York hizo
35 que esta ciudad se convirtiera en puerto *entryway* de entrada° de los ritmos caribeños en los Estados Unidos. Entre sus representantes más famosos se cuentan El Gran Combo de Puerto Rico y Óscar de León.

El son cubano

moved to the top El son cubano se apoderó° de las listas de los discos más vendidos en 1997, cuando salió a la venta el álbum titulado *Buena Vista Social Club,* interpretado por un grupo de importantes
45 músicos de Cuba. Una película que documenta *box office* la grabación del disco fue un éxito de taquilla°

Instrumentos del Caribe

El bongó y las maracas son algunos de los instrumentos más utilizados en la música caribeña. El bongó tiene forma de barril y posee dos parches de cuero (*leather skin*) muy tensos que vibran al golpearlos. Las maracas son de origen indígena y están hechas de un recipiente que tiene forma redondeada. En su interior se ponen pequeños objetos como semillas o piedrecillas que al agitarse producen su sonido típico.

en todo el mundo. La fama del documental ayudó a que el son cubano llegara a un público que nunca antes había tenido interés en este género musical. De hecho, durante
50 décadas, la fama de los artistas de *Buena Vista* se limitaba sólo a la isla. Personas de todas las edades ahora bailan al ritmo de la música de este fascinante grupo que se convirtió en un fenómeno mediático° internacional.
55 *created by the media*

El reggaetón

El reggaetón ha sido una de las últimas formas musicales en desarrollarse como estilo distintivo. Esta música bailable° *dance* nació en Puerto Rico en los años noventa.
60 Se deriva del *reggae* jamaicano, del *hip-hop* norteamericano y de diferentes ritmos puertorriqueños. Recientemente se ha convertido en la música en español con más proyección internacional. El contenido de
65 sus letras, en su mayoría controvertido, no es muy diferente al del *hip-hop* norteamericano y retrata° con frecuencia la violencia en las *depicts* calles. Don Omar y Ivy Queen son dos de los creadores de reggaetón cuyas canciones
70 dominan las pistas de baile.

Las melodías del Caribe están cada vez más presentes en el panorama musical del momento. Con la introducción en el mercado internacional de los ritmos
75 caribeños, se está acostumbrando al público a escuchar con mayor atención lo que, en muchas ocasiones, es la bandera de esa cultura: su música. ■

Análisis

1

Comprensión Decide si cada afirmación es cierta o falsa. Corrige las falsas.

1. La música latina es popular en los EE.UU., pero todavía no en el resto del mundo. Falso. Es un fenómeno internacional.

2. El consumo de la música latina entre hispanos es en parte debido a que esta población mantiene sus tradiciones. Cierto.

3. Las letras de la salsa hablan de los sufrimientos y las alegrías de la vida cotidiana. Cierto.

4. Los músicos del *Buena Vista Social Club* ya eran conocidos internacionalmente antes de que saliera este álbum. Falso. Su fama se limitaba a Cuba.

5. El reggaetón tiene sus raíces en la música indígena del Caribe. Falso. Proviene del *reggae* jamaicano, del *hip-hop* norteamericano y de diferentes ritmos puertorriqueños.

6. El contenido de las letras del reggaetón es tan controvertido como el de las letras del *hip-hop*. Cierto.

2

Ampliar En parejas, contesten las preguntas y expliquen sus respuestas.

1. ¿Por qué crees que la música es tan importante para los latinos de los Estados Unidos?

2. ¿Has visto el fenómeno de la música latina donde tú vives? ¿Cómo se manifiesta?

3. ¿Cuál es el tipo de música sin el cual no puedes vivir?

4. ¿Escuchas música local cuando viajas? ¿La compras? ¿Por qué?

3

Aviso En grupos de cuatro, han decidido formar un grupo de música caribeña, pero todavía están buscando los músicos adecuados. Escriban un aviso para buscar candidatos con al menos tres características esenciales. Luego presenten el aviso a la clase.

Modelo El grupo Los Salseros Boricuas busca persona entusiasta que sepa tocar el bongó. Si te encanta la música caribeña, hacer amigos y viajar, llama al 431-237-1003 y pregunta por Lucio.

4

Su música En grupos de cuatro, piensen en un estilo de música típico de los Estados Unidos y luego comparen sus características con las de un estilo de música latina. Usen este cuadro como guía. Luego comparen sus respuestas con las de otros grupos.

	Música latina	Música norteamericana
Instrumentos típicos		
Ocasiones en que se escucha o se baila		
Origen e influencias		
Público típico		
Temas de las letras		
Intérpretes más conocidos en el mundo		

 Practice more at **suena.vhlcentral.com**.

Preparación

**Reading
Audio: Vocabulary**

Sobre el autor

Ginés S. Cutillas nació en Valencia, España, en 1973. En su obra prevalece el microcuento, para el que tiene un ingenio especial. Su talento fue premiado (*rewarded*) al ganar en 2006 la V edición del concurso de microcuentos de la feria del libro de Granada. Cutillas también ha sido ganador de otros concursos internacionales de relatos. Ha publicado un libro de cuentos llamado *La biblioteca de la vida* (2007) y una novela, *La sociedad del duelo* (2008), así como su primera colección de microcuentos, titulada *Un koala en el armario* (2009). Ha contribuido a varias antologías de nuevos autores y es además crítico literario para el periódico *La Opinión de Granada*. Cutillas también colabora en revistas literarias como *El oteador de los nuevos tiempos* y *Prometheus*.

Vocabulario de la lectura		Vocabulario útil
el castigo *punishment*	**el suelo** *ground*	**la desaparición** *disappearance*
la desesperación *desperation*	**tras** *after*	**el hallazgo** *discovery*
la estantería *bookcase*	**vigilar** *to watch, to keep an eye on*	**la sospecha** *suspicion*
el rasgo *trait, feature*		

1

Vocabulario Completa el párrafo con palabras de la lista.

castigo	estantería	sospechas
desaparición	hallazgo	tras
desesperación	rasgos	vigilar

Los noticieros informaron hoy sobre un nuevo crimen (*murder*) del "carnicero del campo de golf", provocando una reacción de (1) ___desesperación___ en la ciudad. La (2) ___desaparición___ de un hombre de negocios había sido denunciada (*reported*) días antes por sus compañeros de golf, (3) ___tras___ perderlo de vista de manera extraña durante una práctica. El (4) ___hallazgo___ de la víctima confirmó las (5) ___sospechas___ por la presencia de (6) ___rasgos___ comunes a todos los crímenes del "carnicero". La policía ha prometido (7) ___vigilar___ los campos de golf de toda la ciudad para capturar al culpable y darle el (8) ___castigo___ que se merece.

2

Responder En grupos de tres, contesten estas preguntas.

1. Cuando no puedes salir de tu casa por algún motivo, ¿prefieres leer un libro o mirar televisión? ¿Por qué?

2. ¿Enciendes el televisor sólo para mirar programas que te interesan o miras cualquier cosa que estén transmitiendo? Explica.

3. ¿Cuántas horas de televisión dirías que miras por semana? ¿Crees que es tiempo perdido o bien utilizado? ¿Por qué?

4. ¿Qué opinas de esta afirmación: "La televisión duerme a la gente y los libros la despiertan"?

La Desesperación de las Letras

Ginés S. Cutillas

crashing noise

surprised

to check

was in the throes of death

Estaba viendo la tele cuando oí un fuerte estruendo° detrás de mí. Justo en la biblioteca. Me levanté extrañado° y fui a comprobar° qué era. Una masa inconsistente de papel agonizaba° a los pies de la estantería. La cogí entre mis
5   manos y desmembrando sus partes pude adivinar que aquello había sido un libro, *Crimen y Castigo* para ser exactos. No supe encontrar una explicación lógica a tan extraño incidente. A la noche siguiente, otra vez delante de la televisión, oí de nuevo ese ruido. Esta vez, irónicamente, había sido *Anna Karenina* quien

bunch / was lying   10   se había convertido en un manojo° de papel deforme que yacía° a los pies de sus compañeros. Tras varias noches repitiéndose

events   los hechos°, me di cuenta de lo que estaba ocurriendo: los libros se estaban suicidando. Al principio fueron los clásicos,

of crashing   cuanto más clásico era, más probabilidad tenía de estamparse°
15   contra el suelo. Más tarde comenzaron los de filosofía, un día moría Platón y al otro Sócrates. Luego les siguieron autores más contemporáneos como Hemingway, Dos Passos, Nabokov…

by leaps and bounds   Mi biblioteca estaba desapareciendo a pasos agigantados°. Había noches de suicidios colectivos y yo, por más que me

por... *no matter how hard I tried*   20   esforzaba°, no conseguía encontrar un rasgo común entre las obras kamikazes que me permitiera saber cuál iba a ser la siguiente. Una noche decidí no encender la televisión para vigilar atentamente los libros. Aquella noche no se suicidó ninguno. ■

Análisis

1 Have students scan the text for vocabulary typical of the detective novel, such as **incidente**, **agonizar**, **desmembrar**, **hechos**, etc.

1

Comprensión Contesta las preguntas con oraciones completas.

1. ¿A qué hora transcurren los acontecimientos del relato y dónde está el narrador? Transcurren por la noche cuando el narrador está delante del televisor.

2. ¿Cómo se da cuenta el narrador de que los libros se caen? Oye un estruendo cada vez que uno se cae.

3. ¿Cómo quedan los libros tras caerse? Quedan convertidos en una masa inconsistente de papel.

4. ¿Qué están haciendo los libros, según el narrador? Se están suicidando.

5. ¿Cuándo paran los suicidios colectivos? Paran cuando el narrador no enciende el televisor.

2 Have students explain the importance of the falling books' titles and authors. Ask if they have read any of the classics mentioned in Cutillas's story, or other classics. Have students research any unfamiliar titles or authors mentioned in the story and share what they learn with the class.

2

Interpretar Contesta estas preguntas.

1. ¿Cómo es la personalidad del narrador? ¿Qué opina de la televisión y por qué?

2. ¿Hay relación entre el título del primer libro que cae y lo que sucede? ¿Cuál?

3. ¿Qué significa que los libros más clásicos tengan más probabilidad de caer?

4. ¿Por qué crees que los libros se suicidan? ¿Logran algún objetivo? Explica.

3

Juzgar En grupos pequeños, organicen un juicio (*trial*) en el que los libros demandan a (*sue*) la televisión por provocar suicidios colectivos, y la televisión se defiende. Distribuyan los papeles de abogados, testigos (*witnesses*), jurado (*jury*) y juez. Debatan hasta llegar a un veredicto.

4 Organize a class debate on the pros and cons of television viewing by young children. Encourage students to use the subjunctive in their arguments.

4

Opinar En parejas, lean estas afirmaciones y digan si están de acuerdo y por qué. Después, compartan su opinión con la clase.

- La televisión ayuda a los padres a educar a sus hijos.
- Gracias a los programas infantiles, los padres tienen más tiempo libre.
- La televisión hace compañía a los enfermos y ancianos.
- La TV es buena para niños y ancianos; para los demás, es una pérdida de tiempo.

5

Escribir Escribe un correo electrónico a un periódico local como si fueras el narrador del cuento denunciando la muerte de los libros por culpa de la televisión.

Plan de redacción

Escribir un correo electrónico

1 Título Inventa un título para tu mensaje de correo electrónico.

2 Contenido Organiza tus ideas para que no se te olvide nada.

1. Explica lo que sucede con los libros. Indica cómo te sientes utilizando expresiones como: **Es terrible que, Tengo miedo de que, Es una pena que**, etc.

2. Acusa a los programas de televisión. Cita algunos que te parecen de peor calidad y expresa tu opinión sobre ellos. Usa el subjuntivo.

3. Sugiere un castigo para la televisión por la muerte de los libros o indica cómo podría solucionarse el problema. Incluye mandatos.

3 Conclusión Elige una de estas frases o escribe otra para concluir: **"El tiempo corre"**, **"Es hora de actuar"**, **"La cultura está en peligro"**, **"Basta de telebasura"**.

TEACHING OPTION As an alternate writing assignment for pro-television students, ask them to write a brief newspaper article stating the need for children and adults to spend more time watching TV rather than reading books. Encourage them to invent a fatal disease that results from exposure to paper and ink, and to stress the benefits of television on intellectual development.

Practice more at
suena.vhlcentral.com

Los medios de comunicación

Audio: Vocabulary
Flashcards
Video: *Flash Cultura*

Los medios

el acontecimiento *event*
la actualidad *current events*
el anuncio *advertisement, commercial*
la censura *censorship*
Internet *Internet*
los medios (de comunicación) *media*
la parcialidad *bias*
la publicidad *advertising*
la radio *radio*
la radioemisora *radio station*
el reportaje *news report*
el sitio web *website*
la temporada *season*

enterarse (de) *to become informed (about)*
navegar en la red *to surf the web*
opinar *to express an opinion, to think*
ser parcial *to be biased*
tener buena/mala fama *to have a good/bad reputation*

actualizado/a *up-to-date*
destacado/a *prominent*
en directo/vivo *live*
imparcial *impartial, unbiased*
influyente *influential*

Profesionales de los medios

el/la actor/actriz *actor/actress*
el/la cantante *singer*
el/la crítico/a de cine *film critic*
el/la director(a) *director*
la estrella (de cine) *(movie) star*
el/la fotógrafo/a *photographer*
el/la locutor(a) de radio *radio announcer*
el/la oyente *listener*
el/la periodista *journalist*
el público *audience, public*
el/la redactor(a) *editor*
el/la reportero/a *reporter*
el/la televidente *television viewer*

El cine y la televisión

la banda sonora *soundtrack*
la cadena *network*
el cine *cinema, movies*
el doblaje *dubbing*

el documental *documentary*
los efectos especiales *special effects*
el estreno *premiere, new movie*
la pantalla *screen*
la película *movie*
el programa de concursos *game show*
el programa de telerrealidad *reality show*
los subtítulos *subtitles*
la telenovela *soap opera*
la transmisión *broadcast*
el video musical *music video*

ensayar *to rehearse*
entretener *to entertain*
entrevistar *to interview*
rodar (o:ue) *to shoot (a movie)*
grabar *to record*
transmitir *to broadcast*

La prensa

el horóscopo *horoscope*
la libertad de prensa *freedom of the press*
las noticias locales/internacionales/ nacionales *local/international/ national news*
el periódico/el diario *newspaper*
la portada *front page, cover*
la prensa (sensacionalista) *(sensationalist) press*
la revista *magazine*
la sección de sociedad *lifestyle section*
la sección deportiva *sports section*
la tira cómica *comic strip*
el titular *headline*

investigar *to research; to investigate*
publicar *to publish*
suscribirse (a) *to subscribe (to)*

Cortometraje

el alma *soul*
el ángel *angel*
el arma *gun*
el Diablo *devil*
el disparo *shot*
la encrucijada *crossroads*
la fantasía *fantasy*
el fenómeno *phenomenon*
el pasamontañas *ski mask*

los rasgos *features*
el robo *robbery*
la sangre *blood*
el ser humano *human being*
el suceso *incident*

adivinar *to guess*
arrepentirse *to regret*
castigar *to punish*
cometer (un delito) *to commit (a crime)*
engañar *to deceive, to trick*
firmar *to sign*
invocar *to invoke, to call on*
robar *to rob*

apenas *hardly; just*

Cultura

el bajo *bass*
el crecimiento *growth*
el estilo *style*
el éxito *success*
la fama *fame*
la flauta *flute*
el género *genre*
la letra *lyrics*
la pista de baile *dance floor*
el ritmo *rhythm*
el tambor *drum*
el violonchelo *cello*

golpear *to beat (a drum)*
salir a la venta *to go on sale*
tocar *to play (an instrument)*

controvertido/a *controversial*

Literatura

el castigo *punishment*
la desaparición *disappearance*
la desesperación *desperation*
la estantería *bookcase*
el hallazgo *discovery*
el rasgo *trait, feature*
el suelo *ground*
la sospecha *suspicion*

vigilar *to watch, to keep an eye on*

tras *after*

Generaciones en *movimiento*

El paso del tiempo es una realidad inevitable que nos afecta a todos. La evolución de las culturas y la sucesión de nuevas generaciones dependen de ese constante transcurso del tiempo. La vida sigue, y en ese trayecto interminable surgen choques entre generaciones y culturas.

125

133

Destino:
CENTROAMÉRICA

HONDURAS
GUATEMALA
EL SALVADOR   NICARAGUA
COSTA RICA
PANAMÁ

PREVIEW Ask students to analyze both literal and figurative meanings of the lesson title. In pairs, have them trace the geographical movement of their families over several generations. Then discuss how beliefs, priorities, culture, and traditions have evolved in their families over time. Ask: **¿Qué brechas generacionales y culturales han surgido dentro de tu familia? ¿Qué significa** *movimiento* **para tu generación?**

En familia **S** Audio: Vocabulary

Los parientes

el antepasado *ancestor*
el/la bisabuelo/a *great-grandfather/ grandmother*
el/la cuñado/a *brother/ sister-in-law*
el/la esposo/a *husband/wife*
el/la (hermano/a) gemelo/a *twin (brother/sister)*
el/la hermanastro/a *stepbrother/stepsister*
el/la hijo/a único/a *only child*
la madrastra *stepmother*
el/la medio/a hermano/a *half brother/sister*
el/la nieto/a *grandson/granddaughter*
la nuera *daughter-in-law*
el padrastro *stepfather*
el/la pariente/a *relative*
el/la primo/a *cousin*
el/la sobrino/a *nephew/niece*
el/la suegro/a *father/mother-in-law*
el/la tío/a (abuelo/a) *(great) uncle/aunt*
el yerno *son-in-law*

La vida familiar

agradecer *to thank*
apoyar(se) *to support (each other)*
criar *to raise (children)*
independizarse *to become independent*
lamentar *to regret*
malcriar *to spoil*
mimar *to pamper*
mudarse *to move*
pelear(se) *to fight (with one another)*
quejarse (de) *to complain (about)*
regañar *to scold*
respetar *to respect*
superar *to overcome*

La personalidad

el carácter *character, personality*

———

(bien) educado/a *well-mannered*
egoísta *selfish*
estricto/a *strict*
exigente *demanding*
honrado/a *honest*
insoportable *unbearable*
maleducado/a *ill-mannered*
mandón/mandona *bossy*

rebelde *rebellious*
sumiso/a *submissive*
unido/a *close-knit*

Las etapas de la vida

la adolescencia *adolescence*
el/la adolescente *adolescent*
el/la adulto/a *adult*
la edad adulta *adulthood*
la juventud *youth*
la muerte *death*
el nacimiento *birth*
la niñez *childhood*
el/la niño/a *child*
la vejez *old age*

Las generaciones

el apodo *nickname*
la ascendencia *heritage*
la autoestima *self-esteem*
la brecha generacional *generation gap*
la comprensión *understanding*
la patria *homeland*
el prejuicio social *social prejudice*
la raíz *root*
el sexo *gender*

———

heredar *to inherit*
parecerse *to resemble, to look like*
realizarse *to become true*
sobrevivir *to survive*

VARIACIÓN LÉXICA
esposo ⟷ marido
esposa ⟷ mujer
yerno ⟷ hijo político
nuera ⟷ hija política
apodo ⟷ sobrenombre
edad adulta ⟷ madurez
sexo ⟷ género

Point out that the adjective **político/a** may be used to describe *in-laws*. Ex: **Pasamos la Navidad con mi familia política.** *We spent Christmas with my in-laws.*
Explain that **gemelo/a** refers to *identical* twins, while **mellizo/a** refers to *fraternal* twins.

INSTRUCTIONAL RESOURCES
Supersite: Audioscripts, SAM AK, Lab MP3s **SAM/WebSAM:** WB, LM

Lección 4

Práctica

1 **Completar** Completa las oraciones con la opción correcta.

1. ¡Es increíble! Mi hermana y mi madre se ____ mucho. Son casi idénticas.
   a. pelean b. quejan c. parecen ✓

2. Yo, en cambio, soy físicamente igual a mi padre y también tenemos el mismo ____.
   a. niñez b. carácter ✓ c. tío

3. Durante su ____, mis padres estaban muy enamorados uno del otro.
   a. nacimiento b. apodo c. juventud ✓

4. Ellos se divorciaron el año pasado y yo lo ____ mucho.
   a. mimo b. lamento ✓ c. mudo

5. Estoy disgustada, sí, pero no me ____, porque nos quieren igual.
   a. quejo ✓ b. apoyo c. realizo

6. Al fin y al cabo, seguimos siendo una familia ____. ¡Siempre lo fuimos!
   a. sumisa b. unida ✓ c. exigente

2 **Crucigrama** Completa el crucigrama.

Horizontales
1. el hijo de mi hermano
4. dar las gracias
6. que no se puede soportar; intolerable
8. última etapa de la vida antes de morir
9. tratar a alguien con buenos modales, cortesía y atención
10. opinión que se tiene de algo antes de conocerlo

Verticales
2. irse de la casa de los padres para ser independiente
3. valoración positiva de uno mismo
5. que no admite excepciones; riguroso
7. recibir los bienes (*possessions*) que deja alguien al morir

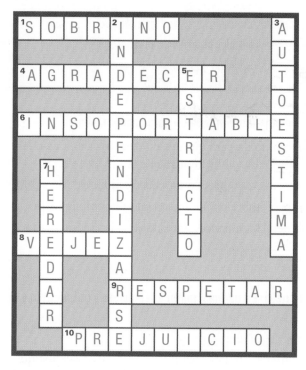

Crucigrama:
1H SOBRINO 3A
4H AGRADECER
6H INSOPORTABLE
8H VEJEZ
9H RESPETAR
10H PREJUICIO
Verticales: INDEPENDIZARSE, AUTOESTIMA, ESTRICTO, HEREDAR

3 **La familia Rodríguez** En grupos de cuatro, túrnense para elegir a un miembro de esta familia y decir quién y cómo es. Inventen los detalles y utilicen palabras del vocabulario.

Modelo El abuelo, don Ramón, se crió en un pueblo de Costa Rica y se mudó a San José cuando se casó. Ahora disfruta de su vejez con su esposa. Tiene un carácter muy agradable y se lleva muy bien con toda su familia.

 Practice more at **suena.vhlcentral.com**.

INSTRUCTIONAL RESOURCES
Supersite/DVD: Film Collection
Supersite: Script & Translation

VARIACIÓN LÉXICA
alcanzar ↔ bastar
botar ↔ despedir
flojear ↔ holgazanear
pancarta ↔ letrero
repartir ↔ distribuir

Nota CULTURAL

La **arepa** es una comida tradicional de Venezuela, consistente en una especie (*type*) de pan elaborado con harina (*flour*) de maíz que se rellena con diversos alimentos, como carne, queso o frijoles negros.

TEACHING OPTION
Discuss the political and economic climate in Venezuela. Explain the ramifications of the nationalization of the oil industry, the national strike of 2002–2003, and the close political ties between Hugo Chávez and Fidel Castro.

2 Answers may vary. Correct answers based on actual information in *Rincón de Venezuela*. It is fine if students suggest other options as answers, so long as they can support their decision. Have pairs justify their answers by pointing out specific details from the poster that informed their choice.

Preparación **Audio: Vocabulary**

Vocabulario del corto

alcanzar *to be enough, to reach*
la arepera *restaurant serving arepas*
botar *to fire, to throw out*
chévere *great, fantastic*
la deuda *debt*
el disparate *silly remark/action, nonsense*
la embajada *embassy*
firmar *to sign*

la ganancia *profit*
el/la gusano/a *(pej., lit. worm) Cuban exile*
la pérdida *loss*
las prestaciones *social assistance*
repartir *to distribute, to hand out*

Vocabulario útil

el asilo *asylum*
el comunismo *communism*
el consulado *consulate*
el/la extranjero/a *foreigner, alien*
(i)legal *(il)legal*
la manifestación *protest*
la pancarta *banner, sign*
el/la residente *resident*

EXPRESIONES

¡Ni un paso atrás! *Not one step back!*
pasársele la mano *to go overboard*
sacar adelante *to move something forward, get it off the ground*
sacar una cuenta *to add up, calculate*
tener (suficiente) criterio *to have (enough) judgment*

1 **Vocabulario** Escribe la palabra apropiada para cada definición.

1. ayuda que un gobierno da para que sus ciudadanos satisfagan (*satisfy*) las necesidades básicas parar vivir dignamente ____prestaciones____

2. oficina que representa a un país en un país extranjero ____embajada/consulado____

3. acción de poner su nombre en un documento para oficializarlo ____firmar____

4. dinero que se le debe a un banco, a una tarjeta de crédito o a un individuo ____deuda____

5. comentario tonto o acción tonta, sin lógica ____disparate____

2 **El rincón de Venezuela** En parejas, miren el afiche del cortometraje y completen las oraciones.

1. Las tres personas del afiche son...
   a. un grupo de amigos.   (b.) una familia.   c. desconocidos.

2. Las tres personas parecen tener...
   a. algo que celebrar.   b. una pelea.   (c.) un problema.

3. La escena del afiche parece transcurrir (*take place*) en...
   a. un carnaval   (b.) una cocina   c. una oficina

4. Las personas están hablando sobre... Answers will vary.

3 **Comida tradicional** En grupos de tres, contesten estas preguntas.

1. ¿Han tenido la oportunidad de probar comida de Venezuela o conocen a alguien que la haya probado? Expliquen.

2. ¿Se parece a la comida de su comunidad? ¿Por qué?

3. ¿Es importante respetar las recetas tradicionales? ¿Está bien "modernizarlas"?

4 **¿Qué sucederá?** En parejas, miren el fotograma del cortometraje e imaginen lo que va a ocurrir en la historia. Compartan sus ideas con la clase.

4 Ask students: **¿Qué tono tendrá el cortometraje (humorístico, dramático)? ¿Tendrá un final feliz?**

5 **La inmigración** Lee estas oraciones y escoge la opción que expresa tu opinión. Después, en grupos de tres, expliquen sus respuestas.

	de acuerdo	en desacuerdo	neutral
1. Es lo mismo ser inmigrante de niño que de adulto.	☐	☐	☐
2. Las diferencias generacionales son iguales en todas las culturas.	☐	☐	☐
3. Hay mucha solidaridad entre los distintos grupos de inmigrantes.	☐	☐	☐
4. La opresión es la causa principal para emigrar a otro país.	☐	☐	☐
5. Las únicas personas que emigran son los pobres.	☐	☐	☐
6. Los inmigrantes suelen olvidar su cultura y adoptar la cultura nueva como propia.	☐	☐	☐

5 Keep track of student responses on the board. Have groups whose answers deviate from the prevailing opinions justify their choices to the class. Encourage students to present as many counterpoints as possible to every opinion.

6 **Brecha generacional** Piensa en una diferencia de punto de vista que tengas con alguien de una generación distinta. Considera estos puntos y escribe un breve párrafo sobre esa diferencia de opinión. Luego, intercambia tu párrafo con un(a) compañero/a y traten de encontrar puntos comunes en los dos párrafos. Empiecen con estas sugerencias:

- tema en discusión
- acuerdos
- desacuerdos
- posible solución

6 Suggest these and other topics about which students might disagree with someone of a different generation. Ex: **las amistades, el amor, el dinero, la música, la religión, la ropa**

7 **Preguntas** En parejas, contesten estas preguntas.

1. ¿Hablan de política con sus amigos o con sus familias? ¿De qué asuntos hablan? ¿Por qué?

2. ¿Piensan que es posible ser amigo/a de alguien que tiene diferente ideología política? Expliquen. ¿Tienen amigos que tengan otra ideología? ¿Quiénes?

3. ¿Creen que es importante participar en movimientos políticos? ¿Por qué?

4. ¿Se irían de su país si la situación política fuera muy conflictiva? Expliquen sus respuestas.

7 Continue the discussion by asking additional questions. Ex: **¿Creen que otros países tienen una percepción objetiva de la política de este país? ¿Creen que la prensa nacional e internacional influye en esto? ¿Cómo?**

Short Film

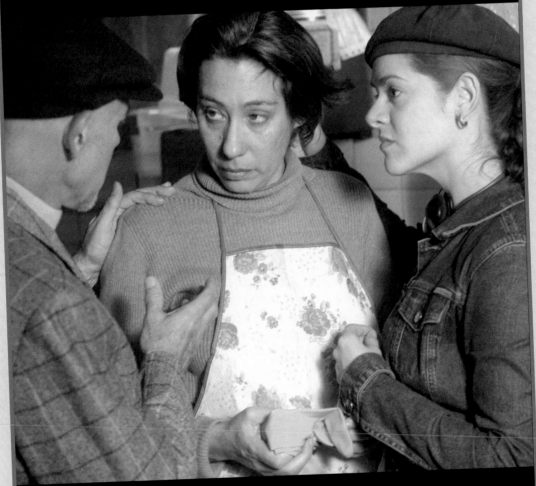

El Rincón de Venezuela

The Venezuelan Corner

Escrito y dirigido por **REYTHER ORTEGA**
Producido por **KATE GILROY**   Director de fotografía **ANTOINE VIVAS DENISOV**
Editado por **ELIZABETH ANWAR, REYTHER ORTEGA**
Diseño de producción **FREDERICA NASCIMENTO**   Vestuario original **KRISANA PALMA**
Sonido y mezcla **STEFANO GRAMITTO**   Música original **MAURICIO ARCAS**
Con la actuación de **AMINTA DE LARA, JABBO DE MOZOS, KRIS PAREDES, ROLANDO J. VARGAS**

CENTRO NACIONAL
AUTÓNOMO DE
CINEMATOGRAFÍA
DE VENEZUELA

ARGUMENTO *La difícil situación política venezolana lleva a una familia a empezar una nueva vida en Nueva York. Allí tienen que luchar para sacar adelante su restaurante y adaptarse a las nuevas circunstancias.*

GLORIA Mi amor, ¿y si nosotros vendemos esto y nos vamos para Venezuela?
ALBERTO ¿A qué vamos a regresar? ¿Para que nos vuelvan a asaltar[1]? Toda la gente está tratando de irse.
ROSARIO Hay otro grupo de gente que está tratando de hacer algo útil por el país.

GLORIA Aquí lo que hay que hacer es pensar cómo es que vamos a sacar este restaurante adelante, ¡y todos!
ALBERTO Pero que quede bien claro que yo no regreso al país hasta que esos imbéciles se vayan de allí, se vayan del gobierno.

GLORIA ¡Pero qué vas a estar tú saliendo con Mingo, mi amor; si ese señor es un empleado nuestro!

GLORIA Yo creo que ella tiene razón, ¿sabes? Nosotros somos como las arepas de tofu esas que yo estoy haciendo: queriendo ser lo que no somos. Ay, caramba, chico, francamente ¿habrá sido buena idea venirnos para acá? Aquí nadie nos conoce. Lo dejamos todo... ¡la familia!

GLORIA El dinero que teníamos en Caracas no existe más. Se lo presté a mi prima Chela cuando la botaron de PDVSA[2]. Como no tenía prestaciones ni seguro, no tenía cómo pagar el colegio de los muchachos ni el alquiler tampoco. Como es obvio, pues no tiene cómo pagarnos.

GLORIA Tú tienes razón. Usted ya tiene suficiente criterio como para escoger sus amistades. Mingo no es menos que nosotros, como usted dice. Yo lo siento mucho, mi amor.

[1] *to mug; to rob* [2] *national oil company*

PREVIEW Ask students to imagine they own a restaurant in New York. Ask: **¿Qué harían para promocionar su restaurante al público? ¿Han ido a restaurantes de comida típica de otros países? Describan la experiencia (la comida, la decoración, el ambiente, los demás comensales).**

Análisis

1 **Comprensión** Contesta las preguntas con oraciones completas.

1. ¿Qué tipo de comida se sirve en el restaurante? Se sirve comida venezolana.
2. ¿Cuándo dice Alberto que regresará a Venezuela? Alberto dice que regresará a Venezuela cuando los que están ahora abandonen el gobierno.
3. ¿Qué contesta Rosario cuando su padre dice que toda la gente se quiere ir de Venezuela? Rosario dice que hay gente en Venezuela que quiere hacer algo útil y no huir.
4. ¿Con quién quiere salir Rosario por la noche? Rosario quiere salir con Mingo, el empleado del restaurante.
5. ¿Para qué va Gloria a la manifestación? Gloria va a la manifestación para hacer publicidad del restaurante.
6. ¿Qué pide la gente que está en la manifestación? La gente que está en la manifestación pide un nuevo referéndum para Venezuela.
7. Después de unos días, ¿qué le dice Gloria a su hija sobre su amistad con Mingo? Le dice que está bien que salga con él, que Mingo no es menos que ellos.
8. ¿Por qué se enojan algunos clientes del restaurante al final del corto? Algunos clientes se enojan porque entran unos seguidores de Chávez.

2 **Ampliación** Contesta las preguntas con oraciones completas.

1. ¿Qué temas se tratan en *El Rincón de Venezuela*?
2. ¿Por qué se fue la familia de Venezuela?
3. ¿Por qué habla Gloria del *American Way of Management*? ¿En qué consiste?
4. ¿Crees que tendrían éxito las arepas de tofu? ¿Por qué?
5. ¿Por qué se opone Gloria al principio a que su hija salga con Mingo? ¿Por qué cambia luego de opinión?

Escenas

A. En grupos, describan lo que ocurre en estas dos escenas del corto. ¿Sobre qué están hablando los personajes? Luego, improvisen la conversación entre los personajes.

B. Elijan una de las escenas e imaginen qué sucederá con los personajes después del final del corto. Compartan su historia con la clase.

Mudanza En grupos de tres, imaginen que pertenecen a una familia que está por emigrar de su país de origen a otro país totalmente distinto. Decídanse por el país al que van a mudarse y escriban un breve informe sobre estos aspectos de su viaje.

- La situación política y social del país que van a dejar
- Los motivos de su viaje
- Los planes para estudiar o trabajar en el país nuevo

5 **De regreso** Ha pasado más de un año desde la experiencia de la actividad anterior. Las cosas no han ido como esperabas y has decidido regresar solo/a a tu país. En grupos de tres, uno de ustedes representa el papel de la persona que quiere regresar y da tres motivos. Los otros dos son su familia y, satisfechos con su vida en el nuevo país, tratan de disuadirla.

6 **Discriminación** En parejas, lean estos dos diálogos. Después, escriban un breve párrafo con un aspecto en común y una diferencia que encuentren en ambos diálogos. Luego, compartan sus ideas con la clase.

> **Diálogo 1**
> **GLORIA** El Rincón de Venezuela, el mejor restaurante latino de Jackson Heights. El Rincón de Venezuela, señora.
> **HOMBRE** *English. English. I don't know...*

> **Diálogo 2**
> **GLORIA** ¿Mingo, m'hija? ¡Pero qué vas a estar tú saliendo con Mingo, mi amor, si ese señor es un empleado nuestro!
> **ROSARIO** Bueno, ¿y qué? Él es bien chévere y yo aquí no tengo amigos.

7 **Familia e independencia** En grupos, hablen sobre los distintos niveles de independencia en las relaciones familiares. Consideren estas preguntas.

1. ¿Qué significa ser independiente? ¿Independencia económica? ¿Independencia afectiva (*emotional*)? ¿Independencia académica? ¿Todas? ¿Ninguna?
2. ¿A qué edad es razonable ser independiente de la familia?
3. ¿Es esa edad igual en todas las culturas?
4. ¿Qué relaciones familiares (padres-hijos; hermanos-hermanas; abuelos-nietos; etc.) implican más dependencia? ¿Por qué? ¿Se invierte alguna vez el nivel de dependencia?

8 **Generación y política** En parejas, preparen un diálogo entre dos personajes hipotéticos: un padre o una madre y un(a) hijo/a adulto/a. Uno/a está a favor del gobierno y el/la otro/a está en contra.

- Decidan sobre qué tema político específico van a hablar.
- Cada uno/a debe presentar al menos un argumento para defender su posición y uno para demostrar su desacuerdo con el otro personaje.

9 **Fin** Escribe una continuación posible para *El rincón de Venezuela*, en donde expliques qué pudo ocurrir después del enfrentamiento en el restaurante entre chavistas y disidentes. Comparte tu nuevo final con la clase.

5 Ask groups to pick the member who gave the strongest or most realistic arguments. Have the class compare and contrast the arguments, then ask for a few examples of different scenarios that would not require returning.

7 Divide the class in two and arrange the groups so that they face each other. Give them fifteen minutes to debate the questions. Choose two volunteers to serve as impartial judges. After all four debates, the judges should deliberate and declare a winning team.

9 Have students complete this activity for homework. In class, put students in pairs and have them exchange their papers with other pairs. Have pairs peer-edit the papers and read them out loud to the class. Have the class vote on the most original ending.

 Practice more at **suena.vhlcentral.com**.

INSTRUCTIONAL RESOURCES Supersite: En pantalla; Script & Translation; Teaching suggestions; **SAM/WebSAM:** WB

SUEÑA

S En **suena.vhlcentral.com** encontrarás más información y actividades relacionadas con esta sección.

La Panamericana

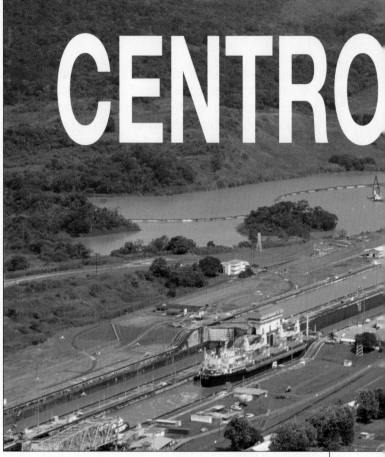

El Canal de Panamá

■ Imagina un viaje en automóvil por toda **Centroamérica**! Comenzarías en **Panamá** y terminarías en **Guatemala**, al sur de **México**. Al final de tu viaje habrás recorrido unos 2.500 kilómetros, visitado seis países y conocido sus capitales: **Ciudad de Panamá**, **San José**, **Managua**, **San Salvador**, **Tegucigalpa** y **Ciudad de Guatemala**. También habrás admirado volcanes humeantes[1], como el **Volcán Poas** en **Costa Rica**, y las ruinas mayas de **Tikal** y **Copán** en **Guatemala** y **Honduras**, respectivamente.

La ruta ideal para realizar esta odisea es la **carretera**[2] **Panamericana**, o simplemente **la Panamericana**. En principio, esta carretera conecta todo el continente americano, desde la **Patagonia** hasta **Alaska**. Sin embargo, fenómenos naturales han destruido algunos tramos[3] y existe uno que aún no está construido. Entre **Panamá** y **Colombia**, en el **Tapón del Darién**, hay unos 90 kilómetros de densa selva montañosa que interrumpen la continuidad de la ruta[4] intercontinental.

¡Arranquemos! Nuestra primera parada es el **Canal de Panamá**, uno de los proyectos de transporte más ambiciosos del siglo XX. Fue propiedad de los Estados Unidos hasta 1999.

En la actualidad, más de 12.000 buques[5] pasan cada año de un océano a otro a través del canal.

De Panamá nos dirigimos a Costa Rica, a visitar el **Parque Nacional Chirripó**. Subimos al cerro Chirripó, palabra indígena que significa "tierra de aguas eternas", de unos 3.800 metros (aprox. 12.500 pies) de altura. En el camino[6] vemos una gran variedad de animales, como jaguares, tapires y quetzales.

Desde Managua, capital de **Nicaragua**, hacemos una excursión al lago de Nicaragua. Es el único lago donde subsisten tiburones[7] que se adaptaron al agua dulce[8] del lago hasta poder reproducirse en él.

Seguimos a **El Salvador**, donde probamos[9] las famosas **pupusas**. Por todas partes encontrarás *pupuserías* que preparan estas delicias, similares a una tortilla gruesa[10] y blanda, rellenas de queso, pollo o cerdo.

Continuamos en el segundo arrecife[11] de coral más grande del mundo: las **Islas de la Bahía**, en la costa norte de Honduras. El 95% de las especies de coral del **Caribe** se encuentran en esta región. Las tres islas de **Roatán**, **Guanaja** y **Utila** son algunas de las atracciones turísticas más populares.

AMÉRICA

¡Celebremos las tradiciones!

Semana Santa La celebración de **Semana Santa** en **Antigua, Guatemala,** es una tradición viva. Cientos de

personas participan en las procesiones y ayudan a llevar las carrozas[1], que pesan 3,5 toneladas[2]. La gente decora las ventanas y las iglesias para la procesión, pero lo más extraordinario de la celebración son las alfombras[3] que cada año se hacen a mano con serrín[4] teñido[5] de colores brillantes y con pétalos de flores.

Día de la independencia **Costa Rica** tiene una de las más antiguas democracias del **Continente Americano**. Por su política de neutralidad, el país ha recibido dos nominaciones para el **Premio Nobel de la Paz**[6] y la reputación de ser la "**Suiza**" de las Américas. Costa Rica

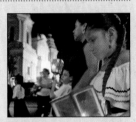

celebra su día de independencia de **España**, junto con los otros países centroamericanos menos Panamá, el 15 de septiembre, con desfiles[7] patrióticos y música. Los niños llevan linternas hechas a mano a estas fiestas llenas de color.

Carnavales La popularidad de los carnavales en **Panamá** es comparable con la de los famosos carnavales brasileños. Celebradas en **Panamá** desde principios del siglo XX, estas

grandiosas fiestas duran cuatro días y cinco noches. Los panameños disfrutan de desfiles magníficos, carrozas espectaculares, máscaras[8], disfraces[9] de todo tipo y comida variada. Las celebraciones más grandes tienen lugar en la **Ciudad de Panamá** y en **Las Tablas**.

Finalmente, en Guatemala visitamos las ruinas de Tikal, una de las ciudades más importantes de la civilización **maya**. Miles de turistas las visitan anualmente, pero también millones de personas las han visto porque aparecen como la base rebelde en la película original de *La guerra de las galaxias*[12].

[1] *smouldering* [2] *Highway* [3] *stretches* [4] *road* [5] *ships* [6] **En el...** *On the way*
[7] *sharks* [8] **agua...** *fresh water* [9] *we try* [10] *thick* [11] *reef* [12] *Star Wars*

El español de Centroamérica

los abarrotes	provisiones; *groceries* (Guat., Pan.)
el agua	refresco; *soda, soft drink* (Guat.)
el cartucho	bolsa; *(plastic) bag* (Pan.)
chivísimo	fantástico; *great, cool* (E.S.)
el fresco	refresco; *soft drink* (C.R., Hond.)
fulear	poner gasolina; *to get gas* (Nic.)
la pulpería	bodega; *grocery store* (C.R., Hond., Nic.)

Expresiones

hacer gallo	acompañar; *to accompany* (E.S.)
¡Pura vida!	¡Muy bien!; *Great!* (C.R.)
ser de alante	ser valiente; *to be brave* (Pan.)

San Jerónimo El pueblo de **Masaya** en **Nicaragua** es conocido por el festival que celebra al santo patrón, **San Jerónimo**. La fiesta, de unos 80 días, comienza el 20 de septiembre con "**el Día de la Bajada**"[10] de la imagen de San Jerónimo y no termina hasta la primera semana de diciembre. Con bailes folklóricos, música, flores y rica comida, esta fiesta colorida integra tradiciones indígenas con el catolicismo.

[1] *floats* [2] *tons* [3] *carpets* [4] *sawdust* [5] *dyed* [6] **Premio...** *Nobel Peace Prize*
[7] *parades* [8] *masks* [9] *costumes* [10] **Día de...** *(Day when the saint is brought down)*

GALERÍA DE CREADORES

PINTURA **Armando Morales**

El nicaragüense Armando Morales, nacido en 1927, es un pintor contemporáneo de Hispanoamérica que goza de fama internacional. Sus creaciones artísticas incluyen desnudos femeninos, escenas cotidianas, naturalezas muertas (*still lives*) y representaciones de hechos históricos que nacen de las imágenes de sus recuerdos. *Desnudo sentado* (1971); *Bodegón, ciruela y peras* (1981); *Bañistas en la tarde y coche* (1984); *Adiós a Sandino* (1985) y *Selva* (1987) son cinco de sus obras más conocidas. Aquí vemos el cuadro titulado *Dos peras en un paisaje* (1973).

LITERATURA **Gioconda Belli**

El compromiso sociopolítico y la lucha por la liberación de la mujer a todos los niveles son las líneas temáticas que marcan la obra de la poeta y novelista nicaragüense Gioconda Belli. *Línea de fuego,* libro de poemas con el que obtuvo el prestigioso Premio Casa de las Américas en 1978 y *La mujer habitada* (1988), Premio a la Mejor Novela Política del Año, sobresalen (*stand out*) entre sus obras más leídas. En 2008 publicó su última novela, *El infinito en la palma de la mano*, por la cual ganó el Premio Biblioteca Breve de la editorial española Seix Barral.

ARTESANÍA La mola

En las islas panameñas del Archipiélago San Blas viven los kunas. Esta tribu indígena es conocida por la mola, su creativa expresión artística que realizan casi exclusivamente las mujeres. La mola es un tipo de bordado (*embroidery*) intrincado que adorna las blusas de las mujeres kuna y que forma parte de su vestido tradicional. Además de blusas, las molas pueden adornar cualquier cosa que la imaginación desee. Aunque los motivos (*motifs*) más populares son los diseños geométricos y elementos del mundo natural, también son frecuentes los diseños modernos. Las molas no son sólo atractivas para los turistas; muchas son verdaderas piezas de arte muy preciadas (*valued*) entre los coleccionistas.

PINTURA Mauricio Puente

Mauricio Puente nació en El Salvador en 1918 y actualmente reside en Massachusetts, EE.UU. Pintor autodidacta, empezó a pintar a los siete años y siempre ha explorado su pasión por la pintura. A lo largo de los años ha cultivado un estilo muy personal que podemos admirar en sus cuadros en galerías de arte de todo el mundo. Su especialidad son las acuarelas (*watercolors*) y óleos; domina a la perfección la técnica de la espátula (*palette knives*) y su talento para dibujar es de primera calidad. La obra *Caserío/Country Houses* presenta un paisaje salvadoreño y es un ejemplo representativo de su estilo.

CONEXIÓN INTERNET

En **suena.vhlcentral.com** encontrarás más información y actividades relacionadas con esta sección.

¿Qué aprendiste?

Cierto o falso Indica si estas afirmaciones son ciertas o falsas. Corrige las falsas.

1. La Panamericana pasa por tres países de Centroamérica.
   Falso. Pasa por seis países de Centroamérica.

2. En el lago de Nicaragua hay tiburones. Cierto.

3. Armando Morales y Mauricio Puente son pintores nicaragüenses. Falso. Armando Morales es nicaragüense, pero Mauricio Puente es salvadoreño.

4. El 28 de marzo se celebra la independencia de Costa Rica. Falso. El 15 de septiembre se celebra la independencia de Costa Rica.

5. El festival de San Jerónimo en Masaya, Nicaragua, dura aproximadamente ochenta días. Cierto.

6. La mola es una expresión artística que realizan los mayas. Falso. La mola es una expresión artística que realizan los kunas.

Preguntas Contesta las preguntas.

1. ¿En qué estilos se especializa el pintor salvadoreño Mauricio Puente? Se especializa en acuarelas y óleos.

2. ¿De qué se rellenan las pupusas? Las pupusas se rellenan de queso, pollo o cerdo.

3. ¿De qué están hechas las alfombras en la celebración de Semana Santa en Antigua, Guatemala? Las alfombras están hechas de serrín teñido de colores brillantes y de flores.

4. ¿Cuáles son los carnavales más grandes de Panamá? Los carnavales más grandes de Panamá son los de Ciudad de Panamá y Las Tablas.

5. ¿Qué líneas temáticas caracterizan la obra de Gioconda Belli? El compromiso sociopolítico y la lucha por la liberación de la mujer marcan su obra.

6. ¿Qué artista de la Galería te interesa más? ¿Por qué? Answers will vary.

PROYECTO

Odisea por Centroamérica

Organiza una travesía por las seis capitales centroamericanas siguiendo la Panamericana. Antes de empezar el viaje investiga toda la información que necesites en Internet.

- Explora una atracción importante por su valor histórico, cultural o natural en cada capital.

- Escribe una entrada en tu diario para la atracción que explores en cada capital.

- Explica tu aventura a tus compañeros/as de clase. Cuéntales lo que viste y aprendiste, léeles tus impresiones y muéstrales fotos de los lugares que visitaste.

MINIPRUEBA

Completa las oraciones con la información correcta y demuestra lo que aprendiste sobre Centroamérica.

1. En 2008, Gioconda Belli publicó su _____, *El infinito en la palma de la mano*.
   a. autobiografía   b. última novela
   c. colección de poemas

2. La carretera Panamericana recorre desde _____ hasta Alaska.
   a. el Volcán Poas   b. Copán
   c. la Patagonia

3. El _____ es un obstáculo para la continuidad de la Panamericana.
   a. Canal de Panamá   b. Chirripó
   c. Tapón del Darién

4. *Chirripó* es una palabra indígena que significa "tierra de _____".
   a. aguas eternas   b. sal y oro   c. jaguares

5. En Panamá, un cartucho es _____.
   a. una bodega   b. un refresco   c. una bolsa

6. Además de diseños geométricos y elementos del mundo natural, también se ven _____ en las molas.
   a. diseños modernos   b. figuras políticas
   c. pequeñas esculturas

7. La gente decora las ventanas y las iglesias para la _____ de Semana Santa en Antigua.
   a. alfombra   b. flor   c. procesión

8. A Costa Rica se le conoce como la _____ de las Américas.
   a. "Suiza"   b. "España"   c. "Francia"

9. Los carnavales se celebran en Panamá desde _____ del siglo XX.
   a. finales   b. mediados   c. principios

10. Las creaciones artísticas de Armando Morales incluyen escenas cotidianas y _____.
    a. literarias   b. naturalezas muertas
    c. retratos de celebridades

11. Mauricio Puente domina la técnica _____.
    a. del fresco   b. de la espátula
    c. de la poesía

En pantalla Ⓢ Video: *Reportaje*

Vocabulario

a la hora de *when it comes down to*
atraer *to attract*
chimenea *chimney*
destino *destination*
litoral *coastline*
mezclar *to mix*

Nicaragua es un pequeño país de exuberante naturaleza y gran riqueza histórica y cultural que durante los años 80 sufrió una devastadora guerra civil. Su economía se ha basado tradicionalmente en la ganadería (*ranching*) y la agricultura. Sin embargo, como se muestra en este reportaje del canal nicaragüense *Televicentro*, en la actualidad el turismo se está convirtiendo en una de las más importantes fuentes de ingresos.

Conexión personal El turismo representa una posibilidad de desarrollo económico para países pequeños. ¿Conoces algún país pequeño que esté desarrollando la industria turística?

Comprensión Contesta las preguntas.

1. ¿Por qué el turismo en Nicaragua se desarrolla casi de forma espontánea? Se desarrolla así por la riqueza histórica, arquitectónica, cultural y la belleza natural.

2. ¿Qué ventajas ofrece Nicaragua a diferencia de otros países de la región? Nicaragua goza de paz y seguridad.

3. ¿Qué otro nombre se le da a la industria turística? También se le llama la industria sin chimeneas.

4. ¿Qué efectos positivos tiene el turismo? Answers will vary.

Expansión

A. En grupos de tres, organicen un viaje turístico. ¿Adónde irán y qué actividades realizarán?

- Escriban una lista de los distintos tipos de lugares que visitarán y las actividades que planean hacer.

- Comenten de qué manera la industria turística influye en la economía y la cultura de estos lugares.

- Expliquen cómo podrán minimizar el impacto de su estancia (*stay*) en los espacios naturales.

- Hagan una lista de los aspectos que los habitantes de esos lugares deben tener en cuenta al planificar nuevos proyectos de desarrollo turístico.

B. Presenten a la clase un informe sobre el plan de viaje.

Turismo: aportes y desafíos

Nicaragua es un pueblo con una diversidad cultural, étnica e idiomática que se mezcla en un solo territorio.

Casi siete millones de turistas visitaron Centroamérica en el 2006.

El tema de la seguridad es uno de los aspectos más importantes que un turista considera a la hora de decidir viajar.

Los principales destinos que se venden de Nicaragua en el exterior son: sol y playa, la ruta de los pueblos, la belleza arquitectónica de ciudades como León y Granada y el eco y agroturismo.

Ⓢ Practice more at **suena.vhlcentral.com.**

4.1

The subjunctive in adjective clauses

- When an adjective clause describes an antecedent that is known to exist, use the indicative. When the antecedent is unknown or uncertain, use the subjunctive.

MAIN CLAUSE: ANTECEDENT UNCERTAIN	CONNECTOR	SUBORDINATE CLAUSE: SUBJUNCTIVE
Busco un trabajo	**que**	**pague bien.**

Antecedent certain → Indicative	Antecedent uncertain → Subjunctive
Necesito el libro que **tiene** información sobre los prejuicios sociales. *I need the book that has information about social prejudices.*	Necesito un libro que **tenga** información sobre los prejuicios sociales. *I need a book that has information about social prejudices.*
Buscamos los documentos que **describen** el patrimonio de nuestros antepasados. *We're looking for the documents that describe our ancestors' heritage.*	Buscamos documentos que **describan** el patrimonio de nuestros antepasados. *We're looking for (any) documents that (may) describe our ancestors' heritage.*
Tiene un esposo que la **trata** con respeto y comprensión. *She has a husband who treats her with respect and understanding.*	Quiere un esposo que la **trate** con respeto y comprensión. *She wants a husband who will treat her with respect and understanding.*

TALLER DE CONSULTA

This additional grammar topic is covered in the **Manual de gramática, Lección 4.**

4.4 *To become:* **hacerse, ponerse,** and **volverse, p. 248**

¡ATENCIÓN!

An adjective clause (**oración subordinada adjetiva**) is a subordinate clause that describes a noun or pronoun, called the antecedent, in the main clause.

INSTRUCTIONAL RESOURCES
Supersite: Audioscripts, SAM AK, Lab MP3s
SAM/WebSAM: WB, LM

Point out that while **que** is the most common connector, conjunctions like **donde** and **en que** can also be used before adjective clauses. Ex: **¿Hay algún restaurante donde se sirva comida guatemalteca?**

Remind students that one of the main characteristics of the subjunctive is the idea of uncertainty.

*Algunos clientes prefieren un plato que no **tenga** carne.*

- When the antecedent of an adjective clause is a negative pronoun (**nadie, ninguno/a**), the subjunctive is used.

Antecedent certain → Indicative	Antecedent uncertain → Subjunctive
Elena tiene tres parientes que **viven** en San José. *Elena has three relatives who live in San José.*	Elena no tiene **ningún** pariente que **viva** en Limón. *Elena doesn't have any relatives who live in Limón.*
De los cinco nietos, hay dos que **se parecen** a la abuela. *Of the five grandchildren, there are two who resemble their grandmother.*	De todos mis nietos, no hay **ninguno** que **se parezca** a mí. *Of all my grandchildren, there's not one who looks like me.*
En mi patria, hay muchos que **apoyan** al candidato conservador. *In my homeland, there are many who support the conservative candidate.*	En mi familia, no hay **nadie** que **apoye** al candidato conservador. *In my family, there is nobody who supports the conservative candidate.*

- Do not use the personal **a** with direct objects that represent hypothetical persons.

Antecedent uncertain → Subjunctive	Antecedent certain → Indicative
Busco un abogado que **sea** honrado. *I'm looking for a lawyer who is honest.*	Conozco **a** un abogado que **es** honrado, justo e inteligente. *I know a lawyer who is honest, fair, and smart.*

- Use the personal **a** before **nadie** and **alguien**, even when their existence is uncertain.

Antecedent uncertain → Subjunctive	Antecedent certain → Indicative
No conozco **a nadie** que **se queje** tanto como mi suegra. *I don't know anyone who complains as much as my mother-in-law.*	Yo conozco **a alguien** que **se queja** aún más... ¡la mía! *I know someone who complains even more... mine!*

- The subjunctive is commonly used in questions with adjective clauses when the speaker is trying to find out information about which he or she is uncertain. If the person who responds knows the information, the indicative is used.

Antecedent uncertain → Subjunctive	Antecedent certain → Indicative
¿Me recomienda usted un buen restaurante que **esté** cerca de aquí? *Can you recommend a good restaurant that is near here?*	Sí, el restaurante de mi yerno **está** muy cerca y **es** excelente. *Yes, my son-in-law's restaurant is nearby, and it's excellent.*
Oigan, ¿no me pueden poner algún apodo que me **quede** mejor? *Hey guys, can't you give me a nickname that fits me better?*	Bueno, si tú insistes, pero Flaco es el apodo que te **queda** mejor. *OK, if you insist, but Skinny is the nickname that suits you best.*

Remind students that the personal **a** is not used after certain verbs, regardless of whether or not the person is hypothetical. Ex: **No hay nadie que.../Hay una mujer que.../Tengo un novio que.../No tengo ningún amigo que...**

Gente

Si leyó en **Gente** algo con lo que no está de acuerdo, discútalo con alguien que le preste atención. Con **Gente**.

Nos gusta saber lo que piensa. Envíe sus cartas al buzón de **Gente**.

Revista **Gente**
Avenida Bucarelli 4-12
México, DF

Práctica

1

1 In pairs, have students check each other's work. Then have them rephrase each sentence as a personal statement, inventing their own endings. Ex: **Tengo un(a) compañero/a de cuarto que.../No conozco a nadie que...**

1 **Combinar** Combina las frases de las dos columnas para formar oraciones lógicas. Recuerda que a veces vas a necesitar el subjuntivo y a veces no.

_c_ 1. Mario tiene un hermano que   a. sea alta y artística.

_d_ 2. Tengo dos cuñados que   b. sean respetuosos y estudiosos.

_e_ 3. No conozco a nadie que   c. canta cuando se ducha.

_a_ 4. Pedro busca una novia que   d. hablan alemán.

_b_ 5. Quiero tener nietos que   e. entienda más de dos idiomas.

2 **El agente de viajes** Graciela va de vacaciones a Montelimar, en Nicaragua, y le escribe un correo electrónico a su agente de viajes explicándole sus planes. Completa el correo con el subjuntivo o el indicativo.

2

Nota CULTURAL

Nicaragua es el país más grande de **Centroamérica** y posee una variada geografía compuesta por lagos, ríos, volcanes, bosques y playas. **Montelimar**, en particular, es uno de los centros turísticos más completos de Centroamérica por sus playas de arena fina, paisajes exóticos y hoteles lujosos.

De:	Graciela <graciela@micorreo.com>
Para:	Santiago <santiago@micorreo.com>
Asunto:	Viaje a Montelimar

Querido Santiago:

Estoy muy contenta porque el mes que viene voy a viajar a Montelimar para tomar unas vacaciones. He estado pensando en el viaje y quiero decirte qué me gustaría hacer. Quiero ir a un hotel que (1)___sea___ (ser) de cinco estrellas, que (2)___tenga___ (tener) vista al mar. Me gustaría hacer una excursión que (3)___dure___ (durar) varios días y que me (4)___permita___ (permitir) ver el famoso Lago de Nicaragua. ¿Qué te parece?

Mi hermano me dice que en la principal agencia de viajes de Montelimar hay un guía turístico llamado Ernesto que (5)___conoce___ (conocer) algunos lugares exóticos y que me (6)___puede___ (poder) llevar a verlos. También dice que Ernesto llama mucho la atención (*stands out*) porque es un muchacho muy atractivo que (7)___tiene___ (tener) el pelo muy rubio y (8)___es___ (ser) muy alto. ¡Tal como a mí me gusta!

Espero tu respuesta,
Graciela

2 As a project, have students research Nicaragua and prepare a complete itinerary for Graciela, complete with photographs and detailed descriptions of the areas she will visit.

3

3 Provide true or false statements about each item to help students decide if each noun is certain or uncertain. Ex: **Olga ya ha decidido cuál de las bandas de merengue prefiere para la fiesta. (cierto)**

3 **Reunión familiar** Sebastián y Olga se preparan para celebrar en su casa la reunión familiar anual. Completa las oraciones con la opción más lógica de la lista. Haz los cambios necesarios.

> gustarle a tío Alberto
> hacer cortes de pelo modernos
> ser festivo/a
> venir a limpiar
> tocar merengue

1. Para la fiesta, Olga quiere contratar a la banda "Tonos dulces", que ___toca merengue___.

2. Sebastián busca un peluquero que ___haga cortes de pelo modernos___.

3. Olga prepara para la fiesta el platillo que ___le gusta a tío Alberto___.

4. Sebastián quiere comprar decoraciones que ___sean festivas___.

5. Después de la fiesta, Olga quiere contratar a una compañía que ___venga a limpiar___.

*Practice more at **suena.vhlcentral.com**.*

Comunicación

4 **Sueños y realidad** En parejas, hagan comparaciones sobre lo que tienen y lo que sueñan tener estos personajes. Usen las palabras de la lista. Recuerden utilizar el indicativo o el subjuntivo según el caso.

> **Modelo** Sonia tiene un novio que enseña historia en la universidad y que es muy responsable. Pero ella sueña con tener un novio que toque la guitarra eléctrica y que sea muy rebelde.

buscar	apartamento
conocer	computadora
necesitar	hermano/a
querer	mascota (*pet*)
tener	vecino/a

4 Have each pair add two more words to the list and create their own statements. Call on students to share their partners' responses.

5 **Anuncios** Tú y tus compañeros/as escriben anuncios para un diario. El jefe les dejó dos mensajes indicándoles qué deben escribir. En grupos de cuatro, escriban anuncios detallados sobre lo que se busca usando el indicativo o el subjuntivo. Después, inventen dos anuncios originales para enseñárselos a la clase.

5 Ask students to bring in samples from the classifieds section of a Spanish newspaper. Read and discuss several examples as a class.

La familia Pérez busca a su perro Tomás, que se perdió en el parque. Aquí tienen una foto de él.

Miguel y Carlos Solís buscan un guía turístico para su viaje a los volcanes de Nicaragua.

6 **El ideal** En parejas, imaginen cómo es el/la compañero/a ideal en cada una de estas situaciones. Si ya conocen a una persona que tiene las características ideales, también pueden hablar de él/ella. Utilicen el subjuntivo o el indicativo de acuerdo a la situación.

> **Modelo** Lo ideal es vivir con alguien que no se queje demasiado.

Alguien con quien...

- vivir
- trabajar
- ver películas de amor o de aventuras

- comprar ropa
- estudiar
- viajar por el desierto del Sahara

6 For each situation listed, call on students and ask specific questions. Ex: **¿Cómo es tu compañero/a de cuarto? ¿Qué buscas en un(a) buen(a) compañero/a?**

INSTRUCTIONAL RESOURCES
Supersite: Audioscripts, SAM AK, Lab MP3s
SAM/WebSAM: WB, LM

Remind students that the English equivalents of most Spanish reflexive verbs do not require reflexive pronouns (*myself, yourself,* etc.). Ex: **Jaime se despertó.** *Jaime woke up.* Unlike Spanish, English does make frequent use of possessive pronouns. Ex: **Me pongo los zapatos.** *I'm putting on my shoes.*

4.2

Reflexive verbs

- In a reflexive construction, the subject of the verb both performs and receives the action. Reflexive verbs (**verbos reflexivos**) always use reflexive pronouns (**me, te, se, nos, os, se**).

Reflexive verb

Elena **se lava** la cara.

Non-reflexive verb

Elena **lava** los platos.

Reflexive verbs	
lavarse *to wash (oneself)*	
yo	me **lavo**
tú	te **lavas**
Ud./él/ella	se **lava**
nosotros/as	nos **lavamos**
vosotros/as	os **laváis**
Uds./ellos/ellas	se **lavan**

- Many of the verbs used to describe daily routines and personal care are reflexive.

acostarse *to go to bed*	**dormirse** *to fall asleep*	**peinarse** *to comb (one's hair)*
afeitarse *to shave*	**ducharse** *to take a shower*	
arreglarse *to dress up, get ready*	**lavarse** *to wash (oneself)*	**ponerse** *to put on (clothing)*
bañarse *to take a bath*		**secarse** *to dry off*
cepillarse *to brush (one's hair, teeth)*	**levantarse** *to get up*	**quitarse** *to take off (clothing)*
	maquillarse *to put on makeup*	
despertarse *to wake up*		**vestirse** *to get dressed*

- In Spanish, most transitive verbs can also be used as reflexive verbs to indicate that the subject performs the action to or for himself or herself.

Félix **divirtió** a los invitados con sus chistes.
Félix amused the guests with his jokes.

Félix **se divirtió** en la fiesta.
Félix had fun at the party.

Ana **acostó** a los gemelos antes de las nueve.
Ana put the twins to bed before nine.

Ana **se acostó** muy tarde.
Ana went to bed very late.

¡ATENCIÓN!

A transitive verb takes an object. An intransitive verb does not take an object.

Transitive:

Mariela compró dos boletos.
Mariela bought two tickets.

Intransitive:

Johnny nació en México.
Johnny was born in Mexico.

● Many verbs change meaning when they are used reflexively.

aburrir *to bore*	**aburrirse** *to become bored*
acordar *to agree*	**acordarse (de)** *to remember*
comer *to eat*	**comerse** *to eat up*
dormir *to sleep*	**dormirse** *to fall asleep*
ir *to go*	**irse (de)** *to go away (from)*
llevar *to carry*	**llevarse** *to carry away*
mudar *to change*	**mudarse** *to move (change residence)*
parecer *to seem*	**parecerse (a)** *to resemble, to look like*
poner *to put*	**ponerse** *to put on (clothing)*
quitar *to take away*	**quitarse** *to take off (clothing)*

● Some Spanish verbs and expressions are reflexive even though their English equivalents may not be. Many of these are followed by the prepositions **a, de,** and **en**.

acercarse (a) *to approach*	**fijarse (en)** *to take notice (of)*
arrepentirse (de) *to regret*	**morirse (de)** *to die (of)*
atreverse (a) *to dare (to)*	**olvidarse (de)** *to forget (about)*
convertirse (en) *to become*	**preocuparse (por)** *to worry (about)*
darse cuenta (de) *to realize*	**quejarse (de)** *to complain (about)*
enterarse (de) *to find out (about)*	**sorprenderse (de)** *to be surprised (about)*

● *To get* or *become* is frequently expressed in Spanish by the reflexive verb **ponerse** + [*adjective*].

> Mi hijo **se pone feliz** cuando nos visitan los abuelos.
> *My son gets happy when our grandparents visit us.*

> Si no duermo bien, **me pongo insoportable**.
> *If I don't sleep well, I become unbearable.*

● In the plural, reflexive verbs can express reciprocal actions done *to one another*.

> ¡Mi esposa y yo **nos peleamos** demasiado!
> *My wife and I fight too much!*

> ¿Será porque ustedes no **se respetan**?
> *Could it be because you don't respect each other?*

● The reflexive pronoun precedes the direct object pronoun when they are used together in a sentence.

> ¿Te comiste el pastel?
> *Did you eat the whole cake?*

> Sí, **me lo** comí todo.
> *Yes, I ate it all up.*

Write several sentence pairs on the board to illustrate the differences in meaning.
Ex: **Pareces cansado.**
You seem tired.
Te pareces a tu media hermana.
You look like your half sister.

Have the class play charades using the reflexive verbs listed on **pp. 138–139**. Then have students take turns giving each other commands to pantomime.

TALLER DE CONSULTA

Hacerse and **volverse** also mean *to become*. See **Manual de gramática, 4.4, p. 248.**

When used with infinitives and present participles, reflexive pronouns follow the same rules of placement as object pronouns. See **3.2, pp. 100-101.**

The use of **se** with indirect object pronouns to express unplanned events is covered in **Manual de gramática, pp. 268-271.** Ex: **Se me perdieron las llaves.**

Práctica

1 **Reflexivos** Algunos verbos cambian de significado cuando se usan en forma reflexiva. Completa las oraciones con la forma adecuada del verbo indicado y el pronombre si es necesario.

1. Yo siempre _____duermo_____ (dormir/dormirse) bien cuando estoy en mi casa de verano.
2. Carlos, ¿_____te acuerdas_____ (acordar/acordarse) de cuando fuimos de vacaciones a Cancún hace dos años?
3. Si estamos tan cansados de la ciudad, ¿por qué no _____nos mudamos_____ (mudar/mudarse) a una casa junto al lago?
4. No me gusta esta fiesta. Quiero _____irme_____ (ir/irse) cuanto antes.
5. Cristina y Miguel _____llevan_____ (llevar/llevarse) a los niños a la feria.
6. Mi abuela va a _____poner_____ (poner/ponerse) una foto de todos sus nietos en el salón.

Todos los sábados

2 **A.** En parejas, describan la rutina que siguen Eduardo y sus amigos todos los sábados.

Eduardo — Se despierta/levanta.

Manny — Se ducha.

Teo — Se afeita.

Sandra — Se cepilla los dientes.

Yoli — Se viste.

Mónica — Se maquilla.

B. ¿Qué hacen los sábados por la mañana otros cuatro amigos de Eduardo? Describan sus rutinas. Utilicen verbos reflexivos y sean creativos.

 Practice more at **suena.vhlcentral.com**.

Comunicación

3

¿Y tú? En parejas, túrnense para hacerse las siguientes preguntas. Contesten con oraciones completas y expliquen sus respuestas.

3 Call on students to report their results.

1. ¿A qué hora te despiertas normalmente los lunes por la mañana? ¿Por qué?
2. ¿Te duermes en las clases?
3. ¿A qué hora te acuestas normalmente los fines de semana?
4. ¿A qué hora te duchas durante la semana?
5. ¿Te levantas siempre a la misma hora que te despiertas? ¿Por qué?

6. ¿Qué te pones para salir los fines de semana? ¿Y tus amigos/as?
7. ¿Cuándo te vistes elegantemente?
8. ¿Te diviertes cuando vas a una discoteca? ¿Y cuando vas a una reunión familiar?
9. ¿Te fijas en la ropa que lleva la gente?
10. ¿Te preocupas por tu imagen?

11. ¿De qué se quejan tus amigos normalmente? ¿Y tus padres u otros miembros de la familia?
12. ¿Conoces a alguien que se preocupe constantemente por todo?
13. ¿Te arrepientes a menudo de las cosas que haces?
14. ¿Te peleas con tus amigos/as? ¿Y con tus familiares?
15. ¿Te sorprendes de una costumbre o un hábito de alguna persona mayor que conoces?

4

En un café Imagina que estás en un café y ves a tu ex novio/a besándose con alguien. ¿Qué haces? En grupos de tres, representen la escena. Utilicen por lo menos cinco verbos de la lista.

4 As a follow-up writing assignment, have students write an e-mail to their ex.

acercarse	atreverse	enterarse	ponerse
acordarse	convertirse	fijarse	preocuparse
alegrarse	darse cuenta	irse	quejarse
arrepentirse	enojarse	olvidarse	sorprenderse

INSTRUCTIONAL RESOURCES
Supersite: Audioscripts, SAM AK, Lab MP3s
SAM/WebSAM: WB, LM

Explain that **para** is often used with adverbs to indicate *"in the direction of."* Ex: **para arriba** *upwards* **para atrás** *backwards*

VARIACIÓN LÉXICA Point out that in spoken Spanish many native speakers often drop the second syllable of **para**. Ex: **p'arriba, p'abajo**

Additional expressions with **para**:
para que *so that*
¿para qué? *why? what for?*

¡ATENCIÓN!

Remember to use the infinitive, not the subjunctive, after **para** if there is no change of subject.

Me despierto a las cinco para llegar temprano.

I wake up at five in order to arrive early.

4.3

Por and *para*

- **Por** and **para** are both translated as *for*, but they are not interchangeable.

—*¿Y si vendemos esto y nos vamos **para** Venezuela?*

*Dice que quiere regresar **por** varias razones.*

Uses of *para*

Destination *(toward, in the direction of)*	La familia sale **para** Estados Unidos pronto. *The family is leaving soon for the US.*
Deadline or a specific time in the future *(by, for)*	Las arepas deben estar hechas **para** las 12. *The arepas have to be made by 12.*
Goal (para + [*infinitive*]) *(in order to)*	**Para** atraer clientes vegetarianos, Gloria prepara arepas de tofu. *In order to attract vegetarian customers, Gloria makes tofu arepas.*
Purpose (para + [*noun*]) *(for, used for)*	Alberto compró la comida **para** la semana. *Alberto bought food for the week.*
Recipient *(for)*	Gloria ahorró dinero **para** Chela. *Gloria saved money for Chela.*
Comparison with others or opinion *(for, considering)*	**Para** ser tan joven, Mingo ha trabajado mucho. *For being so young, Mingo has worked a lot.*
	Para Alberto, volver a Caracas es una tontería. *For Alberto, returning to Caracas is foolish.*
Employment *(for)*	Mingo trabaja **para** Alberto y Gloria. *Mingo works for Alberto and Gloria.*

Expressions with *para*

no estar para bromas *to be in no mood for jokes*	**para colmo** *to top it all off*
	para que sepas *just so you know*
no ser para tanto *to not be so important*	**para siempre** *forever*

- Note that the expression **para que** is followed by the subjunctive.

Gloria distribuye panfletos **para que** los venezolanos **vayan** al restaurante.
Gloria distributes flyers so that Venezuelans will go to the restaurant.

—*Señora, ¿usted ya firmó **para** el nuevo referéndum?*
*Sin embargo, Gloria está ahí **por** otro motivo...*

Uses of *por*

Motion or a general location *(along, through, around, by)*	El cliente entró **por** la puerta y lo saludó. *The customer came in through the door and greeted him.*
Duration of an action *(for, during, in)*	Gloria quiere quedarse **por** un año. *Gloria wants to stay for a year.*
Reason or motive for an action *(because of, on account of, on behalf of)*	Vinieron a Estados Unidos **por** razones políticas. *They came to the US for political reasons.*
Object of a search *(for, in search of)*	Mingo fue a la cocina **por** la ensalada. *Mingo went to the kitchen for the salad.*
Means by which *(by, by way of, by means of)*	Su prima los llamó **por** teléfono. *Her cousin called them by phone.*
Exchange or substitution *(for, in exchange for)*	Cambió las arepas de carne **por** las de tofu. *She switched the meat arepas for the tofu ones.*
Unit of measure *(per, by)*	El metro puede ir a 50 km **por** hora. *The subway can go 50 km per hour.*
Agent (passive voice) *(by)*	El dinero fue gastado **por** Chela. *The money was spent by Chela.*

Expressions with *por*

por allí/aquí *around there/here*	**por lo tanto** *therefore*
por casualidad *by chance/accident*	**por lo visto** *apparently*
por ejemplo *for example*	**por más/mucho que** *no matter how much*
por eso *therefore, for that reason*	**por otro lado/otra parte** *on the other hand*
por fin *finally*	**por primera vez** *for the first time*
por lo general *in general*	**por si acaso** *just in case*
por lo menos *at least*	**por supuesto** *of course*

¡ATENCIÓN!

In many cases it is grammatically correct to use either **por** or **para** in a sentence. The meaning of each sentence, however, is different.

Trabajó por Alberto.
He worked for (in place of) Alberto.

Trabajó para Alberto.
He worked for (in the employment of) Alberto.

TALLER DE CONSULTA

The passive voice is discussed in detail in **Manual de gramática, pp. 266-267**.

Point out that **por** is always used with **gracias**. Ex: **Gracias por la cena.** Additional expressions with **por**:
por ahora *for the time being*
por cierto *by the way*
¡por Dios! *for God's sake!*
por escrito *in writing*

Práctica

1

Otra manera Lee la primera oración y completa la segunda versión usando **por** o **para**.

1. Cuando voy a Costa Rica, siempre visito Puntarenas.
   Paso ___por___ Puntarenas cuando voy a Costa Rica.

2. El hotel era muy barato. Pagué sólo 100 dólares.
   Conseguí la habitación ___por___ sólo 100 dólares.

3. Fui porque quería visitar a mis suegros.
   Yo quería ir ___para___ visitar a mis suegros.

4. Mi familia les envió muchos regalos a ellos.
   Mi familia envió muchos regalos ___para___ ellos.

5. Mis suegros se alegraron mucho de nuestra visita.
   Mis suegros se pusieron muy felices ___por___ nuestra visita.

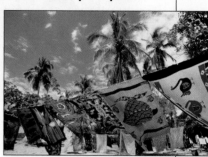

Playa de Puntarenas, Costa Rica

2

Completar Completa la carta con **por** y **para**.

Querida abuela:

(1) ___Por___ fin llegué a esta tierra. La Ciudad de Panamá
es hermosa. Todavía no he pasado (2) ___por___ el Canal de
Panamá porque debo ir con un guía. Puedo contratar uno
(3) ___por___ pocos dólares. En los tres meses del viaje por
Centroamérica pensé en ti y en el abuelo (4) ___por___ lo mucho
que esta tierra representa para ustedes.

Sé que (5) ___para___ conocer mejor este país y su cultura tendré
que quedarme (6) ___por___ lo menos un mes. (7) ___Por___ eso,
no volveré hasta finales de mayo. (8) ___Para___ que sepas, voy
a quedarme en el hotel "Panameño". (9) ___Para___ mí es un
hotel muy cómodo (10) ___por___ estar tan cerca del centro
de la ciudad.

¡Muchos saludos al abuelo!

José

3

Oraciones En parejas, escriban oraciones lógicas utilizando una palabra de cada
columna. Luego, inventen una historia incorporando las oraciones que escribieron.

Modelo   Mi hermana preparó una cena especial para mi mamá.

caminar	jugar		él	mi mamá
comprar	preparar	para	la fiesta	su edad
hacer	trabajar	por	el parque	su hermana

 Practice more at **suena.vhlcentral.com**.

Comunicación

4 **Soluciones** En parejas, comenten las mejores maneras de lograr los objetivos de la lista. Sigan el modelo y utilicen **por** y **para**.

> **Modelo** Para ser saludable, lo mejor es comer cinco frutas o verduras por día porque tienen muchas vitaminas.

dales 2
a cada
pareja

concentrarse al estudiar	relajarse
divertirse	ser famoso
hacer muchos amigos	ser organizado/a
mantener tradiciones familiares	ser saludable (*healthy*)

4 Have students share their responses with the class. Refer students to **pp. 142–143** and have them identify the uses of **por** and **para** in each other's sentences.

5 **Una familia** Los miembros de una familia no siempre se llevan bien. En parejas, miren la foto y escriban un párrafo sobre estas personas. ¿Por qué se pelean? Usen por lo menos cinco de estas expresiones en su relato.

> **Modelo** Para empezar, Sofía llegó a casa muy tarde y por eso...

no fue para tanto	por casualidad	por lo menos
para colmo	por eso	por lo tanto
para siempre	por fin	por supuesto

5 Have pairs relate their story to the class without consulting their papers. Ask the rest of the class to jot down the uses they hear of **por** and **para**. Then have volunteers write on the board the sentences or phrases they heard.

6 **Conversación** En parejas, elijan una de las situaciones e improvisen una conversación. Utilicen **por** y **para** y algunas de las expresiones de la actividad 5.

A

Abelardo, tu vecino millonario, está escribiendo su testamento (*will*). Él no tiene herederos y quiere dejarle toda su fortuna a una sola persona. Está pensando en ti y en el alcalde del pueblo. Convence a Abelardo de que te deje toda su fortuna a ti.

B

Hace un año que trabajas en una librería y nunca has tenido vacaciones. Dile a tu jefe/a que quieres tomarte unas vacaciones de dos semanas en el Caribe. Tu jefe/a dice que no y te da sus razones. Explícale las tuyas y dile que si vas de vacaciones vas a ser un(a) mejor empleado/a.

6 Have pairs act out their conversations for situations A and B in front of the class. Then have volunteers offer alternative ways to convince the **vecino** or **jefe/a.**

Síntesis

Busco compañera de habitación que sea responsable, limpia y ordenada para compartir apartamento céntrico con dos habitaciones. El apartamento es grande e iluminado, pero es muy caro para una sola persona. Llamar por la tarde a Luisa, al teléfono (555) 333-4455.

Gatito perdido

Mi gato *Julio Enrique* se perdió el sábado pasado por la tarde en la Plaza de la Independencia. Es un gato blanco que tiene manchas (*spots*) negras en la cara. A la persona que lo encuentre le pagaré una recompensa de $50. Comunicarse con *Adriana* al (555) 123-4567.

Traductor de español

se ofrece para traducciones inglés-español. Hace poco tiempo me mudé al centro de la ciudad y trabajo desde mi casa. Soy honrado, profesional y estricto para trabajar. Escribir a Horacio a *traductor86@mail.org*

CLASES DE NATACIÓN

Busco nadador(a) olímpico/a para aprender a nadar. Interesados/as pasar por la biblioteca de la universidad el próximo viernes por la tarde (de 3 a 6). Traigan todos sus trofeos y medallas (preferentemente de oro). Me podrán reconocer porque llevaré puesto un traje de baño anaranjado y gafas para nadar. ¡Estoy listo para aprender!

Have students compare the style of the ads and ask these questions:
¿Cuál de los avisos es más formal?
¿Cuál es más divertido?
¿Qué información cambiarían en los tres primeros para hacerlos más graciosos (funny)?

1 To preview the activity, have students read the sample ads and underline examples of **por** and **para** and the subjunctive or indicative.

2 For listening comprehension, ask students to write down the reflexive verbs they hear as classmates perform each skit.

1 **Avisos** En parejas, inventen dos avisos como éstos para el periódico de la escuela. Usen el indicativo o el subjuntivo, según sea necesario. También deben usar **por** y **para**. Después intercambien sus avisos con otra pareja y escriban un mensaje de correo electrónico para contestarlos.

2 **Escenas** En parejas, trabajen para representar una de estas escenas. Usen la mayor cantidad posible de verbos reflexivos. También deben usar **por** y **para**.

Situación A: dos estudiantes se acaban de conocer; uno/a es nuevo/a en la ciudad, y el/la otro/a hace mucho que vive en esta ciudad.

Situación B: dos miembros de la misma familia hablan por teléfono. Uno es estudiante y le cuenta al otro su rutina diaria.

Situación C: dos amigos/as se encuentran y uno/a le cuenta al/a la otro/a cómo fue el concierto de la noche anterior.

Preparación Audio: Vocabulary

Vocabulario de la lectura

el cultivo *farming; cultivation*
la desaparición *disappearance*
la fe *faith*
homenajear a los dioses *to pay homage to the gods*
la lengua *language*
el rito sagrado *sacred ritual*
el sacerdote *priest*

Vocabulario útil

la creencia *belief*
cultivar *to cultivate, to farm*
la esperanza *hope*
la etnia *ethnic group*
el/la historiador(a) *historian*
la receta *recipe*

VARIACIÓN LÉXICA
lengua ↔ idioma
sacerdote ↔ cura, padre

1 **Escoger** Escoge la palabra que coincide con cada definición.

1. Trabajar la tierra para que produzca trigo, maíz, alfalfa, etc.
   a. fe   b. etnia   c. cultivar

2. Los diversos códigos fonéticos que usan los seres humanos para comunicarse.
   a. historiadoras   b. lenguas   c. esperanzas

3. La creencia o esperanza que una persona tiene.
   a. fe   b. receta   c. etnia

4. Una ceremonia religiosa que se repite.
   a. rito   b. sacerdote   c. fe

5. Cuando algo existe, pero luego deja de existir.
   a. creencia   b. cultivo   c. desaparición

1 Have students write their own definitions for the remaining vocabulary.

2 **A pensar** Contesta las preguntas. Después comparte tus respuestas con un(a) compañero/a.

1. ¿Quiénes son los mayas? ¿Qué sabes de ellos?

2. ¿Cuál crees que es el origen de la goma de mascar (*chewing gum*)?

3. ¿Hay recetas en tu familia que han pasado de una generación a otra? ¿Cuáles son?

4. ¿Cómo crees que era la vida de tus antepasados hace cien años?

5. Haz una lista de tradiciones o costumbres que tu familia ha practicado por más de dos generaciones.

6. Haz una lista de tradiciones o costumbres que quieres que tus descendientes hereden de ti.

2 For oral practice, have groups give short presentations on Mayan influence in the following areas: **la astronomía, la comida, la lengua española, la religión, la arquitectura.**

3 **Opinar** En grupos de tres, lean la cita. ¿Qué piensan de lo que dice? ¿Están de acuerdo? Intercambien sus opiniones. Luego, compartan sus ideas con la clase.

> "Un pueblo sin tradición es un pueblo sin porvenir."
> *Alberto Lleras Camargo*

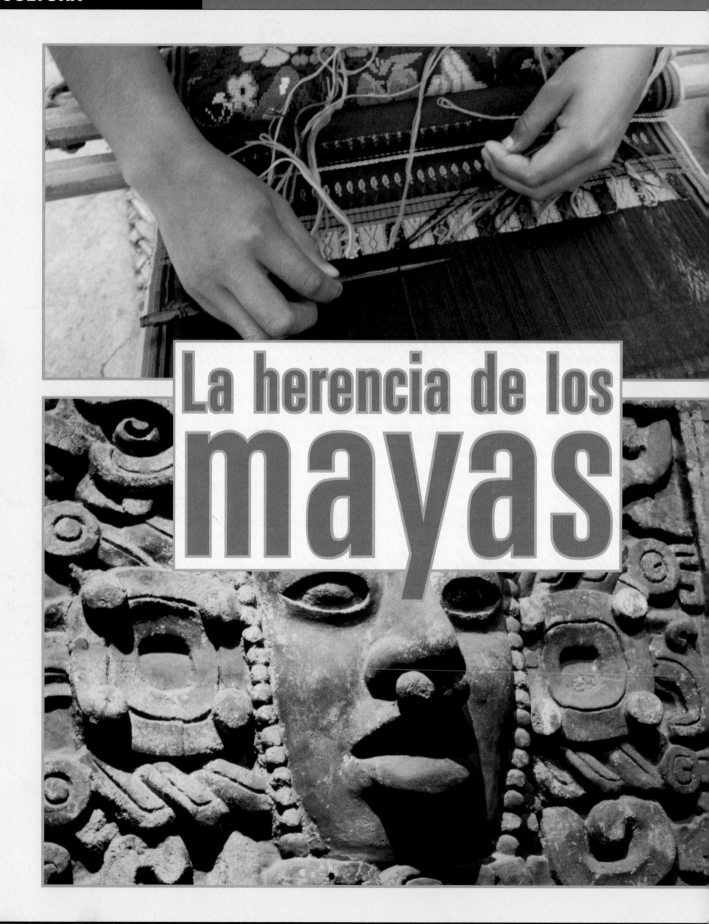

La herencia de los mayas

Para conocer la cultura maya no es suficiente estudiar su historia; también hay que prestar atención a costumbres y prácticas mayas que

endure 5 todavía perduran°. La civilización maya se originó en la península de Yucatán alrededor del 2600 a.C. Con el tiempo, se extendió por toda Centroamérica. Ahí surgieron diferentes grupos étnicos, entre

10 los que se cuentan los quichés, cakchiqueles, pokonchis, pokomanes y chortís. Cada uno de ellos habla una lengua diferente derivada de una lengua común.

La cultura maya llegó a su esplendor

15 alrededor del año 250 d.C. Su desarrollo se vio interrumpido en 1541 con la llegada de los conquistadores españoles.

burned Éstos quemaron° muchos de sus libros e impusieron políticas que buscaban la

20 desaparición de su cultura y su religión. A pesar de ello, muchas de sus tradiciones han sobrevivido el paso de los siglos, pues han sabido preservarlas de la cultura occidental.

Hoy día, muchas personas de origen

practice 25 maya viven en ciudades y ejercen° profesiones modernas. Muchos también viven en pequeñas poblaciones dedicadas especialmente al cultivo del maíz y del frijol. La mayoría de estos habitantes se dedica a

30 las labores del campo, usando métodos de sus antepasados para el cultivo de la tierra. También ha resistido el paso de los siglos la

textiles elaboración de tejidos° y de cerámicas, que todavía tiene importancia en la economía de

35 las poblaciones mayas.

La religión que practican muchos mayas en la actualidad se basa en una mezcla de tradiciones antiguas, de animismo y de catolicismo. Creen en la influencia

40 del cosmos en la vida y atribuyen los fenómenos naturales a los dioses. Según la religión maya hay dioses benévolos, que traen elementos como la lluvia y el maíz, y dioses malévolos, que causan el hambre

45 y los desastres naturales. Los rituales para homenajear a los dioses de la naturaleza

El chicle

¿Sabías que el chicle, o goma de mascar, es un invento maya? Los mayas recolectaban la resina del Chicozapote, un árbol muy abundante en Centroamérica, y la sometían a un proceso de secado (*drying*). El resultado era una goma masticable que los mayas utilizaban para limpiarse los dientes y saciar (*satisfy*) el hambre en los rituales de ayuno (*fasting*). Los mayas llamaron a esta goma "sicte", de ahí que a la goma de mascar se le llame "chicle" en español.

son la perfecta expresión, hoy día, del sincretismo religioso entre la fe cristiana y la maya. Este aspecto es evidente en algunas iglesias, donde se puede ver mayas católicos 50 realizando las mismas ceremonias que los sacerdotes mayas hacen frente a sus ídolos.

En el sistema de creencias° maya, el Sol *beliefs* representa a Jesucristo y la Virgen María se encuentra reflejada en la Luna. 55

La vida diaria y las celebraciones de estos mayas todavía se rigen° por el muy *are determined* preciso calendario de sus ancestros. Cada poblado° tiene un sacerdote encargado de *village* llevar la cuenta de su calendario tradicional, 60 importante para saber cuándo realizar los ritos sagrados. Este calendario, creado hace miles de años, relaciona los astros con los eventos de la vida cotidiana. Los conocimientos de astronomía y matemáticas de los antiguos 65 mayas les sirvieron para construir, sin usar ningún instrumento metálico, observatorios, pirámides y plazas, siempre siguiendo la orientación de los astros.

Los museos y sitios arqueológicos 70 muestran sólo una parte de la cultura maya, porque los habitantes actuales de ciudades y pueblos centroamericanos siguen contando la historia. ■

Análisis

1 **Comprensión** Contesta las preguntas con oraciones completas.

1. ¿Qué tienen en común las lenguas de los quichés, cakchiqueles, pokonchis, pokomanes y chortís, entre otros? Provienen de una lengua común.

2. ¿Qué hicieron los conquistadores cuando se encontraron con la civilización maya?
Quemaron muchos de sus libros e impusieron políticas para causar la desaparición de su cultura.

3. ¿Cómo y de qué viven los mayas hoy en día? Unos viven en ciudades y ejercen profesiones modernas; otros viven en pequeñas poblaciones y se dedican a la agricultura.

4. ¿Qué actividades han resistido el paso del tiempo entre los mayas? La manera de cultivar y la elaboración del tejido y de la cerámica han resistido el paso del tiempo.

5. ¿Qué creencias religiosas tienen los mayas? Creen en la influencia del cosmos en la vida.

6. ¿De qué maneras se mezclan la religión católica y la religión maya? En las iglesias, se ven mayas católicos realizando ritos que los sacerdotes mayas hacen frente a sus ídolos.

7. ¿Cuál ha sido la importancia de los astros en la cultura maya? Los astros marcan el desarrollo de la vida cotidiana. Conocer su orientación les fue útil para construir observatorios, pirámides y plazas.

8. ¿De qué otra forma se llama en español a la goma de mascar? Se le llama chicle.

9. ¿Para qué usaban los mayas la goma de mascar? La usaban para limpiarse los dientes y saciar el hambre en los rituales de ayuno.

2 **Culturas** ¿Qué otras culturas, aparte de la suya, conocen? En grupos de tres, escojan una cultura con la que estén familiarizados y hablen de ella. Compartan sus conocimientos sobre estos aspectos u otros.

- alimentos
- cultivos
- religiones
- artesanías
- historia
- ropa típica
- celebraciones
- lenguas
- tradiciones

Plato de tamales

3 **Imaginar** Es el año 2500 y un historiador escribe sobre la sociedad y la cultura occidental del siglo XXI en una revista. En grupos de cuatro, escriban lo que creen que el historiador dirá sobre las actividades cotidianas, religión, alimentos típicos, costumbres, fiestas, etc. Compartan su escrito con la clase.

> ## CAPÍTULO 3
> Hace cinco siglos la gente tenía vidas muy diferentes.
> El pueblo llamado...

 Practice more at **suena.vhlcentral.com**.

Preparación **Reading Audio: Vocabulary**

Sobre el autor

Augusto Monterroso (1921-2003) nació en Honduras, pero pasó su niñez y juventud en Guatemala. En 1944 se radicó (*settled*) en México tras dejar Guatemala por motivos políticos. A pesar de su origen y de haber vivido su vida adulta en México, siempre se consideró guatemalteco. Monterroso tuvo acceso desde pequeño al mundo intelectual de los adultos. Fue prácticamente autodidacta: abandonó la escuela a los 11 años y con sólo 15 años fundó una asociación de artistas y escritores. Considerado padre y maestro del microcuento latinoamericano, Monterroso recurre (*resorts to*) en su prosa al humor inteligente con el que presenta su visión de la realidad. Entre sus obras se destacan *La oveja negra y demás fábulas* (1969) y la novela *Lo demás es silencio* (1978). Recibió numerosos premios, incluso el Premio Príncipe de Asturias en 2000.

Vocabulario de la lectura		**Vocabulario útil**	
aislado/a *isolated*	**poderoso/a** *powerful*	**la civilización** *civilization*	**la opresión** *oppression*
el conocimiento *knowledge*	**rodear** *to surround*	**la conquista** *conquest*	
	sacrificar *to sacrifice*	**despreciar** *to look down on*	**la religión** *religion*
el desdén *disdain*	**salvar** *to save*	**el fraile (fray)** *friar, monk (Brother)*	**sí mismo/a** *himself/ herself*
digno/a *worthy*			

1

Vocabulario Marca la palabra que no corresponde al grupo.

1. a. esperanza   b. conquista   c. opresión
2. a. sobrevivir   b. salvar   c. despreciar
3. a. conocimiento   b. civilización   c. desdén
4. a. niñez   b. fraile   c. religión
5. a. antepasado   b. castigar   c. sacrificar

2

Astros Contesta las preguntas y comenta tus respuestas con un(a) compañero/a. 2012

1. ¿Has visto alguna vez un eclipse? Descríbelo. Si nunca has visto un eclipse, ¿cómo lo imaginas?
2. ¿Qué porcentaje de tu personalidad crees que está marcado por el día en que naciste? ¿Por qué?
3. ¿Crees que la posición de los astros afecta nuestra vida personal? Explica.
4. ¿Tienes alguna superstición? ¿Cuál?

2 Have students search online or in print media for Spanish horoscopes. Later, have them read and discuss the horoscopes in groups and whether they agree with the assertions.

TEACHING OPTION Have students describe the setting (**el ambiente**) of previous readings in **Sueña** and comment on its importance. Ask students to consider the following aspects of the setting as they read *El eclipse:* el lugar geográfico, la época histórica, la estación del año y la hora del día.

3

América En parejas, hagan un pequeño resumen con todo lo que saben sobre la conquista de América por los europeos.

¿En qué año llegaron?	
¿De qué país eran? ¿Quién financió la expedición?	
¿Qué religión practicaban?	
¿Qué culturas o etnias se perdieron o fueron afectadas por la conquista?	
¿?	

3 Encourage students to draw on examples from North American colonization.

EL ECLIPSE

Augusto Monterroso

ber (title given to a monk)

Cuando fray° Bartolomé Arrazola se sintió perdido, aceptó que ya nada podría salvarlo. La selva poderosa de Guatemala lo
captured 5 había apresado°, implacable y definitiva. Ante su ignorancia topográfica se sentó con tranquilidad a esperar la muerte. Quiso morir allí, sin ninguna esperanza, aislado, con el pensamiento fijo
10 en la España distante, particularmente en

Al despertar se encontró rodeado por un grupo de indígenas de rostro impasible que se disponían a sacrificarlo ante un altar…

el convento de Los Abrojos, donde Carlos
had deigned Quinto condescendiera° una vez a bajar de su eminencia para decirle que confiaba
zeal en el celo° religioso de su labor
redemptive 15 redentora°.

Al despertar se encontró rodeado por
face un grupo de indígenas de rostro° impasible
se… were preparing que se disponían° a sacrificarlo ante un altar, un altar que a Bartolomé le pareció
bed 20 como el lecho° en que descansaría,

al fin, de sus temores°, de su destino, de
fears sí mismo.

Tres años en el país le habían
conferido un mediano dominio° de las
command (of a language) lenguas nativas. Intentó algo. Dijo algunas 25 palabras que fueron comprendidas.

Entonces floreció° en él una idea
blossomed que tuvo por digna de su talento y de su cultura universal y de su arduo conocimiento de Aristóteles. Recordó que 30 para ese día se esperaba un eclipse total de sol. Y dispuso, en lo más íntimo°, valerse
*deepest recesses/**valerse**… to take advantage of* de° aquel conocimiento para engañar a sus opresores y salvar la vida.

—Si me matáis —les dijo— puedo 35 hacer que el sol se oscurezca en su altura.

Los indígenas lo miraron fijamente y Bartolomé sorprendió la incredulidad en sus ojos. Vio que se produjo un pequeño consejo°, y esperó confiado, no 40 *counsel* sin cierto desdén.

Dos horas después el corazón de fray Bartolomé Arrazola chorreaba° su
was gushing sangre vehemente sobre la piedra de los sacrificios (brillante bajo la opaca 45 luz de un sol eclipsado), mientras uno de los indígenas recitaba sin ninguna inflexión de voz, sin prisa, una por una, las infinitas fechas en que se producirían eclipses solares y lunares, 50 que los astrónomos de la comunidad maya habían previsto y anotado en sus códices sin la valiosa ayuda de Aristóteles. ∎

Análisis

1 **Comprensión** Contesta las siguientes preguntas con oraciones completas.

1. ¿Dónde estaba fray Bartolomé? Fray Bartolomé estaba en la selva de Guatemala.

2. ¿Qué pensaba fray Bartolomé que le iba a ocurrir a él? Pensaba que iba a morir.

3. ¿De dónde era fray Bartolomé? Fray Bartolomé era de España.

4. ¿Por qué conocía el protagonista la lengua de los indígenas? Porque hacía tres años que vivía en Guatemala.

5. ¿Qué querían hacer los indígenas con fray Bartolomé? Querían sacrificarlo ante un altar.

6. ¿De qué se acordó el fraile? Recordó que para ese día se esperaba un eclipse total de sol.

7. ¿Qué les dijo fray Bartolomé a los indígenas? Les dijo que si lo mataban, haría oscurecer el sol.

8. ¿Qué hicieron los indígenas? Los indígenas lo sacrificaron.

9. ¿Qué recitaba un indígena al final del cuento? Recitaba todas las fechas en que se producirían eclipses solares y lunares.

2 **Interpretar** Contesta las preguntas.

1. ¿Cuál había sido la misión de fray Bartolomé en Guatemala?

2. ¿Quién lo había enviado a esa misión?

3. A pesar de los conocimientos sobre la obra de Aristóteles, ¿por qué el protagonista no consiguió salvarse?

3 **Culturas** En parejas, expliquen qué ideología representa fray Bartolomé y comenten si conocen algún acontecimiento histórico en el que se haya infravalorado (*undervalued*) la cultura indígena. Compartan sus conclusiones con la clase.

4 **Escribir** Imagina que un periódico te ha pedido que escribas un artículo sobre alguna historia que le ocurrió a un(a) antepasado/a tuyo/a. Escribe el artículo y trata de incluir algunos verbos reflexivos y las preposiciones **por** y **para**.

Plan de redacción

Narrar una historia familiar

1 **Organización de los hechos** Piensa en un acontecimiento que haya ocurrido en tu familia que te interese especialmente. Sigue las preguntas para organizar tu artículo:

1. ¿Quién o quiénes fueron los protagonistas de la historia?

2. ¿Qué antecedentes puedes dar sobre lo que sucedió?

3. ¿Cómo y dónde ocurrieron los hechos?

4. ¿Cómo terminó?

5. ¿Cuál es la conclusión de la historia?

2 **Título** Después de saber con exactitud sobre qué vas a escribir, es muy importante darle al artículo un título atractivo y conciso que atraiga al lector. Ponle un título y comienza a escribir.

3 **Explicar y concluir** Una vez que hayas contado lo que ocurrió, explica por qué has escrito sobre esta historia y si ha tenido consecuencias en tu familia.

 Practice more at **suena.vhlcentral.com.**

En familia

Audio: Vocabulary
Flashcards
Video: *Flash Cultura*

Los parientes

el antepasado *ancestor*
el/la bisabuelo/a *great-grandfather/grandmother*
el/la cuñado/a *brother/sister-in-law*
el/la esposo/a *husband/wife*
el/la (hermano/a) gemelo/a *twin (brother/sister)*
el/la hermanastro/a *stepbrother/stepsister*
el/la hijo/a único/a *only child*
la madrastra *stepmother*
el/la medio/a hermano/a *half brother/sister*
el/la nieto/a *grandson/granddaughter*
la nuera *daughter-in-law*
el padrastro *stepfather*
el/la pariente/a *relative*
el/la primo/a *cousin*
el/la sobrino/a *nephew/niece*
el/la suegro/a *father/mother-in-law*
el/la tío/a (abuelo/a) *(great) uncle/aunt*
el yerno *son-in-law*

La vida familiar

agradecer *to thank*
apoyar(se) *to support (each other)*
criar *to raise (children)*
independizarse *to become independent*
lamentar *to regret*
malcriar *to spoil*
mimar *to pamper*
mudarse *to move*
pelear(se) *to fight with (one another)*
quejarse (de) *to complain (about)*
regañar *to scold*
respetar *to respect*
superar *to overcome*

La personalidad

el carácter *character, personality*

(bien) educado/a *well-mannered*
egoísta *selfish*
estricto/a *strict*
exigente *demanding*

honrado/a *honest*
insoportable *unbearable*
maleducado/a *ill-mannered*
mandón/mandona *bossy*
rebelde *rebellious*
sumiso/a *submissive*
unido/a *close-knit*

Las etapas de la vida

la adolescencia *adolescence*
el/la adolescente *adolescent*
el/la adulto/a *adult*
la edad adulta *adulthood*
la juventud *youth*
la muerte *death*
el nacimiento *birth*
la niñez *childhood*
el/la niño/a *child*
la vejez *old age*

Las generaciones

el apodo *nickname*
la ascendencia *heritage*
la autoestima *self-esteem*
la brecha generacional *generation gap*
la comprensión *understanding*
la patria *homeland*
el prejuicio social *social prejudice*
la raíz *root*
el sexo *gender*

heredar *to inherit*
parecerse *to resemble, to look like*
realizarse *to become true*
sobrevivir *to survive*

Cortometraje

la arepera *restaurant serving **arepas***
el asilo *asylum*
el comunismo *communism*
el consulado *consulate*
la deuda *debt*
el disparate *silly remark/action, nonsense*
la embajada *embassy*
el/la extranjero/a *foreigner, alien*
la ganancia *profit*

el/la gusano/a *(pej., lit. worm) Cuban exile*
la manifestación *protest*
la pancarta *banner, sign*
la pérdida *loss*
las prestaciones *social assistance*
el/la residente *resident*

alcanzar *to be enough, to reach*
botar *to fire, to throw out*
firmar *to sign*
repartir *to distribute, to hand out*

chévere *great, fantastic*

Cultura

la creencia *belief*
el cultivo *farming; cultivation*
la desaparición *disappearance*
la esperanza *hope*
la etnia *ethnic group*
la fe *faith*
el/la historiador(a) *historian*
la lengua *language*
la receta *recipe*
el rito sagrado *sacred ritual*
el sacerdote *priest*

cultivar *to cultivate, to farm*
homenajear a los dioses *to pay homage to the gods*

Literatura

la civilización *civilization*
el conocimiento *knowledge*
la conquista *conquest*
el desdén *disdain*
el fraile (fray) *friar, monk (Brother)*
la opresión *oppression*
la religión *religion*

despreciar *to look down on*
rodear *to surround*
sacrificar *to sacrifice*
salvar *to save*

aislado/a *isolated*
digno/a *worthy*
poderoso/a *powerful*
sí mismo/a *himself/herself*

INSTRUCTIONAL RESOURCES
Supersite/Test Generator: Testing program

Las riquezas naturales

La vida humana depende de que la naturaleza esté en equilibrio. La destrucción de los recursos naturales nos afecta a todos, independientemente de nuestra situación geográfica, económica, política o social. ¿Por qué hay quienes viven al margen de esta realidad e ignoran las consecuencias? ¿Cómo debe enfrentar la especie humana el peligro de su propia extinción?

162

170

Destino:
COLOMBIA, ECUADOR Y VENEZUELA

VENEZUELA

COLOMBIA

ECUADOR

PREVIEW Have students discuss the questions on **p. 156** in small groups and defend their opinions. Ask follow-up questions to preview the vocabulary on **p. 158**. Ex: ¿Qué problema medioambiental te preocupa más? ¿La deforestación? ¿La contaminación? ¿Qué hacemos para prevenir la destrucción de los recursos naturales? ¿Qué más podemos hacer?

Nuestro mundo

 Audio: Vocabulary

La naturaleza

el árbol *tree*
el bosque *forest*
la cordillera *mountain range*
la costa *coast*
el desierto *desert*
la luna *moon*
el mar *sea*
el paisaje *landscape, scenery*
el río *river*
la selva (tropical) *(tropical) rainforest*
el sol *sun*
la tierra *land, earth*

───────────

al aire libre *outdoors*
escaso/a *scant, scarce*
potable *drinkable*
protegido/a *protected*
puro/a *pure, clean*
seco/a *dry*

Los animales

el águila *(f.)* *eagle*
el ave, el pájaro *bird*
la ballena *whale*
la especie en peligro (de extinción) *endangered species*
la foca *seal*
el lagarto *lizard*
el león *lion*
el lobo *wolf*
el mono *monkey*
el oso *bear*
el pez *fish*
la serpiente *snake*
el tigre *tiger*

la tortuga (marina) *(sea) turtle*

Los fenómenos naturales

el calentamiento *warming*
la erosión *erosion*
el huracán *hurricane*
el incendio *fire*
la inundación *flood*
la lluvia *rain*
la sequía *drought*
el terremoto *earthquake*

La ecología

la basura *trash*
la capa de ozono *ozone layer*
el combustible *fuel*
el consumo de energía *energy consumption*
la contaminación *pollution*
la deforestación *deforestation*
el desarrollo *development*
la energía (eólica, nuclear, renovable, solar) *(wind, nuclear, renewable, solar) energy*
la fuente *source*
el medio ambiente *environment*
el peligro *danger*
el petróleo *oil*
el porvenir *future*
los recursos *resources*
el smog *smog*

───────────

agotar *to use up*
aguantar *to put up with, to tolerate*
amenazar *to threaten*
cazar *to hunt*
conservar *to preserve*
contagiar *to infect, to be contagious*
contaminar *to pollute*
desaparecer *to disappear*
destruir *to destroy*

Plantar

echar *to throw away*
empeorar *to get worse*
extinguirse *to become extinct*
malgastar *to waste*
mejorar *to improve*
prevenir (e:ie) *to prevent*
proteger *to protect*

aparcar
Podar -

resolver (o:ue) *to solve, to resolve*
respirar *to breathe*
urbanizar *to urbanize*

───────────

dañino/a *harmful*
desechable *disposable*
híbrido/a *hybrid*
renovable *renewable*
tóxico/a *toxic*

Explain that the verb **aguantar** can also mean *to hold*.

Explain to students that the noun **águila**, like a few other nouns that begin with stressed **a**, takes the articles **el** and **un** in the singular, though its gender is feminine. Explain that such words take feminine adjectives. Ex: **el agua limpia.**

VARIACIÓN LÉXICA
echar ↔ tirar
resolver ↔ solucionar
serpiente ↔ culebra, víbora

Explain that whereas a **culebra** is not poisonous, a **víbora** is. **Serpiente** is a generic term for *snake*.

INSTRUCTIONAL RESOURCES
Supersite: Audioscripts, SAM AK, Lab MP3s
SAM/WebSAM: WB, LM

Práctica

1
Cierto o falso Indica si las afirmaciones son ciertas. Corrige las falsas.

1. La energía eólica da mejores resultados donde hace mucho sol. Falso. Da mejores resultados donde hay mucho viento.

2. Un recurso es escaso cuando es insuficiente y puede agotarse. Cierto.

3. El porvenir es el tiempo pasado. Falso. Es el futuro.

4. Una planta, animal o persona desaparece cuando deja de existir. Cierto.

5. La sequía es un largo período con lluvias. Falso. Es un largo período sin lluvias.

6. Una situación empeora cuando pasa a un estado mejor. Falso. Empeora cuando pasa a un estado peor.

7. El agua potable no debe beberse porque es dañina para la salud. Falso. El agua potable puede beberse.

8. Dicen que el oso es el rey de la selva. Falso. El león es el rey de la selva.

1 Have students write two more true or false statements using the new vocabulary. Call on them to read their statements aloud and have classmates answer **cierto** or **falso**.

2
Saludos desde Venezuela Completa la postal que Álvaro le mandó a su amigo Carlos.

2 Have pairs write postcards similar to the one in the activity. Encourage them to use words from **Para empezar**.

aire libre	desarrollo	medio ambiente	resolver
conservar	desechable	pájaros	río
contaminación	extinguirse	peligro	urbanizar

Hola Carlos:

¡Aquí estoy! Por fin realicé mi gran sueño de navegar por el
(1) _río_ Orinoco. No hay nada como disfrutar del
(2) _aire libre_. Aquí las vistas son espectaculares, pero también hay muchos problemas medioambientales. Nuestro guía es excelente y nos explicó muchas cosas. Por ejemplo, que más de trescientas especies de la fauna venezolana están en peligro de (3) _extinguirse_; que el ser humano es la especie que mejor se adapta a la (4) _contaminación_ del (5) _medio ambiente_; que el sector privado no puede (6) _urbanizar_ aquí para construir hoteles de lujo. Y es que el (7) _desarrollo_ no siempre implica progreso, ¿verdad? En fin, en todos los rincones (corners) del planeta hay problemas por (8) _resolver_. Yo espero que este país pueda (9) _conservar_ este bello lugar y que los (10) _pájaros_ no dejen de cantar.

Un fuerte abrazo,
Álvaro

Carlos Sierra

Plazuela Nutibara, 77

Medellín, Colombia

3
Asociaciones En parejas, contesten estas preguntas: ¿Con cuáles de estos animales, elementos y fuerzas naturales te sientes asociado/a? ¿Con cuáles crees que se siente asociado/a tu compañero/a? Expliquen y comparen sus respuestas.

3 Encourage students to use additional words from **Para empezar**. Have volunteers share their partners' responses.

3 Ask students to make these additional associations: **1. tu novio/a 2. tu mejor amigo/a 3. un pariente**

árbol	energía eólica	mar	sol
bosque	huracán	pájaro	terremoto
cordillera	león	río	tierra
desierto	luna	serpiente	tortuga

Practice more at **suena.vhlcentral.com**.

INSTRUCTIONAL RESOURCES
Supersite/DVD: Film Collection
Supersite: Script & Translation

VARIACIÓN LÉXICA
aparcar ↔ estacionar,
    parquear
aparcamiento ↔
    estacionamiento, parqueo
coche ↔ carro, auto,
    automóvil
plantar ↔ sembrar

Preparación **Audio: Vocabulary**

Vocabulario del corto

el aparcamiento *parking space* (Esp.)
aparcar *to park* (Esp.)
el coche *car*
el desinterés *lack of interest*
hacer falta *to be necessary*
plantar *to plant*

podar *to prune*
quitar *to remove*
serrar *to saw*
soportar *to put up with*
el tronco *trunk*

Vocabulario útil

cortar *to cut*
la decepción *disappointment*
desatender (e:ie) *to neglect*
descontrolado/a *out of control*
la expansión (urbana) *(urban) sprawl*

EXPRESIONES

No me extraña. *It doesn't surprise me.*
No te pongas así. *Don't get like that.*
Siempre tan (liado) *Always so (busy)* (Esp.)
Vale, vale. *Okay, okay.* (Esp.)
¡Vaya faena! *What a drag/pain!* (Esp.)

1 **Vocabulario** Completa cada oración con palabras y expresiones que aprendiste en esta página.

1. Hoy voy a ___aparcar___ mi ___coche___ en el aparcamiento de la calle Buen Camino.

2. —No quiero ir solo a la fiesta. Nunca encuentro con quien hablar.
   —¡___Siempre tan___ tímido!

3. Este fin de semana trabajaré en mi jardín. Voy a ___plantar___ unas flores que compré ayer.

4. ¿Cómo que no puedes venir? ¡Qué ___decepción___! Tenía tantas ganas de verte.

5. No debes ___desatender___ a tu tía. Visítala de vez en cuando.

6. Voy a ___podar___ estos árboles. Sus ramas *(branches)* han crecido demasiado.

7. ¡Qué ___tronco___ tan grande tiene este árbol! ¿Cuántos años tendrá?

8. Durante años han cazado al leopardo. ___No me extraña___ que la especie se extinga.

2 Have pairs compare their answers to the second item and decide whose circumstances better justify cutting down a tree.

2 **Fotograma** Observa el fotograma y escribe las respuestas a las preguntas.

- ¿Por qué crees que este hombre está cortando el árbol?
- ¿Piensas que a veces tiene sentido cortar un árbol? ¿En qué circunstancias?

Funciones de un árbol 1)

3 Preparación En parejas, miren esta lista de las posibles funciones de un árbol. Elijan cuatro de estas funciones y den un ejemplo específico de cómo los seres humanos usan los árboles. Luego añadan dos funciones más y den un ejemplo de cada una.

- alimento (*food*)
- materiales para la construcción
- refugio
- belleza
- medicina
- sombra (*shade*)

4 Cambios En parejas, hablen sobre los cambios que se han producido en los últimos cincuenta años. ¿Cómo era la vida antes y cómo es ahora? Completen la tabla y compartan sus opiniones con la clase.

	Hace 50 años	Hoy día
1. trabajos		
2. ciudades		
3. contaminación del aire		
4. contaminación del agua		
5. relaciones familiares		
6. extinción de especies		
7. consumo de energía		
8. medios de comunicación		
9. expansión descontrolada		

5 Familias En parejas, háganse las preguntas y amplíen sus respuestas con anécdotas.

1. ¿Cómo es la forma de ser de cada uno de tus padres? ¿De otros parientes?
2. ¿Qué rasgos de personalidad tienes en común con algunos de ellos?
3. ¿Qué importancia tiene tu familia en tu vida? ¿Cómo se la demuestras?

6 Tus padres Contesta las preguntas. Después, en parejas, expliquen sus respuestas.

1. ¿Tienes los mismos problemas que tenían tus padres a tu edad? ¿Cuáles sí y cuáles no?
2. ¿Cómo ha mejorado o empeorado el mundo desde que tus padres tenían tu edad?
3. ¿Cómo se divertían tus padres? ¿Cómo te diviertes tú?
4. ¿Qué planes tenían tus padres para el futuro? ¿Qué planes tienes tú?
5. Si un día tienes hijos, ¿cómo crees que será el mundo en el que vivirán? ¿Cómo prefieres que sea?

2)

7 Plantar un árbol En grupos de tres, contesten las preguntas. Después, compartan sus opiniones con la clase.

1. ¿Por qué creen que se dice que, antes de morir, una persona debe hacer tres cosas fundamentales: tener un hijo, escribir un libro y plantar un árbol?
2. ¿Creen que estas tres acciones son válidas en el siglo XXI? ¿Por qué?
3. ¿Qué otras tres acciones "más contemporáneas" podrían sustituir a las clásicas? ¿En alguna de ellas se debe considerar a la naturaleza?

Short Film

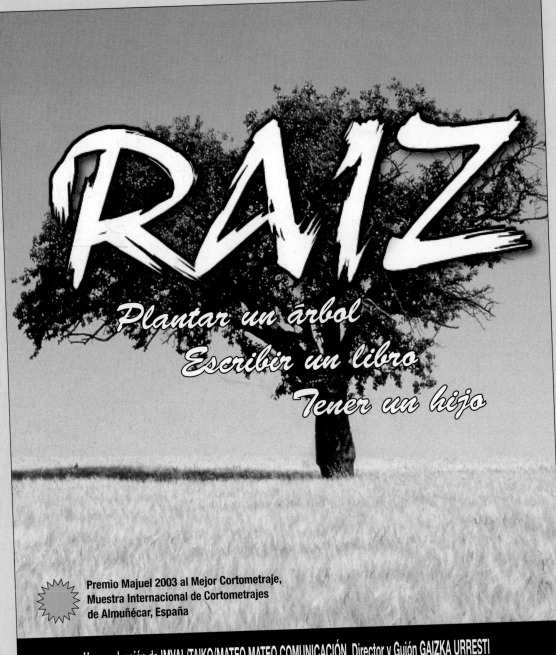

Plantar un árbol
Escribir un libro
Tener un hijo

Premio Majuel 2003 al Mejor Cortometraje,
Muestra Internacional de Cortometrajes
de Almuñécar, España

Una producción de IMVAL/TAIKO/MATEO MATEO COMUNICACIÓN Director y Guión GAIZKA URRESTI
Productores GAIZKA URRESTI/LUIS ÁNGEL RAMÍREZ Productores Asociados PATRICIA MATEO/ÁNGEL ENFEDAQUE
Fotografía ESTEBAN RAMOS Música ÁNGEL ENFEDAQUE Montaje GAIZKA URRESTI Sonido SONORA ESTUDIOS
Directora Producción ALEJANDRA BALSA Dirección Artística YON GIJÓN Peluquería NEREA FRAILE Vestuario EVA URQUIZA
Maquillaje NURIA TEJEDOR Actores MANUEL DE BLAS/PETRA MARTÍNEZ/MIKEL ALBISU/JAVIER MAÑÓN/ROSA MARÍA
FERNÁNDEZ DE VALDERRAMA/VÍCTOR CLAVIJO

ARGUMENTO *Una pareja mayor espera con ilusión la visita de su hijo. Arcadio piensa en cortar un árbol para que su hijo pueda aparcar su coche.*

HIJO Este verano sí voy a poder ir a pasar unos días a casa.
CLARA Y, ¿cuándo te irás?
HIJO ¡Mamá, por favor, si todavía ni siquiera he ido! No sé, yo creo que me podré quedar toda la semana.

ARCADIO Tu hijo siempre se ha movido por el interés. No le importa su familia, ni su pueblo, ni nada de nada.
CLARA Ya estamos como siempre. Él tiene que vivir su vida.
ARCADIO Su vida, su vida.

ARCADIO Si tu hijo va a venir con el coche le va a resultar un poco difícil aparcarlo. Estaba pensado que si le hago un poco de sitio lo puede dejar aquí junto al mío.
CLARA ¿Quitar el árbol? ¿Tú eres tonto?

VECINO Pues como le iba diciendo, el tronco tiene que estar seco[1] para que salga con más fuerza.
ARCADIO ¡Que no lo estoy podando, que lo estoy quitando! ¿No ve que le he dado un tajo[2] por la mitad?

ARCADIO El viernes viene mi hijo a pasar unos cuantos días con su madre y conmigo y le estaba haciendo un hueco[3] para que pueda aparcar su coche sin problema.

ARCADIO ¿Qué coche tiene ahora Pedro?
CLARA No lo sé.
ARCADIO Supongo que tendrá un coche alemán. Ésos sí que son buenos, para toda la vida.

[1] **seco** *dry* [2] **tajo** *cut* [3] **hueco** *room*

PREVIEW In groups of five, have students read the scenes aloud, each student playing a different role. Ask: **Basándote en los fotogramas y en el texto, ¿cuál es el tono del cortometraje? ¿Trágico? ¿Chistoso? ¿Triste?** Write a list of film genres on the board and ask students to predict the genre of *Raíz*. Then ask one of the groups to read the scenes aloud for the class, keeping in mind their predictions about tone and genre.

ambientación

Análisis

1 Have students work in pairs to answer the questions.

1

Comprensión Contesta las preguntas con oraciones completas.

1. ¿Quién llama por teléfono? Pedro/El hijo llama por teléfono.

2. ¿Qué le dice a Clara? Le dice que va a visitarlos.

3. ¿Qué piensa Clara de la idea de su esposo de cortar el árbol? Piensa que es una idea tonta.

4. ¿Cuánto tiempo se va a quedar Pedro con sus padres? Pedro se va a quedar una semana.

5. ¿Para qué quiere quitar el árbol Arcadio? Quiere quitar el árbol para que su hijo pueda aparcar su coche.

6. Según el vecino de Arcadio, ¿cómo debe estar el tronco del árbol para poder usar la madera? El tronco debe estar seco para poder usar la madera.

7. ¿Qué le dice el capataz de la obra (*foreman*) a Arcadio sobre los aparcamientos de los edificios que están construyendo? Le dice que tienen muchas plazas libres y que su hijo puede aparcar su coche ahí.

8. ¿Qué coches le gustaban a Arcadio cuando era joven? A Arcadio le gustaban los Mercedes.

9. ¿Qué dice Pedro sobre su visita la segunda vez que llama por teléfono? Dice que todavía está en Milán y no podrá ir a verlos.

2 Ask these additional interpretation questions: 6. ¿Qué opina el vecino del proyecto de Arcadio? ¿Y el capataz de la obra? 7. ¿Qué va a pasar la próxima vez que Pedro haga planes para visitarlos? 8. ¿Qué podemos deducir de la relación entre los miembros de esta familia?

2

Interpretar Contesta las preguntas.

1. ¿Crees que Pedro visita regularmente a sus padres? ¿Cómo lo sabes?

2. ¿Qué opinión tiene Arcadio de su hijo?

3. ¿Cómo piensas que es la vida diaria de Clara y Arcadio?

4. ¿Qué opciones da Clara para que su hijo pueda aparcar su coche?

5. ¿Por qué Arcadio planta un nuevo árbol?

3 As a variant, have students invent their own sequel. Alternatively, ask them to invent one where Pedro finally pays his parents a visit. How long does he stay? How does everything go? How does it change his relationship with his parents?

3

La visita En parejas, imaginen que Pedro regresa a vivir al pueblo porque se cansó de la ciudad. Escriban un párrafo contestando las preguntas de la lista. Añadan todos los detalles que crean necesarios.

• ¿Qué aspectos de la vida urbana le disgustan?

• ¿Qué aspectos de la vida del campo le atraen?

• ¿Cómo reaccionan sus padres ante la noticia?

• ¿Cómo mejora la vida de Pedro tras mudarse al pueblo? ¿Cómo empeora?

4

El pueblo En grupos de tres, imaginen cómo era el pueblo de Arcadio y Clara cuando Pedro era niño. ¿Cómo ha cambiado desde entonces? Hagan dos listas y compartan sus ideas con la clase.

Modelo   En el pasado había   Hoy en día, queda una
            muchas plazas.   plaza solamente.

5 **Temas** En parejas, escriban un párrafo para explicar el tema principal del cortometraje. Después, sugieran al menos dos temas secundarios y analicen el título *Raíz*. Compartan sus temas y opiniones con la clase. ¿Escogieron temas parecidos? Expliquen si están de acuerdo con sus compañeros/as.

5 Ask students to explain both literal and figurative meanings of the word **raíz**. Have them justify their choices of secondary themes.

6 **Árbol, familia y sociedad** En grupos pequeños, comenten estas citas. ¿Están de acuerdo con ellas? Después compartan sus opiniones con la clase.

6 Ask students to submit a quote that captures their own ideas about family, and have them comment on each other's quotes.

> "Por muy alto que sea un árbol, sus hojas siempre caen hacia la raíz." *Anónimo*

> "El que es bueno en la familia es también un buen ciudadano." *Sófocles*

> "El progreso consiste en el cambio." *Miguel de Unamuno*

> "Lo mejor que se les puede dar a los hijos, además de buenos hábitos, son buenos recuerdos." *Sydney Harris*

> "Que nuestro ejército sean los árboles, las rocas y los pájaros del cielo." *Alejandro Magno*

7 **Situaciones** En parejas, elijan una de las situaciones y escriban una conversación basada en ella. Cuando la terminen, represéntenla delante de la clase.

7 Have volunteers imagine a discussion between a parent and a son/daughter on a particular topic. Have the class offer opinions on how to overcome the disagreement.

A

Uno/a de ustedes tiene la oportunidad de trabajar para *Greenpeace* en otro país por un año. Lo malo es que no podrán ver a su familia en todo ese tiempo. Debe explicarle la situación a su madre o padre.

B

A uno/a de ustedes le gusta cazar e invita a un(a) compañero/a de clase a cazar el fin de semana próximo. El/La compañero/a no está de acuerdo con esta actividad y le explica por qué no puede aceptar la invitación.

TEACHING OPTION Discuss the tone and genre of the film and compare them to the predictions students made before viewing it.

 Practice more at **suena.vhlcentral.com**.

INSTRUCTIONAL RESOURCES Supersite: En pantalla; Script & Translation; Teaching suggestions; SAM/WebSAM: WB

SUEÑA

S En **suena.vhlcentral.com** encontrarás más información y actividades relacionadas con esta sección.

La cordillera de los Incas

Imagina una cadena[1] de montañas que se extiende por más de 7.500 kilómetros (4.660 millas) con picos nevados[2] que se elevan a más de 6.900 metros (22.800 pies), numerosos volcanes activos, enormes glaciares y lagunas escondidas en la niebla[3]. Ésta es la **cordillera de los Andes**, que atraviesa el oeste de Suramérica desde su extremo sur hasta su extremo norte. Esta geografía contribuye al carácter distintivo de países como **Ecuador**, **Colombia** y **Venezuela**. Después del **Himalaya**, los Andes son la cadena montañosa más extensa y de mayor altura[4] del planeta. Hagamos un recorrido por la región para conocer algunas de sus maravillas naturales.

Comencemos en Ecuador. ¿Sabías que este país —con una extensión casi igual a la del estado de **Nevada**— tiene la densidad de volcanes más alta del mundo? Existen más de treinta volcanes en Ecuador. El **Sangay**, el más activo del país, y el **Guagua Pichincha**, situado en las afueras de la capital, **Quito**, han hecho erupción recientemente.

Muy cerca de Quito, encontramos el **Parque Nacional Cotopaxi**, cuyo atractivo principal es el **volcán Cotopaxi**, el segundo más alto del país y tal vez el más popular entre los turistas. El Cotopaxi asciende a 5.897 metros (19.347 pies) y su pico nevado puede verse a cientos de kilómetros de distancia. Su última erupción confirmada fue en 1904, pero desde entonces ha producido emisiones de vapor y pequeños

Volcán Cotopaxi, Ecuador

temblores[5], lo que indica que puede haber más erupciones en el futuro.

Ahora pasemos a Colombia. Su **cordillera Oriental** es una de las subcordilleras[6] de los Andes. Aquí encontramos el **Parque Nacional El Cocuy**, una de las reservas naturales más extensas del país. El Cocuy se encuentra a unos 200 kilómetros (125 millas) al noreste de la capital, **Bogotá**, y contiene un ecosistema típicamente andino con más de veinte picos nevados, entre ellos el **Pan de Azúcar** y el **Púlpito del Diablo**. También hay lagunas de origen glaciar y páramos[7] con flora y fauna característicos de los bosques andinos.

Terminemos en Venezuela. Aquí, en las montañas al sureste de **Caracas**, está el **Parque Nacional Canaima**. Su principal atractivo es el **Salto Ángel**, la catarata[8] más alta del mundo. Compara sus 1.000 metros (3.280 pies) de altura con los 50 metros (170 pies) de las del **Niágara**.

Hay excursiones entre **Caracas** y el salto. Ya sea en avión o en lancha[9] por el **río Churún**, se puede disfrutar de la belleza de esta catarata.

Después de unos días en esta región, regresamos a casa con recuerdos de nuestras aventuras en los Andes del norte. ¡Y sólo visitamos una pequeña parte de estos tres países!

Bogotá, Colombia

[1] *chain* [2] **picos**... *snow-capped peaks* [3] *fog* [4] *height* [5] *tremors* [6] *subranges* [7] *high plateaus; moors* [8] *waterfall* [9] *motorboat*

LOS ANDES

COLOMBIA | ECUADOR | VENEZUELA

El español de Colombia, Ecuador y Venezuela

bacano/a	que gusta, fabuloso; *great!* (Col.)
¡Qué bacanería!	¡Qué bien!; ¡Qué bonito!; *How nice!* (Col.)
bonche	fiesta; *party* (Ven.)
burda	mucho/a; *a lot of* (Ven.)
caleta	casa; *house* (Ecu.)
cambur	plátano; *banana* (Ven.)
chamo/a	chico/a; *boy/girl; dude* (Ven.)
chiva	bicicleta; *bicycle* (Ecu.)
choclos	dientes; *teeth* (Ecu.)
guagua	niño/a; hijo/a; *kid; son/ daughter* (Ecu.)
guambra	joven, muchacho/a; *youngster* (Ecu.)
pana	amigo/a, compañero/a; *partner* (Ven.)
parce, parcero/a	amigo/a, compañero/a; *partner* (Col.)
pelado/a	adolescente; *teenager* (Col.) kid (Col.)
¡Pilas!	¡Atención!; *Careful!;* *Watch out!* (Col.)
tinto	café; *coffee* (Col.)

Animales de los Andes

El cóndor Es el ave más grande de **Suramérica**. Con las alas[1] extendidas mide hasta tres metros (unos diez pies) de ancho y pesa hasta 14 kg (30 libras). Los **cóndores** pueden

vivir hasta 50 años y por lo general forman parejas que duran toda la vida. Tanto las hembras[2] como los machos[3] comparten las responsabilidades en la crianza[4] de los polluelos[5]. El cóndor puede recorrer unos 325 km (200 millas) por día y volar[6] a una altura de 5.500 metros (18.000 pies) en busca de comida. En vez de matar a otros animales, el cóndor prefiere comer los restos[7] de animales muertos.

La alpaca Pertenece a la misma familia que los camellos y está relacionada también con la **llama** y la **vicuña,** que también habitan en la cordillera andina. Las **alpacas** son muy valoradas por su lana[8], que puede tener más de veinte matices[9] de color. Hoy día, se utiliza la lana de alpaca para hacer muchísimos productos, como suéteres, gorros[10], chaquetas y alfombras[11]. Esta lana es considerada una de las más finas y suaves del mundo.

El puma Es natural de las **Américas** y es uno de los felinos más representativos de la región andina. Puede vivir en ecosistemas muy diversos, desde el nivel del mar hasta los

4.500 metros (15.000 pies) de altura. El **puma** es el segundo felino más grande de América. Los machos, que son más grandes que las hembras, miden de uno a 2,75 metros (9 pies) de longitud. El puma puede trepar[12], saltar[13] y nadar con gran agilidad, aunque no se ve en el agua con frecuencia. Se alimenta de mamíferos[14] de todos los tamaños, desde roedores[15] hasta venados[16] grandes. También ataca animales domésticos como caballos y ovejas, razón por la cual ha sido cazado hasta el punto de estar en peligro de extinción.

¹ *wings* ² *females* ³ *males* ⁴ *rearing* ⁵ *chicks* ⁶ *to fly* ⁷ *carcass* ⁸ *wool* ⁹ *shades* ¹⁰ *caps, hats* ¹¹ *rugs* ¹² *climb* ¹³ *jump* ¹⁴ *mammals* ¹⁵ *rodents* ¹⁶ *deer*

GALERÍA DE CREADORES

LITERATURA

Gabriel García Márquez

Cien años de soledad y *El amor en los tiempos del cólera* no son sólo títulos. Forman parte de la mitología colectiva de cualquier hispanohablante. Las obras del colombiano Gabriel García Márquez han marcado el mundo literario del siglo XX y le merecieron el premio Nobel de Literatura en 1982. En sus cuentos y novelas, García Márquez configura el mundo del realismo mágico, donde lo fantástico es verosímil (*true to life*) y lo común parece fantástico.

DISEÑO Y MODA **Carolina Herrera**

A los cuarenta años, después de tener su primer nieto, la venezolana Carolina Herrera decidió hacer algo nuevo en su vida y empezó a trabajar como diseñadora. Su influencia en el mundo de la moda fue inmediata y continúa hasta nuestros días. En las listas de nombres mencionados regularmente en las galas de Hollywood, suele oírse el suyo. Carolina Herrera fue incluso diseñadora exclusiva de Jaqueline Onassis y amiga y modelo de Andy Warhol.

Marisol Escobar

De adolescente en Venezuela, Marisol Escobar pasó por un período en el que imitaba a santos, vírgenes y mártires. Hacía penitencias como caminar de rodillas hasta sangrar y permanecer en silencio por largos espacios de tiempo. Estas experiencias, y la influencia del catolicismo en general, le han dado a su arte un fuerte componente espiritual, lleno de elementos naturales y sobrenaturales. Lo natural es evidente en su uso común de la madera y la terracota, y lo sobrenatural se expresa en sus creaciones abstractas, hechas con diferentes combinaciones de pinturas, grabados, dibujos y esculturas. Aquí vemos su obra *Presidente Charles de Gaulle* (1967).

PINTURA/MURALISMO
Oswaldo Guayasamín

Cuando un turista llega al aeropuerto de Barajas en Madrid o visita la UNESCO en París, puede admirar uno de los murales de Oswaldo Guayasamín. El pintor y muralista ecuatoriano de fama mundial colaboró con dos de los gigantes del muralismo mexicano: José Clemente Orozco y David Alfaro Siqueiros. Mantuvo también fuertes amistades con Gabriel García Márquez y Pablo Neruda. Al morir, Guayasamín dejó toda su colección artística al pueblo de Ecuador, ya que en vida éste fue una de sus principales fuentes de inspiración. Aquí observamos su obra *Violinista* (1967).

 CONEXIÓN INTERNET

En **suena.vhlcentral.com** encontrarás más información y actividades relacionadas con esta sección.

¿Qué aprendiste?

Cierto o falso Indica si estas afirmaciones son ciertas o falsas. Corrige las falsas.

1. La cordillera de los Andes tiene picos nevados y glaciares.
   Cierto.

2. Los Andes se extienden desde el sur de Ecuador hasta el norte de Venezuela.
   Falso. Se extienden desde el sur hasta el norte de Suramérica.

3. Ecuador es el país con mayor densidad de volcanes.
   Cierto.

4. Hace más de un siglo que los volcanes Sangay y Guagua Pichincha no hacen erupción.
   Falso. Han hecho erupciones recientes.

5. El Salto Ángel es la catarata más alta del mundo.
   Cierto.

6. Los cóndores forman parejas temporarias para reproducirse.
   Falso. Forman parejas que duran toda la vida.

7. Al morir, Oswaldo Guayasamín le dejó su colección artística al presidente de Ecuador.
   Falso. Se la dejó al pueblo de Ecuador.

8. Carolina Herrera empezó a trabajar como diseñadora después de ser abuela.
   Cierto.

Preguntas Contesta las preguntas.

1. ¿Cómo se llama el género literario que caracteriza las obras de Gabriel García Márquez?
   Se llama realismo mágico.

2. ¿Cuál es el atractivo principal del Parque Nacional Cotopaxi?
   El volcán Cotopaxi es el atractivo principal.

3. ¿En qué país está el Parque Nacional Canaima?
   El Parque Nacional Canaima está en Venezuela.

4. ¿Qué otros animales son de la misma familia que la alpaca?
   Los camellos, las llamas y las vicuñas son de la misma familia.

5. ¿Qué hacía Marisol Escobar para imitar a los mártires?
   Hacía penitencias.

6. ¿Qué artista de la Galería te interesa más? ¿Por qué?
   Answers will vary.

PROYECTO

Fotografías descriptivas

Imagina que eres fotógrafo/a y trabajas para una revista de ecoturismo. Tu jefe te ha pedido que saques fotos para un reportaje sobre la cordillera de los **Andes** en **Colombia**, **Ecuador** y **Venezuela**.

Busca la información que necesites en Internet.

• Investiga sobre tres maravillas naturales o animales de los Andes.

• Escoge fotografías que reflejen su magnitud y belleza.

• Describe cada foto a la clase y explica por qué la escogiste.

MINIPRUEBA

Completa las oraciones con la información correcta y demuestra lo que aprendiste sobre Colombia, Ecuador y Venezuela.

1. _____ es la cordillera más extensa y más alta del planeta, después _____ .
   a. Los Pirineos; de los Andes   b. Los Andes; del Himalaya   c. Los Alpes; de los Andes

2. *Cien años de* _____ y *El amor en los tiempos del* _____ son títulos de novelas de Gabriel García Márquez.
   a. *amistad; cólera*   b. *soledad; cólera*
   c. *soledad; cáncer*

3. El Sangay, el Guagua Pichincha y el Cotopaxi son volcanes _____ de Ecuador.
   a. inactivos   b. desechables   c. activos

4. De todos los volcanes en Ecuador, el _____ es el más conocido por los turistas y el _____ más alto del país.
   a. Guagua Pichincha; primero   b. Sangay; segundo
   c. Cotopaxi; segundo

5. En Venezuela se le puede decir _____ a un amigo.
   a. pana   b. bacano   c. cambur

6. Carolina Herrera fue amiga y modelo de _____ .
   a. David Alfaro Siqueiros   b. Andy Warhol
   c. Pablo Neruda

7. Se puede ver un mural de Oswaldo Guayasamín en _____ de Madrid.
   a. el aeropuerto   b. la Plaza Mayor   c. el metro

8. Un(a) ecuatoriano/a podría decir que vive en una _____ .
   a. chama   b. caleta   c. chiva

9. El _____ se puede disfrutar desde el cielo en avión o desde el _____ en lancha.
   a. Salto Ángel; río   b. Churum; río
   c. Parque Nacional Canaima; mar

10. El cóndor es el ave más _____ de Suramérica.
    a. tóxica   b. pequeña   c. grande

11. La lana de la alpaca es una de las más _____ del mundo.
    a. gruesas   b. baratas   c. finas

12. El puma está en peligro de extinción debido a la _____ .
    a. caza   b. comida   c. elevación

En pantalla (S) Video: *Reportaje*

A una hora de Quito, Ecuador, se encuentra el valle del río Mindo. Es una zona boscosa (*forested*) de flora y fauna exuberantes. Tiene más de 300 variedades de orquídeas y es famosa entre las personas que se dedican a observar aves. En Mindo se puede pasear por senderos y practicar deportes de aventura. El valle se encuentra a 1.200 metros (4.000 pies) sobre el nivel del mar y la temperatura apenas varía entre los 14 y 23 grados centígrados (58° y 74° Fahrenheit). ¡Te invitamos a conocerlo a través del documental!

Conexión personal El ecoturismo promueve (*promotes*) viajes a destinos donde se conserva el medio ambiente. ¿Qué lugares conoces en los que se cuide y proteja a la naturaleza? ¿Por qué es tan popular el ecoturismo?

Comprensión Contesta las preguntas.

1. ¿Qué actividades acuáticas se pueden hacer en el Mindo?
   Se puede pasear por los rápidos del río y bañarse en la cascada de Nambillo.

2. ¿Qué es el mariposario y qué actividades se realizan ahí?
   Es un centro que se ocupa de la reproducción y la investigación de mariposas en cautiverio.

3. ¿Cuántas especies de mariposas hay en el mariposario?
   Se encuentran 2.500 especies.

4. ¿Qué permite la tarabita?   Permite viajar a través de la reserva ecológica.

5. ¿Por qué la cascada de Nambillo se convirtió en un atractivo turístico?   Tiene un risco desde donde los turistas saltan al agua.

Expansión

A. En grupos de tres, elijan un lugar del mundo para desarrollar una nueva zona de ecoturismo.

- Describan el lugar elegido, incluyendo sus ventajas naturales, los pueblos que tiene cerca, los habitantes locales y las actividades que se realizarán.

- Enumeren las ventajas y desventajas de desarrollar el ecoturismo allí. ¿A quiénes beneficia y perjudica esta iniciativa?

- Enumeren las precauciones que tendrán que tomar los turistas en este nuevo destino.

B. Presenten un informe para convencer a la clase de que hagan el viaje.

De aventura por Mindo

Vamos a ver uno de los atractivos turísticos que la gente más frecuenta, que es este paseo en las boyas para pasear en el río; una especie de *rafting*.

Allí puede apreciarse todo el proceso de reproducción, nacimiento y vida de varias especies de mariposas, incluso no es difícil verlas nacer.

La tarabita mide 530 metros de largo, ¿no? Se conecta a la reserva ecológica Mindo Nambillo que consta de 22.000 hectáreas.

La cascada... de Nambillo... no es necesariamente un atractivo turístico por ser tan grande o tan fuerte sino por lo que se puede hacer...

TALLER DE CONSULTA

These grammar topics are covered in the **Manual de gramática, Lección 5.**

5.4 *Qué* vs. *cuál*, p. 250

5.5 The neuter *lo*, p. 252

INSTRUCTIONAL RESOURCES
Supersite: Audioscripts, SAM AK, Lab MP3s
SAM/WebSAM: WB, LM

¡ATENCIÓN!

Note that all of the future tense endings carry a written accent except in the **nosotros** form.

5.1

The future

Forms of the future tense

Y, ¿cuándo te irás?

- The future tense (**el futuro**) takes the same endings for all **–ar, –er,** and **–ir** verbs. For regular verbs, the endings are added to the infinitive.

The future tense		
hablar	**deber**	**abrir**
hablaré	deberé	abriré
hablarás	deberás	abrirás
hablará	deberá	abrirá
hablaremos	deberemos	abriremos
hablaréis	deberéis	abriréis
hablarán	deberán	abrirán

Point out that some irregular verbs drop the **e** of the infinitive ending (**caber** → **cabr-**), while others replace the **e** or **i** of the infinitive ending with **d** (**poner** → **pondr-**). **Decir** and **hacer** have individual irregularities. Emphasize that in the future tense, while some verb stems are irregular, the verb endings never change.

- For verbs with irregular future stems, the same endings are added to the irregular stem.

infinitive	stem	future
caber	cabr–	cabré, cabrás, cabrá, cabremos, cabréis, cabrán
haber	habr–	habré, habrás, habrá, habremos, habréis, habrán
poder	podr–	podré, podrás, podrá, podremos, podréis, podrán
querer	querr–	querré, querrás, querrá, querremos, querréis, querrán
saber	sabr–	sabré, sabrás, sabrá, sabremos, sabréis, sabrán
poner	pondr–	pondré, pondrás, pondrá, pondremos, pondréis, pondrán
salir	saldr–	saldré, saldrás, saldrá, saldremos, saldréis, saldrán
tener	tendr–	tendré, tendrás, tendrá, tendremos, tendréis, tendrán
valer	valdr–	valdré, valdrás, valdrá, valdremos, valdréis, valdrán
venir	vendr–	vendré, vendrás, vendrá, vendremos, vendréis, vendrán
decir	dir–	diré, dirás, dirá, diremos, diréis, dirán
hacer	har–	haré, harás, hará, haremos, haréis, harán

Remind students that the impersonal form of **haber** is the same for singular and plural. Ex: **Habrá un examen al final del semestre. Habrá cinco exámenes en total.**

Uses of the future tense

- In Spanish, as in English, the future tense is one of many ways to express actions or conditions that will happen in the future.

Present indicative

Llegan a Caracas mañana.
They arrive in Caracas tomorrow.
(conveys a sense of certainty that the action will occur)

ir a + [*infinitive*]

Van a llegar a Caracas mañana.
They are going to arrive in Caracas tomorrow.
(expresses the near future; is commonly used in everyday speech)

Present subjunctive

Prefiero que lleguen a Caracas mañana.
I prefer that they arrive in Caracas tomorrow.
(refers to an action that has yet to occur)

Future tense

Llegarán a Caracas mañana.
They will arrive in Caracas tomorrow.
(expresses an action that will occur; often implies more certainty than ir a + [*infinitive*])

- The English word *will* can refer either to future time or to someone's willingness to do something. To express willingness, Spanish uses the verb **querer** + [*infinitive*], not the future tense.

¿Quieres contribuir a la protección del medio ambiente?
Will you contribute to the protection of the environment?

Quiero ayudar, pero no sé por dónde empezar.
I'll help, but I don't know where to begin.

- In Spanish, the future tense may be used to express conjecture or probability, even about present events. English expresses this in various ways, using words and expressions such as *wonder, bet, must be, may, might,* and *probably.*

¿Qué hora será?
I wonder what time it is.

Ya serán las dos de la mañana.
It must be 2 a.m. by now.

¿Estará lloviendo en Medellín?
Do you think it's raining in Medellín?

Hará un poco de sol y un poco de viento.
It's probably a bit sunny and windy.

- When the present subjunctive follows a conjunction of time like **cuando, después (de) que, en cuanto, hasta que,** and **tan pronto como,** the future tense is often used in the main clause of the sentence.

Nos **quedaremos** lejos de la costa **hasta que pase** el huracán.
We'll stay far from the coast until the hurricane passes.

En cuanto termine de llover, **regresaremos** a casa.
As soon as it stops raining, we'll go back home.

Tan pronto como salga el sol, **iré** a la playa a tomar fotos.
As soon as the sun comes up, I'll go to the beach to take photos.

Práctica

1 **Horóscopo chino** En el horóscopo chino cada signo está representado por un animal. Completa las predicciones para la serpiente, conjugando los verbos entre paréntesis en el futuro.

TRABAJO Esta semana tú (1) __tendrás__ (tener) que trabajar duro. (2) __Saldrás__ (salir) poco y no (3) __podrás__ (poder) divertirte. Pero (4) __valdrá__ (valer) la pena. Muy pronto (5) __conseguirás__ (conseguir) el puesto que esperas.

DINERO (6) __Vendrán__ (venir) dificultades económicas. No malgastes tus ahorros.

SALUD El médico (7) __resolverá__ (resolver) tus problemas respiratorios, pero tú (8) __deberás__ (deber) cuidarte la garganta.

AMOR (9) __Recibirás__ (recibir) una noticia muy buena. Una persona especial te (10) __dirá__ (decir) que te ama. (11) __Vendrán__ (venir) días felices.

2 **Predicciones** En parejas, escriban el horóscopo de su compañero/a. Utilicen verbos en futuro y las frases de la lista. Luego compartan sus predicciones con la clase.

decir secretos	haber una sorpresa	recibir una visita
empezar una relación	hacer daño	tener suerte
festejar	hacer un viaje	venir amigos
ganar/perder dinero	poder solucionar problemas	viajar al extranjero

Dragón:
1940-1952-1964-
1976-1988

Serpiente:
1941-1953-1965-
1977-1989

Caballo:
1942-1954-1966-
1978-1990

Cabra:
1943-1955-1967-
1979-1991

Mono:
1944-1956-
1968-1980-1992

Gallo:
1945-1957-1969-
1981-1993

Perro:
1946-1958-
1970-1982-1994

Cerdo:
1947-1959-1971-
1983-1995

Rata:
1948-1960-1972-
1984-1996

Búfalo:
1949-1961-1973-
1985-1997

Tigre:
1950-1962-1974-
1986-1998

Gato:
1951-1963-1975-
1987-1999

3 **Tus planes** En parejas, pregúntense qué planes tienen para el próximo verano. Pueden hacerse preguntas que no estén en la lista. Después compartan la información con la clase.

1. ¿Trabajarás? ¿En qué?
2. ¿Tomarás clases? ¿De qué?
3. ¿Te irás de viaje? ¿Adónde?
4. ¿Saldrás por las noches? ¿Con quién?
5. ¿Harás algo extraordinario? ¿Qué?
6. ¿Protegerás el medio ambiente? ¿Cómo?
7. ¿Harás ejercicio al aire libre? ¿Dónde?
8. ¿Mejorarás tu vida? ¿Cómo?

 Practice more at **suena.vhlcentral.com**.

Comunicación

4 **Viaje de aventura** Tú y tu compañero/a están planeando un viaje de dos semanas. Decidan cuándo y a cuál de estos países irán y qué harán allí, usando el anuncio como guía. Conjuguen los verbos en el futuro.

ECOTURISMO

Colombia	Ecuador	Venezuela
• acampar en la costa	• montar a caballo en las montañas	• explorar un tramo de los Andes
• hacer *rafting* por el río Tobia	• bucear en el mar	• ascender un tepuy (*flat-topped mountain*)
• visitar la región amazónica colombiana	• ir en bicicleta de montaña	• hacer una expedición por un río
• disfrutar de la naturaleza y las playas en el Parque Nacional Tayrona	• viajar en kayak por las islas Galápagos con las tortugas marinas, focas y delfines	• explorar las islas del Parque Nacional Mochima en kayak

5 **¿Qué será de...?** Todo cambia con el tiempo. En parejas, conversen sobre el futuro de cada lugar, producto o animal.

- las ballenas
- Venecia
- el libro impreso (*printed*)
- la televisión
- Internet

- las hamburguesas
- el hielo (*ice*) en los polos norte y sur
- la selva amazónica
- Los Ángeles
- el petróleo

5 Ask pairs to come up with their own predictions about events that will happen 25, 50, and 100 years from now.

6 **¿Dónde estarán en 20 años?** La fama es, en muchas ocasiones, pasajera (*fleeting*). En grupos de tres, hagan una lista de cinco personas famosas y anticipen lo que será de ellas dentro de veinte años.

6 Model the activity by talking about one celebrity first as a class.

7 **Situaciones** En parejas, seleccionen uno de estos temas e inventen un diálogo usando el tiempo futuro.

1. Dos jóvenes han terminado sus estudios y hablan sobre lo que harán para convertirse en millonarios.

2. Dos ladrones/as acaban de robar todo el dinero de un banco internacional y lo han escondido en el congelador (*freezer*) de un(a) amigo/a. Ahora se preguntan cómo escaparán de la policía.

3. Dos hermanas han decidido convertir su granja (*farm*) en un centro de ecoturismo. Deben desarrollar atracciones para los turistas.

4. Dos inventores/as se reúnen para participar en un intercambio (*exchange*) de ideas. El objetivo es controlar, reducir y eliminar la contaminación del aire en las ciudades. Cada uno/a dice lo que inventará para conseguirlo.

7 Have volunteers perform their dialogues for the class. For listening comprehension, ask students to jot down all future tense verb forms they hear.

5.2

INSTRUCTIONAL
RESOURCES
Supersite: Audioscripts,
SAM AK, Lab MP3s
SAM/WebSAM: WB, LM

The conditional

*¿Te dijo en qué
coche **vendría**?*

Point out that, like *will*, the
auxiliary *would* does not
have a Spanish equivalent.
yo iría → *I would go*
ella hablaría → *she
would speak*

Note that all of the conditional
endings carry a written
accent mark.

To help students remember
the written accent, compare
the pronunciation of **María**
and **farmacia**.

- The conditional tense (**el condicional**) takes the same endings for all **–ar, –er,** and **–ir**
verbs. For regular verbs, the endings are added to the infinitive.

The conditional		
dar	**ser**	**vivir**
daría	**ser**ía	**vivir**ía
darías	**ser**ías	**vivir**ías
daría	**ser**ía	**vivir**ía
daríamos	**ser**íamos	**vivir**íamos
daríais	**ser**íais	**vivir**íais
darían	**ser**ían	**vivir**ían

- Verbs with irregular future stems have the same irregular stem in the conditional.

infinitive	stem	conditional
caber	cabr–	**cabría, cabrías, cabría, cabríamos, cabríais, cabrían**
haber	habr–	**habría, habrías, habría, habríamos, habríais, habrían**
poder	podr–	**podría, podrías, podría, podríamos, podríais, podrían**
querer	querr–	**querría, querrías, querría, querríamos, querríais, querrían**
saber	sabr–	**sabría, sabrías, sabría, sabríamos, sabríais, sabrían**
poner	pondr–	**pondría, pondrías, pondría, pondríamos, pondríais, pondrían**
salir	saldr–	**saldría, saldrías, saldría, saldríamos, saldríais, saldrían**
tener	tendr–	**tendría, tendrías, tendría, tendríamos, tendríais, tendrían**
valer	valdr–	**valdría, valdrías, valdría, valdríamos, valdríais, valdrían**
venir	vendr–	**vendría, vendrías, vendría, vendríamos, vendríais, vendrían**
decir	dir–	**diría, dirías, diría, diríamos, diríais, dirían**
hacer	har–	**haría, harías, haría, haríamos, haríais, harían**

Remind students that the
conditional endings are
identical to those of the
imperfect tense forms of
-er and **-ir** verbs.

Uses of the conditional

- The conditional is used to express what *would* occur under certain circumstances.

  ¿Qué ciudad de Ecuador **visitarías** primero?
  Which city in Ecuador would you visit first?

  Iría primero a Quito y después a Guayaquil.
  First I would go to Quito and then to Guayaquil.

- The conditional is also used to make polite requests.

  ¿Podrías pasarme ese mapa, por favor?
  Could you pass me that map, please?

  ¿Le **importaría** (a usted) cuidar mis plantas?
  Would you mind taking care of my plants?

- Just as the future tense is one of several ways of expressing a future action, the conditional is one of several ways of expressing a future action as perceived in the past. In this case, the conditional expresses what someone said or thought *would* happen.

  Dicen que mañana **hará** viento.
  They say it will be windy tomorrow.

  Dicen que mañana **va a hacer** viento.
  They say it's going to be windy tomorrow.

  Creía que hoy **haría** viento.
  I thought it would be windy today.

  Creía que hoy **iba a hacer** viento.
  I thought it was going to be windy today.

- In Spanish, the conditional may be used to express conjecture or probability about a past event. English expresses this in various ways using words and expressions such as *wondered, must have been,* and *was probably.*

  ¿A qué hora **regresaría**?
  I wonder what time he returned.

  Serían las ocho.
  It must have been eight o'clock.

¿No sería ahora el momento justo para ir de vacaciones a San Andrés?

Práctica

1 Have students change the dialogue into a narrative.

1 **Ambición** Completa el diálogo con el condicional de los verbos entre paréntesis.

DARÍO Si yo pudiera formar parte de esta organización, (1) ___estaría___ (estar) dispuesto (*ready*) a ayudar en todo lo posible.

CONSUELO Sí, lo sé, pero tú no (2) ___podrías___ (poder) hacer mucho. No tienes la preparación necesaria. Tú (3) ___necesitarías___ (necesitar) estudios de biología.

DARÍO Bueno, yo (4) ___ayudaría___ (ayudar) con las cosas menos difíciles. Por ejemplo, (5) ___haría___ (hacer) el café para las reuniones.

CONSUELO Estoy segura de que todos (6) ___agradecerían___ (agradecer) tu colaboración. Les preguntaré si necesitan ayuda.

DARÍO Eres muy amable, Consuelo. (7) ___Daría___ (dar) cualquier cosa por trabajar con ustedes. Y (8) ___consideraría___ (considerar) la posibilidad de volver a la universidad para estudiar biología. (9) ___Tendría___ (tener) que trabajar duro, pero lo (10) ___haría___ (hacer) porque no (11) ___sabría___ (saber) qué hacer sin un buen trabajo. Por eso sé que el esfuerzo (12) ___valdría___ (valer) la pena.

2 Model these additional polite expressions: **¿Serías tan amable de...?** / **¿Me harías el favor de...?** / **¿Te importaría...?**

2 **Cortesía** Cambia estos mandatos por mandatos indirectos que usen el condicional. Answers will vary.

Mandatos directos	Mandatos indirectos
1. Dale de comer al perro.	¿Podrías darle de comer al perro, por favor?
2. No malgastes el agua.	¿Te importaría no malgastar el agua, por favor?
3. Compra un carro híbrido.	¿Podrías comprar un carro híbrido, por favor?
4. Planta un árbol.	¿Serías tan amable de plantar un árbol, por favor?
5. Deja de molestar al gato.	¿Serías tan amable de dejar de molestar al gato, por favor?
6. Usa sólo papel reciclado.	¿Te importaría usar sólo papel reciclado, por favor?
7. No tires basura en la calle.	¿Podrías no tirar basura en la calle, por favor?

2 Repeat the activity using **usted(es)** and **nosotros/as** commands. Then practice the corresponding indirect commands with the conditional.

3 Students may also complete the activity with a partner. Have volunteers share their answers with the class.

3 **Lo que hizo Irma** Utilizamos el condicional para expresar el futuro en el contexto de una acción pasada. Explica lo que quiso hacer Irma e inventa lo que al final pudo hacer.

Modelo **pensar / desayunar**
Irma pensó que desayunaría con su amiga Gabi, pero Gabi no tenía hambre.

1. pensar / comer Irma pensó que comería...
2. decir / poner Irma dijo que pondría...
3. imaginar / tener Irma imaginó que tendría...
4. escribir / venir Irma escribió que vendría...
5. contarme / querer Irma me contó que querría...
6. suponer / hacer Irma supuso que haría...
7. explicar / salir Irma explicó que saldría...
8. calcular / valer Irma calculó que valdría...

 Practice more at **suena.vhlcentral.com.**

Comunicación

4

De vacaciones Tu tío Ignacio y su familia van a Ciudad Bolívar en Venezuela. Ellos te han llamado para pedirte consejos sobre lo que deben hacer. En grupos de cuatro, háganles sugerencias de acuerdo a sus gustos y a la información de la Nota cultural. Usen el condicional.

Modelo Tía Rosa y Eduardito podrían visitar el Ecomuseo.

Tía Rosa: No le gusta estar al aire libre. Odia los mosquitos.

Tío Ignacio: Le encanta acampar.

María Fernanda: Le encantan los animales salvajes.

Eduardito: Le gusta jugar con la computadora y leer.

5

¿Qué harías? Piensa en lo que harías en estas situaciones. Luego, en grupos de tres, compartan sus reacciones usando el condicional.

1.

2.

3.

4.

5.

5.3

Relative pronouns

The relative pronoun *que*

*Echa unas monedas en esas maquinitas **que** ha puesto el ayuntamiento y lo deja aquí al lado.*

TALLER DE CONSULTA

See **Manual de gramática 5.4, p. 250** to review the uses of **qué** and **cuál** in asking questions.

INSTRUCTIONAL RESOURCES
Supersite: Audioscripts, SAM AK, Lab MP3s
SAM/WebSAM: WB, LM

¡ATENCIÓN!

Relative pronouns are used to connect short sentences or clauses to create longer, more fluid sentences. Unlike the interrogative words **qué, quién(es),** and **cuál(es),** relative pronouns never carry accent marks.

If necessary, briefly review the difference between *who* and *whom* before presenting relative pronouns in Spanish.

- **Que** (*that, which, who*) is the most frequently used relative pronoun (**pronombre relativo**). It can refer to people or things, subjects or objects, and can be used in restrictive clauses (without commas) or nonrestrictive clauses (with commas). Note that while some relative pronouns may be omitted in English, they must always be used in Spanish.

  El incendio **que** vimos ayer destruyó la tercera parte del bosque.
  The fire (that) we saw yesterday destroyed a third of the forest.

  Los ciudadanos **que** van a la manifestación exigen respuestas del gobierno.
  The citizens who are going to the protest demand answers from the government.

  La inundación fue causada por la lluvia, **que** ha durado más de dos semanas.
  The flood was caused by the rain, which has lasted over two weeks.

- In a restrictive (without commas) clause where no preposition or personal **a** precedes the relative pronoun, always use **que**.

  Las ballenas **que** encontraron en la playa estaban vivas.
  The whales they found on the beach were alive.

El que/La que

- After prepositions, **que** follows the definite article: **el que, la que, los que** or **las que**. The article must agree in gender and number with the antecedent (the noun or pronoun to which it refers). When referring to *things* (but not *people*), the article may be omitted after short prepositions, such as **en, de,** and **con**.

  La mujer **para la que** trabajo llegará a las seis.
  The woman (whom) I work for will arrive at six.

  El edificio **en (el) que** viven es viejo.
  The building (that) they live in is old.

- **El que, la que, los que,** and **las que** are also used for clarification to refer to a previously mentioned person or thing.

  Hablé con los vecinos que tienen perros pero no con **los que** tienen gatos.
  I talked to the neighbors who have dogs but not to the ones who have cats.

  Si puedes optar entre dos compañías, elige **la que** paga más.
  If you can choose between two companies, pick the one that pays more.

El cual/La cual

- **El cual, la cual, los cuales,** and **las cuales** are generally interchangeable with **el que, la que, los que,** and **las que** after prepositions. They are often used in more formal speech or writing. Note that when **el cual** and its forms are used, the definite article is never omitted.

> El edificio **en el cual** viven es viejo.
> *The building in which they live is old.*

Quien/Quienes

- **Quien** (sing.) and **quienes** (pl.) only refer to people. **Quien(es)** can therefore generally be replaced by forms of **el que** and **el cual**, although the reverse is not always true.

> Los investigadores, **quienes (los que/los cuales)** estudian la erosión, son de Ecuador.
> *The researchers, who are studying erosion, are from Ecuador.*

> El investigador **de quien (del que/del cual)** hablaron era mi profesor.
> *The researcher (whom) they spoke about was my professor.*

- Although **que** and **quien(es)** may both refer to people, their use depends on the structure of the sentence. In restrictive clauses (without commas), only **que** is used if no preposition or personal **a** is necessary. If a preposition or personal **a** is necessary, **quien** (or a form of **el que/el cual**) is used instead.

> La gente **que** vive en la capital está harta del smog.
> *The people who live in the capital are tired of the smog.*

> Esperamos una respuesta de los biólogos **a quienes (a los que/a los cuales)** llamamos.
> *We're waiting for a response from the biologists (whom) we called.*

- In nonrestrictive clauses (with commas) that refer to people, **que** is more common in spoken Spanish, but **quien(es)** (or a form of **el que/el cual**) is preferred in written speech.

> Juan y María, **que** viven conmigo, me regañan si dejo las luces prendidas.
> *Juan and María, who live with me, scold me if I leave the lights on.*

> Las expertas, **quienes** por fin concedieron la entrevista, no mencionaron la sequía.
> *The experts, who finally granted the interview, didn't mention the drought.*

The relative adjective *cuyo*

- The relative adjective **cuyo (cuya, cuyos, cuyas)** means *whose* and agrees in number and gender with the noun it precedes. When asking to whom something belongs, use **¿de quién(es)?**, not a form of **cuyo**.

> El equipo, **cuyo** proyecto aprobaron, viajará a las islas Galápagos en febrero.
> *The team, whose project they approved, will travel to the Galapagos Islands in February.*

> La colega, **cuyas** ideas mejoraron el plan, no tiene tiempo para realizar el proyecto.
> *The colleague, whose ideas improved the plan, doesn't have time to do the project.*

> **¿De quién** es este mapa de Venezuela?
> *Whose map of Venezuela is this?*

> Es mío, pero no es un mapa. Es un atlas **cuyos** autores son venezolanos.
> *It's mine, but it's not a map. It's an atlas whose authors are Venezuelan.*

TALLER DE CONSULTA

The neuter forms **lo que** and **lo cual** are used when referring to situations or abstract concepts that have no gender. See **Manual de gramática 5.5, p. 252.**

¿Qué es lo que te molesta?
What is it that's bothering you?

Ella habla sin parar, lo cual me enoja mucho.
She won't stop talking, which really upsets me.

¡ATENCIÓN!

When used with **a** or **de**, the contractions **al que/al cual** and **del que/del cual** are formed.

You may wish to explain to students that in spoken Spanish, as in spoken English, the use of relative pronouns allows for greater flexibility than the prescriptive rules do. Ex: **La señora que conocí ayer...** for **La señora a quien conocí ayer...**

Práctica

1 Remind students to pay attention to gender and number as they complete the activity.

1 **Relativos** Selecciona la palabra o frase adecuada para completar cada oración.

1. El señor Gómez, _____ empresa se dedica al ecoturismo, está en una reunión.
   (a.) cuya   b. cuyo   c. cuyos

2. Hay muchos tóxicos _____ se contamina el agua.
   a. con la que   (b.) con los que   c. con quienes

3. El científico, _____ busca una solución para el consumo de energía, hace estudios en Chicaque.
   a. del cual   (b.) quien   c. quienes

4. Los amigos _____ me viste quieren visitar el Parque Natural Chicaque.
   a. en quien   b. de quien   (c.) con quienes

2 **El ozono** Completa el siguiente artículo de una revista científica con los pronombres relativos de la lista. Algunos pronombres pueden repetirse.

LA CAPA DE OZONO

con quien
cuyas
cuyo
de las cuales
de que
del que
el cual
en que
las cuales
que
quien

La capa de ozono está formada por un gas, (1) _el cual/que_ se encuentra en la estratosfera. Este gas (2) _que_ nos protege de la radiación ultravioleta ha empezado a desaparecer en algunas regiones del planeta, (3) _de las cuales_ la Antártida es la zona (4) _que_ está en mayor peligro.

Los seres humanos y la naturaleza causan este daño a la capa de ozono. La gente lo hace con los gases (5) _que_ se usan en aerosoles y refrigeradores. La naturaleza lo hace con las erupciones volcánicas, (6) _las cuales/que_ emiten un gas llamado cloro, (7) _cuyas_ propiedades dañan el ozono. Este problema del ozono, sobre (8) _el cual_ muchos científicos hablan, puede tener consecuencias negativas para la salud de las personas.

3 Note that some items have more than one correct answer.

3 To help students visualize how a relative pronoun fuses two sentences together, first underline the common element. Then strike through the second instance, replacing it with the relative pronoun. Ex:
Limpiaron la costa.
   Visitamos la costa. →
Limpiaron la costa
   que visitamos.

3 **Seamos concisos** Combina estas oraciones usando un pronombre o adjetivo relativo apropiado. Sample answers. Some answers will vary.

Modelo   El consumo de energía es un problema. El gobierno habla del consumo de energía.
      El consumo de energía es un problema del cual el gobierno habla.

1. Los jóvenes son estudiantes universitarios. Los jóvenes luchan contra la deforestación. Los jóvenes, quienes luchan contra la deforestación, son estudiantes universitarios.

2. La manifestación será mañana en la plaza. Te hablé de la manifestación. La manifestación de la que te hablé será mañana en la plaza.

3. El gobierno aprobó una ley. El contenido de la ley apoya el reciclaje. El gobierno aprobó una ley cuyo contenido apoya el reciclaje.

4. La gente no puede bañarse en el río. Las aguas del río están contaminadas. La gente no puede bañarse en el río, cuyas aguas están contaminadas.

5. La empresa tiene proyectos de urbanización. La empresa está en crisis. La empresa que está en crisis tiene proyectos de urbanización.

Practice more at **suena.vhlcentral.com**.

Comunicación

4 Tus prioridades ✓

A. Completa el recuadro de acuerdo con tus hábitos y opiniones.

	Sí	No	Depende
1. No uso mi carro. Siempre viajo en autobús o en bicicleta.	☐	☐	☐
2. Como frutas y verduras orgánicas.	☐	☐	☐
3. Reciclo latas, productos de plástico y de papel.	☐	☐	☐
4. Apago las luces de los cuartos donde no hay nadie.	☐	☐	☐
5. En invierno me pongo un abrigo en casa en vez de subir la calefacción.	☐	☐	☐
6. En verano no uso el aire acondicionado, sólo abro las ventanas.	☐	☐	☐
7. Quiero tener una casa con paneles solares o una turbina de viento.	☐	☐	☐
8. Participo en organizaciones que protegen el medio ambiente.	☐	☐	☐
9. Sólo el gobierno debe preocuparse por el medio ambiente.	☐	☐	☐
10. Conducir mi carro tiene cero impacto en el medio ambiente.	☐	☐	☐
11. Sólo las grandes empresas son responsables de la contaminación.	☐	☐	☐
12. Es imposible proteger todas las especies en peligro de extinción.	☐	☐	☐

B. En parejas, compartan la información del recuadro. Después, usando pronombres relativos, informen a la clase lo que han aprendido sobre su compañero/a.

Modelo Rafael come verduras y frutas orgánicas que compra en el mercado al aire libre. Es una persona a quien no le gusta la contaminación causada por pesticidas y herbicidas.

5 ¿Quién es quién? La clase se divide en dos equipos. Un(a) integrante del equipo A piensa en un(a) compañero/a y da tres pistas. El equipo B tiene que adivinar de quién se trata. Si adivina con la primera pista, obtiene 3 puntos; con la segunda, obtiene 2 puntos; con la tercera, obtiene 1 punto.

Modelo Estoy pensando en alguien con quien almorzamos.
Estoy pensando en alguien cuyos ojos son marrones.
Estoy pensando en alguien que lleva pantalones azules.

6 Evolución de ideas En parejas, hagan una lista de cinco creencias (*beliefs*) erróneas que los humanos hemos tenido en los últimos cien años acerca de estos temas. Escriban oraciones y usen por lo menos tres pronombres relativos distintos.

Modelo Los árboles que crecen en la selva amazónica aportan menos oxígeno a la atmósfera de lo que pensábamos.

- la salud
- el medio ambiente
- la familia
- la guerra
- el universo

4 Have students explain their answers to items where they responded with **Depende**.

4 Survey the class to find an item for which student answers were evenly divided. Have students work in groups of four, each consisting of one pair that answered **Sí** and one that answered **No**. Ask the two pairs in each group to debate the issue and then present the two sides to the class, who must vote for the most convincing argument.

5 Write a list of relative pronouns on the board and tell students they must use a different one for each of the three clues.

6 Have pairs exchange papers for peer-editing. Ask students to read aloud any sentences from the other pair that surprised them.

Síntesis

Pronóstico del tiempo

	Hoy	Mañana	Pasado mañana
Buenos Aires	Máx. / Mín. 15° C / 9 °C	Máx. / Mín. 19 °C / 9 °C	Máx. / Mín. 12 °C / 8 °C
Caracas	Máx. / Mín. 34 °C / 26 °C	Máx. / Mín. 34 °C / 26 °C	Máx. / Mín. 36 °C / 25 °C
México D.F.	Máx. / Mín. 24 °C / 14 °C	Máx. / Mín. 22 °C / 13 °C	Máx. / Mín. 22 °C / 12 °C
Quito	Máx. / Mín. 18 °C / 10 °C	Máx. / Mín. 22 °C / 9 °C	Máx. / Mín. 23 °C / 10 °C
Santo Domingo	Máx. / Mín. 32 °C / 24 °C	Máx. / Mín. 32 °C / 23 °C	Máx. / Mín. 32 °C / 23 °C

1 **El pronóstico** En parejas, seleccionen dos de las ciudades incluidas en el informe del tiempo y describan el pronóstico de esos lugares para los tres días. Utilicen los usos del futuro presentados en la lección.

2 **La isla** Imagina que tú y tu compañero/a han naufragado (*shipwrecked*) en una isla desierta. Piensa en los problemas a los que se podrían enfrentar (*be faced with*). Coméntalos con tu compañero/a para ver qué haría él/ella en cada situación.

Modelo —No hay agua potable.
—Bebería agua de coco.

3 **El parque** En grupos pequeños, elijan un parque nacional de su país e imaginen que van a visitarlo. Escriban una breve descripción del parque y su medio ambiente usando el vocabulario de esta lección y algunos de los pronombres relativos que han aprendido.

Preparación Audio: Vocabulary

Vocabulario de la lectura	
el chamán *shaman (religious figure believed to have magical or supernatural powers)*	**el medicamento** *medication*
	el pulmón *lung*
el/la curandero/a *folk healer*	**la semilla** *seed*
el/la encargado/a *person in charge*	**la Tierra** *Earth*
el hecho *fact*	**la utilidad** *usefulness*
la madera *wood*	

Vocabulario útil
la dolencia *ailment*
el efecto invernadero *greenhouse effect*
el reciclaje *recycling*
reciclar *to recycle*
el reto *challenge*

1

Emparejar Une cada palabra con su definición.

1. curandero ___c___
2. medicamento ___f___
3. pulmón ___a___
4. madera ___e___
5. semilla ___d___
6. Tierra ___b___

a. órgano donde ocurre la respiración
b. el planeta donde vivimos
c. persona que cura con remedios naturales
d. parte dura de una fruta o vegetal de la cual crecen nuevas frutas y vegetales
e. material sólido de un árbol, que tiene múltiples usos
f. sustancia que se consume para curar una enfermedad

1 Read each of the remaining words from the **Vocabulario** box aloud. Have pairs write definitions for a few of them. Then have volunteers share their definitions with the class.

2

La madre naturaleza En parejas, túrnense para contestar las preguntas y expliquen sus respuestas.

1. ¿Cómo te gusta disfrutar de la naturaleza? ¿Qué experiencia al aire libre recuerdas?

2. ¿Has estado en una selva o en un bosque muy grande? ¿Cómo te sentiste?

3. ¿Tomas medicamentos naturales cuando te sientes enfermo/a? ¿Por qué?

4. ¿Te preocupa el destino de las culturas indígenas de América? ¿Por qué? ¿Cómo se deben proteger?

5. ¿Crees que la tecnología resolverá todos los problemas medioambientales? ¿Qué papel juega la tecnología? ¿Cuáles son sus límites?

6. ¿Alguna vez has tomado un curso de educación ambiental? Si contestaste que sí, ¿qué aprendiste? Si contestaste que no, ¿te gustaría tomar uno? ¿Qué aprenderías?

3

Recursos y destino Trabajen en grupos de tres.

A. Escriban una lista de todos los productos que ustedes han utilizado en las últimas 24 horas. Al lado de cada uno, enumeren los recursos naturales que se utilizaron para producirlo.

B. Expliquen el papel de la biodiversidad en la producción de las comodidades (*comforts*) de la vida moderna. ¿Cómo nos beneficiamos de las plantas y los animales?

C. ¿Por qué es paradójica la explotación humana de la biodiversidad? Expliquen y luego compartan sus impresiones con la clase.

TEACHING OPTION To preview, ask students to share what they already know about the Amazon.

La selva amazónica:
biodiversidad curativa

Audio: Dramatic Recording

Sólo se conoce una fracción de los millones de especies de plantas y animales que viven en las selvas tropicales de la Tierra. Con una superficie de 5.500.000 km², la selva amazónica es el hábitat de millones de estos organismos. Esta selva es el ecosistema más diverso del planeta, hecho que se refleja especialmente en los árboles, de los que se reconocen más de 60.000 especies diferentes.

La gran riqueza de su vegetación ha sido durante siglos de gran utilidad para los habitantes de la cuenca° amazónica. *basin* Frutas poco conocidas en nuestra cultura occidental, como el túpiro, el copoazú o el temare, les sirven de alimento. Los árboles, algunos de los cuales llegan a medir cien metros, les proveen de maderas de gran calidad. Y sus bosques, aparte de ser la morada° natural de los *dwelling* espíritus de sus religiones, también les proporcionan un enorme surtido° de *assortment* plantas medicinales.

Este uso de las plantas como medicinas se remonta° a épocas precolombinas en *dates back* que las culturas indígenas descubrieron las propiedades curativas de la vegetación que las rodeaba. Los chamanes y curanderos eran, y todavía son, los encargados de recoger las plantas y las muestras° de los *samples* árboles. La tradición indica que tenían que entrar a las zonas más apartadas° e *isolated* impenetrables de la selva para buscarlas, pues se creía que cuanto más difícil era el acceso a los remedios, más poderosos eran sus efectos curativos.

Hoy, las plantas son el origen de más del 25 por ciento de los medicamentos que se encuentran en las farmacias del mundo. Muchas de ellas provienen de° *originate from* la selva en la cuenca del río Amazonas. La mayor presencia en el mercado de este tipo de medicinas se debe al creciente

Desaparecen las culturas amazónicas

Se estima que hace más de quinientos años vivían cerca de 10 millones de indígenas en la región amazónica. Hoy día hay menos de 200.000. Tan sólo en Brasil unas 90 tribus indígenas han desaparecido desde comienzos del siglo XX. Y en países como Perú, Colombia, Ecuador y Venezuela cada año se reduce aún más la población indígena de la región amazónica.

interés de la industria farmacéutica por métodos de curación que han sido usados con éxito durante miles de años.

En el noroeste de la selva amazónica, por ejemplo, los indígenas usan más de 1.300 plantas medicinales. Una de ellas es el curare, una sustancia que los indígenas suramericanos ponían en la punta° de *tip* sus flechas° para paralizar a los animales *arrows* que cazaban para comer. Actualmente, la tubocurarina, derivada del curare, se utiliza en todo el mundo como anestesia. Otro remedio que se está haciendo muy popular es la semilla de guaraná, que favorece al corazón y a la memoria, y es más poderosa que el ginseng.

Desafortunadamente, la deforestación de esta zona está reduciendo su área aceleradamente. Esto afecta a todos los seres que habitan allí y pone en peligro de extinción a cientos de especies animales y vegetales. Es por esto que tanto gobiernos locales como organizaciones de todo el mundo están luchando° para proteger *fighting* sus extraordinarios recursos naturales y preservar las culturas de sus habitantes. ■

Análisis

1

Comprensión Contesta las preguntas con oraciones completas.

1. ¿Por qué crees que se dice que la selva amazónica es el pulmón de la Tierra? Su vegetación es muy abundante.

2. ¿Por qué está considerada como el ecosistema más variado del planeta? Tiene millones de especies de plantas y animales.

3. ¿Qué tareas realizan los chamanes y los curanderos? Son los encargados de recoger las plantas o las muestras de los árboles.

4. ¿Por qué entran a zonas muy apartadas para conseguir medicinas? Creen que cuanto más difícil es el acceso a las plantas, más poderosos serán sus efectos curativos.

5. ¿Qué porcentaje de los medicamentos que se venden en las farmacias del mundo proviene de las plantas? Un 25 por ciento proviene de las plantas.

6. ¿A qué se debe el uso de tantas medicinas de origen vegetal? Se debe al interés de la industria farmacéutica en métodos usados durante miles de años.

7. ¿Cuáles son las consecuencias de la deforestación de la selva amazónica? Pone en peligro de extinción a cientos de especies animales y vegetales.

8. ¿Cuántos indígenas vivían en la región amazónica hace más de quinientos años? ¿Y ahora? Antes, cerca de 10 millones vivían allí y ahora viven menos de 200.000.

2

Informe Tu compañero y tú son dos científicos independientes. Están desarrollando un nuevo medicamento que utiliza ingredientes vegetales provenientes de la selva amazónica. Escriban un informe para la página web de su proyecto sobre la importancia de cuidar de la biodiversidad y las culturas indígenas de la selva amazónica. Expliquen los problemas que existen y las soluciones.

http://www.selvapatrimonio.net/

PROTEGER LA SELVA AMAZÓNICA

La selva amazónica es la más extensa del mundo. Su biodiversidad guarda un número infinito de secretos que pueden ayudar a curar muchas enfermedades. Por lo tanto, es esencial que...

3

En peligro de extinción: ¿Sí o no? En grupos de cuatro, hablen de las causas, los efectos, las posibles soluciones y el futuro de estos problemas medioambientales. Después, dividan la clase en Optimistas y Pesimistas, y discutan sobre el porvenir del planeta. ¿Está en peligro de extinción?

- La destrucción de selvas tropicales
- El efecto invernadero
- La contaminación del aire
- La extinción de culturas indígenas
- La contaminación de océanos, ríos y mares
- El calentamiento global

 Practice more at **suena.vhlcentral.com.**

Preparación Reading
Audio: Vocabulary

Sobre el autor

Jaime Sabines (1926–1999) es uno de los más grandes poetas mexicanos. Licenciado en Lengua y Literatura Española por la Universidad Nacional Autónoma de México (UNAM), estuvo muy involucrado en la política de su país. Su poesía se distingue por su lenguaje coloquial que nos habla de la realidad de todos los días. En 1972, obtuvo el Premio Villaurrutia y, en 1983, le concedieron el Premio Nacional de Literatura.

INSTRUCTIONAL RESOURCES
Supersite: Literatura recording; Scripts; SAM AK
SAM/WebSAM: LM

VARIACIÓN LÉXICA
intoxicar ↔ envenenar

Vocabulario de la lectura

a cucharadas *in spoonfuls*
ahogarse *to suffocate, to drown*
aliviar *to relieve, to soothe*
el frasquito *little bottle*
la hoja *leaf*

intoxicar *to poison*
la pata de conejo *rabbit's foot*
el pedazo *piece*
el/la preso/a *prisoner*

Vocabulario útil

el antídoto *antidote*
la felicidad *happiness*
la rutina diaria *daily routine*
el símbolo *symbol*

1 **Vocabulario** Escoge la mejor opción para completar las oraciones.

1. Armando fue al médico porque por las noches sentía que se _____.
   a. ahogaba   b. aliviaba
2. El médico le dio _____ con medicina.
   a. un pedazo   b. un frasquito
3. Él le preguntó al médico cómo debía tomarse la medicina, quien le respondió que dos _____ al día.
   a. cucharadas   b. hojas
4. También quería saber cuándo se iba a _____ de sus síntomas.
   a. aliviar   b. intoxicar
5. El médico le dijo que necesitaba descansar más y simplificar su _____.
   a. pata de conejo   b. rutina diaria

2 **La felicidad** En el poema que van a leer, Jaime Sabines habla de la esperanza e ilusión que hay que tener en la vida. En parejas, contesten las preguntas.

1. ¿Son felices a pesar de los problemas cotidianos? ¿Cómo lo logran?
2. Cuando tienen problemas que no pueden solucionar, ¿qué hacen para sentirse mejor?
3. ¿Es posible ser feliz siempre? Expliquen.
4. Hagan una lista de cinco cosas bellas que piensan que tiene la vida. Compártanla después con la clase.

3 **La luna** En parejas, hagan una lista de ideas, situaciones y/o personas que relacionen con la luna. Sean creativos/as. Después compartan su lista con la clase.

2 For item 4, have students write down their partners' responses and then organize them into categories. Ex: **la naturaleza, la familia, las emociones,** etc.

3 Write items from the students' lists on the board. After reading the poem, ask: **¿Cuáles de sus ideas se encuentran en el poema? ¿Qué ideas del poeta les sorprendieron?**

LA LUNA

Jaime Sabines

La luna se puede tomar a cucharadas
o como una cápsula cada dos horas.
Es buena como hipnótico y sedante
y también alivia
5 a los que se han intoxicado de filosofía.
Un pedazo de luna en el bolsillo°   *pocket*
charm, amulet   es mejor amuleto° que la pata de conejo:
sirve para encontrar a quien se ama,
para ser rico sin que lo sepa nadie
keep away 10   y para alejar° a los médicos y a las clínicas.
Se puede dar de postre a los niños
cuando no se han dormido,
drops   y unas gotas° de luna en los ojos de los ancianos°   *elderly*
ayudan a bien morir.

15   Pon una hoja tierna° de la luna   *tender*
debajo de tu almohada°   *pillow*
y mirarás lo que quieras ver.
Lleva siempre un frasquito del aire de la luna
para cuando te ahogues,
20   y dales la llave de la luna
a los presos y a los desencantados°.   *disenchanted*
Para los condenados° a muerte   *condemned*
y para los condenados a vida
no hay mejor estimulante que la luna
25   en dosis precisas y controladas.

 Audio: Dramatic Recording

Análisis

1

Comprensión Elige el párrafo que resume mejor lo que expresa el poema.

1. Las responsabilidades de la vida moderna traen estrés y dificultan las relaciones personales. La luna, con su influencia negativa, intoxica a las personas y es causa de conflictos.

2. El poema les recomienda la luna a niños y adultos contra una variedad de problemas y para tener mejor suerte. Un postre de luna ayuda a los niños a dormirse. Una dosis de luna alivia cuando uno se ahoga.

2

Interpretar Contesta las preguntas. Luego explícale tus respuestas a la clase.

1. ¿Cuál es el tema principal del poema? ¿Cuáles son los temas secundarios?

2. Lee estos versos. ¿Qué crees que quiere expresar el poeta?

> Un pedazo de luna en el bolsillo
> es mejor amuleto que la pata de conejo:
> sirve para encontrar a quien se ama,
> para ser rico sin que lo sepa nadie
> y para alejar a los médicos y a las clínicas.

3. ¿Qué relación hay entre llaves y presos? ¿Qué quiere decir el poeta con esa imagen?

4. En tu opinión, ¿qué simboliza la luna? Sustituye la luna con otro símbolo que represente las mismas ideas. ¿Funciona? ¿Por qué?

5. ¿Qué efecto causa el poeta cuando recomienda la luna en "dosis precisas y controladas"?

3

Símbolos Los símbolos están en nuestro día a día. En parejas, mencionen cinco símbolos conocidos por todos y expliquen lo que simbolizan.

Modelo   Un corazón simboliza el amor.

4

¿Y tú? El poeta hace recomendaciones para que seamos más felices. ¿Qué les dirías a estas personas si te preguntaran qué hacer para solucionar sus problemas?

- un(a) enamorado/a que no es correspondido/a
- alguien que acaba de perder su empleo/a
- un(a) preso/a que es inocente
- una pareja que está muy enamorada, pero que se pelea constantemente

5

Escribir Escribe diez consejos siguiendo el **Plan de redacción** para que todos seamos más felices.

Plan de redacción

Consejos para ser feliz

1. **Esquema** Prepara un esquema con las diez actitudes hacia la vida que crees necesarias para ser feliz. Organiza tus ideas para no repetir ni olvidar nada.

2. **Título** Elige un título simbólico para tu decálogo.

3. **Contenido** Escribe los diez consejos. Utiliza el subjuntivo, el condicional, mandatos y pronombres relativos.

Nuestro mundo

Audio: Vocabulary Flashcards
Video: *Flash Cultura*

La naturaleza

el árbol *tree*
el bosque *forest*
la cordillera *mountain range*
la costa *coast*
el desierto *desert*
la luna *moon*
el mar *sea*
el paisaje *landscape, scenery*
el río *river*
la selva (tropical) *(tropical) rainforest*
el sol *sun*
la tierra *land, earth*

al aire libre *outdoors*
escaso/a *scant, scarce*
potable *drinkable*
protegido/a *protected*
puro/a *pure, clean*
seco/a *dry*

Los animales

el águila (f.) *eagle*
el ave, el pájaro *bird*
la ballena *whale*
la especie en peligro (de extinción) *endangered species*
la foca *seal*
el lagarto *lizard*
el león *lion*
el lobo *wolf*
el mono *monkey*
el oso *bear*
el pez *fish*
la serpiente *snake*
el tigre *tiger*
la tortuga (marina) *(sea) turtle*

Los fenómenos naturales

el calentamiento *warming*
la erosión *erosion*
el huracán *hurricane*
el incendio *fire*
la inundación *flood*
la lluvia *rain*
la sequía *drought*
el smog *smog*
el terremoto *earthquake*

La ecología

la basura *trash*
la capa de ozono *ozone layer*
el combustible *fuel*
el consumo de energía *energy consumption*
la contaminación *pollution*
la deforestación *deforestation*
el desarrollo *development*
la energía (eólica, nuclear, renovable, solar) *(wind, nuclear, renewable, solar) energy*
la fuente *source*
el medio ambiente *environment*
el peligro *danger*
el petróleo *oil*
el porvenir *future*
los recursos *resources*

agotar *to use up*
aguantar *to put up with, to tolerate*
amenazar *to threaten*
cazar *to hunt*
conservar *to preserve*
contagiar *to infect, to be contagious*
contaminar *to pollute*
desaparecer *to disappear*
destruir *to destroy*
echar *to throw away*
empeorar *to get worse*
extinguirse *to become extinct*
malgastar *to waste*
mejorar *to improve*
prevenir (e:ie) *to prevent*
proteger *to protect*
resolver (o:ue) *to solve, to resolve*
respirar *to breathe*
urbanizar *to urbanize*

dañino/a *harmful*
desechable *disposable*
híbrido/a *hybrid*
renovable *renewable*
tóxico/a *toxic*

Cortometraje

el aparcamiento *parking space*
el coche *car*
la decepción *disappointment*

el desinterés *lack of interest*
la expansión (urbana) *(urban) sprawl*
el tronco *trunk*

aparcar *to park*
cortar *to cut*
desatender (e:ie) *to neglect*
hacer falta *to be necessary*
plantar *to plant*
podar *to prune*
quitar *to remove*
serrar *to saw*
soportar *to put up with*

descontrolado/a *out of control*

Cultura

el chamán *shaman*
el/la curandero/a *folk healer*
la dolencia *ailment*
el efecto invernadero *greenhouse effect*
el/la encargado/a *person in charge*
el hecho *fact*
la madera *wood*
el medicamento *medication*
el pulmón *lung*
el reciclaje *recycling*
el reto *challenge*
la semilla *seed*
la Tierra *Earth*
la utilidad *usefulness*

reciclar *to recycle*

Literatura

el antídoto *antidote*
la felicidad *happiness*
el frasquito *little bottle*
la hoja *leaf*
la pata de conejo *rabbit's foot*
el pedazo *piece*
el/la preso/a *prisoner*
la rutina diaria *daily routine*
el símbolo *symbol*

ahogarse *to suffocate, to drown*
aliviar *to relieve, to soothe*
intoxicar *to poison*

a cucharadas *in spoonfuls*

El valor de las ideas

¡Techo y trabaj
sin ser esclav

Las épocas más difíciles de la historia, como
las de guerra y dictadura, muestran a la vez lo
peor y lo mejor de la humanidad. La solidaridad
y la protección de los derechos humanos, así como
la denuncia de la opresión, de la intolerancia y de
la falta de libertad, han caracterizado la literatura y
el cine de Hispanoamérica desde el siglo pasado.
Sin embargo, ¿qué crees que estamos aprendiendo
realmente de estos hechos? ¿Cuántos gobiernos hoy
día respetan la libertad y los derechos humanos?

201

209

Destino:
CHILE

PREVIEW Discuss the questions and assertions on **p. 194** as a class. Then divide the class into small groups to debate current international conflicts and political controversies. Ask: **¿Cuáles son las causas del conflicto? ¿Quién tiene la razón? ¿Cómo se puede resolver el problema?**

Creencias e ideologías Audio: Vocabulary

Las leyes y los derechos

los derechos humanos *human rights*
la desobediencia civil *civil disobedience*
la (des)igualdad *(in)equality*
el/la juez(a) *judge*
la (in)justicia *(in)justice*
la libertad *freedom*
la lucha *struggle, fight*
el tribunal *court*

———

abusar *to abuse*
aprobar (o:ue) una ley
  to pass a law
convocar *to summon*
defender (e:ie) *to defend*
derogar *to abolish*
encarcelar *to imprison*
juzgar *to judge*

———

analfabeto/a *illiterate*
(des)igual *(un)equal*
(in)justo/a *(un)fair*
oprimido/a *oppressed*

La política

el abuso *abuse*
la armada *navy*
la bandera *flag*

la creencia *belief*
la crueldad *cruelty*
la democracia *democracy*

---

la dictadura *dictatorship*
el ejército *army*

el gobierno *government*
la guerra (civil) *(civil) war*
el partido político *political party*
la paz *peace*
el poder *power*
la política *politics*
las relaciones exteriores
  foreign relations
la victoria *victory*

———

dedicarse a *to devote oneself to*
elegir (e:i) *to elect*
ganar/perder (e:ie) las elecciones *to win/
  to lose elections*
gobernar (e:ie) *to govern*
influir *to influence*
votar *to vote*

———

conservador(a)
  conservative
liberal *liberal*
pacífico/a *peaceful*
pacifista *pacifist*

La gente

el/la abogado/a *lawyer*
el/la activista *activist*
el/la ladrón/ladrona *thief*

el/la manifestante *demonstrator*
el/la político/a *politician*

el/la presidente/a *president*
el/la terrorista *terrorist*
la víctima *victim*

La seguridad y la amenaza

la amenaza *threat*
el arma (f.) *weapon*
el escándalo *scandal*
la (in)seguridad *(in)security; (lack of)
  safety*
el temor *fear*
el terrorismo *terrorism*
la violencia *violence*

———

chantajear *to blackmail*
destrozar *to destroy*
espiar *to spy*
huir *to flee*
pelear *to fight*
secuestrar *to kidnap, to hijack*

Tell students to use the expression **Corte
Suprema** to say *Supreme Court*.

INSTRUCTIONAL RESOURCES
Supersite: Audioscripts, SAM AK, Lab MP3s
SAM/WeBSAM: WB, LM

Give students this additional vocabulary:
la fuerza aérea *air force*
las fuerzas armadas *armed forces*

influir ↔ influenciar
Point out: **el arma → las armas**

Práctica

1 **Antónimos** Selecciona el antónimo de cada palabra.

bandera	escándalo	perder
derogar	liberal	temor
dictadura	paz	víctima

1. aprobar _____derogar_____
2. democracia _____dictadura_____
3. ganar _____perder_____

4. terrorista _____víctima_____
5. guerra _____paz_____
6. conservador _____liberal_____

1 Have students provide synonyms for these words: **convicción** (creencia), **escoger** (elegir), **conflicto armado** (guerra), **evaluar** (juzgar).

2 **¿Cuál es?** Indica a qué palabra se refiere cada descripción.

abogada	ladrona	político
armada	manifestante	secuestrar
crueldad	oprimido	tribunal
desobediencia	poder	votar

_____abogada_____ 1. mujer que defiende a un(a) acusado/a

_____secuestrar_____ 2. acción de retener a una persona contra su voluntad para después pedir dinero a cambio de su libertad

_____oprimido_____ 3. hombre que es víctima de una tiranía

_____político_____ 4. hombre cuyo empleo es un cargo público en el gobierno de una ciudad, un estado o una nación

_____armada_____ 5. fuerzas navales de un país

_____desobediencia_____ 6. conducta que ignora intencionalmente las reglas o leyes establecidas por una autoridad

_____manifestante_____ 7. persona que toma parte en una protesta a favor de un cambio social

_____crueldad_____ 8. cualidad del que provoca el sufrimiento y el temor de otra persona o de un animal

_____ladrona_____ 9. mujer que roba

_____votar_____ 10. acción de expresar preferencia por un(a) candidato/a en una elección

2 Have students choose additional vocabulary words and come up with descriptions like the ones in the activity. Ask the class to guess each word.

3 **Titulares** En grupos de cuatro, piensen en tres acontecimientos recientes de las noticias. Expliquen cada acontecimiento usando dos palabras de la lista u otras del vocabulario nuevo.

Modelo El partido liberal declaró ayer que pelearía por los derechos de los indígenas.

chantajear	espiar	ladrón	pelear
destrozar	huir	liberal	político
escándalo	igualdad	pacifista	seguridad

3 Ask a volunteer from each group to share their news stories with the class. Have students vote for the most unique or surprising story.

Practice more at
suena.vhlcentral.com.

INSTRUCTIONAL RESOURCES
Supersite/DVD: Film Collection
Supersite: Script & Translation

Nota
CULTURAL

El **hiyab** (*hijab*) es un pañuelo usado por muchas musulmanas para cubrirse la cabeza.

VARIACIÓN LÉXICA
Explain to students that the noun **culto** is the equivalent of the English noun *worship*, as in the phrase **libertad de culto** (*freedom of worship*). It is also the equivalent of the English *cult*. **Culto/a** is also used in Spanish as an adjective to describe a learned, or *cultivated*, person.

TEACHING OPTION Ask students to explain the difference between a secular custom or institution and a religious one. How do the secular and religious worlds compete in their lives? What specific kinds of behavior does each impose or rule out?

2 Have students discuss the importance society places on the way people look. Ask if they think outward appearance speaks louder than words. Have students explain their opinions.

Preparación Audio: Vocabulary

Vocabulario del corto

el/la alumno/a *pupil, student*
el/la chaval(a) *kid, youngster*
confiar *to trust*
el instituto *high school*
laico/a *secular, lay*
musulmán/musulmana *Muslim*
el pañuelo *headscarf*
pegar *to hit*
raro/a *weird*
el rato *a while*
la regla *rule*

Vocabulario útil

la autoridad *authority*
ceder *to give up*
la confianza *trust*
disentir *to dissent, to disagree*
la diversidad *diversity*
la doble moral *double standard*
la hipocresía *hypocrisy*

EXPRESIONES

¿A que no? *I bet not.*
cómo van las otras *how the others dress*
Nos da igual. *It's the same to us.*
¿Eso qué tiene que ver? *What does that have to do with it?*
Venga. *Come on.*

1

Vocabulario Empareja cada palabra de la columna B con la definición correspondiente de la columna A. Después, escribe tres oraciones usando cuatro de las palabras.

A	B
_f_ 1. no afiliado a una religión	a. ceder
_c_ 2. tener fe en la discreción e intenciones de alguien	b. chaval
_g_ 3. darle golpes a una persona para lastimarla	c. confiar
_h_ 4. extraño	d. disentir
_d_ 5. tener una opinión distinta	e. hiyab
_e_ 6. muchas musulmanas lo llevan en la cabeza	f. laico
_a_ 7. abandonar, renunciar	g. pegar
_b_ 8. niño o joven	h. raro

2

Preparación En parejas, contesten estas preguntas.

1. ¿Qué es lo primero que notan al ver a una persona?

2. Consideren este dicho: "La primera impresión es lo que cuenta". ¿Les parece que es verdad? ¿Por qué?

3. ¿Alguna vez se formaron una impresión equivocada de una persona a partir de su aspecto físico? Expliquen.

4. ¿Cómo deciden cada día qué ropa se van a poner? ¿Qué factores influyen en la selección?

5. ¿Qué aspectos de la apariencia física de ustedes le parecerían curiosos a una persona de otra cultura?

3 **Fotogramas** En parejas, observen los fotogramas y contesten las preguntas.

1. ¿De dónde es la joven? ¿En qué país vive?

2. ¿Cuál es su estado de ánimo (*state of mind*)? ¿Qué está pensando?

3. ¿Quién es la mujer? ¿Qué relación tiene con la joven?

4. ¿Dónde se encuentran? ¿De qué hablan?

Comunidades

A. En grupos de tres, miren las fotos y consideren cada uno de estos puntos. Intercambien sus reacciones y compartan sus opiniones con la clase.

- quién es la persona / quiénes son las personas
- sus marcas de identidad
- por qué se viste(n) así
- qué impresión quiere(n) dar
- la reacción de ustedes si la(s) vieran en la calle

1.

2.

3.

4.

B. ¿Pertenecen ustedes o alguien que conocen a alguna comunidad o grupo con el que se identifican? ¿A cuál?

5 **Encuesta** En parejas, lean cada oración y elijan una opción. Justifiquen su elección. Si consideran que las dos son posibles, expliquen por qué y bajo qué circunstancias. Comparen sus opiniones con otra pareja.

1. Si uso símbolos religiosos y culturales, ...

   a. me destaco (*stand out*) en la multitud.   b. soy "uno/a más".

2. Las marcas de identidad sirven para...

   a. aislar.   b. incluir.

3. "Comunidad" equivale a...

   a. separación.   b. unión.

4. "Libertad" quiere decir que...

   a. todos somos iguales.   b. las diferencias no importan.

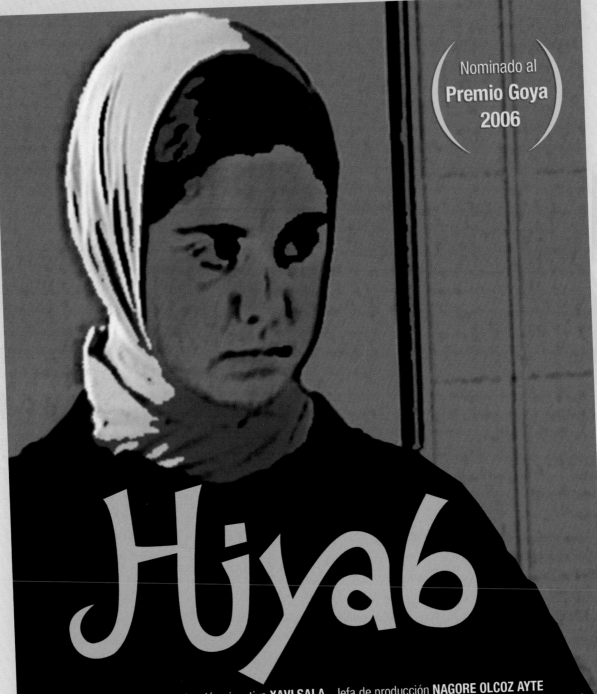

Nominado al
Premio Goya
2006

Guión, dirección y producción ejecutiva **XAVI SALA**   Jefa de producción **NAGORE OLCOZ AYTE**
Director de fotografía **IGNACIO GIMÉNEZ-RICO**   Montaje **NINO MARTÍNEZ SOSA**   Director de arte **LUIS E. PARÉS**
Sonido **ALEX F. CAPILLA**   Asistente de dirección **TOMÁS SILBERMAN**   Música **COKE RIOBÓO**
Peluquería, maquillaje **ÁFRICA DE LA LLAVE**   Vestuario **SOUMIA DADI**   Diseño gráfico **MIREILLE AZNAR**
Actores **ANA WAGENER, LORENA ROSADO, JOSÉ LUIS TORRIJO**

ARGUMENTO *La directora de un instituto intenta convencer a una nueva alumna de que se quite el hiyab. La joven se resiste.*

BELÉN Fátima, lo que intento explicarte es que ésta es una escuela laica y todos somos iguales. No queremos diferencias entre los alumnos, ¿entiendes?

BELÉN El pañuelo está bien para la calle, para tu casa, pero para aquí no.
FÁTIMA Pero en casa me lo quito...
BELÉN Y aquí también tienes que hacerlo.

BELÉN ¿Qué pasa, que tus padres te pegan si no lo llevas?
FÁTIMA Ellos también quieren que me lo quite.

BELÉN Estarías muy guapa si te lo quitas.
FÁTIMA Pero a mí me gusta llevarlo.
BELÉN Y me parece muy bien, cariño[1], pero para cuando salgas del instituto.

BELÉN ¿Tú has visto a alguien aquí que lo lleve? Pues por eso. Venga, Fátima, confía en mí.

PROFESOR Ésta es Fátima, es nueva y quiero que la tratéis como a una más de la clase. ¿Está claro?

[1]*sweetheart*

PREVIEW Have students imagine what happens after Fátima meets her new classmates. What does she think during the rest of her first day? What does she think after several months at the school?

TEACHING OPTION Have students look up the words for the clothes that women of Islamic faith might wear (*hijab, niqab, chador, burka, shayla*) and note the differences and the areas where they are worn.

Análisis

1

Comprensión Contesta las preguntas con oraciones completas. Some answers will vary.

1. ¿Quiénes son Fátima y Belén? Fátima es una nueva alumna y Belén es directora/profesora del instituto.

2. ¿De qué hablan la joven y la directora? Hablan del hiyab que lleva Fátima.

3. ¿Qué quiere la directora que haga Fátima? Quiere que se quite el hiyab.

4. ¿Qué piensan los padres de Fátima del hiyab? Ellos también quieren que se lo quite.

5. ¿Por qué lleva Fátima hiyab? Es musulmana y le gusta llevarlo.

6. ¿Qué argumentos utiliza Belén para convencer a Fátima? Menciona dos. Las reglas no permiten el hiyab; estaría más guapa sin él; nadie en la escuela lo lleva; en cuanto se lo quite un rato lo olvidará; va a ser la rara de la clase.

7. ¿Qué les dice el profesor a sus alumnos cuando les presenta a Fátima? Quiere que la traten como a una más de la clase.

8. ¿Cómo se visten los compañeros de clase? Llevan diferentes estilos y ropa.

2

Interpretación En parejas, contesten las preguntas y expliquen sus respuestas.

1. Belén le pregunta a Fátima si quiere ser "la rara de la clase". ¿Qué significa esa expresión? ¿Qué consecuencias puede tener?

2. ¿Cómo creen que se siente Fátima mientras se quita el hiyab? ¿Y la directora?

3. ¿Cuál de los argumentos de Belén convence a Fátima? ¿Los convencería a ustedes?

4. ¿Qué creen que piensa Fátima al entrar en la clase y ver a sus compañeros?

5. ¿Por qué creen que a Fátima no se le permite llevar el hiyab en clase, pero se les permiten otros accesorios a sus compañeros?

6. Cuando Belén dice: "No queremos diferencias entre los alumnos", ¿a qué diferencias se refiere?

3 Ask students how different cultures use different symbols to represent similar concepts. Ex: the color black symbolizes mourning in the West, whereas white is used in China. Have them explain how the inverse is true as well; i.e., the same symbol can represent different ideas to different cultures. What ideas does the hijab represent to Fátima? What does it represent to Belén?

3

Contextos En parejas, hablen de estas citas extraídas del cortometraje. Expliquen la importancia que tiene cada una dentro de la historia.

> **Pues que la libertad de culto, pensamiento y todo eso se nos iría a la basura.** **DIRECTORA**

> **Las reglas son las reglas, no las he inventado yo.** **DIRECTORA**

> **Ellos también quieren que me lo quite.** **FÁTIMA**

> **Pero a mí me gusta llevarlo.** **FÁTIMA**

> **... ésta es Fátima, es nueva y quiero que la tratéis como a una más de la clase.** **PROFESOR**

4 **Puntos de vista** En grupos de tres, lean estas oraciones y decidan quién las puede haber dicho. ¿Con cuál(es) están de acuerdo? ¿Por qué? Después, compartan sus opiniones con la clase.

1. "Todo individuo tiene el derecho de vestir lo que ya lleva el alma (*soul*)."

2. "Los símbolos religiosos, llevados por alumnos de nuestras escuelas públicas, se deben prohibir. Fomentan la desigualdad, la sospecha y la discriminación."

3. "A partir del próximo semestre, el director mandará a casa a cualquier alumno o alumna que lleve camiseta (*T-shirt*) con mensaje ofensivo o provocador."

4. "Si hoy nos limitan la ropa que podemos llevar, ¿qué nos limitarán mañana?"

5 **Vestimenta** En parejas, escriban dos listas. Un(a) compañero/a escribe cuatro ventajas de imponer reglas de vestimenta (*dress codes*) en las escuelas y en los lugares de trabajo. El/ La otro/a escribe cuatro desventajas. Consideren las preguntas a continuación y después intercambien sus listas para comentarlas.

- ¿Deben o debieron ustedes llevar uniforme a la escuela? ¿Conocen a alguien que debe o debió hacerlo?

- ¿Trabajan o trabajaron ustedes en una empresa con reglas de vestimenta? ¿Conocen a alguien que trabaja o trabajó en una empresa así?

- ¿Existe una diferencia entre llevar uniforme y observar una serie de reglas de vestimenta?

- ¿Se pueden fiar (*trust*) las escuelas y las empresas del criterio personal de sus alumnos y empleados en cuanto a la vestimenta?

6 **La obediencia y la autoridad** En grupos de cuatro, lean estas preguntas y razonen las respuestas.

1. "Las reglas son las reglas." ¿Piensan que una figura de autoridad tiene poder de decisión frente a las reglas?

2. ¿Alguna vez tuvieron problemas en la escuela, una iglesia u otro lugar público por algo que llevaban o que habían hecho? ¿Cómo reaccionaron? ¿Les parece que hicieron lo correcto? ¿Por qué?

3. ¿Qué es más importante: obedecer o mantenerse fiel a sus propios principios? ¿Dónde está el límite? ¿Hasta qué punto es necesario confiar en la autoridad de los superiores?

4. ¿Qué tipo de desobediencia les parece aceptable?

7 **Obediencia** En parejas, elijan un personaje que haya desobedecido un mandato del orden establecido, como Gandhi, Nelson Mandela o Rosa Parks. Improvisen un diálogo entre ese personaje y otro que represente la autoridad. Expongan ambos puntos de vista, incluyendo las razones y el precio de la desobediencia. Representen su diálogo ante la clase.

8 **Final** Elige una de estas opciones y escribe una composición sobre el tema.

1. Decides escribir una carta al periódico de la ciudad donde está la escuela de Fátima. En ella expresas tu opinión, a favor o en contra, sobre lo ocurrido. Justifica tu reacción.

2. Eres presidente de un grupo que protege celosamente su exclusividad y busca diferenciarse del resto. Escribe las reglas y los requisitos para pertenecer a él.

Practice more at **suena.vhlcentral.com**.

5 Have groups discuss how women's clothing has reflected the customs of a particular time, region, or culture. Ask them to explain whether that has been the case for men's clothes, too.

6 Have students mention rules from groups, clubs, or communities to which they belong. What are the prerequisites for membership? Do they comply with their rules in order to belong? Would they be ready to pay the price for not complying?

6 Remind students that Fátima had to remove the hijab to enter the classroom. Ask them to explain the relationship between this and discrimination in society.

8 As an alternative, ask students to create a brochure for **La celebración del día de una comunidad** and make sure it talks about diversity and tolerance. Tell them to draw a symbol for the brochure and write the accompanying text.

INSTRUCTIONAL RESOURCES Supersite: En pantalla; Script & Translation; Teaching suggestions; SAM/WebSAM: WB

SUEÑA

S En **suena.vhlcentral.com** encontrarás más información y actividades relacionadas con esta sección.

Rompecabezas de maravillas

Según una leyenda, cuando Dios terminó de crear las maravillas del mundo, se dio cuenta de que le habían quedado muchos trozos sueltos[1]. Decidió entonces reunir el rompecabezas[2] de montañas, bosques, desiertos, valles, ríos y glaciares en uno de los confines de la Tierra. Ese rompecabezas es el mapa de Chile.

Su geografía está enmarcada por el **océano Pacífico** al oeste y la **cordillera de los Andes** al este. Su territorio se distribuye entre el continente americano y un gran número de islas que hacen que Chile ponga pie en un segundo continente: **Oceanía**. El país tiene dimensiones excepcionales: 4.300 kilómetros (2.672 millas) de longitud y una anchura[3] promedio de 200 kilómetros (124 millas).

Entre la gran cantidad de islas del territorio chileno existen algunas que inspiraron relatos fantásticos y novelas de aventuras. El **archipiélago Juan Fernández**, de origen volcánico, incluye la **isla Robinson Crusoe**. En ella, el marino escocés **Alexander Selkirk**, a quien se considera una de las posibles fuentes[4] de la famosa novela de **Daniel Defoe**, vivió cuatro años como náufrago[5] solitario.

La misteriosa **isla de Pascua**[6] está ubicada[7] en la **Polinesia**, en Oceanía. Además de contar con una belleza natural extraordinaria, conserva las ruinas de los **Rapa Nui**, una cultura prehistórica. Por toda la isla, se encuentran más de 600 enormes esculturas de piedra. Estas esculturas, llamadas **moáis**, son únicas en el mundo. Se cree que con estas estatuas, que pueden medir[8] hasta 12 metros (40 pies) y pesar más de 100 toneladas[9], los nativos representaban a sus antepasados para que proyectaran sobre ellos su poder sobrenatural.

Los moáis

CHILE

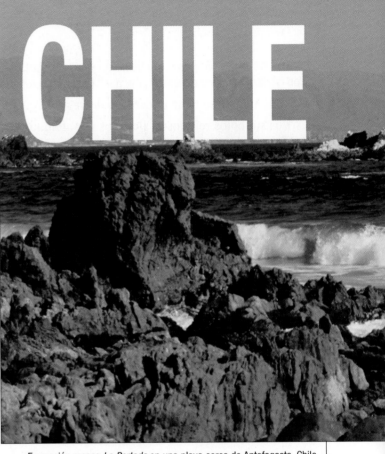

Formación rocosa *La Portada* en una playa cerca de Antofagasta, Chile

En el extremo sur del continente se halla la isla de **Tierra del Fuego**, que Chile comparte con Argentina. Un poco más al norte, podemos ver los glaciares y los impresionantes picos montañosos del **Parque Nacional Torres del Paine**; y en el norte del país reina el **desierto de Atacama**, que cubre los 360.000 km[2] (90 millones de acres) más áridos de todo el planeta. En la ciudad de Atacama, por ejemplo, caen sólo 3 milímetros de lluvia por año. Esta zona reúne maravillas tan variadas como aguas termales, géiseres, un oasis donde habitan flamencos rosados, valles esculpidos por el viento y vestigios arqueológicos de pueblos precolombinos que atraen incesantemente a los turistas.

Signos vitales

Los **mapuches**, también conocidos como **araucanos**, forman uno de los pueblos originarios del territorio de **Chile** y **Argentina.** Han conservado hasta hoy su lengua, el **mapudungun**, sus creencias y sus ritos. Lucharon primero contra la dominación del imperio inca y después contra la conquista española. En la actualidad buscan la reivindicación[10] de la propiedad de la tierra, el respeto por su forma de vida tradicional y vencer[11] la discriminación.

1 **trozos sueltos** *loose bits* 2 *puzzle* 3 *width* 4 *sources* 5 *castaway* 6 *Easter Island* 7 *located* 8 *measure* 9 *tons* 10 *claim* 11 *overcome*

¡Visitemos Chile!

Centros de esquí Gracias a los picos de los **Andes**, en **Chile** se encuentran excelentes centros de esquí. Preparados para

acoger[1] a los que practican cualquier deporte de invierno, están situados en todo el centro y sur de Chile. Varios de estos centros de esquí están a poca distancia de la ciudad de **Santiago**, como **El Colorado** a 37 kilómetros (23 millas) o **Valle Nevado** a 60 kilómetros (37 millas). Esto permite una escapada hacia allí durante el fin de semana.

Volcanes **Chile** es también un país de volcanes: en toda su extensión existen más de 2.000. De éstos, 500 están aún en actividad, como el **Villarrica**, llamado *Rucapillán* ("casa de los espíritus") por los mapuches. No lejos de ahí, se puede visitar

Temuco, ciudad industrial y capital regional, donde el poeta **Pablo Neruda** pasó su infancia y adolescencia.

El español de Chile

billullo	dinero; *money*
cacho	problema, situación difícil; *problem*
capear	no ir a clase; *to play hookie*
caperuzo/a	inteligente, astuto; *smart, clever*
carrete	fiesta
fome	aburrido/a; *boring, dull*
harto/a	muy, mucho/a; *very, a lot (of)*
funar	echar a perder; *to ruin*
polera	camiseta; *T-shirt*
pololo/a	novio/a; *boyfriend/girlfriend*

Expresiones

al tiro	ahora mismo, inmediatamente; *right now, immediately*
andar pato	no tener nada de dinero; *not to have two nickels to rub together*
¿Cachai?	¿Entendiste?; *Do you understand?*
caldo de cabeza	estar demasiado preocupado/a por algo; *to be too worried about something*
Estoy piola.	Estoy muy bien.; *I'm great.*

Mariscos Chile, que posee una costa privilegiada, es uno de los países con mayor variedad de fauna marina en todo

el mundo. Se puede encontrar allí mariscos[2] únicos, como **locos**, **picorocos** y **piures**[3], muy apreciados en la gastronomía. Para disfrutarlos, basta visitar los pueblos pesqueros[4] de la costa o los restaurantes del Mercado Central de Santiago.

Valparaíso Esta ciudad portuaria[5] cuenta con un centro histórico de fama mundial. Su diseño urbano entrelaza[6] exitosamente el estilo colonial español con otros estilos europeos como el **victoriano**, llevado hasta allí por inmigrantes ingleses y desarrollado en el

siglo XIX. Fue declarada **Patrimonio de la Humanidad** por la **UNESCO** en 2003.

[1] *to receive* [2] *seafood; shellfish* [3] **locos**... *abalone, barnacles, and red sea squirts* [4] **pueblos**... *fishing villages* [5] *port* [6] *intertwines*

GALERÍA DE CREADORES

BESTSELLER INTERNACIONAL

"Una extravagante historia, escrita por una cuentista de talento que revive, como por arte de magia, el mundo del siglo XIX."
—LOS ANGELES TIMES BOOK REVIEW

hija de la fortuna
isabel allende
autora de RETRATO EN SEPIA y EVA LUNA

LITERATURA **Isabel Allende**

En 1973 el presidente chileno Salvador Allende fue asesinado. Dos años después, su sobrina Isabel Allende escapó del país para exiliarse en Venezuela, donde publicó en 1982 su primera novela, *La casa de los espíritus*, que fue muy bien recibida por el público. Esta novela también se popularizó en los Estados Unidos, donde vive hoy la escritora, al ser publicada en inglés y sobre todo al aparecer la versión cinematográfica. La familia, el amor y el poder son temas recurrentes en la obra de Isabel Allende. Sus libros incluyen títulos como *Eva Luna, El plan infinito, Paula, Retrato en sepia* y *La suma de los días*.

MÚSICA Y ARTE **Violeta Parra**

Considerada la iniciadora de la Nueva Canción Chilena, Violeta Parra fue una artista de extraordinaria riqueza creativa, quien logró revitalizar la cultura popular de Chile. Es conocida por sus grabaciones y recitales de canciones tradicionales y propias, como *Gracias a la vida*, que fue popularizada en los Estados Unidos por Joan Baez. También se dedicó a la pintura, la escultura, la cerámica y el arte de bordado de arpilleras (*burlap embroidery*). Hoy día la Fundación Violeta Parra preserva el patrimonio de esta artista universal que murió en 1967.

CINE **Miguel Littín**

El director de cine Miguel Littín nació en Chile en 1942. El gobierno del nuevo presidente Salvador Allende lo designó a la cabeza de la productora estatal Chile Films en 1971. Durante el período subsiguiente dirigió películas de gran calidad, como *El chacal de Nahueltoro*. Los hechos reales que narra esta película causaron gran conmoción; sin embargo, fue un éxito con los críticos y el público. Muchas de las películas de Littín tienen carácter político. Entre ellas, *Actas de Marusia* y *Alsino y el cóndor* fueron nominadas al Oscar a la mejor película extranjera en 1975 y 1982 respectivamente. Estos logros le merecieron a Littín el reconocimiento internacional.

PINTURA Y ESCULTURA **Roberto Matta**

El pintor y escultor Roberto Matta es considerado mundialmente como el artista plástico chileno más importante del siglo XX. En 1937 conoció en París a André Breton y se unió al movimiento surrealista. Marcel Duchamp, Salvador Dalí e Yves Tanguy son algunos de los artistas que influyeron en su obra. Sobre sus lienzos (*canvases*) creó mundos imaginarios en los que quiso representar su peculiar visión de las múltiples fuerzas invisibles del universo que influyen sobre la vida y la cultura del hombre contemporáneo. Aquí vemos el óleo *L'Etang de No* (1958).

CONEXIÓN INTERNET

En suena.vhlcentral.com encontrarás más información y actividades relacionadas con esta sección.

¿Qué aprendiste?

Cierto o falso Indica si estas afirmaciones son ciertas o falsas. Corrige las falsas.

1. La isla de Pascua se encuentra en la Polinesia. Cierto.

2. Los mapuches y los araucanos tienen lenguas y costumbres distintas. Falso. Los mapuches son conocidos también como araucanos.

3. Violeta Parra es la autora de la canción *Gracias a la vida*, que la cantante Joan Baez popularizó en los Estados Unidos. Cierto.

4. Considerando su larga costa, la variedad de mariscos que se encuentra en Chile es poca. Falso. Chile es uno de los países con mayor variedad de fauna marina.

5. La película *El chacal de Nahueltoro* provocó una gran conmoción social por los hechos reales que narra. Cierto.

6. Inmigrantes de otros países latinoamericanos llevaron el estilo victoriano a Valparaíso. Falso. Lo llevaron inmigrantes ingleses.

Preguntas Contesta las preguntas.

1. ¿En qué ciudad creció el poeta chileno Pablo Neruda? Creció en Temuco.

2. ¿A qué movimiento se unió el escultor Roberto Matta en París? Se unió al movimiento surrealista.

3. ¿Por qué se cree que los Rapa Nui representaban a sus antepasados? Se cree que los representaban para que les proyectaran su poder sobrenatural.

4. ¿Cuáles son los temas más recurrentes de las novelas de Isabel Allende? Los temas de sus novelas son la familia, el amor y el poder.

5. ¿Qué centros de esquí están a poca distancia de Santiago? El Colorado y Valle Nevado están cerca de Santiago.

6. ¿Qué artista de la Galería te interesa más? ¿Por qué? Answers will vary.

PROYECTO

De norte a sur

Crea un itinerario de quince días de vacaciones en Chile. Investiga la información que necesites en Internet.

- Empieza en el norte del país y termina en el sur.

- Selecciona los lugares que quieres visitar, combinando las montañas, el mar y las ciudades.

- Menciona la ropa más adecuada para cada tramo (*stretch*).

- Presenta tu itinerario a la clase con fotografías y un mapa.

MINIPRUEBA

Completa las oraciones con la información correcta y demuestra lo que aprendiste sobre Chile.

1. La novela *Robinson Crusoe* posiblemente está inspirada en las experiencias de _____.
   a. Juan Fernández   b. Alexander Selkirk   c. Daniel Defoe

2. Los _____, esculturas de piedra, se encuentran en la isla de Pascua.
   a. moáis   b. antepasados   c. volcanes

3. El desierto de Atacama es el más _____ del mundo.
   a. grande   b. árido   c. montañoso

4. Chile es un paraíso para los amantes de la naturaleza, pero quienes disfrutan de las _____ pueden ir a Santiago y a Valparaíso.
   a. geografías   b. aguas termales   c. ciudades

5. Los mapuches se encuentran en Chile y _____.
   a. Argentina   b. Perú   c. Bolivia

6. El mapudungun es el _____ de los mapuches.
   a. dios   b. río   c. idioma

7. Un chileno usaría la palabra _____ para describir algo que le aburre.
   a. cacho   b. billullo   c. fome

8. El Villarrica es uno de los _____ de Chile.
   a. lagos profundos   b. volcanes activos
   c. géiseres activos

9. Isabel Allende publicó _____, su primera novela, en el exilio.
   a. *La casa de los espíritus*   b. *Actas de Marusia*
   c. *Hija de la fortuna*

10. Valparaíso es una ciudad _____.
    a. industrial   b. arqueológica   c. portuaria

11. Roberto Matta retrata en sus pinturas las fuerzas invisibles del universo que influyen sobre _____ del hombre contemporáneo.
    a. los ríos y glaciares   b. la vida y la cultura
    c. el amor y el poder

12. Violeta Parra se dedicó a distintas artes, pero no a la _____.
    a. pintura   b. danza   c. cerámica

En pantalla (S) Video: *Reportaje*

El transporte en automóvil afecta el medio ambiente y el bolsillo. Con el aumento de los precios en el combustible, el congestionamiento de tránsito y las preocupaciones por las emisiones de gases, muchas personas vuelven a escoger un medio de transporte mucho más económico y ecológico: la bicicleta. Te invitamos a mirar este reportaje de Canal 13 de Chile para que aprendas acerca de un proyecto de bicicletas públicas que les alivia a los chilenos sus gastos en combustible y salud.

Conexión personal ¿Cuál es tu medio de transporte favorito? ¿Por qué?¿Conoces algún medio de transporte barato que no contamine mucho? ¿Cuál(es)?

Comprensión Contesta las preguntas.

1. ¿Cuáles son las desventajas económicas de tener un carro en Chile? Hay que pagar las bencinas y también permisos de circulación y patente.

2. ¿Qué problemas promete resolver el uso de bicicletas? Promete resolver el problema de los precios de las bencinas y el de los tacos.

3. ¿Qué tipos de bicicletas se venden? Se venden bicicletas urbanas, femeninas, alternativas y modelos más sofisticados y costosos.

4. ¿Cómo se puede ahorrar usando la bicicleta? Se ahorra el dinero para pagar el combustible y se ahorra también en salud.

5. ¿Cómo funciona el proyecto de bicicletas públicas? Uno se baja del metro y puede tomar una bicicleta para moverse.

Expansión

A. En grupos de tres, preparen un proyecto de transporte alternativo para la localidad donde viven.

Expliquen:

- la situación actual del transporte en el lugar elegido.

- cómo funciona el proyecto, qué equipos y energía usa, y dónde se puede usar.

- quién se beneficiará más y si habrá personas afectadas.

- las ventajas y desventajas del proyecto.

B. Presenten ante la clase un informe sobre su proyecto.

El uso de las bicicletas

Las bicicletas prometen ser la mejor solución al alza (*rise*) de los precios en las bencinas y a los tacos (*traffic jams*).

Ésta fue creada con esa intención: plegarla (*fold it up*) para poder subirse al metro.

La principal razón, adivine (*guess*): es la forma de movilizarse gratis.

El Zap, ideal para la tercera edad (*the elderly*).

INSTRUCTIONAL RESOURCES

Supersite: Audioscripts, SAM AK, Lab MP3s
SAM/WebSAM: WB, LM

TALLER DE CONSULTA

The following grammar topics are covered in the **Manual de gramática, Lección 6.**

6.4 Adverbs, p. 254

6.5 Diminutives and augmentatives, p. 256

¡ATENCIÓN!

An adverbial clause (**cláusula adverbial**) is one that modifies or describes verbs, adjectives, or other adverbs. It describes how, why, when, or where an action takes place.

6.1

The subjunctive in adverbial clauses

- In Spanish, adverbial clauses are commonly introduced by conjunctions. Certain conjunctions require the subjunctive, while others can be followed by the subjunctive or the indicative, depending on the context.

—*Y me parece muy bien, cariño, pero para cuando* **salgas** *del instituto.*

Conjunctions that require the subjunctive

- Certain conjunctions are always followed by the subjunctive because they introduce actions or states that are uncertain or have not yet happened. These conjunctions commonly express purpose, condition, or intent.

MAIN CLAUSE	CONNECTOR	SUBORDINATE CLAUSE
No habrá justicia para las víctimas	sin que	encarcelen a los criminales.

Conjunctions that require the subjunctive	
a menos que *unless*	**en caso (de) que** *in case*
antes (de) que *before*	**para que** *so that, in order*
con tal (de) que *provided that, as long as*	**sin que** *without, unless*

El ejército siempre debe estar preparado **en caso de que haya** un ataque.
The army must always be prepared, in case there is an attack.

El presidente ganará las elecciones otra vez **con tal de que no cometa** un error.
The president will win the election provided that he doesn't make a mistake.

- If there is no change of subject in the sentence, always use the infinitive after the prepositions **para** and **sin**, and drop the **que**.

La abogada investigará todos los detalles del caso **para defender** a su cliente.
The lawyer will investigate every detail of the case in order to defend her client.

- The use of the infinitive without **que** when there is no change of subject is optional after the prepositions **antes de**, **con tal de**, and **en caso de**. After **a menos que**, however, always use the subjunctive.

Debo leer sobre el candidato **antes de votar** por él.
I must read about the candidate before voting for him.

La senadora va a perder **a menos que mejore** su imagen.
The senator is going to lose unless she improves her image.

Conjunctions followed by the subjunctive or the indicative

- If the action in the main clause has not yet occurred, then the subjunctive is used after conjunctions of time or concession.

*—**En cuanto** te lo **quites** un rato, ni te acuerdas.*

Point out that adverbial clauses may come at the beginning of a sentence or after the main clause. When they come at the beginning of a sentence, they are separated from the main clause by a comma.

¡ATENCIÓN!

Note that although **después (de) que** and **luego (de) que** both mean *after*, the latter expression is used less frequently in spoken Spanish.

Conjunctions followed by the subjunctive or the indicative

a pesar de que *despite*	**hasta que** *until*
aunque *although; even if*	**luego (de) que** *after*
cuando *when*	**mientras que** *while*
después (de) que *after*	**siempre que** *as long as*
en cuanto *as soon as*	**tan pronto como** *as soon as*

Trabajaremos duro **hasta que** no **haya** más abusos de poder.
We will work hard until there are no more abuses of power.

Aunque mejore la seguridad, siempre tendrán miedo de viajar en avión.
Even if security improves, they will always be afraid to travel by plane.

Cuando hablen con la prensa, van a exigir la libertad para los prisioneros.
When they speak with the press, they are going to demand freedom for the prisoners.

- If the action in the main clause has already happened, or happens habitually, then the indicative is used in the adverbial clause.

  Tan pronto como se supieron los resultados, el partido anunció su victoria.
  As soon as the results were known, the party announced its victory.

  Mi padre y yo siempre nos peleamos **cuando hablamos** de política.
  My father and I always fight when we talk about politics.

- **A pesar de**, **después de**, and **hasta** can also be followed by an infinitive, instead of **que** + [*subjunctive*], when there is no change of subject.

  Algunos ladrones se reforman **después de salir** de la cárcel.
  Some thieves reform after leaving jail.

  Algunos ladrones se reforman **después de que salen** de la cárcel.
  Some thieves reform after they leave jail.

Clarify that Spanish often prefers [*preposition*] + [*infinitive*] instead of [*conjunction*] + [*subjunctive*] when there is no change of subject.
Ex: **Voy a acostarme después de ver las noticias.**
For many conjunctions of time or concession, however, a corresponding preposition does not exist. In these cases, [*conjunction*] + [*subjunctive*] is used even when there is no change of subject.
Ex: **Lo haré en cuanto tenga una oportunidad.**

Práctica

1 Have students check their work with a partner.

1

Declaraciones Elige la conjunción adecuada para completar la conversación entre un periodista y la gobernadora Ibáñez.

PERIODISTA Gobernadora Ibáñez, ¿qué le parecieron las declaraciones del presidente?

GOBERNADORA (1) (Aunque / Cuando) yo generalmente no pienso igual que él, en este caso creo que todos debemos trabajar juntos (2) (a pesar de que / para que) la situación económica mejore. (3) (Hasta que / Tan pronto como) el presidente vuelva de su viaje por Asia, insistiré en hablar con él sobre mis ideas.

PERIODISTA ¿Cuándo me dijo que va hablar con él?

GOBERNADORA (4) (En cuanto / Aunque) regrese la semana que viene. Quiero hablar con él (5) (sin que / para que) sepa que todos los miembros del partido estamos dispuestos (*willing*) a trabajar muy duro (6) (con tal de que / luego que) la situación de este país mejore.

2

Completar Completa las oraciones usando el indicativo, el subjuntivo o el infinitivo.

1. El candidato no va a viajar a menos que su esposa lo __acompañe__ (acompañar).
2. El abogado va a hablar con el presidente antes de que __lleguen__ (llegar) los manifestantes.
3. Los liberales y los conservadores hacen todo lo necesario con tal de __ganar__ (ganar) las elecciones.
4. Los miembros del partido se fueron tan pronto como __supieron__ (saber) que habían perdido las elecciones.
5. Los políticos viajan por el país para __hablar__ (hablar) con la gente.
6. El pueblo votará por la candidata con tal de no __ver__ (ver) al otro candidato ganar.
7. La gente recuerda las promesas de los políticos cuando __vota__ (votar).
8. El alcalde olvidó sus promesas después de __ganar__ (ganar) las elecciones.
9. El tribunal no podrá continuar sin __juzgar__ (juzgar) al acusado.
10. Los periodistas van a estar con los candidatos hasta que __terminen__ (terminar) las elecciones.

3 In pairs, have students use the conjunctions listed on **pp. 210–211** to write three sentences with the subjunctive and three with the indicative.

3

Tendencias políticas Forma oraciones completas usando los elementos. Usa el presente del indicativo para el primer verbo y haz otros cambios que sean necesarios.

Modelo **(nosotros) / escuchar / debates / con tal de que / candidato / inspirarnos**
Escuchamos los debates con tal de que el candidato nos inspire.

1. (yo) / llamarte / mañana / en cuanto / (ellas) / llegar / manifestación
(Yo) te llamo mañana en cuanto (ellas) lleguen a la manifestación.
2. cada año / partido / anunciar / victoria / después de que / contarse / último voto
Cada año el partido anuncia su victoria después de que se cuenta el último voto.
3. gobiernos / chantajear / víctimas / para que / nadie / descubrir / injusticias
Los gobiernos chantajean a las víctimas para que nadie descubra las injusticias.
4. (tú) / siempre / pelear / por / nuestros derechos / sin que / (nosotros) / pedírtelo
(Tú) siempre peleas por nuestros derechos sin que (nosotros) te lo pidamos.
5. guerra civil / ir / empezar / antes de que / políticos / poder / explicar /escándalos
La guerra civil va a empezar antes de que los políticos puedan explicar los escándalos.
6. presidentes / aprobar / leyes / inútil / mientras que / (nosotros) / destrozar / medio ambiente
Los presidentes aprueban leyes inútiles mientras que (nosotros) destrozamos el medio ambiente.

Comunicación

4

Instrucciones La primera dama le dejó una lista de tareas a su secretario. Luego se dio cuenta de que había olvidado ciertos detalles y dejó otra lista. En parejas, túrnense para unir los detalles de las dos listas. Después, inventen dos oraciones adicionales. Usen estas conjunciones.

Modelo **Pídele los archivos de todas sus decisiones. / ¡Puede pasar el juez!**

Le pido los archivos de todas sus decisiones en caso de que pase el juez.

a menos que	cuando	para que
a pesar de que	en caso de que	siempre que
con tal de que	en cuanto	tan pronto como

1. Contesta llamadas y correos electrónicos.
2. Escríbeles cartas a los senadores.
3. No hagas declaraciones.
4. Dile al ministro de educación que lo llamaré.

1. ¡Deben ser urgentes!
2. ¡Tienen que saber que no estaré en mi oficina!
3. ¡Pueden llamar los periodistas!
4. ¡Debe acabarse primero el almuerzo de gala!

5

Posibilidades En parejas, túrnense para completar estas oraciones y expresar sus puntos de vista. ✓

1. Terminaré mis estudios a tiempo a menos que…
2. Me iré a vivir a otro país en caso de que…
3. Ahorraré mucho dinero para que…
4. Yo cambiaré de carrera en cuanto…
5. Me jubilaré cuando…

6

Programa En grupos de cuatro, imaginen que son los asesores (*advisors*) de un político. Expliquen qué hará el candidato en distintas situaciones usando conjunciones con el subjuntivo.

Modelo Para que los ecologistas estén contentos, el alcalde dará más dinero para limpiar el río. Volverá a ser una parte importante en la vida de los ciudadanos con tal de que toda la comunidad ayude a mantenerlo.

6.2

TALLER DE CONSULTA

See **2.1**, **pp. 56–57** for the preterite forms of regular, irregular, and stem-changing verbs.

¡ATENCIÓN!

The past subjunctive is also referred to as the imperfect subjunctive (**el imperfecto del subjuntivo**).

The **nosotros/as** form of the past subjunctive always takes a written accent.

INSTRUCTIONAL RESOURCES
Supersite: Audioscripts, SAM AK, Lab MP3s
SAM/WebSAM: WB, LM

From the verbs listed on the right, have students identify which ones have stem changes, spelling changes, and irregular conjugations. Have volunteers add more verbs of each type to a list on the board.

Point out that both past subjunctive **nosotros/as** forms take a written accent. Ex: **fuéramos/fuésemos**

These alternate endings are presented for recognition only; their forms do not appear in the Testing Program.

The past subjunctive

Forms of the past subjunctive

- The past subjunctive (**el pretérito imperfecto del subjuntivo**) of all verbs is formed by dropping the **–ron** ending from the **ustedes/ellos/ellas** form of the preterite and adding the past subjunctive endings.

The past subjunctive		
caminar (camina**ron**)	**perder** (perdie**ron**)	**vivir** (vivie**ron**)
camina**ra**	perdie**ra**	vivie**ra**
camina**ras**	perdie**ras**	vivie**ras**
camina**ra**	perdie**ra**	vivie**ra**
camin**áramos**	perdi**éramos**	vivi**éramos**
camina**rais**	perdie**rais**	vivie**rais**
camina**ran**	perdie**ran**	vivie**ran**

Queríamos que el gobierno **respetara** los derechos humanos.
We wanted the government to respect human rights.

Me pareció increíble que los liberales **perdieran** las elecciones.
It seemed unbelievable to me that the liberals lost the election.

Nos sorprendió que el abogado no **supiera** cómo reaccionar ante la amenaza.
It surprised us that the lawyer did not know how to react to the threat.

- Verbs that have stem changes or irregularities in the **ustedes/ellos/ellas** form of the preterite have those same irregularities in all forms of the past subjunctive.

infinitive	preterite form	past subjunctive forms
pedir	**pidieron**	pidiera, pidieras, pidiera, pidiéramos, pidierais, pidieran
sentir	**sintieron**	sintiera, sintieras, sintiera, sintiéramos, sintierais, sintieran
dormir	**durmieron**	durmiera, durmieras, durmiera, durmiéramos, durmierais, durmieran
influir	**influyeron**	influyera, influyeras, influyera, influyéramos, influyerais, influyeran
saber	**supieron**	supiera, supieras, supiera, supiéramos, supierais, supieran
ir/ser	**fueron**	fuera, fueras, fuera, fuéramos, fuerais, fueran

- In Spain and other parts of the Spanish-speaking world, the past subjunctive is also used with an alternate set of endings: **–se, –ses, –se, –semos, –seis, –sen**. You will also see these forms in literary texts.

Mariano me pidió que **fuera/fuese** con él al tribunal.
Mariano asked me to go with him to court.

Nadie creyó que **estuviéramos/estuviésemos** entre los manifestantes.
No one believed that we were among the demonstrators.

Uses of the past subjunctive

- The past subjunctive is required in the same contexts as the present subjunctive, except that the point of reference is in the past. When the verb in the main clause is in the past, the verb in the subordinate clause is in the past subjunctive.

*Mis padres también me pidieron que me lo **quitara**.*

Present time	Past time
Ellos sugieren que **vayamos** a la reunión. *They suggest that we go to the meeting.*	Ellos sugirieron que **fuéramos** a la reunión. *They suggested that we go to the meeting.*
Espero que no **tengan** problemas con los políticos. *I hope they won't have any problems with the politicians.*	Esperaba que no **tuvieran** problemas con los políticos. *I was hoping they wouldn't have any problems with the politicians.*
Necesitamos un presidente que **apoye** nuestra causa. *We need a president who will support our cause.*	Necesitábamos un presidente que **apoyara** nuestra causa. *We needed a president who would support our cause.*
Tú la defiendes aunque **sea** culpable. *You defend her even though she's guilty.*	Tú la defendiste aunque **fuera** culpable. *You defended her even though she was guilty.*

- The expression **como si** (*as if*) is always followed by the past subjunctive.

  Habla de la guerra **como si** no le **importara**.
  He talks about war as if he didn't care.

  ¿Por qué siempre me andas espiando **como si fuera** un ladrón?
  Why do you always go around spying on me as if I were a thief?

  Reaccionarán **como si trajéramos** malas noticias.
  They will react as if we brought bad news.

  Me saludó **como si** no me **conociera**.
  She greeted me as if she didn't know me.

- The past subjunctive is commonly used with **querer** to make polite requests, to express wishes, or to soften statements.

  Quisiera verlos hoy, por favor.
  I'd like to see you today, please.

  Quisiéramos paz y justicia para nuestro pueblo.
  We wish for peace and justice for our people.

To review uses of the subjunctive, ask students to identify the noun clauses, adjective clauses, and adverbial clauses in the sample sentences.

TALLER DE CONSULTA

The past subjunctive is also frequently used in **si** clauses. See **Manual de gramática**, pp. 272–275.

¿**Tú te imaginas qué pasaría si a cada uno se le ocurriera venir vestido de acuerdo con su religión?**
Can you imagine what would happen if everyone decided to come dressed according to his or her religion?

¡ATENCIÓN!

When using the past subjunctive of **querer** or the conditional of any verb in a main clause, use the past subjunctive in the subordinate clause.

Quisiéramos que volvieran mañana.
We'd like you to return tomorrow.

Sería mejor que me dijeras la verdad.
It would be better for you to tell me the truth.

Práctica

1

Viñas de Chile Completa este párrafo en que le cuentas a tu familia los consejos de un viticultor (*vine-grower*) chileno sobre cómo guardar el vino en casa. Usa el pretérito imperfecto del subjuntivo.

Miren, me dijo que era importante que nosotros (1) ___pusiéramos___ (poner) el vino en un lugar oscuro y sin corrientes de aire. Me sugirió que lo (2) ___guardáramos/guardara___ (guardar) en el sótano (*basement*) de la casa, donde hay una temperatura baja y constante. También me recomendó que (3) ___mantuviéramos/mantuviera___ (mantener) el sótano con un nivel de humedad de un setenta por ciento como si (4) ___fuera___ (ser) absolutamente esencial. Y claro, me dijo que sólo (5) ___compráramos/comprara___ (comprar) vinos de calidad, como los chilenos o argentinos. A mí me pareció curioso que me (6) ___aconsejara___ (aconsejar) comprar vinos argentinos, porque otros chilenos con los que hablé me pidieron que nunca los (7) ___comprara___ (comprar). ¿Qué les parecen estos consejos? Papá, me dijo que no (8) ___dudaras___ (dudar) en llamarlo si tienes alguna pregunta.

La viña Errazuriz

2

¿Qué le pidieron? Eugenia Lucía Bermúdez es rectora (*chancellor*) de una universidad. En parejas, usen la tabla para preparar un diálogo donde ella cuenta lo que le pidieron el primer día de clases.

Modelo —¿Qué le pidió su secretaria?
—Mi secretaria me pidió que le diera menos trabajo.

Personas	Verbo	Actividad
los profesores los estudiantes el club ecologista los vecinos de la universidad el entrenador del equipo de fútbol	me pidió que me pidieron que	construir un estadio nuevo hacer menos ruido plantar más árboles dar más días de vacaciones comprar más computadoras

3

Dueño estricto En parejas, imaginen que ustedes compartían un apartamento. Túrnense para comentar las reglas del edificio y usen el pretérito imperfecto del subjuntivo.

Modelo **No cocinar comidas aromáticas**
El dueño del apartamento me dijo/pidió/ordenó que no cocinara comidas aromáticas.

1. No usar la calefacción en abril. . . . no usara. . .

2. Limpiar los pisos dos veces al día. . . . limpiara. . .

3. No recibir visitas en el apartamento después de las diez de la noche. . . . no recibiera. . .

4. Hacer la cama todos los días. . . . hiciera. . .

5. Sacar la basura todos los días. . . . sacara. . .

6. No encender las luces antes de las ocho de la noche. . . . no encendiera. . .

 Practice more at **suena.vhlcentral.com**.

Comunicación

4

De niño En parejas, háganse estas preguntas sobre su niñez. Después, añadan información adicional usando un verbo distinto en el pretérito imperfecto del subjuntivo.

Modelo   —**¿Esperabas que tus padres te compraran videojuegos?**

           —Sí, y también esperaba que me dieran más independencia./
             No, pero esperaba que me llevaran al cine todos los sábados.

La imaginación

¿Esperabas que tus padres te compraran videojuegos?

¿Dudabas que los súper héroes existieran?

¿Esperabas que Santa Claus te trajera los regalos que le pedías?

Las relaciones

¿Querías que tu primer amor durara toda la vida?

¿Querías que tus padres te compraran todo lo que pedías?

¿Querías que tus familiares pasaran menos o más tiempo contigo?

El colegio

¿Soñabas con que el/la maestro/a cancelara la clase todos los días?

¿Esperabas que tus amigos de la infancia siguieran siendo tus amigos toda la vida?

¿Deseabas que las vacaciones de verano se alargaran (*were longer*)?

5

¿Qué sucedió? En parejas, preparen una conversación inspirada en esta situación utilizando el pretérito imperfecto del subjuntivo. Después, represéntenla ante la clase.

Rosaura y Orlando fueron de viaje a Chile el año pasado. Rosaura se enojó con Orlando porque él se quedó en el hotel y no quiso acompañarla a esquiar. A ella le encanta el esquí, pero a él no. Ahora están planeando otras vacaciones y peleando por lo que pasó durante las últimas.

Modelo   **ROSAURA**   Quería que tú me acompañaras.

              ORLANDO   Era importante que tú entendieras mis gustos.

TALLER DE CONSULTA

The use of diminutives and augmentatives is common in comparative and superlative statements. See **Manual de gramática, 6.5, p. 256.**

INSTRUCTIONAL RESOURCES
Supersite: Audioscripts, SAM AK, Lab MP3s
SAM/WebSAM: WB, LM

To review adverbs, refer students to the **Manual de gramática, 6.4, p. 254.**

6.3

Comparatives and superlatives

Comparisons of inequality

- With adjectives, adverbs, nouns, and verbs, use these constructions to make comparisons of inequality (*more than/less than*).

Adjective

Sus creencias son **menos liberales que** las mías.
His beliefs are less liberal than mine.

Adverb

¡Llegaste **más tarde que** yo!
You arrived later than I did!

Noun

El presidente tenía **menos poder que** el ejército.
The president had less power than the army.

Verb

¡**Nos peleamos más que** los niños!
We fight more than the kids do!

- Before a number (or equivalent expression), *more/less than* is expressed with **más/menos de.**

Necesito un vuelo a Santiago, pero no puedo pagar **más de** quinientos dólares.
I need a flight to Santiago, but I can't pay more than five hundred dollars.

Será difícil, señor. Déjeme buscar y le aviso en **menos de** una hora.
That will be difficult, sir. Let me look, and I'll let you know in less than an hour.

Comparisons of equality

- The following constructions are used to make comparisons of equality (*as... as*).

Adjective

El debate de anoche fue **tan aburrido como** el de la semana pasada.
Last night's debate was as boring as last week's.

Adverb

Nosotros discutimos **tan intensamente como** los candidatos.
We argued as intensely as the candidates.

Noun

La señora Pacheco habló con **tanta convicción como** el señor Quesada.
Ms. Pacheco spoke with as much conviction as Mr. Quesada.

Verb

Ambos candidatos son insoportables. Ella **miente tanto como** él.
Both candidates are unbearable. She lies as much as he does.

¡ATENCIÓN!

Tan and **tanto** can also be used for emphasis, rather than to compare.

tan *so*

tanto *so much*

tantos/as *so many*

¡**Tus ideas son tan anticuadas!**
Your ideas are so outdated!

¿Por qué te enojas tanto?
Why do you get so angry?

Lo hemos hablado tantas veces y nunca logro convencerte.
We've talked about it so many times, and I never manage to convince you.

Remind students that **tanto/a(s)** must agree in gender and number with the nouns they modify.

Superlatives

- Use this construction to form superlatives (**superlativos**). The noun is preceded by a definite article, and **de** is the equivalent of *in*, *on*, or *of*.

el/la/los/las + $\boxed{noun}$ + más/menos + $\boxed{adjective}$ + de

> Ésta es **la playa más bonita de** la costa chilena.
> *This is the prettiest beach on the coast of Chile.*

> Es **el hotel menos caro del** pueblo.
> *It is the least expensive hotel in town.*

- The noun may also be omitted from a superlative construction.

> Me gustaría comer en **el** restaurante **más elegante del** barrio.
> *I would like to eat at the most elegant restaurant in the neighborhood.*

> Las Dos Palmas es **el más elegante de** la ciudad.
> *Las Dos Palmas is the most elegant one in the city.*

Irregular comparatives and superlatives

Adjective	Comparative form	Superlative form
bueno/a *good*	**mejor** *better*	**el/la mejor** *best*
malo/a *bad*	**peor** *worse*	**el/la peor** *worst*
grande *big*	**mayor** *bigger*	**el/la mayor** *biggest*
pequeño/a *small*	**menor** *smaller*	**el/la menor** *smallest*
viejo/a *old*	**mayor** *older*	**el/la mayor** *oldest*
joven *young*	**menor** *younger*	**el/la menor** *youngest*

- When **grande** and **pequeño** refer to size and not age or quality, the regular comparative and superlative forms are used.

> Ernesto es **más pequeño** que yo.   Ese edificio es **el más grande** de todos.
> *Ernesto is smaller than I am.*   *That building is the biggest one of all.*

- When **mayor** and **menor** refer to age, they follow the noun they modify. When they refer to quality, they precede the noun.

> Lucía es mi hermana **menor**.   La corrupción es el **menor** problema del candidato.
> *Lucía is my younger sister.*   *Corruption is the least of the candidate's problems.*

- The adverbs **bien** and **mal** also have irregular comparatives.

bien *well*	**mejor** *better*
mal *badly*	**peor** *worse*

> Ayúdame, que **tú** lo haces **mejor que yo**.
> *Give me a hand; you do it better than I do.*

Práctica

1 To preview the activity, ask students to compare famous politicians using comparatives and superlatives.

1

1 **El mejor** Marta y Roberto son de diferentes partidos políticos. Completa su diálogo utilizando las palabras de la lista.

como	más	mejor	peor
malísimo	mayor	muchísimos	que

ROBERTO Mi candidato está tan preparado para ser presidente de este país (1) ___como___ el tuyo. Estudió en la (2) ___mejor___ universidad del país y ha sido uno de los abogados (3) ___más___ reconocidos de los últimos cinco años. Además, habla (4) ___muchísimos___ idiomas.

MARTA ¡Sólo habla español! Mi hermana (5) ___mayor___ trabaja en la oficina de tu candidato y dice que es el (6) ___peor___ abogado de la ciudad.

ROBERTO No te creo. Es verdad que no ha tenido mucha suerte últimamente, pero ha perdido menos casos (7) ___que___ tu candidato, que es un abogado (8) ___malísimo___.

2 Call on students to add more categories to the list (**país, deporte, clase,** etc.). Have them make up their own sentences using comparatives and superlatives, then compare results as a class.

2

2 **Oraciones**

A. Escribe oraciones con superlativos usando la información del cuadro.

> **Modelo** *Harry Potter* es el libro más popular del siglo.

Harry Potter	libro	popular
Miley Cyrus	banda	famosa
La Antártida	jugador	joven
Hilary Duff	continente	frío
El Nilo	cantante	rico
Disneylandia	actriz	largo
Chris Paul	montaña	importante
Los hermanos Jonas	río	alta
El monte Everest	país	feliz
China	lugar	poblado

B. Ahora, vuelve a escribir oraciones, pero esta vez usa comparativos.

> **Modelo** *Harry Potter* es más popular que *El señor de los anillos.*

Comunicación

3 **Cita** Anoche tuviste una cita a ciegas (*blind date*). En parejas, hablen sobre la cita usando comparativos y superlativos. Utilicen las palabras de la lista.

> **Modelo** La cita de anoche fue la peor de mi vida porque fue aburrida.

carne	conversación	pelo
carro	ensalada	restaurante
chistes	película	ropa

4 **¿Punta Arenas o Miami?** Néstor y Ofelia están planeando unas vacaciones. Néstor quiere ir a Miami, pero Ofelia prefiere visitar Punta Arenas.

A. En parejas, decidan qué frases de la lista corresponden a cada lugar y completen la tabla.

> 1. hacer un crucero por la Antártida
> 2. hacer un crucero por el Caribe
> 3. Hace mucho calor.
> 4. Hace mucho frío.
> 5. ir a la playa con pantalones cortos y camiseta
> 6. ir a la playa con abrigo y guantes
> 7. visitar la Plaza de Armas
> 8. visitar la Pequeña Habana

Punta Arenas	Miami
Frases:	**Frases:**

B. Ahora, dramaticen un diálogo entre Néstor y Ofelia. Cada uno tiene que explicar las razones por las cuales prefiere ir a cada lugar. Utilicen comparativos y superlativos.

5 **Debate presidencial** En grupos de tres, imaginen un debate en que dos de ustedes son candidatos/as presidenciales. La tercera persona es un(a) periodista que hace preguntas. Usen oraciones con comparativos y superlativos.

Síntesis

¡Luchemos unidos contra la corrupción!

Porque Temuco lo merece. . .
Vote por Marcelo Rojas para gobernador
Partido Conservador

**Para que haya más trabajo en Temuco
Vote por Patricia Salazar para gobernar con decisión
Partido Liberal**

Para una sociedad más justa
Antonio Morales es la solución.
Por un Temuco mejor. . .
Vote Partido Ecologista

Por un Temuco que progresa
Celeste Ortega es tu mejor opción.
Para encaminarnos a un futuro mejor
vota por el **Partido Avance Democrático**

1 Make use of any current or recent election campaigns by having students play the roles of real candidates from opposing parties.

2 As a variant, have one member of the group play the role of Student Council President, while the other students represent campus clubs or organizations.

1 Entrevista En la ciudad chilena de Temuco hay elecciones para elegir alcalde. Aquí tienen algunos carteles publicitarios de cuatro partidos políticos imaginarios. En parejas, seleccionen uno de ellos y escriban una entrevista al/a la candidato/a realizada por un(a) periodista local. Deben usar oraciones adverbiales con subjuntivo y las conjunciones que aprendieron en esta lección.

2 Pedidos Los políticos reciben muchos pedidos durante sus campañas electorales. En grupos pequeños, imaginen que tuvieron una audiencia con uno de los candidatos para alcalde. Describan cinco cosas que le pidieron. Deben usar el pretérito imperfecto del subjuntivo.

> **Modelo** Le pedimos que bajara los impuestos.

3 Sistema electoral Usando oraciones con comparativos y superlativos, escriban su opinión sobre el sistema electoral. ¿Les gusta? ¿Creen que es justo? ¿Cambiarían algo? ¿Por qué? Después compartan con la clase sus opiniones en un debate abierto.

Preparación Audio: Vocabulary

NATIONAL
connections
cultures
STANDARDS

Vocabulario de la lectura

derrocar *to overthrow*
derrotar *to defeat*
la ejecución *execution*
ejercer (el poder) *to exercise/*
   to exert (power)
fortalecer *to strengthen*
el fracaso *failure*
la fuerza *force*

el golpe de estado
   coup d'état
la huelga *strike*
el informe *report*
el orgullo *pride*
el secuestro *kidnapping*
la trampa *trap*

Vocabulario útil

encabezar *to lead*
el juicio *judgment*
la ley *law*
promulgar *to enact (a law)*
rescatado/a *rescued*
tener derecho a *to have
   the right to*

Remind students that
to exercise translates
as **hacer ejercicio**, not
ejercer, when it refers to
athletic activity.

1 **Palabras** Elige la palabra de la lista que corresponde a cada descripción.

derrotar	informe
fortalecer	ley
fracaso	orgullo
fuerza	secuestro
huelga	trampa

1. _____ley_____ regla o norma
2. _____fuerza_____ poder, fortaleza, vigor
3. _____secuestro_____ acción de retener a una persona y no dejarla libre
4. _____fracaso_____ opuesto de éxito
5. _____derrotar_____ vencer, ganar
6. _____informe_____ exposición oral o escrita que describe una situación
7. _____huelga_____ forma de protesta en la que se decide no trabajar
8. _____fortalecer_____ hacer que algo o alguien sea más fuerte

1 To teach students how
to expand their Spanish
vocabulary, draw three
columns on the board,
labeled **verbos, sustantivos**,
and **adjetivos**. One by one,
have volunteers place new
vocabulary words in the
appropriate columns, then
challenge students to come
up with other forms of the
word. Discuss any changes
in meaning.
Ex: **informar, informe,
informado
fortalecer, fortaleza,
fortalecido
rescatar, rescate,
rescatado**

2 **Contextos** Escribe dos oraciones usando en cada una dos palabras de la Actividad 1.
Después, escribe dos oraciones más usando en cada una otras dos palabras del resto del
vocabulario de esta página.

3 **Los gobiernos** En parejas, contesten las preguntas y expliquen sus respuestas.

1. ¿Cuántas formas de gobierno conocen?
2. ¿Cuáles son las diferencias entre estos gobiernos?
3. ¿Qué tipo de gobierno tiene su país?
4. ¿De qué beneficios disfrutan gracias al tipo de gobierno de su país?
   ¿Qué desventajas tiene?
5. ¿Cómo participan en la vida política de su país?

3 Useful vocabulary for
item 1: **el comunismo, la
democracia, la dictadura,
el fascismo, la monarquía,
el socialismo, el
totalitarismo**

3 For item 4, have
students list **beneficios**
and **desventajas** in two
columns, then exchange
their lists with another pair
to discuss. List responses
on the board and ask if
students would move any of
the items from one column
to the other.

Chile: dictadura y democracia

El día 11 de septiembre de 1973, Chile, considerado por décadas como uno de los países de mayor tradición democrática de Hispanoamérica, sufrió un golpe militar liderado por Augusto Pinochet. El golpe derrocó al presidente socialista, Salvador Allende. El gobierno, que caía por la fuerza, había durado tan sólo tres años. Este breve período se había visto marcado por las grandes dificultades económicas, las huelgas y la violencia en las calles. La oposición, con la ayuda de los servicios secretos estadounidenses, había impuesto grandes obstáculos para desequilibrar la economía chilena.

Esta crisis social e institucional culminó con el golpe de estado. Desde ese día, el general Augusto Pinochet ejerció el poder de forma dictatorial. La prioridad de su gobierno fue la de eliminar a la oposición política tomando como primera medida° la prohibición de todos los partidos políticos. Este objetivo no sólo se persiguió° con las leyes, sino que se violaron de forma sistemática los derechos humanos. Se detenía a los miembros de partidos políticos y sindicatos° y se les llevaba a centros preparados para la tortura. De muchos de ellos no se supo nunca nada; de otros, se tiene la certeza° de que fueron ejecutados°.

El gobierno militar estableció una política económica neoliberal que mejoró la economía chilena, reduciendo con éxito la inflación y aumentando la producción. Este éxito económico ha sido en muchas ocasiones la tarjeta de presentación de la dictadura de Pinochet. Sus críticos, sin embargo, afirman que estas medidas económicas aumentaron las desigualdades sociales porque privilegiaban a los más ricos.

Confiado° en su victoria, el general se presentó como candidato presidencial en un plebiscito que él mismo propuso. Éste se celebró en 1988 y, para sorpresa de muchos, fue derrotado. Pinochet había caído en su propia trampa y su fracaso abrió las puertas a elecciones libres al año siguiente, las primeras en casi veinte años. Augusto Pinochet salió del poder en 1990. A partir de esa fecha, Chile empezó el proceso de transición democrática.

Hoy, la sociedad chilena todavía sigue dividida a la hora de juzgar los muchos años de dictadura. Una parte de la población chilena ve a Pinochet, quien murió el 10 de diciembre de 2006, como un cruel dictador que impuso un estado dictatorial manchado por la sangre° de sus enemigos políticos. Otros ven en Pinochet a un héroe que intervino en la historia del país para salvarlo del comunismo. Hasta hace poco, todavía había quienes negaban la existencia de secuestros y ejecuciones, tantas veces denunciados° por los familiares de los desaparecidos. La aparición de pruebas° y la publicación de informes han confirmado la existencia de estos crímenes.

Uno de ellos, el informe Valech (conocido oficialmente como Informe de la Comisión Nacional sobre Prisión Política y Tortura), fue publicado el 29 de noviembre de 2004. Su misión era ofrecer un reconocimiento público y oficial de los abusos a los derechos humanos cometidos por el gobierno militar de Augusto Pinochet en Chile entre los años 1973 y 1990. El presidente chileno Ricardo Lagos, electo en las elecciones del año 2000, formó una comisión para ello. Con el testimonio de más de treinta y cinco mil personas, se constataron° los crímenes y se ofreció ayuda económica compensatoria y cobertura sanitaria° a las víctimas de la represión militar.

En un día histórico de enero de 2005, el ejército chileno aceptó su responsabilidad institucional en los abusos del pasado. En palabras de Ricardo Lagos, la mirada a la historia reciente ha servido para fortalecer la convivencia° y la unidad de todos los chilenos, que ya pueden mirar con orgullo hacia un futuro mejor. ∎

measure

was pursued

labor unions

certainty/executed

Confident

stained by the blood

reported

proof

verified

health coverage

coexistence

Análisis

1

Comprensión Contesta las preguntas con oraciones completas.

1. ¿Qué sucedió con el gobierno de Salvador Allende? Fue derrocado por el golpe militar encabezado por Augusto Pinochet.

2. ¿Qué ocurrió con la economía chilena durante el gobierno de Allende? Las huelgas, la violencia en las calles y la oposición, con la ayuda de los servicios secretos estadounidenses, empeoraron la situación económica.

3. ¿Qué tipo de gobierno estableció Pinochet? Estableció una dictadura.

4. ¿Qué prioridades tuvo el gobierno de Pinochet? ¿Cómo consiguió estos objetivos? Quiso eliminar la oposición política prohibiendo los partidos políticos. Lo consiguió con medidas contrarias a los derechos humanos.

5. ¿Qué ocurrió en el plebiscito de 1988? ¿Cuáles fueron las consecuencias? Pinochet perdió como candidato presidencial, lo cual dio lugar a que se organizaran elecciones libres y se desplazara a Pinochet del poder.

6. ¿Qué piensan los chilenos hoy en día sobre el gobierno de Pinochet? Algunos chilenos creen que Pinochet fue un héroe y otros creen que fue un cruel dictador.

7. ¿Cuál fue el propósito del informe Valech? Su propósito fue reconocer pública y oficialmente los abusos a los derechos humanos del gobierno de Pinochet.

8. ¿Qué ocurrió en enero de 2005? El ejército chileno aceptó su responsabilidad institucional en los abusos del pasado.

2

Responsables Vuelve a leer este pasaje del artículo. Después, en parejas, contesten las preguntas a continuación.

> Hoy, la sociedad chilena todavía sigue dividida... Una parte de la población chilena ve a Pinochet... como un cruel dictador...
> Otros ven en Pinochet a un héroe... Hasta hace poco, todavía había quienes negaban la existencia de secuestros y ejecuciones...

- ¿Qué situación paralela tiene/tuvo su país?
- ¿Quiénes son/fueron los protagonistas?
- ¿Cuáles son/fueron las circunstancias?
- ¿En qué se parece/parecía la situación a lo descrito en el pasaje?
- ¿En qué se diferencia/diferenciaba?

3

Completar En parejas, completen las oraciones con sus propias opiniones.

1. Un buen líder es una persona que...
2. El gobierno de cada país debe garantizar...
3. El abuso de poder en el gobierno ocurre cuando...
4. El abuso de poder también ocurre en la vida cuando...
5. Las leyes y los derechos nos ayudan a...

4

El juicio En grupos de tres, elijan uno de los casos y preparen un pequeño juicio. Uno/a de ustedes hará el papel de juez(a) y los/las demás representarán las posturas opuestas en cada tema. El/La juez(a) hará preguntas y al final dará su veredicto.

- licencias de conducir a los 16 años de edad
- no fumar en lugares públicos
- conscripción (*draft*) en tiempos de guerra

 Practice more at **suena.vhlcentral.com.**

Preparación Reading Audio: Vocabulary

Sobre el autor

Armando Valladares nació en Cuba en 1937. Pintor, poeta y ex-embajador de EE.UU. ante la comisión de Derechos Humanos de la ONU, es sin embargo conocido mundialmente como prisionero político y de conciencia. Fue encarcelado en 1960, a los 23 años, y liberado en 1982 gracias a la presión de una campaña internacional. Escribió varios libros de poemas, entre ellos *Prisionero de Castro* (1979) y *Contra toda esperanza* (1985). Actualmente preside el Proyecto Valladares, una organización internacional que defiende los derechos de los niños, y el Consejo Internacional de la Fundación de Derechos Humanos.

INSTRUCTIONAL RESOURCES
Supersite: Literatura recording; Scripts; SAM AK
SAM/WebSAM: LM

Vocabulario de la lectura

ahogar *to stifle; to drown*
el alma (f.) *soul*
la astilla *splinter*
la cárcel *prison, jail*
el castigo *punishment*
la celda *(prison, jail) cell*
hundir *to sink*

la rebeldía *rebelliousness*
la sangre *blood*
la tinta *ink*

Vocabulario útil

callar *to silence*
la censura *censorship*
el/la preso/a *prisoner*
el orgullo *pride*
la reja *iron bar*
resistir *to resist*
vigilar *to keep watch on*

---

1 **Vocabulario** Identifica la palabra que no está relacionada con cada grupo. Luego, escribe una oración usando cada palabra que seleccionaste.

1. a. censura   b. callar   c. ahogar   (d.) tinta
2. (a.) analfabeto   b. resistir   c. creencia   d. orgullo
3. a. cárcel   (b.) alma   c. preso   d. castigo
4. a. reja   b. celda   (c.) sangre   d. cárcel
5. a. callar   b. ahogar   c. silencio   (d.) astilla

1 Have students suggest antonyms from the vocabulary on this page for these words: **conformismo (rebeldía), vergüenza (orgullo), ignorar (vigilar), premio (castigo), abandonar (resistir).**

2 **Responder** En parejas, contesten estas preguntas.

1. ¿Alguna vez les prohibieron algo injustamente? ¿Cómo reaccionaron en el momento? ¿Y después?

2. ¿Están o han estado alguna vez en una posición de poder (presidente de una organización, líder de un grupo académico, etc.)? ¿Cuál? ¿Qué tienen o tuvieron que hacer? ¿Qué efecto les produce o produjo el poder?

3. ¿Para qué sirve el poder? ¿Qué consecuencias tiene? ¿Puede usarse para el bien? ¿Y para el mal? Expliquen.

4. ¿Cómo definirían ustedes la palabra "resistencia"?

2 Ask students their opinion of the saying: *There are three sides to every story: yours, mine, and the truth.* Ask: **¿Es posible saber la verdad absoluta de un acontecimiento? ¿Cómo?** You might suggest identification methods such as DNA technology, camera surveillance, telephone tapping, etc. Then ask: **¿Es justo usar estos métodos para prevenir el crimen? ¿Qué opinan de los derechos del individuo?**

3 **Preparación** En parejas, lean el título del poema de Armando Valladares e imaginen de qué puede tratarse. Propongan más de una opción. Luego, compartan sus ideas con la clase.

La mejor

TINTA

ARMANDO VALLADARES

Me lo han quitado todo
las plumas
los lápices
la tinta
5   porque ellos no quieren
que yo escriba.
Y me han hundido
en esta celda de castigo
pero ni así ahogarán mi rebeldía.
10   Me lo han quitado todo
—bueno, casi todo—
porque me queda la sonrisa°   *smile*
el orgullo de sentirme un hombre libre
y en el alma un jardín
15   de eternas florecitas°.   *little flowers*
Me lo han quitado todo
la pluma
los lápices
pero me queda la tinta de la vida
20   —mi propia sangre—
y con ella escribo versos todavía.

Original escrito con mi sangre y una astillita° de   *splinter*
madera° en abril de 1981 en las celdas de castigo   *wood*
de la cárcel del Combinado del Este, en La Habana.

Análisis

1 Comprensión Decide si cada declaración es cierta o falsa. Corrige las falsas.

1. El poema es sobre un hombre que no puede salir de su casa. Falso. El hombre está en la cárcel.

2. El hombre es dueño (*owner*) de una colección de libros. Falso. No tiene nada porque se lo han quitado todo.

3. El encierro (*confinement*) ha logrado quitarle su orgullo y dignidad. Falso. Le queda el orgullo de sentirse un hombre libre.

4. Escribe con su sangre y una astilla de madera. Cierto.

5. Por la ventana el hombre puede ver un jardín. Falso. Tiene un jardín en el alma.

2 Interpretar En parejas, contesten estas preguntas.

1. ¿Qué relación existe entre el poema y la biografía del autor?

2. ¿Qué crees que significa el título del poema? ¿Qué quiere decir que la sangre es "la tinta de la vida"?

3. El poeta usa las palabras "hundido" y "ahogar" para referirse a su situación en la cárcel. ¿Con qué se relacionan estos verbos y qué intentan expresar aquí?

4. El autor dice: "Me lo han quitado todo / las plumas / los lápices / la tinta". ¿Qué significa "todo" para el poeta?

5. Relee la enumeración de lo que todavía le queda al autor. ¿Qué consecuencias y significado crees que tiene para él?

3 La escritura

A. En parejas, lean estas respuestas de distintos escritores a la pregunta: **¿Para qué escribes?** Luego imaginen qué respuesta daría Armando Valladares y compártanla con la clase.

- "Escribir es prácticamente un proceso fisiológico: me regala la vida, me mantiene viva, me da energía."

- "Escribo porque sé que mis palabras hacen reír y llorar a mi público. Me da satisfacción saber que he despertado algo en mis lectores."

- "Fui profesor de historia durante muchos años. Escribir es para mí compartir los conocimientos acumulados de generaciones previas y transmitírselos a las futuras."

B. ¿Qué actividad les hace falta a ustedes para vivir? ¿Hay algo que nadie les puede quitar? ¿Qué?

4 Escribir Eres cronista (*reporter*) para una página web de análisis de las noticias y escribes un artículo sobre la historia de un(a) prisionero/a. Puedes elegir el punto de vista a favor (y pedir por su libertad) o en contra (y afirmar que lo que cuenta es mentira).

Plan de redacción

Escribir un artículo para una página web

1 Presentación Elige un título. Empieza el artículo con una cita que resuma tu posición.

2 Opinión Explica brevemente qué importancia tiene la historia de esta persona y qué efecto producen en ti sus acciones.

3 Conclusión Expresa tu idea sobre cómo solucionar la situación. Indica tu opinión usando el subjuntivo en cláusulas adverbiales: **"No habrá solución hasta que se sepa la verdad"**, **"A menos que triunfe la libertad, la justicia nunca se cumplirá"**, etc.

Creencias e ideologías

Audio: Vocabulary Flashcards
Video: *Flash Cultura*

Las leyes y los derechos

los derechos humanos *human rights*
la desobediencia civil *civil disobedience*
la (des)igualdad *(in)equality*
el/la juez(a) *judge*
la (in)justicia *(in)justice*
la libertad *freedom*
la lucha *struggle, fight*
el tribunal *court*

abusar *to abuse*
aprobar (o:ue) una ley *to pass a law*
convocar *to summon*
defender (e:ie) *to defend*
derogar *to abolish*
encarcelar *to imprison*
juzgar *to judge*

analfabeto/a *illiterate*
(des)igual *(un)equal*
(in)justo/a *(un)fair*
oprimido/a *oppressed*

La política

el abuso *abuse*
la armada *navy*
la bandera *flag*
la creencia *belief*
la crueldad *cruelty*
la democracia *democracy*
la dictadura *dictatorship*
el ejército *army*
el gobierno *government*
la guerra (civil) *(civil) war*
el partido político *political party*
la paz *peace*
el poder *power*
la política *politics*
las relaciones exteriores *foreign relations*
la victoria *victory*

dedicarse a *to devote oneself to*
elegir (e:i) *to elect*
ganar/perder (e:ie) las elecciones *to win/to lose elections*
gobernar (e:ie) *to govern*
influir *to influence*
votar *to vote*

conservador(a) *conservative*
liberal *liberal*
pacífico/a *peaceful*
pacifista *pacifist*

Gente

el/la abogado/a *lawyer*
el/la activista *activist*
el/la ladrón/ladrona *thief*
el/la manifestante *demonstrator*
el/la político/a *politician*
el/la presidente/a *president*
el/la terrorista *terrorist*
la víctima *victim*

La seguridad y la amenaza

la amenaza *threat*
el arma (f.) *weapon*
el escándalo *scandal*
la (in)seguridad *(in)security; (lack of) safety*
el temor *fear*
el terrorismo *terrorism*
la violencia *violence*

chantajear *to blackmail*
destrozar *to destroy*
espiar *to spy*
huir *to flee*
pelear *to fight*
secuestrar *to kidnap, to hijack*

Cortometraje

el/la alumno/a *pupil, student*
la autoridad *authority*
el/la chaval(a) *kid, youngster*
la confianza *trust*
la diversidad *diversity*
la doble moral *double standard*
la hipocresía *hypocrisy*
el instituto *high school*
el pañuelo *headscarf*
el rato *a while*
la regla *rule*

ceder *to give up*
confiar *to trust*
disentir *to dissent, to disagree*

pegar *to hit*

laico/a *secular, lay*
musulmán/musulmana *Muslim*
raro/a *weird*

Cultura

la ejecución *execution*
el fracaso *failure*
la fuerza *force*
el golpe de estado *coup d'état*
la huelga *strike*
el informe *report*
el juicio *judgment*
la ley *law*
el orgullo *pride*
el secuestro *kidnapping*
la trampa *trap*

derrocar *to overthrow*
derrotar *to defeat*
ejercer (el poder) *to exercise/ to exert (power)*
encabezar *to lead*
fortalecer *to strengthen*
promulgar *to enact (a law)*
tener (e:ie) derecho a *to have the right to*

rescatado/a *rescued*

Literatura

el alma (f.) *soul*
la astilla *splinter*
la cárcel *prison, jail*
el castigo *punishment*
la celda *(prison, jail) cell*
la censura *censorship*
el orgullo *pride*
el/la preso/a *prisoner*
la rebeldía *rebelliousness*
la reja *iron bar*
la sangre *blood*
la tinta *ink*

ahogar *to stifle; to drown*
callar *to silence*
hundir *to sink*
resistir *to resist*
vigilar *to keep watch on*

Manual de gramática

Verb conjugation tables

Vocabulary

Index

Credits

MANUAL de GRAMÁTICA

**Supplementary Grammar Coverage
for SUEÑA**

The **Manual de gramática** is an invaluable tool for both instructors and students of intermediate Spanish. It contains additional grammar concepts not covered within the core lessons of **SUEÑA**, as well as practice activities. For each lesson in **SUEÑA**, up to two additional grammar topics are offered with corresponding practice. Additional topics and more advanced grammar are also provided.

These concepts are correlated to the grammar points in **Estructuras** by means of the **Taller de consulta** sidebars, which provide the exact page numbers where additional concepts are taught or reviewed in the **Manual**.

This special supplement allows for great flexibility in planning and tailoring your course to suit the needs of whole classes and/or individual students. It also serves as a useful and convenient reference tool for students who wish to review previously-learned material.

Contenido

1.4 Nouns and articles

Nouns

- In Spanish, nouns (**sustantivos**) ending in **–o, –or, –l, –s,** and **–ma** are usually masculine, and nouns ending in **–a, –ora, –ión, –d,** and **–z** are usually feminine.

Masculine nouns	Feminine nouns
el amigo, el cuaderno	la amiga, la palabra
el escritor, el color	la escritora, la computadora
el control, el papel	la relación, la ilusión
el autobús, el paraguas	la amistad, la fidelidad
el problema, el tema	la luz, la paz

- Most nouns form the plural by adding **–s** to nouns ending in a vowel, and **–es** to nouns ending in a consonant. Nouns that end in **–z** change to **–c** before adding **–es**.

  el hombre → los hombres   la mujer → las mujeres

  la novia → las novias   el lápiz → los lápices

- If a singular noun ends in a stressed vowel, the plural form ends in **–es**. If the last syllable of a singular noun ending in **–s** is unstressed, the plural form does not change.

  el tabú → los tabúes   el lunes → los lunes

  el israelí → los israelíes   la crisis → las crisis

Articles

- Spanish definite and indefinite articles (**artículos definidos e indefinidos**) agree in gender and number with the nouns they modify.

	Definite articles		Indefinite articles	
	singular	plural	singular	plural
MASCULINE	el compañero	los compañeros	un compañero	unos compañeros
FEMININE	la compañera	las compañeras	una compañera	unas compañeras

- In Spanish, when an abstract noun is the subject of a sentence, a definite article is always used.

  El amor es eterno.   Para ser modelo, necesitas belleza y altura.
  Love is eternal.   but   *In order to be a model, you need beauty and height.*

- An indefinite article is not used before nouns that indicate profession or place of origin unless the noun is followed by an adjective.

  Juan García es profesor.   Juan García es **un** profesor excelente.
  Juan García is a professor.   *Juan García is an excellent professor.*

  Ana María es neoyorquina.   Ana María es **una** neoyorquina orgullosa.
  Ana María is a New Yorker.   *Ana María is a proud New Yorker.*

Some nouns may be either masculine or feminine, depending on whether they refer to a male or a female.

el/la artista *artist*
el/la estudiante *student*

Occasionally, the masculine and feminine forms have different meanings.

el capital *capital (money)*
la capital *capital (city)*

¡ATENCIÓN!

Accent marks are sometimes dropped or added to maintain the stress in the singular and plural forms.

canción → canciones
autobús → autobuses

margen → márgenes
imagen → imágenes

¡ATENCIÓN!

The prepositions **de** and **a** contract with the article **el**.

de + el = del

a + el = al

¡ATENCIÓN!

Singular feminine nouns that begin with a stressed **a** take **el**; adjectives remain in the feminine.

el alma gemela →
las almas gemelas

el área vigilada →
las áreas vigiladas

Práctica

1 **Cambiar** Escribe en plural las palabras que están en singular y viceversa.

1. la compañera ___las compañeras___
2. unos amigos ___un amigo___
3. el novio ___los novios___
4. una crisis ___unas crisis___
5. unas parejas ___una pareja___
6. un corazón ___unos corazones___
7. las amistades ___la amistad___
8. el tabú ___los tabúes___

2 **Un chiste** Completa el chiste con los artículos apropiados. Recuerda que en algunos casos no debes usar ningún artículo.

(1) _Una_ pareja se va a casar. Él tiene 90 años. Ella tiene 85. Entran en (2) _una_ farmacia y (3) _el_ novio le pregunta al farmacéutico (*pharmacist*):

—¿Tiene (4) _Ø_ remedios para (5) _el_ corazón?

—Sí —contesta (6) _el_ farmacéutico.

—¿Tiene (7) _Ø_ remedios para (8) _la_ presión y (9) _el_ colesterol?

—Sí, también —contesta nuevamente (10) _el_ farmacéutico.

—¿Y (11) _Ø_ remedios para (12) _la_ artritis y (13) _el_ reumatismo?

—Sí. Ésta es (14) _una_ farmacia muy completa. Tenemos de todo.

Entonces (15) _el_ novio mira a (16) _la_ novia y le dice:

—Querida, ¿qué te parece si hacemos (17) _la_ lista de regalos de bodas aquí?

3 **La cita** Completa el párrafo con la forma correcta de los artículos definidos e indefinidos.

Ayer tuve (1) _una_ cita con Leonardo. Fuimos a (2) _un_ restaurante muy romántico que está junto a (3) _un_ bonito lago. Desde nuestra mesa, podíamos ver (4) _el_ lago y (5) _los /unos_ barcos que navegaban por allí. Comimos (6) _unos_ platos muy originales. (7) _El_ pescado que yo pedí estaba delicioso. Nos divertimos mucho, pero al salir tuvimos (8) _un_ problema. Una de (9) _las_ ruedas (*tires*) del coche estaba pinchada (*punctured*). (10) _La_ próxima semana tendremos nuestra segunda cita.

4 **Escribir** Escribe oraciones completas con las siguientes palabras; utiliza los artículos definidos e indefinidos que correspondan y haz los cambios necesarios. Answers may vary slightly.

> **Modelo** **Elisa – ser – buena periodista**
> Elisa es una buena periodista.

1. revistas del corazón – afirmar – amor – ser – eterno
   Las revistas del corazón afirman que el amor es eterno.
2. ayer – astrólogo – predecir – desgracia
   Ayer el astrólogo predijo una desgracia.
3. lunes pasado – comprar – flores – tía Juanita
   El lunes pasado compré unas flores para la tía Juanita.
4. capital – Venezuela – ser – Caracas
   La capital de Venezuela es Caracas.
5. personas optimistas – soñar – mundo mejor
   Las personas optimistas sueñan con un mundo mejor.
6. Rodrigo – ser – alma – fiesta
   Rodrigo es el alma de la fiesta.

1.5

Adjectives

- Spanish adjectives (**adjetivos**) agree in gender and number with the nouns they modify. Most adjectives ending in **–e** or a consonant have the same masculine and feminine forms.

	singular	plural	singular	plural	singular	plural
			Adjectives			
MASCULINE	rojo	rojos	inteligente	inteligentes	difícil	difíciles
FEMININE	roja	rojas	inteligente	inteligentes	difícil	difíciles

- Descriptive adjectives generally follow the noun they modify. If a single adjective modifies more than one noun, the plural form is used. If at least one of the nouns is masculine, then the adjective is masculine.

un libro **apasionante**
an enthralling book

un suegro y una suegra **maravillosos**
*a wonderful father-in-law and
mother-in-law*

las parejas **contentas**
the happy couples

la literatura y la cultura **ecuatorianas**
Ecuadorean literature and culture

- A few adjectives have shortened forms when they precede a masculine singular noun.

bueno → buen   alguno → algún   primero → primer

malo → mal   ninguno → ningún   tercero → tercer

- Some adjectives change their meaning depending on their position. When the adjective follows the noun, the meaning is more literal. When it precedes the noun, the meaning is more figurative.

	after the noun	before the noun
antiguo/a	el edificio **antiguo** *the ancient building*	mi **antiguo** novio *my old/former boyfriend*
cierto/a	una respuesta **cierta** *a correct answer*	una **cierta** actitud *a certain attitude*
grande	una ciudad **grande** *a big city*	un **gran** país *a great country*
mismo/a	el artículo **mismo** *the article itself*	el **mismo** problema *the same problem*
nuevo/a	un coche **nuevo** *a (brand) new car*	un **nuevo** profesor *a new/different professor*
pobre	los estudiantes **pobres** *the students who are poor*	los **pobres** estudiantes *the unfortunate students*
viejo/a	un libro **viejo** *an old book*	una **vieja** amiga *a long-time friend*

¡ATENCIÓN!

Adjectives ending in **–án, –ín, ón,** and **–or,** like most others, vary in both gender and number.

**dormilón → dormilona
dormilones → dormilonas**

Adjectives ending in **–ior** and the comparatives **mayor, menor, mejor,** and **peor** do not vary in gender.

el **niño** mayor
la **niña** mayor

Adjectives indicating nationality vary in both gender and number (except those ending in **–a, –í,** and **–e,** which vary only in number).

**español → española
españoles → españolas**

**marroquí → marroquí
marroquíes → marroquíes**

¡ATENCIÓN!

Before a singular noun, **grande** changes to **gran.**

un gran esfuerzo *a great effort*
una gran autora *a great author*

Práctica

1

Descripciones Completa cada oración con la forma correcta de los adjetivos.

1. Mi mejor amiga es _____guapa_____ (guapo) y muy _____graciosa_____ (gracioso).

2. Los novios de mis hermanas son _____altos_____ (alto) y _____morenos_____ (moreno).

3. Javier es _____buen_____ (bueno) compañero, pero es bastante _____malhumorado_____ (malhumorado).

4. Mi prima Susana es _____tranquila_____ (tranquilo), pero mi primo Luis es _____celoso_____ (celoso).

5. No sé por qué Marcos y Rosario son tan _____inseguros_____ (inseguro) y _____tímidos_____ (tímido).

6. Sandra, mi vecina, es una _____gran_____ (grande) amiga, pero ayer tuvimos una _____terrible_____ (terrible) discusión.

2

La vida de Marina Completa cada oración con los cuatro adjetivos.

1. Marina busca una compañera de cuarto
   tranquila, ordenada, honesta y puntual.
   (tranquilo, ordenado, honesto, puntual)

2. Se lleva bien con las personas sinceras, serias, alegres y trabajadoras.
   (sincero, serio, alegre, trabajador)

3. Marina tiene unos padres maduros, simpáticos, inteligentes y conservadores.
   (maduro, simpático, inteligente, conservador)

4. Quiere ver programas de televisión más
   emocionantes, divertidos, dramáticos y didácticos.
   (emocionante, divertido, dramático, didáctico)

5. Marina tiene un novio irlandés, talentoso, nervioso y creativo.
   (irlandés, talentoso, nervioso, creativo)

Marina

3

Correo sentimental La revista *Ellas y ellos* tiene una sección de anuncios personales. Este anuncio recibió unas cien respuestas. Inserta la forma completa o acortada de los adjetivos de la lista. Puedes utilizar el mismo adjetivo más de una vez.

buen	gran	mal	ningún	tercer
bueno/a	grande	malo/a	ninguno/a	tercero/a

Mi perrito y yo buscamos amor

Tengo 43 años y estoy viudo desde hace tres años. Soy un (1) _____buen_____ hombre: tranquilo y trabajador. Me gustan las plantas y no tengo (2) _____ningún_____ problema con mis vecinos. Cocino y plancho. Me gusta ir al cine y no me gusta el fútbol. Siempre estoy de (3) _____buen_____ humor. Vivo en un apartamento (4) _____grande_____, en el (5) _____tercer_____ piso de un edificio en Montevideo. Sólo tengo un pequeño problema: mi perro. Algunos dicen que tiene (6) _____mal_____ carácter. Otros dicen que es un (7) _____buen_____ animal. Yo creo que él es (8) _____bueno_____, pero se siente solo, como su dueño. Busco una señora viuda o soltera que también se sienta sola. ¡Si tiene una perrita, mejor!

2.4

Progressive forms

- The present progressive (**el presente progresivo**) narrates an action in progress. It is formed with the present tense of **estar** and the present participle (**el gerundio**) of the main verb.

Estoy sacando una foto.	¿Qué **estás comiendo**?	**Están recorriendo** la ciudad.
I am taking a photo.	*What are you eating?*	*They are traveling around the city.*

- The present participle of regular **–ar**, **–er**, and **–ir** verbs is formed as follows:

INFINITIVE	STEM	ENDING	PRESENT PARTICIPLE
bailar	bail–	–ando	bailando
comer	com–	–iendo	comiendo
aplaudir	aplaud–	–iendo	aplaudiendo

- **–Ir** verbs that change **o** to **u**, or **e** to **i** in the **Ud./él/ella** and **Uds./ellos/ellas** forms of the preterite have the same change in the present participle.

pedir → **pidiendo**	**mentir** → **mintiendo**	**dormir** → **durmiendo**

- When the stem of an **–er** or **–ir** verb ends in a vowel, the **–i–** of the present participle ending changes to **–y–**. The present participle of **ir** is **yendo**.

leer → **leyendo**	**construir** → **construyendo**	**oír** → **oyendo**

- Other tenses have progressive forms as well, though they are used less frequently than the present progressive. These tenses emphasize that an action was/will be in progress at a particular moment in time.

  Estaba contestando la última pregunta cuando el profesor nos pidió los exámenes.
  I was in the middle of answering the last question when the professor asked for our exams.

  No vengas a las cuatro, todavía **estaremos trabajando**.
  Don't come at four; we will still be working.

  Luis cerró la puerta, pero su mamá le **siguió gritando**.
  Luis shut the door, but his mother kept right on shouting at him.

- Progressive tenses often use other verbs, especially ones that convey motion or continuity like **andar, continuar, ir, llevar, seguir,** and **venir,** in place of **estar**.

  anda diciendo *he goes around saying*
  continuarás trabajando *you'll continue working*
  van acostumbrándose *they're getting more and more used to*
  llevo un mes trabajando *I have been working for a month*
  siguieron hablando *they kept talking*
  venimos insistiendo *we've been insisting*

Práctica

1 **Una conversación telefónica** Daniel es nuevo en la ciudad y no sabe cómo llegar al estadio de fútbol. Decide llamar a su ex novia Alicia para que le explique cómo encontrarlo. Completa el diálogo con la forma correcta del gerundio.

ALICIA Hola, ¿quién habla?

DANIEL Hola, Alicia, soy Daniel; estoy buscando el estadio de fútbol y necesito que me ayudes... Llevo (1) ____caminando____ (caminar) más de media hora por el centro y sigo perdido.

ALICIA ¿Dónde estás?

DANIEL No estoy muy seguro, no encuentro el nombre de la calle. Pero estoy (2) ____viendo____ (ver) un centro comercial a mi izquierda y más allá parece que están (3) ____construyendo____ (construir) un estadio de fútbol. (4) ____Hablando____ (hablar) de fútbol, ¿dónde tengo mis boletos? ¡He perdido mis entradas!

ALICIA Madre mía, ¡sigues (5) ____siendo____ (ser) un desastre...! Algún día te va a pasar algo serio.

DANIEL Siempre andas (6) ____pensando____ (pensar) lo peor.

ALICIA Y tú siempre estás (7) ____olvidándote____ (olvidarse) de todo.

DANIEL Ya estamos (8) ____discutiendo____ (discutir) otra vez.

2 **Continuamos escribiendo** Vuelve a escribir las oraciones usando los verbos **andar, ir, llevar, continuar, seguir** o **venir**. Answers may vary slightly.

1. Mariela se burla de su hermano y siempre piensa que no le hace daño.
   Mariela anda burlándose de su hermano y sigue pensando que no le hace daño.
2. José estudia medicina desde hace diez años, y en los últimos meses sus padres le insisten en que se dedique a otra cosa. José lleva diez años estudiando medicina, y en los últimos meses sus padres le vienen insistiendo en que se dedique a otra cosa.
3. Se acerca la hora de poner manos a la obra con el proyecto, aunque aparezcan problemas todo el tiempo. Va siendo hora de poner manos a la obra con el proyecto, aunque sigan apareciendo problemas.
4. Mi prima siempre habla mal de todo el mundo y hace años que le digo que deje de hacerlo. De todas formas, ella cree que no tiene importancia. Mi prima anda hablando mal de todo el mundo y hace años que le vengo diciendo que deje de hacerlo. De todas formas, ella sigue creyendo que no tiene importancia.
5. Hace seis años que ese hombre visita el museo todas las tardes, siempre para mirar el mismo cuadro. Ese hombre lleva seis años visitando el museo todas las tardes y sigue mirando el mismo cuadro.
6. Conversamos todo el tiempo mientras ellos se marchaban. Continuamos conversando mientras ellos se iban marchando.

3 **En diferentes tiempos** Completa cada oración con el tiempo correcto del verbo entre paréntesis.

1. Anoche, Carlos y Raúl ___estaban___ (estar) mirando una película.
2. Mientras tú estudiabas, nosotros ___andábamos___ (andar) paseando por el parque.
3. Mañana a las diez, ¿tú ___estarás___ (estar) durmiendo?
4. Con un poco de tiempo, yo ___iré___ (ir) acostumbrándome a la idea.
5. Ayer, Catalina ___estuvo___ (estar) dando indicaciones a los turistas.
6. Eduardo ___venía___ (venir) corriendo desde el parque cuando vio a Ana.

2.5

Telling time

- The verb **ser** is used to tell time in Spanish. The construction **es + la** is used with **una**, and **son + las** is used with all other hours.

> ¿Qué hora es?
> *What time is it?*
>
> **Es la una.**
> *It is one o'clock.*
>
> **Son las tres.**
> *It is three o'clock.*

- The phrase **y +** [*minutes*] is used to tell time from the hour to the half-hour. The phrase **menos +** [*minutes*] is used to tell time from the half-hour to the hour, and is expressed by subtracting minutes from the *next* hour.

Son las once **y veinte**.   Es la una **menos cuarto**.   Son las doce **menos diez**.

- To ask at what time an event takes place, use the phrase **¿A qué hora (...)?** To state at what time something takes place, use the construction **a la(s) +** [*time*].

¿A qué hora es la fiesta?   La fiesta es **a las ocho**.
(At) what time is the party?   *The party is at eight.*

- The following expressions are used frequently for telling time.

Son las siete **en punto**.   Son las nueve **de la mañana**.
It's seven o'clock on the dot/sharp.   *It's 9 A.M./in the morning.*

Son las doce del mediodía./Es **(el) mediodía**.   Son las cuatro y cuarto **de la tarde**.
It's 12 P.M./It's noon.   *It's 4:15 P.M./in the afternoon.*

Son las doce de la noche./Es **(la) medianoche**.   Son las once y media **de la noche**.
It's 12 A.M./It's midnight.   *It's 11:30 P.M./at night.*

- The imperfect is generally used to tell time in the past. However, the preterite may be used to describe an action that occurred at a particular time.

¿Qué hora **era** cuando llegaste?   **Eran** las cuatro de la mañana.
What time was it when you arrived?   *It was four o'clock in the morning.*

¿A qué hora **fueron** al cine?   **Fuimos** a las nueve.
At what time did you go to the movies? *We went at nine o'clock.*

Práctica

1 **La hora** Escribe la hora que aparece en cada reloj usando oraciones completas.

1. _Son las siete y cuarto/quince._

2. _Es la una y media._

3. _Son las dos menos dos._

4. _Son las cuatro y veinte._

5. _Son las once menos cuarto._

6. _Son las ocho menos veinte._

2 **En el cineclub** Gabriela quiere ver una película en el cineclub de la universidad, pero necesita saber los horarios. Contesta las preguntas con oraciones completas usando las pistas (*clues*). Answers may vary slightly.

1. ¿A qué hora empieza *Vicky Cristina Barcelona*? (12:05 P.M.)

   Vicky Cristina Barcelona empieza a las doce y cinco del mediodía.

2. ¿A qué hora empieza *Los abrazos rotos*? (1:15 P.M.)

   Los abrazos rotos empieza a la una y cuarto/quince de la tarde.

3. ¿A qué hora empieza *Crepúsculo*? (3:30 P.M.)

   Crepúsculo empieza a las tres y media de la tarde.

4. ¿A qué hora empieza *Che, el argentino*? (4:45 P.M.)

   Che, el argentino empieza a las cinco menos cuarto de la tarde.

5. ¿A qué hora empieza *El rey de la montaña*? (8:20 P.M.)

   El rey de la montaña empieza a las ocho y veinte de la noche.

3 **Coartada** Quedaste involucrado en la investigación de un crimen y la policía te pide que expliques lo que hiciste durante todo el día de ayer. Explica qué tenías planeado hacer y a qué hora lo hiciste realmente. Sigue el modelo.

> **Modelo** **Cita con el médico – 11:30 A.M. (15 minutos de atraso)**
> Tenía cita con el médico a las once y media de la mañana, pero no pude llegar hasta las doce menos cuarto por culpa del tráfico.

1. Dejar el auto en el mecánico – 7 A.M. (30 minutos de atraso)

2. Desayunar con mi madre – 8:30 A.M. (1 hora de atraso)

3. Entregar los planos en la oficina – 11 A.M. (15 minutos de atraso)

4. Visita al museo de ciencias – 2 P.M. (1 hora y media de atraso)

5. Ir al cine con unos amigos – 5:30 P.M. (2 horas de atraso)

6. Recoger la ropa de la lavandería – 8:30 P.M. (¡Ya había cerrado!)

3.4

Possessive adjectives and pronouns

- Possessive adjectives (**adjetivos posesivos**) are used to express ownership or possession. Unlike English, Spanish has two types of possessive adjectives: the short, or unstressed, forms and the long, or stressed, forms. Both forms agree in gender, when applicable, and number with the object owned, and not with the owner.

Possessive adjectives			
short forms (unstressed)		**long forms (stressed)**	
mi(s)	*my*	**mío/a(s)**	*my/(of) mine*
tu(s)	*your*	**tuyo/a(s)**	*your/(of) yours*
su(s)	*your; his; her; its*	**suyo/a(s)**	*your/(of yours); his/(of) his; her/(of) hers; its/(of) its*
nuestro(s)/a(s)	*our*	**nuestro/a(s)**	*our/(of) ours*
vuestro(s)/a(s)	*your*	**vuestro/a(s)**	*your/(of) yours*
su(s)	*your; their*	**suyo/a(s)**	*your/(of) yours; their/(of) theirs*

- Short possessive adjectives precede the nouns they modify.

  En **mi** opinión, esa telenovela
  es pésima.
  *In my opinion, that soap opera
  is awful.*

  Nuestras revistas favoritas son
  Vanidades y *Latina*.
  Our favorite magazines are
  Vanidades *and* Latina.

¡ATENCIÓN!

After the verb **ser**, stressed possessives are usually used without articles.

¿Es tuya la calculadora?
Is the calculator yours?

No, no es mía.
No, it is not mine.

- Stressed possessive adjectives follow the nouns they modify. They are used for emphasis or to express the phrases *of mine, of yours,* etc. The nouns are usually preceded by a definite or indefinite article.

  mi amigo → **un** amigo **mío**
  my friend → a friend of mine

  tus amigas → **las** amigas **tuyas**
  your friends → friends of yours

- Because **su(s)** and **suyo(s)/a(s)** have multiple meanings (*your, his, her, its, their*), the construction [*article*] + [*noun*] + **de** + [*subject pronoun*] can be used to clarify meaning.

  su casa
  la casa suya

la casa de él/ella	*his/her house*
la casa de usted/ustedes	*your house*
la casa de ellos/ellas	*their house*

¡ATENCIÓN!

The neuter form **lo** + [*singular stressed possessive*] is used to refer to abstract ideas or concepts such as *what is mine* and *what belongs to you*.

Quiero lo mío.
I want what is mine.

- Possessive pronouns (**pronombres posesivos**) have the same forms as stressed possessive adjectives and are preceded by a definite article. Possessive pronouns agree in gender and number with the nouns they replace.

  No encuentro mi **libro**.
  ¿Me prestas **el tuyo**?
  I can't find my book.
  Can I borrow yours?

  Si la **fotógrafa** suya no llega,
  la nuestra está disponible.
  If your photographer doesn't arrive,
  ours is available.

Práctica

1 **¿De quién hablan?** En un programa de entrevistas en la televisión, varias personas famosas hacen comentarios. Completa los espacios en blanco con los posesivos que faltan.

1. La actriz Fernanda Luro habla sobre su esposo: "___Mi___ esposo siempre me acompaña a los estrenos, aunque ___su___ agenda esté llena de compromisos".

2. Los integrantes del dúo Maite y Antonio comentan sobre su hijo: "___Nuestro___ hijo empezó a cantar a los dos años".

3. El actor Saúl Mar habla de su ex esposa, la modelo Serafina: "___Mi___ ex ya no es tan guapa como antes, aunque ___sus___ seguidores piensen lo contrario".

4. La famosa cantante Celia Rodríguez habla de la relación con sus padres: "___Mis___ padres me apoyan muchísimo cuando estoy de gira".

2 **¿Es tuyo...?** Escribe preguntas con **ser** y contéstalas usando el pronombre posesivo que corresponde a la(s) persona(s) indicada(s). Sigue el modelo.

> **Modelo** **tú / libro / yo**
> —¿Es tuyo este libro?
> —Sí, es mío.

1. ustedes / revistas / nosotros
   ___¿Son suyas estas revistas?___
   ___Sí, son nuestras.___

2. nosotros / periódicos / yo
   ___¿Son nuestros estos periódicos?___
   ___No, son míos.___

3. ella / computadora / ella
   ___¿Es suya esta computadora?___
   ___Sí, es suya.___

4. tú / control remoto / ellos
   ___¿Es tuyo este control remoto?___
   ___No, es suyo.___

3 **Almuerzo** Durante la hora del almuerzo, tres compañeros de trabajo tratan de conocerse mejor. Completa el diálogo con los posesivos adecuados. Cuando sea necesario, añade también el artículo definido correspondiente.

AGUSTÍN (1) ___Mi___ esposa es locutora de radio y tiene un programa para niños.

MANUEL (2) ___La mía___ es redactora en el periódico *El Financiero*.

JUAN Yo soy soltero y vivo con (3) ___mis___ padres y (4) ___mi___ hermano.

MANUEL (5) ___Mis___ películas favoritas son las de acción. ¿Y (6) ___las suyas___?

JUAN A mí no me gusta el cine.

AGUSTÍN A mí tampoco, pero a (7) ___mi___ esposa le gustan las películas clásicas. Afortunadamente las ve con (8) ___su___ hermana.

JUAN (9) ___Mi___ pasatiempo favorito es la música.

MANUEL ¡Ahh! ¿Es (10) ___tuya___ la guitarra que vi en la oficina?

JUAN Sí, es (11) ___mía___. Después del trabajo, nos reunimos en la casa de un amigo (12) ___mío___ y tocamos un poco. A (13) ___mis___ amigos y a mí nos gusta el rock. (14) ___Nuestros___ músicos preferidos son...

AGUSTÍN ¡No te molestes en nombrarlos! No sé nada de música.

MANUEL Parece que (15) ___nuestros___ gustos son muy distintos.

3.5 # Demonstrative adjectives and pronouns

- Demonstrative adjectives (**adjetivos demostrativos**) specify to which noun a speaker is referring. They precede the nouns they modify and agree in gender and number.

este anuncio
this advertisement

esa tira cómica
that comic strip

aquellos periódicos
those newspapers
(over there)

Demonstrative adjectives

singular		plural		
masculine	feminine	masculine	feminine	
este	esta	estos	estas	*this; these*
ese	esa	esos	esas	*that; those*
aquel	aquella	aquellos	aquellas	*that; those (over there)*

- Spanish has three sets of demonstrative adjectives. Forms of **este** are used to point out nouns that are close to the speaker and the listener. Forms of **ese** modify nouns that are not close to the speaker, though they may be close to the listener. Forms of **aquel** refer to nouns that are far away from both the speaker and the listener.

No me gustan **estos** zapatos.

Prefiero **esos** zapatos.

Aquel coche es de Ana.

- Demonstrative pronouns (**pronombres demostrativos**) are identical to demonstrative adjectives, except that they carry an accent mark on the stressed vowel. They agree in gender and number with the nouns they replace.

¿Quieres comprar esta **radio**?
Do you want to buy this radio?

No, no quiero **ésta**. Quiero **ésa**.
No, I don't want this one. I want that one.

¿Leíste estos **libros**?
Did you read these books?

No leí **éstos**, pero sí leí **aquéllos**.
I didn't read these, but I did read those (over there).

- There are three neuter demonstrative pronouns: **esto, eso,** and **aquello**. These forms refer to unidentified or unspecified things, situations, or ideas. They do not vary in gender or number and they never carry an accent mark.

¿Qué es **esto**?
What is this?

Eso es interesante.
That's interesting.

Aquello es bonito.
That's pretty.

Práctica

1 **La diva** La famosa actriz de cine Lucía Mirabal tiene gustos muy particulares. Responde negativamente a las preguntas sobre la actriz. Usa las pistas entre paréntesis y las formas correctas de los adjetivos demostrativos.

> **Modelo** **¿Llevó esta camisa? (vestido)**
> No, llevó este vestido.

1. ¿Se va a sentar en esa silla? (sofá)

   No, se va a sentar en ese sofá.

2. ¿Quiere probar estos sándwiches? (langosta)

   No, quiere probar esta langosta.

3. ¿Decidió hablar con ese reportero? (locutora)

   No, decidió hablar con esa locutora.

4. ¿Llevará aquel suéter? (chaqueta negra)

   No, llevará aquella chaqueta negra.

2 **En el centro comercial** Completa las oraciones con los adjetivos y pronombres demostrativos que correspondan en cada caso.

1. Quiero comprar ___ese___ reproductor de MP3 que está a tu derecha.
2. No queremos ___esta___ computadora que nos muestras, sino ___aquélla___ de más atrás.
3. Hay rebajas en ___estos___ libros y revistas que yo estoy mirando, pero no en ___ésos___ que tienes ahí.
4. Compra alguna de ___esas___ películas en DVD que tienes a tu izquierda.
5. Yo voy a escoger ___esta___ película de aquí, que está a mitad de precio.
6. Antes de irnos, vamos a comer algo en ___aquel___ restaurante de la otra esquina.
7. ¡Me he quedado sin dinero! ___Esto___ no puede seguir así: debo ser más cuidadoso.
8. No vayas a ___esa___ tienda de enfrente, que es muy cara; mejor pregunta en ___ésta___ de aquí al lado.

3 **No y no** Escribe un breve diálogo con las siguientes palabras, utilizando los adjetivos y pronombres que se indican. Answers may vary slightly.

> **Modelo** **Ustedes / querer comprar / libros (este/aquel)**
> —¿Ustedes quieren comprar estos libros o aquellos libros?
> —No queremos comprar ni éstos ni aquéllos.

1. tú / querer probarse / zapatos (este/ese)
   —¿Tú quieres probarte estos zapatos o esos zapatos?/—No quiero probarme ni éstos ni ésos.
2. ella / preferir / asiento (este/aquel)
   —¿Ella prefiere este asiento o aquel asiento?/—Ella no prefiere ni éste ni aquél.
3. Daniel y Agustina / buscar / película (ese/este)
   —¿Daniel y Agustina buscan esa película o esta película?/—Ellos no buscan ni ésa ni ésta.
4. niños / leer / novela (este/aquel)
   —¿Los niños leen esta novela o aquella novela?/—Los niños no leen ni ésta ni aquélla.
5. Carlos / vivir / departamento (este/ese)
   —¿Carlos vive en este departamento o en ese departamento?/—No vive ni en éste ni en ése.
6. nosotros / poder / ir / fiesta (este/ese)
   —¿Podemos ir a esta fiesta o a esa fiesta?/—No, no podemos/pueden ir ni a ésta ni a ésa.

To become: *hacerse, ponerse, volverse,* and *llegar a ser*

- Spanish has several verbs and phrases that mean *to become*. Many of these constructions make use of reflexive verbs.

- The construction **ponerse** + [*adjective*] expresses a change in mental, emotional or physical state that is generally not long-lasting.

  ¡No **te pongas histérico**!
  Don't get so worked up!

  La señora Urbina **se pone muy feliz** cuando su familia la visita.
  Mrs. Urbina gets so happy when her family comes to visit.

- **Volverse** + [*adjective*] expresses a radical mental or psychological change. It often conveys a gradual or irreversible change in character. In English this is often expressed as *to have become* + [*adjective*].

  ¿**Te has vuelto loca**?
  Have you gone mad?

  Durante los últimos años, mi primo **se ha vuelto insoportable**.
  In recent years, my cousin has become unbearable.

- **Hacerse** can be followed by a noun or an adjective. It often implies a change that results from the subject's own efforts, such as changes in profession or social and political status.

  El yerno de doña Lidia **se ha hecho bailarín** de tango.
  Doña Lidia's son-in-law has become a tango dancer.

  Mi bisabuelo **se hizo rico** a pesar de haber salido de su patria sin un solo centavo.
  My great-grandfather became wealthy despite having left his homeland without a penny in his pocket.

- **Llegar a ser** may also be followed by a noun or an adjective. It indicates a change over time and does not imply the subject's voluntary effort.

  La novela que escribió el año pasado **ha llegado a ser** un *best seller*.
  The novel that he wrote last year has become a best-seller.

- There are often reflexive verb equivalents for **ponerse** + [*adjective*]. Note that when used with object pronouns instead of reflexive pronouns, such verbs convey that another person or thing is imposing a mental, emotional, or physical state on someone else.

ponerse alegre → **alegrarse**	**ponerse deprimido/a** → **deprimirse**
ponerse furioso/a → **enfurecerse**	**ponerse triste** → **entristecerse**

  La llegada de la primavera **me pone alegre / me alegra**.
  The arrival of spring makes me happy.

  Cuando pienso en la muerte, **me pongo triste / me entristezco**.
  When I think about death, I get sad.

Práctica

1 **Seleccionar** Selecciona la opción correcta para cada frase.

1. Siempre (se pone – se vuelve) nervioso cuando está frente a sus suegros.

2. Antes mi hijo era sumiso, pero con el tiempo (se puso – se volvió) muy rebelde.

3. Nunca (se pone – se vuelve) triste cuando está con su familia.

4. Después de quedarse viudo, (se puso – se volvió) un hombre solitario.

2 **Completar** Completa las oraciones utilizando la forma correcta de **volverse, llegar a ser, hacerse y ponerse.** Answers will vary.

1. Con los años, mi sobrino _____.

2. Tras la muerte de mi abuelo, sus pinturas _____.

3. Ángela antes era contadora, pero ahora _____.

4. Como no llegamos a tiempo con la entrega del proyecto, mi profesor _____.

5. A causa de problemas de salud, Eduardo _____.

6. Después de perder nuestro trabajo, nosotros _____.

7. Ana y Eva no se conocían antes del viaje. Desde entonces _____.

8. Cuando se casó su hija, Alberto _____.

3 **Historias de familia** Completa las oraciones con la forma correcta de las expresiones de la lista. Answers may vary. Suggested answers.

> deprimirse | hacerse | llegar a ser | ponerse | volverse

1. Mi prima y su vecina _se han hecho_ muy amigas.

2. Mi cuñado _ha llegado a ser_ el hombre más famoso de la ciudad.

3. Mi primo _se volvió_ loco después de ese viaje en el ascensor.

4. Mis sobrinas _se pusieron_ muy tristes al despedirse.

5.4

Qué vs. *cuál*

- The interrogative words **¿qué?** and **¿cuál(es)?** can both mean *what/which*, but they are not interchangeable.

- **Qué** is used to ask for general information, explanations, or definitions.

  ¿Qué es la lluvia ácida?
  What is acid rain?

  ¿Qué dijo?
  What did she say?

- **Cuál(es)** is used to ask for specific information or to choose from a limited set of possibilities. When referring to more than one item, the plural form **cuáles** is used.

  ¿Cuál es el problema?
  What is the problem?

  ¿Cuáles son tus animales favoritos?
  What are your favorite animals?

  ¿Cuál de los dos prefieres,
  el desierto o el bosque?
  *Which of these (two) do you
  prefer, the desert or the forest?*

  ¿Cuáles escogieron, los rojos o
  los azules?
  *Which ones did they choose,
  the red or the blue?*

- Often, either **qué** or **cuál(es)** may be used in the same sentence, but the meaning is different.

  ¿Qué quieres comer
  de postre?
  *What do you want to eat
  for dessert?*

  Tengo una manzana y una naranja.
  ¿Cuál quieres comer de postre?
  *I have an apple and an orange. Which
  one do you want to eat for dessert?*

- **Cuál(es)** is not used before nouns. **Qué** is used instead, regardless of the type of information requested.

  ¿Qué ideas tienen ustedes?
  What ideas do you have?

  ¿Peligro? ¿Qué peligro?
  Danger? What danger?

  ¿Qué regalo te gusta más?
  Which gift do you like better?

  ¿Qué libros leyeron este verano?
  Which books did you read this summer?

- **Qué** and **cuál(es)** are sometimes used in declarative sentences that imply a question or unknown information.

  No sé **qué** hacer.
  I don't know what to do.

  No sé **cuál** de los dos escoger.
  I don't know which of the two to choose.

  Elena quiere saber **qué** pasó ayer
  por la mañana.
  *Elena wants to know what
  happened yesterday morning.*

  Él me preguntó **cuál** de las dos
  películas prefería.
  *He asked me which of the two
  movies I preferred.*

- **Qué** is also used frequently in exclamations. In this case it means *What...!* or *How...!*

  Señor Acosta, **¡qué** gusto verlo de nuevo!
  Mr. Acosta, a pleasure to see you again!

  Mira esa luna llena, **¡qué** bella!
  Look at that full moon. How beautiful!

  ¡Qué niño más irresponsable!
  What an irresponsible child!

  ¡Qué triste te ves!
  How sad you look!

Práctica

1 **Elige** Lee las preguntas y elige la opción correcta para cada una.

	¿Qué	¿Cuál	¿Cuáles	
1.	☐	☒	☐	... de los dos es tu conejo?
2.	☒	☐	☐	... tipo de ave te gusta más?
3.	☒	☐	☐	... es la deforestación?
4.	☐	☐	☒	... son los problemas que te preocupan más?
5.	☐	☒	☐	... es tu lugar favorito?
6.	☒	☐	☐	... parques están contaminados?
7.	☐	☐	☒	... usaron, las limpias o las contaminadas?

2 **Completar** Completa las preguntas con **¿qué?** o **¿cuál(es)?**, según el contexto.

1. ¿___Cuál___ de los dos paisajes es tu favorito?

2. ¿___Qué___ piensas del calentamiento global?

3. ¿___Cuáles___ son tus animales favoritos?

4. ¿___Qué___ haces para proteger el medio ambiente?

5. ¿___Qué___ problema ecológico es el más importante?

6. ¿___Cuáles___ son tus ovejas, las blancas o las negras?

7. ¿___Cuál___ es tu opinión sobre la deforestación de nuestros bosques?

8. ¿___Qué___ fuentes alternativas de energía usas?

9. ¿___Cuáles___ son las especies que están en peligro de extinción?

3 **Preguntas** Usa **¿qué?** o **¿cuál(es)?** para escribir la pregunta correspondiente a cada respuesta. Some answers may vary slightly.

1. ¿Cuál es el animal que más te gusta? _____

   El animal que más me gusta es el león.

2. ¿Qué quieres hacer este fin de semana? _____

   Este fin de semana quiero disfrutar del mar y el sol.

3. ¿Cuáles son tus pasatiempos favoritos? _____

   Mis pasatiempos favoritos son nadar y salir con mis amigos.

4. ¿Qué opinas de la contaminación de los mares? _____

   Opino que la contaminación de los mares debe detenerse.

5. ¿Cuáles son las botellas que vamos/van a reciclar? _____

   Éstas son las botellas que vamos a reciclar.

6. ¿Cuál es el plato favorito de Rosa? _____

   El plato favorito de Rosa es el pollo con papas.

5.5

The neuter *lo*

- The definite articles **el, la, los,** and **las** modify masculine or feminine nouns. The neuter article **lo** is used to refer to concepts that have no gender.

*Me están volviendo loco. ¡Eso es **lo** que pasa!*

- In Spanish, the construction **lo** + [*masculine singular adjective*] is used to express general characteristics and abstract ideas. The English equivalent of this construction is *the* + [*adjective*] + *thing*.

> **Lo difícil** es promover el desarrollo económico sin contaminar.
> *The difficult thing is to promote economic development without polluting.*

> Este río está muy contaminado; **lo bueno** es que los vecinos
> se han organizado para limpiarlo bien y salvar los peces.
> *This river is very polluted; the good thing is that the neighbors
> have organized themselves to clean it well and save the fish.*

- To express the idea of *the most* or *the least,* **más** and **menos** can be added after **lo**. **Lo mejor** and **lo peor** mean *the best/worst* (*thing*).

> Para proteger el medio ambiente, **lo más importante** es conservar los recursos.
> *To protect the environment, the most important thing is to conserve resources.*

> ¡Aún no te he contado **lo peor** del viaje!
> *I still haven't told you about the worst part of the trip!*

- The construction **lo** + [*adjective* or *adverb*] + **que** is used to express the English *how* + [*adjective*]. In these cases, the adjective agrees in number and gender with the noun it modifies.

lo + [*adjective*] + **que**	**lo** + [*adverb*] + **que**
¿No te das cuenta de **lo bella que** eres?	Recuerda **lo bien que** te fue en su clase.
Don't you realize how beautiful you are?	*Remember how well you did in his class.*

- **Lo que** is equivalent to the English *what, that, which.* It is used to refer to an abstract idea, or to a previously mentioned situation or concept.

> ¿Qué fue **lo que** más te gustó de tu viaje a Ecuador?
> *What was the thing that you enjoyed most about your trip to Ecuador?*

> **Lo que** más me gustó fue el paisaje.
> *The thing I liked best was the scenery.*

¡ATENCIÓN!

The phrase **lo** + [*adjective or adverb*] + **que** may be replaced by **qué** + [*adjective* or *adverb*].

No sabes *qué difícil* es hablar con él.
You don't know how difficult it is to talk to him.

Fíjense en *qué pronto* agotaremos los recursos.
Just think about how soon we'll use up our resources.

Práctica

1 **Completar** Completa las oraciones con **lo** o **lo que**.

1. Las grandes empresas no quieren aceptar ___lo que___ les piden los ecologistas.

2. ___Lo___ más peligroso es la destrucción de la capa de ozono.

3. ¿Me cuentas ___lo que___ se decidió en la reunión del grupo de conservación de parques?

4. ___Lo___ malo es que no se puede ver el paisaje desde aquí.

5. ___Lo que___ piden sus hijos es que deje de cazar animales.

6. ___Lo___ positivo del proyecto es que vamos a tener muchos más árboles en la ciudad.

7. ___Lo que___ me gusta de este lugar es que se respira aire puro.

2 **Opiniones** Combina las frases para formar oraciones que contengan la estructura **lo** + [*adjetivo/adverbio*] + **que**.

> **Modelo** parecer mentira / qué poco te preocupas por el medio ambiente
> Parece mentira lo poco que te preocupas por el medio ambiente.

1. asombrarme / qué lejos está el centro de reciclaje

   Me asombra lo lejos que está el centro de reciclaje.

2. sorprenderme / qué obediente es tu gato

   Me sorprende lo obediente que es tu gato.

3. no poder creer / qué contaminado está el lago

   No puedo creer lo contaminado que está el lago.

4. ser increíble / qué bien se vive en este pueblo

   Es increíble lo bien que se vive en este pueblo.

5. ser una sorpresa / qué limpio conservan este bosque

   Es una sorpresa lo limpio que conservan este bosque.

3 **La mascota** Julián se va de vacaciones y le ha pedido a su amigo Sergio que cuide de su mascota (*pet*). Usa frases de la lista para completar las recomendaciones que le da Julián a Sergio.

lo contaminado que	lo mejor	lo potable
lo interesante que	lo peor	lo que más
lo más		lo rápido que

1. ___Lo que más___ le gusta es tomar el sol.

2. ___Lo más___ difícil es darle su ducha diaria.

3. Es increíble ___lo interesante que___ es vivir con él.

4. ___Lo mejor___ es cuando te despierta por las mañanas.

5. Ya verás ___lo rápido que___ se hacen amigos.

6. ___Lo peor___ es que lo voy a extrañar mucho.

6.4 Adverbs

- Adverbs (**adverbios**) describe *how, when,* and *where* actions take place. They usually follow the verbs they modify and precede adjectives or other adverbs.

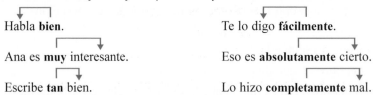

Habla **bien**.

Ana es **muy** interesante.

Escribe **tan** bien.

Te lo digo **fácilmente**.

Eso es **absolutamente** cierto.

Lo hizo **completamente** mal.

- Many Spanish adverbs are formed by adding the suffix **–mente** to the feminine singular form of an adjective. The **–mente** ending is equivalent to the English *-ly.*

Adjective	Feminine form	Suffix	Adverb
básico	básica	-mente	**básicamente** *basically*
cuidadoso	cuidadosa	-mente	**cuidadosamente** *carefully*
enorme	enorme	-mente	**enormemente** *enormously*
hábil	hábil	-mente	**hábilmente** *cleverly; skillfully*

- If two or more adverbs modify the same verb, only the final adverb uses the suffix **–mente**.

Se marchó **lenta** y **silenciosamente**.
He left slowly and silently.

Lo explicó **clara** y **cuidadosamente**.
She explained it clearly and carefully.

- The construction **con** + [*noun*] is often used instead of long adverbs that end in **–mente**.

cuidadosamente = con cuidado

frecuentemente = con frecuencia

- Here are some common adverbs and adverbial phrases:

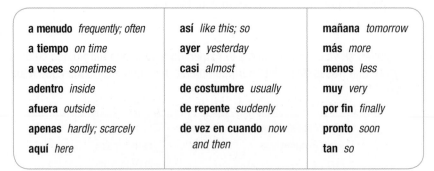

a menudo *frequently; often*	**así** *like this; so*	**mañana** *tomorrow*
a tiempo *on time*	**ayer** *yesterday*	**más** *more*
a veces *sometimes*	**casi** *almost*	**menos** *less*
adentro *inside*	**de costumbre** *usually*	**muy** *very*
afuera *outside*	**de repente** *suddenly*	**por fin** *finally*
apenas *hardly; scarcely*	**de vez en cuando** *now and then*	**pronto** *soon*
aquí *here*		**tan** *so*

A veces salimos a tomar un café.
Sometimes we go out for coffee.

Casi terminé el libro.
I almost finished the book.

- The adverbs **poco** and **bien** frequently modify adjectives. In these cases, **poco** is often the equivalent of the English prefix *un-*, while **bien** means *well, very, rather* or *quite.*

La situación está **poco** clara.
The situation is unclear.

El plan estuvo **bien** pensado.
The plan was well thought out.

Práctica

1 **Adverbios** Escribe el adverbio que se deriva de cada adjetivo.

1. básico _básicamente_
2. feliz _felizmente_
3. fácil _fácilmente_
4. inteligente _inteligentemente_
5. alegre _alegremente_

6. común _comúnmente_
7. injusto _injustamente_
8. asombroso _asombrosamente_
9. insistente _insistentemente_
10. silencioso _silenciosamente_

2 **Instrucciones para ser feliz** Completa cada oración de forma lógica con un adverbio derivado de un adjetivo de la lista.

cuidadoso	frecuente	malo	triste
enorme	inmediato	tranquilo	último

1. Tienes que amar a tu pareja _enormemente_.
2. Haz ejercicio _frecuentemente_.
3. Debes gastar el dinero _cuidadosamente_.
4. Si eres injusto/a con alguien, debes pedir perdón _inmediatamente_.
5. Desayuna todas las mañanas _tranquilamente_.

3 **Recomendaciones** Los padres de Mario y Paola salieron de viaje por dos semanas. Lee las recomendaciones que les dejaron a los chicos pegadas en el refrigerador. Completa los espacios con un adverbio o expresión adverbial de la lista.

a menudo	adentro	así	mañana
a tiempo	afuera	de vez en cuando	tan

Lunes, 19 de octubre

1. Pasar la aspiradora _a menudo_. (¡Todos los días!)

2. Si llueve, meter los muebles del jardín _adentro_.

3. Llegar a la escuela _a tiempo_.

4. _Mañana_, llevar a Botitas al veterinario para su cita.

5. Dejar que el gato juegue _afuera_ si no llueve.

6. Sólo ir _de vez en cuando_ al centro comercial.

6.5

Diminutives and augmentatives

- Diminutives and augmentatives (**diminutivos y aumentativos**) are frequently used in conversational Spanish. They emphasize size or express shades of meaning like affection or ridicule. Diminutives and augmentatives are formed by adding a suffix to the root of nouns or adjectives (which agree in gender and number), and occasionally adverbs.

- The most common diminutive suffixes are forms of **–ito/a** and **–illo/a**.

> **Huguillo**, ¿me traes un **cafecito** con unos **panecillos**?
> *Little Hugo, would you bring me a little cup of coffee with a few rolls?*

> **Ahorita**, **abuelita**, se los preparo **rapidito**.
> *Right away, Granny, I'll have them ready in a jiffy.*

- Most words form the diminutive by adding **–ito/a** or **–illo/a**. For words ending in vowels (except **–e**), the last vowel is dropped before the suffix.

bajo → **baj**ito *very short; very quietly*	ventana → **ventan**illa *little window*
Miguel → **Miguel**ito *Mikey*	campana → **campan**illa *handbell*

- Most words that end in **–e, –n,** or **–r** use the forms **–cito/a** or **–cillo/a**. However, one-syllable words often use **–ecito/a** or **–ecillo/a**.

Carmen → **Carmen**cita *little Carmen*	pan → **pan**ecillo *roll*
amor → **amor**cito *sweetheart*	pez → **pec**ecito *little fish*

- The most common augmentative suffixes are forms of **–ón/–ona, –ote/–ota,** and **–azo/–aza**.

> Hijo, ¿por qué tienes ese **chichonazo** en la cabeza?
> *Son, how'd you get that huge bump on your head?*

> Le dije *panzón* al **gordote** de la otra cuadra, ¡y me dio un **golpetazo**!
> *I said* Fatty *to the big fat guy from the next block, and he really socked me one!*

- Most words form the augmentative by simply adding the suffix to the word. For words ending in vowels, the final vowel is usually dropped.

hombre → **hombr**ón *big man; tough guy*	casa → **cas**ona *big house; mansion*
perro → **perr**azo *big, scary dog*	palabra → **palabr**ota *swear word*

- Note that many feminine nouns become masculine in the augmentative when the suffix **–ón** is used, unless they refer specifically to someone's gender.

la silla → el **sill**ón *armchair*	la mujer → la **mujer**ona *big woman*
la mancha → el **manch**ón *large stain*	la soltera → la **solter**ona *old maid*

- In regions where diminutives and augmentatives are used heavily in conversational Spanish, double endings are frequently used for additional emphasis.

chico/a → **chiquito/a** → **chiquitito/a**	grande → **grandote/a** → **grandotote/a**

- Some words change meaning completely when a suffix is added.

manzana → **manzanilla**	pera → **perilla**
apple *camomile*	*pear* *goatee*

¡ATENCIÓN!

Diminutive and augmentative suffixes may vary from one region to another, and sometimes convey different meanings or connotations. For example, while **–ito/a** and **–illo/a** may both mean *small,* **–ito/a** may imply *cute, nice,* or *dear,* while **–illo** may be used lightly, depreciatively, or for things of little importance.

¡Ay, qué perrito más lindo!
Oh, what a cute little puppy!

¡Ay, qué perrillo más feo!
Oh, what an ugly little mutt!

¡ATENCIÓN!

Note the following spelling changes:

chico → **chiquillo**
amigo → **amiguito**
agua → **agüita**
luz → **lucecita**

¡ATENCIÓN!

The masculine suffix **–azo** can also mean *blow* or *shot.*

flecha → **flechazo** *arrow wound; love at first sight*
rodilla → **rodillazo** *a blow to the knee*

The letters **–t–** or **–et–** are occasionally added to the beginning of augmentative endings.

reggae → **reggaetón**
guapa → **guapetona**
golpe → **golpetazo**

¡ATENCIÓN!

For words ending in **–s** (singular or plural), diminutive and augmentative endings precede the final **–s**.

besos → **besitos**

Práctica

1 **La carta** Completa el párrafo con la forma indicada de cada palabra. Haz los cambios que creas necesarios.

Querido (1) __nietecito /nietito__ (nieto, –ito):

Cuando yo era (2) __pequeñito__ (pequeño, –ito) como tú, jugaba siempre en la calle. Mi (3) __abuelita__ (abuela, –ita) me decía que no fuera con los (4) __amigotes__ (amigos, –ote) de mi hermano porque ellos eran mayores que yo y eran (5) __hombrones__ (hombres, –ón). Yo entonces, era muy (6) __cabezón__ (cabeza, –ón) y nunca hacía lo que ella decía. Una tarde, estaba jugando al fútbol, y uno de ellos me dio un (7) __rodillazo__ (rodilla, –azo) que me rompió la (8) __narizota__ (nariz, –ota). Nunca más jugué con ellos, y desde entonces, sólo salí con mis (9) __amiguitos__ (amigos, –ito). Espero que me vengas a visitar (10) __prontito__ (pronto, –ito).

Tu abuelo César

2 **Completar** Completa las oraciones con el aumentativo o diminutivo que corresponde a la definición entre paréntesis.

1. ¿Por qué no les gusta a los profesores que los estudiantes digan __palabrotas__ (palabras feas y desagradables)?

2. El __perrito__ (perro pequeño) de mi novia es muy lindo y amistoso.

3. Ese abogado tiene una buena __narizota__ (nariz grande) para adivinar los problemas de sus clientes.

4. Mis abuelos viven en una __casona__ (casa grande) muy vieja.

5. La cantante Samantha siempre lleva una __florecita__ (flor pequeña) en el cabello.

6. El presidente del partido tiene una excelente __cabezota__ (cabeza grande) para memorizar sus discursos.

7. A mi __hermanita__ (hermana menor) le fascina ir a la playa y hacer excursiones en el campo.

3 **¿Qué palabra es?** Combina las palabras para formar diminutivos y aumentativos.

1. muy grande __grandote/a__
2. lago pequeño __laguito__
3. cuarto grande y amplio __cuartote__
4. sillas para niños __sillitas__
5. libro grande y grueso __librote__
6. gato bebé __gatito__
7. hombre alto y fuerte __hombrón__
8. muy cerca __cerquita__
9. abuelo querido __abuelito__
10. soldados de juguete __soldaditos__

The present perfect

*Siempre **hemos tenido** un carro rojo.*

- In Spanish, as in English, the present perfect tense (**el pretérito perfecto**) expresses what *has happened*. It generally refers to recently completed actions or to a past that still bears relevance in the present.

    La gerente **ha cambiado** mi horario de trabajo dos veces este mes.
    The manager has changed my work schedule twice this month.

    Josefina se jubiló el año pasado, pero aún no **ha decidido** qué va a hacer.
    Josefina retired last year, but she still hasn't decided what she is going to do.

- Form the present perfect with the present tense of the verb **haber** and a past participle. Regular past participles are formed by adding **–ado** to the stem of **–ar** verbs, and **–ido** to the stem of **–er** and **–ir** verbs.

The present perfect		
comprar	beber	recibir
he comprado	he bebido	he recibido
has comprado	has bebido	has recibido
ha comprado	ha bebido	ha recibido
hemos comprado	hemos bebido	hemos recibido
habéis comprado	habéis bebido	habéis recibido
han comprado	han bebido	han recibido

TALLER DE CONSULTA

When used as adjectives (**la puerta** *abierta*, **los documentos** *escritos*), past participles must agree in number and gender with the noun or pronoun they modify. See this **Manual de gramática, p. 282.**

While English speakers often use the present perfect to express actions that *continue* into the present time, Spanish uses the phrase **hace** + [*period of time*] + **que** + [*present tense*]. See this **Manual de gramática, p. 276.**

- Note that past participles do not change form in the present perfect tense.

    No **he recibido** la tarjeta de débito. Mis hijos no **han recibido** las suyas tampoco.
    I haven't received the debit card. My children haven't received theirs, either.

    No se la **hemos mandado** porque el contador no **ha mandado** el correo todavía.
    We haven't sent it to you because the accountant hasn't sent the mail yet.

- To express that something *has just happened*, use **acabar de** + [*infinitive*], not the present perfect.

    Le **acabamos de ofrecer** el puesto.
    We have just offered him/her the position.

- When the stem of an **–er** or **–ir** verb ends in **a, e,** or **o**, the past participle requires a written accent (**–ído**) to maintain the correct stress. No accent mark is needed for stems ending in **u**.

  ca-er → caído   le-er → leído

  o-ír → oído   constru-ir → construido

  Ha leído *toda la tarde en el parque.*

- Several verbs have irregular past participles.

abrir	abierto	morir	muerto
cubrir	cubierto	poner	puesto
decir	dicho	resolver	resuelto
descubrir	descubierto	romper	roto
escribir	escrito	ver	visto
hacer	hecho	volver	vuelto

  He escrito varias veces al gerente. ¿Por qué no me **ha abierto** la cuenta?
  I have written the manager several times. Why hasn't he opened the account for me?

  Hablé con el gerente y ya **hemos resuelto** el problema.
  I spoke with the manager, and we have already resolved the problem.

- In the present perfect, pronouns and the word **no** precede the verb **haber**.

  ¿Por qué **no has depositado** más dinero en tu cuenta de ahorros?
  Why haven't you deposited more money in your savings account?

  Porque ya **lo he invertido** en la bolsa de valores.
  Because I have already invested it in the stock market.

  Desde ese día **no nos hemos vuelto** *a ver.*

Point out that whereas in English adverbs are frequently placed between the auxiliary verb and the past participle, in Spanish they are placed either before **haber** or after the participle. Ex:
Ya ha llegado./ Ha llegado ya.
She has already arrived.

Práctica

1

Mentiras La directora de una empresa habla con su secretario. Completa el diálogo con las formas del pretérito perfecto de los verbos entre paréntesis.

DIRECTORA ¿Dónde (1) __has estado__ (estar) tú toda la mañana y qué (2) __has hecho__ (hacer) con mi computadora portátil?

SECRETARIO Ay, (yo) (3) __he tenido__ (tener) la peor mañana de mi vida... Resulta que ayer fui a cinco bancos con su computadora portátil y creo que la olvidé en alguna parte.

DIRECTORA Me estás mintiendo, en realidad la (4) __has roto__ (romper), ¿no?

SECRETARIO No, no la (5) __he roto__ (romper); la (6) __he perdido__ (perder). Por eso esta mañana (7) __he vuelto__ (volver) a todos los bancos y le (8) __he preguntado__ (preguntar) a todo el mundo si la (9) __ha visto__ (ver).

DIRECTORA ¿Y?

SECRETARIO Todos los gerentes me (10) __han dicho__ (decir) que vuelva mañana.

2

Completar Escribe oraciones completas usando los elementos dados. Cambia los verbos a pretérito perfecto.

1. Carlos / decirle / la verdad a su novia
   Carlos le ha dicho la verdad a su novia.

2. ustedes / encontrar / la solución al problema
   Ustedes han encontrado la solución al problema.

3. nosotros / escribirles / postales a nuestros amigos
   Nosotros les hemos escrito postales a nuestros amigos.

4. mis padres / oír / las noticias
   Mis padres han oído las noticias.

5. tú / abrir / la puerta de la casa
   Tú has abierto la puerta de la casa.

6. yo / poner / la mesa
   Yo he puesto la mesa.

3

¿Qué has hecho? Escribe una oración indicando si has hecho o no cada actividad. Si no la has hecho, añade más información.

Modelo **ir a Bolivia**
No he ido a Bolivia, pero he viajado a Paraguay.

1. viajar a un país hispanohablante
2. ganar la lotería
3. estar bajo presión
4. estar en bancarrota
5. comer caracoles (*snails*)
6. ahorrar diez mil dólares
7. conocer al presidente del país
8. estar despierto/a por más de dos días
9. tener una entrevista de trabajo
10. enfermarse durante unas vacaciones

4 **Empleo** Juan Carlos le cuenta a su amigo Marcos todo lo que ha hecho hasta ahora para buscar un empleo como programador. Pon en orden cronológico lo que ha hecho y luego escribe lo que Juan Carlos le cuenta a Marcos utilizando el pretérito perfecto.

Modelo **Primero he...**

_3, 2_	a. leer los anuncios del diario	_4_	d. enviar el currículum vitae
_6_	b. entrevistarme con el gerente	_5_	e. planear una entrevista con el gerente
_2, 3_	c. escribir un currículum vitae (*résumê*)	_1_	f. estudiar programas de computación en la universidad

5 **Lo que han hecho** Escribe oraciones con información real sobre las experiencias de los sujetos de la izquierda en cada una de las categorías de la derecha. Sigue el modelo.

Modelo **yo / los parques nacionales**
He visitado el Parque Nacional Madidi./
No he visitado el Parque Nacional Madidi.

- mis padres
- mi mejor amigo/a
- las personas famosas
- el gobierno
- mis hermanos/as y yo
- el rector de mi universidad
- yo

- otros países
- los deportes
- los idiomas extranjeros
- las compras
- la comida
- los empleos
- el cine

6 **Carta** Imagina que estás de vacaciones en Bolivia. Escribe una carta contándole a un(a) amigo/a qué actividades has realizado hasta ahora de acuerdo a los dibujos. Usa el pretérito perfecto y ¡sé creativo/a!

The present perfect subjunctive

*¡Espero que **hayas recordado** lavar la ropa!*

TALLER DE CONSULTA

To review the present and past subjunctive, see **3.1, pp. 94–96; 4.1, pp. 134–135; 6.1, pp. 210–211; and 6.2, pp. 214–215.**

- The present perfect subjunctive (**el pretérito perfecto del subjuntivo**) is formed with the present subjunctive of **haber** and a past participle.

The present perfect subjunctive		
cerrar	**perder**	**asistir**
haya cerrado	haya perdido	haya asistido
hayas cerrado	hayas perdido	hayas asistido
haya cerrado	haya perdido	haya asistido
hayamos cerrado	hayamos perdido	hayamos asistido
hayáis cerrado	hayáis perdido	hayáis asistido
hayan cerrado	hayan perdido	hayan asistido

Point out that all perfect tenses are formed with the verb **haber** (*to have*) and a past participle.

Review uses of the subjunctive and verbs that convey will, emotion, doubt, or uncertainty. Ex: **querer, alegrarse, dudar**, and so on.

- The present perfect subjunctive is used to refer to recently completed actions or past actions that still bear relevance in the present. It is used mainly in the subordinate clause of a sentence whose main clause expresses will, emotion, doubt, or uncertainty.

Present perfect indicative	**Present perfect subjunctive**
Luis **ha dejado** de usar su tarjeta de crédito.	No creo que Luis **haya dejado** de usar su tarjeta de crédito.
Luis has stopped using his credit card.	*I don't think Luis has stopped using his credit card.*

- Note the different contexts in which you must use the subjunctive tenses you have learned so far.

¡ATENCIÓN!

In a multiple-clause sentence, the choice of tense for the verb in the subjunctive depends on *when* the action takes place in each clause. The present perfect subjunctive is used primarily when the action of the main clause is in the present tense, but the action in the subordinate clause is in the past.

Present subjunctive	**Present perfect subjunctive**	**Past subjunctive**
Las empresas multinacionales **buscan** empleados que **hablen** varios idiomas.	**Prefieren** contratar a los que **hayan viajado** al extranjero.	Antes, casi todas **insistían** en que los solicitantes **tuvieran** cinco años de experiencia.
Multinational companies are looking for employees who speak several languages.	*They prefer to hire those who have traveled abroad.*	*In the past, almost all of them insisted that applicants have five years of experience.*

Práctica

1 **Preferencias** Anita es una chica muy particular. Lee sus preferencias y complétalas usando el verbo correcto de la lista en pretérito perfecto del subjuntivo.

estudiar	preocuparse	resolver	ser
luchar	publicar	respetar	vivir

1. Busco una compañera de cuarto que _____haya vivido_____ en el extranjero.
2. Prefiero salir con chicos que _____hayan estudiado_____ arquitectura o filosofía.
3. Necesito un abogado que _____haya sido_____ activista en sus años de juventud.
4. Quiero viajar a países que siempre _____hayan respetado_____ los derechos humanos de los ciudadanos.
5. Me interesa conocer a una persona que _____haya publicado_____ varios libros.
6. Deseo compartir mis ideas con personas que _____hayan luchado_____ por la paz internacional.
7. Quiero vivir en una ciudad que _____haya resuelto_____ los problemas de contaminación.
8. Quiero un gobierno que _____se haya preocupado_____ por proteger el medio ambiente.

2 **Seleccionar** Elige la opción correcta.

1. Es imposible que el nivel de desempleo (ha/**haya**) subido.
2. Prefieren contratar a un empleado que (ha/**haya**) trabajado en una empresa multinacional.
3. Estoy casi seguro de que el nuevo gerente se (**ha**/haya) aprendido todos nuestros nombres.
4. Busco al joven que (**ha**/haya) solicitado empleo en el Museo del Barro.
5. No creo que declarar la bancarrota (ha/**haya**) sido la mejor opción.

3 **Mentirosa** Tu amiga Isabel te ha llamado para contarte todos sus éxitos en España. Contesta diciéndole que no crees nada de lo que te dice. Usa el pretérito perfecto del subjuntivo y los verbos y expresiones de la lista.

No creo	Es imposible	No es cierto
Dudo	Es improbable	No es probable

Isabel	Tú
1. He ido de compras con Leticia Ortiz, la futura reina de España.	1. _____
2. Mi jefe me ha aumentado el sueldo un cien por ciento.	2. _____
3. Mi compañía me ha declarado la mejor empleada del año.	3. _____
4. El rey Juan Carlos ha visitado la oficina donde trabajo.	4. _____
5. El gerente me ha pedido que me quede en España para siempre.	5. _____

Nota
CULTURAL

El **Centro de Artes Visuales**, en **Asunción, Paraguay**, es el resultado de la unión de tres museos: el **Museo del Barro**, que presenta colecciones de arte popular; el **Museo de Arte Indígena**, que muestra colecciones de arte de las diferentes etnias y el **Museo Paraguayo de Arte Contemporáneo**, que exhibe obras de arte urbano iberoamericano.

3 As a follow-up activity, have students use the present perfect to write a similar list about themselves. At least two of the items on the list should be untrue. Have them exchange lists with a partner and repeat the activity, trying to guess which statements are true and which are false. Remind students to use the present perfect indicative if they believe the statement and the present perfect subjunctive if they do not. Ex: **Estoy seguro de que has ido a Nueva York, pero no creo que hayas viajado al Polo Norte.**

The past perfect

- The past perfect tense (**el pluscuamperfecto**) is formed with the imperfect of **haber** and a past participle. As with other perfect tenses, the past participle does not change form.

The past perfect		
viajar	perder	incluir
había viajado	había perdido	había incluido
habías viajado	habías perdido	habías incluido
había viajado	había perdido	había incluido
habíamos viajado	habíamos perdido	habíamos incluido
habíais viajado	habíais perdido	habíais incluido
habían viajado	habían perdido	habían incluido

- In Spanish, as in English, the past perfect expresses what someone *had done* or what *had occurred* before another action or condition in the past.

Decidí comprar una cámara digital nueva porque la vieja se me **había roto** varias veces.

I decided to buy a new digital camera because the old one had broken several times.

Cuando por fin les dieron la patente, otros ingenieros ya **habían inventado** una tecnología mejor.

When they were finally given the patent, other engineers had already invented a better technology.

- **Antes, aún, nunca, todavía,** and **ya** are often used with the past perfect to indicate that one past action occurred before another. Note that these adverbs, as well as pronouns and the word **no,** may not come between **haber** and the past participle.

*Cuando Alina llegó a la estación, el tren **ya** se **había ido.***

Cuando apagué la computadora, **aún no había guardado** el documento. ¡Lo perdí!

When I shut off the computer, I hadn't yet saved the document. I lost it!

Ya me **había explicado** la teoría, pero no la entendí hasta que vi el experimento.

He had already explained the theory to me, but I didn't understand it until I saw the experiment.

Nunca había visto una estrella fugaz tan luminosa **antes.**

I had never seen such a bright shooting star before.

Los ovnis **todavía no habían aterrizado,** pero los terrícolas ya estaban corriendo.

The UFOs hadn't yet landed, but the Earthlings were already running.

Práctica

1 **Completar** Jorge Báez, un médico dedicado a la genética, ha recibido un premio por su trabajo. Completa su discurso de agradecimiento con el pluscuamperfecto.

Muchas gracias por este premio. Recuerdo que antes de cumplir doce años ya
(1) _había decidido_ (decidir) ser médico. A esa edad, mi madre ya me (2) _había llevado_ (llevar)
al hospital donde ella trabajaba y recuerdo que la primera vez me (3) _habían fascinado_
(fascinar) los médicos vestidos de blanco. Luego, cuando cumplí veintiséis
años, ya me (4) _había pasado_ (pasar) tres años estudiando las propiedades de los genes
humanos, en especial desde que (5) _había visto_ (ver) un programa en la televisión
sobre la clonación. Cuando terminé mis estudios de postgrado, ya se
(6) _habían hecho_ (hacer) grandes adelantos científicos…

2 **Explicación** Reescribe las oraciones usando el pluscuamperfecto.

> **Modelo** **Me duché a las 7:00. Antes de ducharme hablé con mi hermano.**
> Ya había hablado con mi hermano antes de ducharme.

1. Salí de casa a las 8:00. Antes de salir de casa miré mi correo electrónico.
   Ya había mirado mi correo electrónico antes de salir de casa.
2. Llegué a la oficina a las 8:30. Antes de llegar a la oficina tomé un café.
   Ya había tomado un café antes de llegar a la oficina.
3. Se apagó la computadora a las 10:00. Guardé los documentos a las 9:55.
   Ya había guardado los documentos cuando se apagó la computadora.
4. Fui a tomar un café. Antes, comprobé que todo estaba bien.
   Ya había comprobado que todo estaba bien cuando fui a tomar un café.

3 **Informe** Eres policía y debes preparar un informe sobre este accidente. Inventa una historia sobre lo que había ocurrido en las vidas de los personajes dos horas antes, dos minutos antes y dos segundos antes del accidente. Usa el pluscuamperfecto y las expresiones de la lista.

atravesarse	doblar en la esquina	revisar el auto
acabar de conseguir la licencia	escuchar radio	tener prisa
discutir	poner gasolina	no ver

> **Modelo** He concluido las investigaciones del accidente. Linda ya había
> doblado en la esquina cuando…

3 To reinforce the difference between present perfect and past perfect, ask students to use at least two examples of each in their reports.

The passive voice

*Este viernes, los ganadores del concurso **serán escogidos** por un jurado muy calificado.*

TALLER DE CONSULTA

Passive statements may also be expressed with the passive **se**. See **p. 268**.

- In the active voice (**la voz activa**), a person or thing (agent) performs an action on an object (recipient). The agent is emphasized as the subject of the sentence. Statements in the active voice usually follow the pattern [*agent*] + [*verb*] + [*recipient*].

AGENT = SUBJECT	VERB	RECIPIENT
El policía	**vigila**	**la frontera.**
The police officer	*guards*	*the border.*
El departamento de inmigración	**ha detenido**	**a diez personas.**
The department of immigration	*has detained*	*ten people.*

- In the passive voice (**la voz pasiva**), the recipient of the action becomes the subject of the sentence. Passive statements emphasize the thing that was done or the person that was acted upon. They follow the pattern [*recipient*] + **ser** + [*past participle*] + **por** + [*agent*].

RECIPIENT = SUBJECT	SER + PAST PARTICIPLE	POR + AGENT
La frontera	**es vigilada**	**por el policía.**
The border	*is guarded*	*by the police officer.*
Diez personas	**han sido detenidas**	**por el departamento de inmigración.**
Ten people	*have been detained*	*by the department of immigration.*

- Note that singular forms of **ser** (**es, ha sido, fue,** etc.) are used with singular recipients, and plural forms (**son, han sido, fueron,** etc.) are used with plural recipients.

La manifestación **es organizada** por un grupo de activistas.
The demonstration is organized by a group of activists.

Los dos candidatos **fueron rechazados** por el comité.
The two candidates were rejected by the committee.

- In addition, the past participle must agree in number and gender with the recipient(s).

La **disminución** de empleos fue **prevista** por el Secretario de Economía.
The decline in jobs was predicted by the Treasury Secretary.

Los **problemas** han sido **resueltos** por el jefe.
The problems have been resolved by the boss.

- Note that **por** + [*agent*] may be omitted if the agent is unknown or not specified.

Las metas fueron alcanzadas.
The goals were reached.

El maltrato no ha sido eliminado.
Abuse has not been eradicated.

Remind students that, in Spanish, the subject may be placed after the verb. Ex: **Carlos lo hizo./Lo hizo Carlos.** Both variations use the active voice and should not be confused with passive constructions. Ex: **Fue hecho por Carlos.**

Clarify that while **ser** may be used in any tense, the passive voice is most commonly used to refer to past actions. Also point out that passive constructions are not as commonly used in Spanish as they are in English.

Práctica

1 **Cambio de país** Completa las oraciones en voz pasiva con la forma adecuada del participio pasado.

1. Una fiesta fue __organizada__ (organizar) por sus familiares para despedir a la familia Villar.

2. En el aeropuerto, sus pasaportes y visas fueron __revisados__ (revisar) por los agentes de aduana.

3. Su equipaje fue __examinado__ (examinar) antes de subir al avión.

4. Ya en los Estados Unidos, los jóvenes de la familia fueron __admitidos__ (admitir) en las escuelas de la comunidad.

5. Los hijos de los Villar ya no son __considerados__ (considerar) extranjeros.

6. Cuando volvieron a visitar Argentina, los Villar fueron __recibidos__ (recibir) en el aeropuerto por todos sus familiares.

2 **El artículo** Lee las notas que tomó una periodista sobre un caso de robo y escribe el artículo utilizando la voz pasiva.

> **Modelo** Hace 25 años fue asaltado el Museo de Bellas Artes...

Notas sobre el caso

- Hace 25 años:
  asaltaron el Museo de Bellas Artes; robaron seis cuadros muy famosos, destruyeron varios marcos antiguos en un pasillo, dañaron una estatua, golpearon a los dos guardias de seguridad, lastimaron con una navaja al cuidador

- El mes pasado:
  un detective descubrió los seis cuadros en París; dos meses antes, un empresario de Taiwán los vendió a una galería francesa

- Ayer:
  la policía allanó (raided) las propiedades del empresario en Taipéi, encontró las otras obras de arte robadas, no atrapó al sospechoso

- Ahora:
  la aseguradora del museo investiga pistas de los posibles ladrones. Ella afirma: "considerarán el robo resuelto cuando atrapen a los culpables"

3 **Titulares** Elige uno de los siguientes titulares y escribe un breve artículo para el periódico de tu universidad. Utilizando la voz pasiva y las palabras de la lista, explica dónde y cómo fue el evento, quiénes participaron y qué consecuencias tuvo.

Hallan planeta habitado en el espacio		
descubrir	amenaza	investigar
establecer	extraterrestre	nave espacial

Entrega de premios a las mejores películas del año		
dedicar	ganador(a)	presentar
inspirar	principiante	triunfo

Encuentran la cura de la obesidad		
aliviar	avance	enfermedad
lograr	científico/a	recompensar

1 Have students change the sentences from passive to active voice.

2 Point out that the events in this activity are based on a true story.

2 Ask a volunteer to model the first sentence. Sample answer: **Hace veinticinco años fue asaltado el Museo de Bellas Artes. Seis cuadros muy famosos fueron robados, varios marcos antiguos fueron destruidos en un pasillo y una estatua resultó dañada. Dos guardias de seguridad fueron golpeados y un cuidador fue lastimado con una navaja. El mes pasado, los seis cuadros han sido descubiertos por un detective en París. Los cuadros habían sido vendidos a una galería francesa dos meses antes por un empresario de Taiwán. Ayer las propiedades del empresario en Taipéi fueron allanadas por la policía. Las otras obras de arte robadas fueron encontradas, pero el sospechoso no fue atrapado. Ahora las pistas de los posibles ladrones son investigadas por la aseguradora del museo. Ella afirma que el robo será considerado resuelto cuando los culpables sean atrapados.**

Uses of *se*

The passive *se*

- In Spanish, the pronoun **se** is often used to express the passive voice when the agent performing the action is not stated. The third person singular verb form is used with singular nouns, and the third person plural form is used with plural nouns.

> **Se subirán** los impuestos a final de año.
> *Taxes will be raised at the end of the year.*

> **Se necesita** un cajero automático en este edificio.
> *An ATM is needed in this building.*

*En esta tienda no **se aceptan** cheques.*

- When the passive **se** refers to a specific person or persons, the personal **a** is used and the verb is always singular.

> **Se despidió al** vendedor por llegar tarde.
> *The salesperson was fired for being late.*

> **Se informó a** los dueños de los cambios en el presupuesto.
> *The owners were informed of the budget changes.*

The impersonal *se*

- **Se** is also used with third person singular verbs in impersonal constructions where the subject of the sentence is indefinite. In English, the words *one, people, we, you,* or *they* are often used for this purpose.

> **Se habla** mucho de la crisis.
> *People are talking about the crisis a lot.*

> ¿**Se puede** vivir sin dinero?
> *Can one live without money?*

> **Se dice** que es mejor prestar que pedir prestado.
> *They say it is better to lend than to borrow.*

> No **se debe** invertir todo en la bolsa de valores.
> *You shouldn't invest everything in the stock market.*

- Constructions with the impersonal **se** are often used on signs and warnings.

> **Se habla** español.
> *We speak Spanish.*

> **Se alquilan** apartamentos.
> *Apartments for rent.*

> **Se busca** camarero.
> *Waiter wanted.*

> **No se aceptan** tarjetas de crédito.
> *We don't accept credit cards.*

Se to express unexpected events

*A mis amigos **se les ocurrió** hacerme una fiesta sorpresa de cumpleaños.*

- **Se** is also used in statements that describe accidental or unplanned incidents. In this construction, the agent who performs the action is de-emphasized, implying that the incident is not his or her direct responsibility.

INDIRECT OBJECT PRONOUN	VERB	SUBJECT
Se	**me**	**perdió**	**el reloj.**

- In this construction, the person(s) to whom the event happened is/are expressed as an indirect object. What would normally be the direct object of the English sentence becomes the subject of the Spanish sentence.

	INDIRECT OBJECT PRONOUN	VERB	SUBJECT
	me	**acabó**	**el dinero.**
	te	**cayeron**	**las gafas.**
Se	**le**	**ocurrió**	**una buena idea.**
	nos	**dañó**	**la radio.**
	os	**olvidaron**	**las llaves.**
	les	**perdió**	**el documento.**

- These verbs are frequently used with **se** to describe unplanned events.

acabar *to finish, to run out*	**olvidar** *to forget*
caer *to fall, to drop*	**perder** (e:ie) *to lose*
dañar *to damage, to break*	**quedar** *to leave behind*
ocurrir *to occur*	**romper** *to break*

Se me quedó la tarjeta de crédito en el almacén.
I left my credit card at the store.

Se nos dañó la computadora en la reunión con los ejecutivos.
Our computer broke at the meeting with the executives.

- To clarify or emphasize the person(s) to whom the unexpected occurrence happened, the construction sometimes begins with **a** + [*noun*] or **a** + [*prepositional pronoun*].

A María siempre se le olvida pagar los impuestos.
María always forgets to pay her taxes.

A mí se me cayeron todos los documentos en medio de la calle.
I dropped all the documents in the middle of the street.

Point out to students that this list includes only the most common verbs that lend themselves to this construction. Many other Spanish verbs can be used this way. Ex: **Se nos dificultó el día./ Se le complicaron los planes.**

Point out that while **caer** means *to fall*, Spanish has no exact translation for *to drop*. Ex: *I dropped it.* **Se me cayó./Lo dejé caer.**

Práctica

1 Point out that one of the items in Column B will not be used.

1

Unir Une las frases de la columna A con las frases correspondientes de la columna B.

A

___d___ 1. A la empresa

___a___ 2. A los empleados

___f___ 3. A mí

___c___ 4. A nosotros

___e___ 5. A ti

B

a. se les pagó el sueldo mínimo.

b. se le dio un aumento.

c. se nos depositó el sueldo en la cuenta.

d. se le exigió pagar más impuestos.

e. se te olvidó pagar la tarjeta de crédito.

f. se me dañó la computadora.

2

Completar La empresa para la que trabajas ha cambiado algunas reglas. Complétalas con frases impersonales con **se**.

Las nuevas reglas de la oficina son:

1. _Se trabaja_ (trabajar) de ocho a seis.
2. No _se debe_ (deber) comer en las oficinas.
3. _Se prohíben_ (prohibir) los teléfonos celulares.
4. _Se tienen_ (tener) sólo veinte minutos para almorzar.
5. No _se permiten_ (permitir) las llamadas telefónicas personales.
6. _Se prohíbe_ (prohibir) escuchar la radio en la oficina.

3 For Part B, have students write a brief paragraph entitled **Un día terrible**. Remind them to use sentences like the ones in Part A and encourage them to be creative.

3

Accidentes

A. Describe qué sucedió en cada situación. Usa **se** y el verbo entre paréntesis. Answers may vary slightly.

> **Modelo** No encuentro las llaves por ningún lado. (perder)
> Se me perdieron las llaves.

1. Dejamos el presupuesto en la oficina. (olvidar) Se nos olvidó el presupuesto.
2. Un virus atacó la computadora que compré hace poco. (dañar) Se me dañó la computadora.
3. Después de pagar todas las deudas, Julián y Pati no tenían más dinero en la cuenta. (acabar) Se les acabó el dinero.
4. Tienes varias ideas buenas para luchar contra la pobreza. (ocurrir) Se te ocurrieron varias ideas buenas.
5. Tony no recuerda dónde puso las solicitudes (*applications*) que llevaba para las entrevistas. (perder) Se le perdieron las solicitudes.
6. Iba con demasiada prisa y tropecé (*tripped*). Ahora los papeles están por todo el suelo. (caer) Se me cayeron los papeles.
7. No pensamos que las copas de cristal estuvieran en peligro en el nuevo lavaplatos. (romper) Se nos rompieron las copas de cristal.
8. Carlos y Emilia dijeron que traerían las fotos de sus últimas vacaciones, pero no las tienen. (olvidar) Se les olvidaron las fotos.

B. Usando las oraciones anteriores como modelo, describe tres situaciones que te hayan pasado a ti o a alguien que conoces.

4 **La escuela** Marcos y Marta son estudiantes y les cuentan a sus padres qué se hace en la escuela. Describe lo que se hace usando el **se** impersonal y las notas de Marcos y Marta.

Aprender a...
Comer en...
Estudiar...
Hacer...
Compartir...
Hablar con...
Jugar...
Usar...
Practicar...
Escribir...

5 **Oraciones** Imagina que eres dueño de una empresa y vas a hablar con tus empleados sobre algunas decisiones que se han tomado. Forma oraciones con los elementos de la lista e inventa otros.

se contratarán	el dinero
se exige	dos ingenieros/as
no se puede	mientras usan la computadora
se decidió	nuevos/as empleados/as
se despidió	para el puesto
se entrevistaron	para los sueldos
se me acabó	perezosos/as
se premiará	tres estudiantes

6 **Carteles** Imagina dónde se encuentra cada cartel y qué actividades se hacen allí. Escribe oraciones usando **se**.

Modelo   La biblioteca
          Se prestan libros. Se estudia y se
          consultan diccionarios. Se pide y se
          da información para hacer investigaciones.

Se prohíbe hablar.

Se venden insectos.

Se leen las manos.

Se necesitan estudiantes de español.

Sólo se habla guaraní.

4 Bring in a map of your campus and ask: **¿Qué se hace en...?**, pointing to different buildings or areas. Ex: **¿Qué se hace en Weston Hall? Se estudian lenguas romances.**

5 Model the activity by asking volunteers to form some sentences as examples.

6 Ask students to identify people, places, and circumstances connected with each poster before they begin.

TALLER DE CONSULTA

For other transitional expressions that express cause and effect, see this **Manual de gramática, p. 278**.

¡ATENCIÓN!

Si (*if*) does not carry a written accent. However, **sí** (*yes*) does carry a written accent.

Si puedes, ven.
Come if you can.

Sí, puedo.
Yes, I can.

Si clauses

- **Si** (*if*) clauses express a condition or event upon which another condition or event depends. Sentences with **si** clauses are often hypothetical statements. They contain a subordinate clause (**si** clause) and a main clause (result clause).

Si el proyecto es rentable, seguramente lo aprobarán.

- The **si** clause may be the first or second clause in a sentence. Note that a comma is used only when the **si** clause comes first.

    Si tienes tiempo, ven con nosotros al parque de atracciones.
    If you have time, come with us to the amusement park.

    Iré con ustedes **si** no tengo que trabajar.
    I'll go with you if I don't have to work.

Hypothetical statements about possible events

- In hypothetical statements about conditions or events that are possible or likely to occur, the **si** clause uses the present indicative. The main clause may use the present indicative, the future indicative, **ir a** + [*infinitive*], or a command.

Si clause: Present indicative		Main clause
Si usted no **juega** a la lotería, *If you don't play the lottery,*	PRESENT TENSE	no **puede** ganar. *you can't win.*
Si Gisela **está** dispuesta a hacer cola, *If Gisela is willing to wait in line,*	FUTURE TENSE	**conseguirá** entradas, seguro. *she'll definitely get tickets.*
Si marcan un solo gol más, *If they score just one more goal,*	IR A + [INFINITIVE]	**van a ganar** el partido. *they are going to win the game.*
Si sales temprano del trabajo, *If you finish work early,*	COMMAND	**vámonos** a un concierto. *let's go to a concert.*

Hypothetical statements about improbable situations

- In hypothetical statements about current conditions or events that are improbable or contrary-to-fact, the **si** clause uses the past subjunctive. The main clause uses the conditional.

Si clause: Past subjunctive	Main clause: Conditional
Si tuviéramos boletos, *If we had tickets,*	**iríamos** al concierto. *we would go to the concert.*
Si no **estuviera** tan cansada, *If I weren't so tired,*	**saldría** a cenar contigo. *I'd go out to dinner with you.*

Hypothetical statements about the past

- In hypothetical statements about contrary-to-fact situations in the past, the **si** clause describes what *would have happened* if another event or condition *had occurred*. The **si** clause uses the past perfect subjunctive. The main clause uses the conditional perfect.

Si clause: Past perfect subjunctive	Main clause: Conditional perfect
Si no me **hubiera lastimado** el pie, *If I hadn't injured my foot,*	**habría ganado** la carrera. *I would have won the race.*
Si me **hubieras llamado** antes, *If you had called me sooner,*	**habríamos podido** reunirnos. *we would have been able to get together.*

Habitual conditions and actions in the past

- In statements that express habitual past actions that are not contrary-to-fact, both the **si** clause and the main clause use the imperfect.

Begin several sentences with **si** clauses and call on volunteers to finish each sentence.
Ex: **Si tengo tiempo hoy...**
Si tuviera un par de horas libres...
Si hubiera tenido más tiempo ayer...
De niño/a, si tenía ratos libres...

Si clause: Imperfect	Main clause: Imperfect
Si Milena **tenía** tiempo libre, *If Milena had free time,*	siempre **iba** a la playa. *she would always go to the beach.*
De niño, **si iba** a la feria, *As a child, if I'd go to the fair,*	siempre me **montaba** en la montaña rusa. *I would always ride the roller coaster.*

*Los fines de semana, **si hacía** buen tiempo, **íbamos** a caminar por un bosque cerca de casa.*

Práctica

1 Have volunteers reread the correct answers inverting the two clauses. Ex: **1. Tendremos que hacer cola si mi amiga Teresa no viene pronto.**

1

Situaciones Completa las oraciones.

A. Situaciones probables o posibles

1. Si mi amiga Teresa no ___viene___ (venir) pronto, tendremos que hacer cola.

2. Si tú no ___trabajas___ (trabajar) hoy, vamos a la feria.

B. Situaciones hipotéticas sobre eventos improbables

3. Si mis padres estuvieran aquí, yo no ___podría___ (poder) salir con mis amigos todas las noches.

4. Si mi novia tuviera más tiempo libre, ella ___pasaría___ (pasar) todo el día jugando al tenis.

C. Situaciones hipotéticas sobre el pasado

5. Si mi tía la aguafiestas no hubiera venido a pasar las vacaciones conmigo, yo ___me habría divertido___ (divertirse) mucho más.

6. Si el anfitrión ___hubiera sido___ (ser) más simpático, la fiesta habría sido más divertida.

2 Have students write a similar dialogue about what they would do if they had only one class per semester.

2

Si trabajara menos Carolina y Leticia trabajan cuarenta horas por semana y se imaginan qué harían si trabajaran menos horas. Completa el diálogo con el condicional o el imperfecto del subjuntivo.

CAROLINA Estoy todo el día en la oficina, pero si (1) ___trabajara___ (trabajar) menos, tendría más tiempo para divertirme. Si sólo viniera a la oficina algunas horas por semana, (2) ___practicaría___ (practicar) el andinismo más a menudo.

LETICIA ¿Andinismo? ¡Qué aburrido! Si yo tuviera más tiempo libre, (3) ___haría___ (hacer) todas las noches lo mismo: (4) ___iría___ (ir) al teatro, luego (5) ___saldría___ (salir) a cenar y, para terminar la noche, (6) ___haría___ (hacer) una fiesta para celebrar que ya no tengo que ir a trabajar por la mañana. Si nosotras (7) ___tuviéramos___ (tener) la suerte de no tener que trabajar nunca más, (8) ___nos pasaríamos___ (pasarse) todo el día sin hacer absolutamente nada.

CAROLINA ¿Te imaginas? Si la vida (9) ___fuera___ (ser) así, seríamos mucho más felices, ¿no crees?

3

Emparejar Escribe en cada espacio en blanco la letra del final que completa mejor cada oración.

1. Si los conservadores aprueban la controvertida ley, __f__

2. Si yo pudiera ayudarte, __j__

3. Elena y yo no nos habríamos perdido __i__

4. Si mi hermano tuviera talento para escribir y fuera objetivo, __a__

5. Si Manuel tenía un minuto libre, __b__

6. Roberto, si lees la crónica deportiva, __h__

7. Si los políticos querían influir en nuestro punto de vista, __e__

8. Si los activistas lo hubieran sabido, __c__

a. sin duda sería periodista.

b. lo pasaba navegando la red.

c. habrían ignorado las amenazas.

d. salvemos el medio ambiente.

e. sabían cómo hacerlo.

f. van a perder las elecciones.

g. habrían prevenido la tragedia.

h. llámame y hablamos.

i. si nos hubieras dado la dirección correcta.

j. lo haría, pero no puedo.

4 **Si yo hubiera sido** Imagina cómo habría sido tu vida si hubieras sido uno de estos personajes.

Modelo   **uno de los Beatles**

Si yo hubiera sido uno de los Beatles, habría tenido millones de aficionados a mi música y habría viajado por todo el mundo.

- **Madre Teresa de Calcuta**
- **Benjamin Franklin**
- **Elvis Presley**
- **Ray Charles**
- **la Princesa Diana de Inglaterra**
- **Jorge Luis Borges**
- **¿?**

4 Write the phrase **Si yo hubiera sido...** on the board. After completing the activity, ask students to name additional famous people from the past and call on volunteers to provide sentences about the people listed.

5 **¿Qué harías?** Mira los dibujos y escribe qué harías si te ocurriera lo que muestra cada dibujo. Sigue el modelo y sé creativo.

Modelo   **Te encuentras diez mil dólares en la calle.**

Si yo encontrara diez mil dólares en la calle, seguramente llamaría a la policía y preguntaría si alguien los había reclamado.

1. Tu suegro viene de visita sin avisar.

2. Te invitan a bailar tango.

3. Se descompone tu carro en el desierto.

4. Te quedas atrapado/a en un ascensor.

6 **¿Qué pasaría?** Responde qué hacías, haces, harías o habrías hecho en las siguientes situaciones.

Modelo   **Si fueras un(a) atleta famoso/a.**

Si fuera un(a) atleta famoso/a, donaría parte de mi sueldo para construir más escuelas.

1. Si hoy hubieras tenido el día libre.
2. Si, de niño/a, tus padres te regañaban.
3. Si suspendieran las clases durante una semana.
4. Si ves a tu novio/a con otro/a en el cine.
5. Si descubrieras que tienes el poder de ser invisible.

Nota
CULTURAL

El **tango** nació en **Buenos Aires** a mediados del siglo XIX. Este género musical, de aire triste y nostálgico, es el resultado de la mezcla de culturas nativas de **Argentina** con otras venidas de países como **España** e **Italia**, entre otros. En un principio, escuchar o bailar tango estaba mal visto en la sociedad argentina, pero poco a poco fue ganando prestigio hasta hacerse popular en todo el mundo.

TEACHING OPTION If time permits, play a CD of tango music, such as one of Carlos Gardel's, or a film that shows people dancing the tango. Teach students the basic steps or ask volunteers to demonstrate.

Time expressions with *hacer*

- In Spanish, the verb **hacer** is used to describe how long something has been happening or how long ago an event occurred.

Time expressions with **hacer**	
PRESENT	**Hace** + [*period of time*] + **que** + [*verb in present tense*]
	Hace tres semanas que busco trabajo.
	I've been looking for work for three weeks.
PRETERITE	**Hace** + [*period of time*] + **que** + [*verb in the preterite*]
	Hace seis meses que fueron a Bolivia.
	They went to Bolivia six months ago.
IMPERFECT	**Hacía** + [*period of time*] + **que** + [*verb in the imperfect*]
	Hacía treinta años que trabajaba con nosotros cuando por fin se jubiló.
	He had been working with us for thirty years when he finally retired.

- To express the duration of an event that continues into the present, Spanish uses the construction **hace** + [*period of time*] + **que** + [*present tense verb*]. Note that **hace** does not change form.

¡ATENCIÓN!

The construction [*present tense verb*] + **desde hace** + [*period of time*] may also be used. **Desde** can be omitted.

Estudia español (desde) hace un año. *He's been studying Spanish for a year.*

No come chocolate (desde) hace un mes. *It's been a month since he ate chocolate.*

¿Cuánto tiempo **hace que vives** en Paraguay?
How long have you lived in Paraguay?

Hace siete años **que vivo** en Paraguay.
I've lived in Paraguay for seven years.

- To make a sentence negative, add **no** before the conjugated verb. Negative time expressions with **hacer** often translate as *since* in English.

¿Hace mucho tiempo que **no** le dan un aumento de sueldo?
Has it been a long time since they gave you a raise?

¡Uy, hace años que **no** me dan un aumento de sueldo!
It's been years since they gave me a raise!/ They haven't given me a raise in years!

- To tell how long ago an event occurred, use **hace** + [*period of time*] + **que** + [*preterite tense verb*].

¡ATENCIÓN!

Expressions of time with **hacer** can also be used without **que**.

¿Hace cuánto (tiempo) te despidieron?

Me despidieron hace cuatro días.

¿Cuánto tiempo **hace que** te **despidieron**?
How long ago were you fired?

Hace cuatro días que me **despidieron**.
I was fired four days ago.

- **Hacer** is occasionally used in the imperfect to describe how long an event had been happening before another event occurred. Note that both **hacer** and the conjugated verb use the imperfect.

Hacía dos años que no estudiaba español cuando decidió tomar otra clase.
She hadn't studied Spanish for two years when she decided to take another class.

Práctica

1 **Oraciones** Escribe oraciones utilizando expresiones de tiempo con **hacer**. Usa el tiempo presente en las oraciones 1 a 3 y el pretérito en las oraciones 4 a 6.

> **Modelo**   **Ana / hablar por teléfono / veinte minutos**
> Hace veinte minutos que Ana habla por teléfono.

1. Roberto y Miguel / estudiar / tres horas

   Hace tres horas que Roberto y Miguel estudian. / Roberto y Miguel estudian (desde) hace tres horas.

2. nosotros / estar enfermos / una semana

   Hace una semana que nosotros estamos enfermos. / Nosotros estamos enfermos (desde) hace una semana.

3. tú / trabajar en esta empresa / seis meses

   Hace seis meses que trabajas en esta empresa. / Trabajas en esta empresa (desde) hace seis meses.

4. Sergio / visitar Bolivia / un mes

   Hace un mes que Sergio visitó Bolivia. / Sergio visitó Bolivia hace un mes.

5. yo / ir a Paraguay / un año

   Hace un año que fui a Paraguay. / Fui a Paraguay hace un año.

6. Esteban y Lisa / casarse / dos años

   Hace dos años que Esteban y Lisa se casaron. / Esteban y Lisa se casaron hace dos años.

2 **Minidiálogos** Completa los minidiálogos con las palabras adecuadas.

1. **GRACIELA** ¿_Cuánto_ tiempo hace que vives en esta ciudad?
   SUSANA Mmm... _Hace_ dos años que _vivo_ aquí.

2. **GUSTAVO** Hacía veinte años que Miguel _trabajaba_ con nosotros cuando decidió jubilarse, ¿verdad?
   ARMANDO No, _hacía_ quince años que trabajaba con nosotros cuando se jubiló.

3. **MARÍA** _Fuiste_ a visitar a tu novia hace dos meses, ¿no?
   PEDRO Sí, _hace_ dos meses que fui a visitar a mi novia. ¡La extraño mucho!

4. **PACO** ¿Cuánto tiempo _hace_ que _estudias_ español?
   ANA Estudio español _desde_ hace tres años.

3 **Preguntas** Responde a las preguntas con oraciones completas. Utiliza las palabras entre paréntesis.

1. ¿Cuánto tiempo hace que fuiste de vacaciones a la playa? (cinco años)

   Hace cinco años que fui de vacaciones a la playa. / Fui de vacaciones a la playa hace cinco años.

2. ¿Hace cuánto tiempo que estudias economía? (dos semanas)

   Hace dos semanas que estudio economía. / Estudio economía (desde) hace dos semanas.

3. ¿Cuánto tiempo hace que despidieron a Nicolás? (un mes)

   Hace un mes que despidieron a Nicolás. / Despidieron a Nicolás hace un mes.

4. ¿Cuánto tiempo hace que llegaron Irene y Natalia? (una hora)

   Hace una hora que llegaron. / Llegaron hace una hora.

5. ¿Hace cuánto tiempo que ustedes trabajan aquí? (cuatro días)

   Hace cuatro días que trabajamos aquí. / Trabajamos aquí (desde) hace cuatro días.

Transitional expressions

- Transitional words and phrases express the connections between ideas and details.

*La relación entre ellos era tensa, pues, **por una parte**, mi hermana era muy rebelde y, **por la otra**, mis padres le exigían mucho.*

- Many transitional words and phrases function to narrate time and sequence.

al final *at the end, in the end*	**hoy** *today*
al mismo tiempo *at the same time*	**luego** *then, next*
al principio *in the beginning*	**mañana** *tomorrow*
anteayer *the day before yesterday*	**mientras** *while*
antes (de) *before*	**pasado mañana** *the day after tomorrow*
ayer *yesterday*	**por fin** *finally*
después (de) *after, afterward*	**primero** *first*
entonces *then, at that time*	**segundo** *second*
finalmente *finally*	**siempre** *always*

- Several other transitional expressions compare or contrast ideas and details.

además *furthermore*	**ni... ni...** *neither. . . nor. . .*
al contrario *on the contrary*	**o... o...** *either. . . or. . .*
al mismo tiempo *at the same time*	**por otra parte/otro lado** *on the other hand*
aunque *although*	
con excepción de *with the exception of*	**por un lado... por el otro...** *on one hand. . . on the other. . .*
de la misma manera *similarly*	
del mismo modo *similarly*	**por una parte... por la otra...** *on one hand. . . on the other. . .*
igualmente *likewise*	**sin embargo** *however, yet*
mientras que *meanwhile, whereas*	**también** *also*

- Transitional expressions are also used to express cause and effect relationships.

así que *so; therefore*	**por consiguiente** *therefore*
como *since*	**por eso** *therefore*
como resultado (de) *as a result (of)*	**por esta razón** *for this reason*
dado que *since*	**por lo tanto** *therefore*
debido a *due to*	**porque** *because*

Práctica

1 **Ordena los hechos** Reconstruye el orden de los hechos asignando un número para cada uno. Ten en cuenta las expresiones de transición.

_1_ a. Primero envié mi currículum por correo.

_7_ b. Después de la entrevista, el gerente se despidió muy contento.

_3_ c. Antes de la entrevista, tuve que escribir una carta de presentación.

_5_ d. Al principio de la entrevista, el gerente de la empresa me pidió la carta y la leyó.

_8_ e. Mañana empiezo a trabajar.

_4_ f. Luego, el gerente me recibió en su oficina.

_6_ g. Finalmente el gerente alabó mi experiencia y mi disposición.

_2_ h. Dos semanas después, me citaron para una entrevista con el gerente.

2 **Escoge** Completa las oraciones con una de las opciones entre paréntesis.

1. Me gustan las actividades al aire libre, ____por eso____ (sin embargo / por eso) voy a esquiar todos los inviernos.

2. Eres aficionado al boliche y, ____por otra parte____ (por esta razón / por otra parte), te encanta leer.

3. Jugamos con todo el corazón y ____sin embargo____ (sin embargo / debido a eso) perdimos el partido.

4. Me lastimé el pie ____como resultado____ (como resultado / con excepción) de la carrera.

5. Después de dos meses de búsqueda, ____por fin____ (como / por fin) conseguí entradas para el concierto.

6. Es un aguafiestas, ____por consiguiente____ (mientras que / por consiguiente) no fue a la feria con nosotros.

7. Julia fue al teatro anoche, pero ____ni____ (ni / además) se divirtió ____ni____ (también / ni) aplaudió.

3 **Completar** Marcos acaba de regresar de un viaje por Argentina. Completa su relato con las expresiones de la lista. Puedes usar algunas expresiones más de una vez.

además	del mismo modo	por eso
al contrario	mientras que	por un lado
debido a eso	por el otro	sin embargo

Hoy estoy muy contento, (1) _por eso/debido a eso_ ven en mi cara una sonrisa. ¡Hice un viaje maravilloso por Argentina! (2) ____Además____, no fue estresante, (3) ____al contrario____, descansé mucho. Mi paseo fue muy variado, (4) ____por un lado____, pasé varios días en Buenos Aires y (5) ____por el otro____, recorrí la pampa argentina, donde hice muchos amigos. Buenos Aires es una ciudad llena de historia, (6) ____mientras que____ su carácter contemporáneo la mantiene entre las capitales más activas de Suramérica.

(7) ____Sin embargo____, todo lo que empieza tiene que acabar y mi viaje terminó antes de lo que esperaba, (8) _por eso/debido a eso_, pienso volver el próximo año.

Pero vs. *sino*

*Queríamos entrar al espectáculo, **pero** había una fila larguísima.*

*Al final no hicimos paracaidismo, **sino** rafting.*

- In Spanish, both **pero** and **sino** are used to introduce contradictions or qualifications, but the two words are not interchangeable.

- **Pero** means *but* (in the sense of *however*). It may be used after either affirmative or negative clauses.

  > Votaré por este partido, **pero** no me gusta su candidato.
  > *I will vote for this party, but I don't like its candidate.*

  > Él no decía que era religioso, **pero** siempre iba a misa.
  > *He didn't say he was religious, but he always went to mass.*

- **Sino** also means *but* (in the sense of *but rather* or *on the contrary*). It is used only after negative clauses. **Sino** introduces a contradicting idea that clarifies or qualifies the previous information.

  > **No** me interesan las excusas, **sino** las soluciones.
  > *I'm not interested in excuses, but rather in solutions.*

  > La casa **no** está en el centro de la ciudad, **sino** en las afueras.
  > *The house is not in the center of the city, but rather in the outskirts.*

- When **sino** is used before a conjugated verb, the conjunction **que** is added.

  > No quiero que vayas a la fiesta, **sino que** hagas tu tarea.
  > *I don't want you to go to the party, but to do your homework instead.*

  > No iba a su casa, **sino que** se quedaba en la capital.
  > *She was not going home, but was staying in the capital instead.*

- *Not only... but also* is expressed with the phrase **no sólo... sino (que) también/además**.

  > **No sólo** quiero pastel, **sino también** quiero helado.
  > *I not only want cake, but I also want ice cream.*

- The phrase **pero tampoco** means *but neither* or *but not either.*

  > No apoyan la globalización, **pero tampoco** son aislacionistas.
  > *They don't support globalization, but they're not isolationists either.*

Práctica

1 **Columnas** Completa cada oración con la opción correcta de la segunda columna.

1. Sofía no quiere viajar mañana y Marta ___d___.

2. Mi compañero de cuarto no es de Madrid, ___c___ de Barcelona.

3. Mis padres querían que yo trabajara, ___a___ yo me fui de viaje a Europa.

4. No fui al partido de fútbol, ___b___ fui al concierto de rock.

a. pero

b. pero tampoco

c. sino

d. tampoco

2 **Completar** Completa cada oración con **no sólo, pero, sino (que)** o **tampoco**.

1. Las cartas no llegaron el miércoles, ___sino___ el jueves.

2. Mis amigos no quieren ir al cine esta noche y yo ___tampoco___.

3. No me gusta conducir por la noche, ___pero___ te llevaré a la fiesta en mi carro.

4. Carlos no me llamaba por teléfono, ___sino que/pero___ me enviaba correos electrónicos con frecuencia.

5. Yo ___no sólo___ esperaba aprobar el examen, ___sino___ también sacar una A.

6. Mis amigos no pensaban votar en las próximas elecciones, ___pero___ yo los convencí para que lo hicieran.

7. Quiero aclarar que Juan no llegó temprano, ___sino___ muy tarde.

3 **El mundo de hoy** Dos amigos están hablando sobre su visión del mundo contemporáneo. Uno es muy optimista y el otro es pesimista. Completa la conversación.

no sólo	sino
pero	sino que
pero tampoco	

TOMÁS El mundo de hoy es muy complejo, (1) ___pero___ hay que reconocer que hemos avanzado mucho.

FELIPE Yo no estoy de acuerdo. Me da la sensación de que últimamente (2) ___no sólo___ hemos avanzado poco, (3) ___sino que___ vamos para atrás.

TOMÁS ¡Cómo puedes decir eso, Felipe!

FELIPE El mundo no es (4) ___sino___ consumismo en los países ricos y miseria en los países pobres.

TOMÁS Ése es un problema grave, (5) ___pero___ creo que esa miseria ya existía antes. Acepto que tienes razón, (6) ___pero tampoco___ vas a negar que hay inventos que han mejorado nuestra calidad de vida.

FELIPE La verdad es que yo no podría vivir sin el teléfono, el automóvil o la electricidad.

TOMÁS Pues a eso me refería yo.

Past participles used as adjectives

- Past participles are used with **haber** to form compound tenses, such as the present perfect and the past perfect, and with **ser** to express the passive voice. They are also frequently used as adjectives.

- When a past participle is used as an adjective, it agrees in number and gender with the noun it modifies.

un proyecto complicado
a complicated project

una oficina bien organizada
a well-organized office

los trabajadores destacados
the prominent workers

las reuniones aburridas
the boring meetings

- Past participles are often used with the verb **estar** to express a state or condition that results from the action of another verb. They frequently express physical or emotional states.

Felicia, **¿estás despierta?**
Felicia, are you awake?

No, **estoy dormida.**
No, I'm asleep.

Marco, **estoy enfadado.**
¿Por qué no depositaste los cheques?
Marco, I'm furious.
Why didn't you deposit the checks?

Perdón, don Humberto.
Es que el banco ya **estaba cerrado.**
I'm sorry, Don Humberto.
It's that the bank was already closed.

- Past participles may be used as adjectives with other verbs, as well.

Empezó a llover y **llegué empapada** a la reunión.
It started to rain and I arrived at the meeting soaking wet.

Ese libro **es** tan **aburrido.**
That book is so boring.

Después de las vacaciones, **nos sentimos descansados.**
After vacation, we felt rested.

¿Los documentos? Ya los **tengo corregidos.**
The documents? I already have them corrected.

*Después de limpiar, **quedó** muy **cansado.***

- Note that past participles are often used as adjectives to describe physical or emotional states.

aburrido/a	confundido/a	enojado/a	muerto/a
(des)cansado/a	enamorado/a	estresado/a	sorprendido/a

Práctica

1 **Entrevista de trabajo** Julieta trabaja en Recursos Humanos y está preparando sus preguntas para los candidatos que va a entrevistar para un puesto en la empresa. Completa cada pregunta de Julieta con el participio del verbo entre paréntesis.

1. ¿Por qué crees que estás _____preparado_____ (preparar) para este puesto?

2. ¿Estás _____informado_____ (informar) sobre nuestros productos?

3. ¿Te sientes _____sorprendido_____ (sorprender) de todos los beneficios que ofrecemos?

4. ¿Por qué estás _____interesado_____ (interesar) en este puesto en particular?

5. ¿Trajiste tu currículum _____escrito_____ (escribir) en computadora?

6. ¿Cómo manejarás el estrés cuando ya estés _____contratado_____ (contratar)?

2 **¿Cómo están ellos?** Mira las imágenes y relaciónalas con los verbos de la lista. Después completa cada frase usando **estar** + [*participio*].

aburrir	enamorar	esconder	preparar
cansar	enojar	lastimar	sorprender

1. Ellos ___están enojados.___   2. Juanito ___está escondido.___   3. Eva ___está cansada.___

4. Ellos ___están enamorados.___   5. Marta ___está sorprendida.___

3 **Dicho de otra forma** Transforma las oraciones usando **estar** y el participio pasado del verbo correspondiente. Sigue el modelo.

> **Modelo** **Envió las cartas.**
> Las cartas están enviadas.

1. El enfermo se despertó. El enfermo está despierto.

2. Cubrieron todas las salidas.
   Todas las salidas están cubiertas.

3. No preparó el plan todavía.
   El plan no está preparado todavía.

4. Ya filmaron la película. La película ya está filmada.

5. Por desgracia, rompieron su compromiso.
   Por desgracia, su compromiso está roto.

6. El bar abre sólo por la tarde.
   El bar está abierto sólo por la tarde.

7. Los dos se enamoraron profundamente.
   Los dos están profundamente enamorados.

8. Hizo su cama y guardó las cosas en su valija. La cama está hecha y las cosas están guardadas en su valija.

Prepositions: *a, hacia,* and *con*

- The preposition **a** can mean *to, at, for, upon, within, of, on, from,* or *by,* depending on the context. Sometimes it has no direct translation in English.

Fueron **al** cine.
They went to the movies.

Terminó **a** las doce.
It ended at midnight.

Lucy estaba **a** mi derecha.
Lucy was on my right.

Al llegar **a** casa, me sentí feliz.
Upon returning home, I felt happy.

- The preposition **a** introduces indirect objects.

Le mandó un mensaje de texto **a** su novio.
She sent a text message to her boyfriend.

Le prometió **a** María que saldrían el viernes.
He promised María they'd go out on Friday.

- When a direct object noun is a person (or a pet), it is preceded by the personal **a,** which has no equivalent in English. If the person in question is not specific, the personal **a** is omitted, except before the words **alguien, nadie, alguno/a,** and **ninguno/a.**

¿Viste **a** tus amigos?
Did you see your friends?

No, no he visto **a** nadie.
No, I haven't seen anyone.

Necesitamos un buen ingeniero.
We need a good engineer.

Conozco **a** una ingeniera excelente.
I know an excellent engineer.

- With movement, either literal or figurative, **hacia** means *toward* or *to.*

Él se dirige **hacia** Chile para ver el eclipse.
He is going to Chile to see the eclipse.

La actitud de René **hacia** él fue negativa.
René's attitude toward him was negative.

- With time, **hacia** means *approximately, around, about,* or *toward.*

Hacia la una de la mañana, vi una luz extraña en el cielo.
Around one o'clock in the morning, I saw a strange light in the sky.

Sus teorías se hicieron populares **hacia** la segunda mitad del siglo XX.
His theories became popular toward the second half of the twentieth century.

- The preposition **con** means *with.*

Trabajó **con** los mejores investigadores.
She worked with the best researchers.

Quiero una computadora **con** reproductor de DVD.
I want a computer with a DVD player.

- **Con** can also mean *but, even though,* or *in spite of* when used to convey surprise at an apparent conflict between two known facts.

No han podido descubrir la cura.
They've been unable to discover a cure.

¡Con todo el dinero que reciben!
In spite of all the money they get!

Práctica

1 **Unir** Elige el elemento de la segunda columna que completa correctamente cada frase de la primera columna.

1. La clase de ciencias comenzará __g__
2. El químico se negó __f__
3. Trata de estar al día __b__
4. Cuando terminó el experimento, caminó __a__
5. Manchó la ropa __c__
6. El reportero hizo reír __d__
7. La actitud de Alberto __e__

    a. hacia la salida.
    b. con las noticias.
    c. con el café.
    d. a la astrónoma.
    e. hacia mí fue muy positiva.
    f. a realizar ese experimento.
    g. hacia las nueve y media.

2 **Completar** Coloca la preposición **a** sólo en los casos que sea correcto.

1. Vio __∅__ la cámara digital que quiere comprar.
2. La astronauta salió __a__ la calle.
3. Le presentó __a__ la ingeniera el proyecto de construcción.
4. El periódico publicó __∅__ un artículo sobre el descubrimiento.
5. Vimos __∅__ un ovni anoche.
6. El matemático dio un informe __a__ los periodistas.
7. __A__ la investigadora no le gusta levantarse temprano.
8. ¿Conoces __∅__ un buen restaurante cerca de aquí?

3 **Oraciones** Escribe oraciones completas con los elementos dados. En cada una debes usar **a**, **con** o **hacia** por lo menos una vez. Haz los cambios que creas necesarios. Answers may vary.

1. estrella fugaz / estarse moviendo / ese planeta
   La estrella fugaz se está moviendo hacia ese planeta.

2. biólogo / hablar / jefe / laboratorio
   El biólogo habla con el jefe del laboratorio.

3. hace dos días / químico / salir / comer / científica
   Hace dos días el químico salió a comer con la científica.

4. nosotros / enseñarle / teoría / grupo
   Nosotros le enseñamos la teoría al grupo.

5. yo / compartir / información / mis compañeros
   Yo comparto (la) información con mis compañeros.

6. ayer / María / darle / contraseña / Manuel
   Ayer María le dio la contraseña a Manuel.

7. anoche / ovni / volar / bosque
   Anoche el ovni voló hacia el bosque.

8. tú / grabar / CD / fotos de la fiesta
   Tú grabas un CD con las fotos de la fiesta.

Prepositions: *de, desde, en, entre, hasta,* and *sin*

- **De** often corresponds to *of* or the possessive endings *'s/s'* in English.

Uses of de					
Possession	**Description**	**Material**	**Position**	**Origin**	**Contents**
la superficie del **sol**	**la fórmula** de **larga duración**	**el recipiente** de **vidrio**	**la pantalla** de **enfrente**	**El científico** es de **Perú.**	**el vaso** de **agua destilada**
the sun's surface	*the long-lasting formula*	*the glass container*	*the facing screen*	*The scientist is from Peru.*	*the glass of distilled water*

- **Desde** expresses direction *(from)* and time *(since)*.

El cohete viajó **desde** la Tierra a la Luna.
The rocket traveled from the Earth to the Moon.

No hemos oído de ellos **desde** el martes.
We haven't heard from them since Tuesday.

- **En** corresponds to several English prepositions, such as *in, on, into, onto, by,* and *at.*

El microscopio está **en** la mesa.
The microscope is on the table.

El profesor entró **en** la clase.
The professor went into the classroom.

Los resultados se encuentran **en** el cuaderno.
The results can be found in the notebook.

Luisa y Marta se encontraron **en** el museo.
Luisa and Marta met at the museum.

- **Entre** generally corresponds to the English prepositions *between* and *among.*

entre 1976 y 1982
between 1976 and 1982

entre ellos
among themselves

- **Entre** is not followed by **ti** and **mí**, the usual pronouns that serve as objects of prepositions. Instead, the subject pronouns **tú** and **yo** are used.

Entre tú y yo... *Between you and me . . .*

- **Hasta** corresponds to *as far as* in spatial relationships, *until* in time relationships, and *up to* for quantities. It can also be used as an adverb to mean *even* or *including.*

Avanzaron **hasta** las murallas del palacio.
They advanced as far as the palace walls.

Hasta 1898, Cuba fue colonia de España.
Until 1898, Cuba was a colony of Spain.

Haremos **hasta** veinte experimentos.
We'll do up to twenty experiments.

Hasta el presidente quedó sorprendido.
Even the president was surprised.

- **Sin** corresponds to *without* in English. It is often followed by a noun, but it can also be followed by the infinitive form of a verb.

No veo nada **sin** los lentes.
I can't see a thing without glasses.

Lo hice **sin** pensar.
I did it without thinking.

Práctica

1 **Completar** Completa cada oración con la opción correcta.

1. _____ la patente no podremos vender nuestro invento.
   a. En   b. Hasta   c. Sin *(c circled)*

2. Una computadora como ésta puede costar _____ tres mil dólares.
   a. hasta *(a circled)*   b. sin   c. en

3. ¿Estás segura de que el ovni va a aterrizar _____ nuestro jardín?
   a. de   b. en *(b circled)*   c. sin

4. Nos vemos a las once en el laboratorio _____ biología.
   a. entre   b. de *(b circled)*   c. desde

5. _____ mi ventana vi una estrella fugaz y pedí un deseo.
   a. Desde *(a circled)*   b. En   c. Hasta

6. Este descubrimiento debe quedar sólo _____ tú y yo.
   a. entre *(a circled)*   b. de   c. desde

2 **Un artículo** Completa el texto con las preposiciones **de, desde** o **en**.

(1) _Desde_ la Tierra puedes ver hasta 3.000 estrellas. (2) _En_ una noche clara también puedes ver una nube (3) _de_ estrellas llamada Vía Láctea. Podrás descubrir rayos (*rays*) (4) _de_ luz que se llaman estrellas fugaces. La estrella que está más cerca (5) _de_ la Tierra es el Sol. (6) _Desde_ el Sol hasta la Tierra hay unos 150 millones (7) _de_ kilómetros.

¿Sabías que (8) _desde_ los inicios de la humanidad los hombres creían que el Sol era una pelota (9) _de_ fuego? Los chinos, por ejemplo, pensaban que el Sol había salido (10) _de_ la boca (11) _de_ un dragón.

(12) _Desde_ el Sol llegan a la Tierra diferentes tipos (13) _de_ rayos. La capa (14) _de_ ozono no deja pasar los rayos ultravioleta que son peligrosos para la salud (15) _de_ personas, animales y plantas. Por eso, los agujeros (*holes*) (16) _en_ la capa (17) _de_ ozono se estudian constantemente (18) _en_ los laboratorios científicos.

3 **La hipótesis** Completa las oraciones con las preposiciones **entre, hasta** o **sin**.

1. Hay varias hipótesis sobre el origen de los humanos en el continente americano. _Entre_ ellas, la del antropólogo argentino Florentino Ameghino.

2. Ameghino decía que la especie humana se había originado en América. Hoy sabemos que Ameghino formuló esa idea _sin_ demasiados fundamentos.

3. _Hasta_ mediados del siglo XX, aún no se había encontrado en América ningún rastro de humanos parecidos al Neandertal.

4. _Entre_ todos los esqueletos encontrados, no hay ninguno que se diferencie mucho del de los humanos modernos.

5. _Sin_ embargo, sí se han encontrado restos (*remains*) de animales extintos desde hace cientos de miles de años.

6. _Entre_ ellos están el mastodonte de Ecuador, un bisonte (*bison*) fósil y un elefante antiguo.

Verb conjugation tables

Below you will find the infinitive of the verbs introduced as active vocabulary in **SUEÑA**, as well as other common verbs. Each verb is followed by a model verb conjugated on the same pattern. The number in parentheses indicates where in the verb tables, pages **290–297**, you can find the conjugated forms of the model verb. Many of these verbs can be used reflexively. To check the verb conjugation, use the tables on pages **290–297**. For placement of the reflexive pronouns, see page **298**.

abandonar like hablar (1)
abastecer (c:zc) like conocer (35)
abrazar (z:c) like cruzar (37)
abrir like vivir (3) *except* past participle is abierto
aburrir like vivir (3)
abusar like hablar (1)
acabar like hablar (1)
acariciar like hablar (1)
acercar (c:qu) like tocar (43)
acordar (o:ue) like contar (24)
acosar like hablar (1)
acostar (o:ue) like contar (24)
acostumbrar like hablar (1)
actuar like graduar (40)
acudir like vivir (3)
adaptar like hablar (1)
adivinar like hablar (1)
adjuntar like hablar (1)
administrar like hablar (1)
afeitar like hablar (1)
afligir (g:j) like proteger (42) for consonant change only
agotar like hablar (1)
agradecer (c:zc) like conocer (35)
aguantar like hablar (1)
ahogar (g:gu) like llegar (41)
ahorrar like hablar (1)
alcanzar (z:c) like cruzar (37)
alejar like hablar (1)
alimentar like hablar (1)
aliviar like hablar (1)
amanecer (c:zc) like conocer (35)
amar like hablar (1)
amenazar (z:c) like cruzar (37)
andar like hablar (1) *except* preterite stem is anduv-
animar like hablar (1)
anotar like hablar (1)
anticipar like hablar (1)
añadir like vivir (3)
aparcar (c:qu) like tocar (43)
aplaudir like vivir (3)
apostar (o:ue) like contar (24)
apoyar like hablar (1)
aprender like comer (2)
aprobar (o:ue) like contar (24)

aprovechar like hablar (1)
apuntar like hablar (1)
arreglar like hablar (1)
arrepentir (e:ie) like sentir (33)
arriesgar (g:gu) like llegar (41)
arruinar like hablar (1)
ascender (e:ie) like entender (27)
asimilar like hablar (1)
asistir like vivir (3)
aterrizar (z:c) like cruzar (37)
atraer like traer (21)
atrever like comer (2)
aumentar like hablar (1)
averiguar like hablar (1)
ayudar like hablar (1)
bailar like hablar (1)
bajar like hablar (1)
bañar like hablar (1)
batir like vivir (3)
beber like comer (2)
besar like hablar (1)
borrar like hablar (1)
brindar like hablar (1)
burlar like hablar (1)
buscar (c:qu) like tocar (43)
caber (4)
caer (5)
callar like hablar (1)
cambiar like hablar (1)
caminar like hablar (1)
capacitar like hablar (1)
casar like hablar (1)
castigar (g:gu) like llegar (41)
cazar (z:c) like cruzar (37)
ceder like comer (2)
celebrar like hablar (1)
cepillar like hablar (1)
cerrar (e:ie) like pensar (30)
chantajear like hablar (1)
charlar like hablar (1)
clonar like hablar (1)
cobrar like hablar (1)
coleccionar like hablar (1)
colocar (c:qu) like tocar (43)
comer (2)
cometer like comer (2)

compartir like vivir (3)
comportar like hablar (1)
comprar like hablar (1)
comprobar (o:ue) like contar (24)
compulsar like hablar (1)
conducir (c:zc) (6)
confiar like enviar (39)
congelar like hablar (1)
conocer (c:zc) (35)
conquistar like hablar (1)
conseguir (e:i) (gu:g) like seguir (32)
conservar like hablar (1)
considerar like hablar (1)
construir (y) like destruir (38)
consultar like hablar (1)
consumir like vivir (3)
contagiar like hablar (1)
contaminar like hablar (1)
contar (o:ue) (24)
contentar like hablar (1)
contratar like hablar (1)
contribuir (y) like destruir (38)
construir (y) like destruir (38)
convencer (c:z) like vencer (44)
conversar like hablar (1)
convertir (e:ie) like sentir (33)
convivir like vivir (3)
convocar (c:qu) like tocar (43)
cooperar like hablar (1)
coquetear like hablar (1)
correr like comer (2)
cortar like hablar (1)
crear like hablar (1)
crecer (c:zc) like conocer (35)
creer (y) (36)
criar like enviar (39)
cruzar (z:c) (37)
cubrir like vivir (3) *except* past participle is cubierto
cuidar like hablar (1)
cultivar like hablar (1)
curar like hablar (1)
dañar like hablar (1)
dar (7)
deber like comer (2)
decir (e:i) (8)

dedicar (c:qu) like tocar (43)
defender (e:ie) like entender (27)
dejar like hablar (1)
depositar like hablar (1)
derogar (g:gu) like llegar (41)
derretir (e:i) like pedir (29)
derrocar (c:qu) like tocar (43)
derrotar like hablar (1)
desafiar like enviar (39)
desaparecer (c:zc) like conocer (35)
desaprovechar like hablar (1)
desarrollar like hablar (1)
descargar (g:gu) like llegar (41)
desconfiar like enviar (39)
descongelar like hablar (1)
descubrir like vivir (3) *except* past participle is descubierto
desmayar like hablar (1)
despedir (e:i) like pedir (29)
despertar (e:ie) like pensar (30)
despreciar like hablar (1)
destacar (c:qu) like tocar (43)
destrozar (z:c) like cruzar (37)
destruir (y) (38)
detener (e:ie) like tener (20)
difundir like vivir (3)
dirigir (g:j) like proteger (42) for consonant change only
disculpar like hablar (1)
discutir like vivir (3)
disentir (e:ie) like sentir (33)
diseñar like hablar (1)
disfrutar like hablar (1)
disimular like hablar (1)
disminuir (y) like destruir (38)
disparar like hablar (1)
disponer like poner (15)
distinguir (gu:g) like extinguir (46)
divertir (e:ie) like sentir (33)
divorciar like hablar (1)
doblar like hablar (1)
dominar like hablar (1)
dormir (o:ue) (25)
duchar like hablar (1)
echar like hablar (1)
ejercer (c:z) like vencer (44)

elegir (e:i) like pedir (29) *except* (g:j) before a and o
emigrar like hablar (1)
empatar like hablar (1)
empeorar like hablar (1)
empezar (e:ie) (z:c) (26)
enamorar like hablar (1)
encabezar (z:c) like cruzar (37)
encarcelar like hablar (1)
engañar like hablar (1)
enojar like hablar (1)
enriquecer (c:zc) like conocer (35)
enrojecer (c:zc) like conocer (35)
ensayar like hablar (1)
enseñar like hablar (1)
entender (e:ie) (27)
enterar like hablar (1)
enterrar (e:ie) like pensar (30)
entretener (e:ie) like tener (20)
entrevistar like hablar (1)
enviar (39)
esconder like comer (2)
escribir like vivir (3) *except* past participle is escrito
esparcir (c:z) (45)
espiar like enviar (39)
establecer (c:zc) like conocer (35)
estar (9)
estrenar like hablar (1)
exigir (g:j) like proteger (42) for consonant change only
experimentar like hablar (1)
explorar like hablar (1)
exportar like hablar (1)
expulsar like hablar (1)
extinguir (gu:g) (46)
extrañar like hablar (1)
fabricar (c:qu) like tocar (43)
festejar like hablar (1)
fijar like hablar (1)
filmar like hablar (1)
financiar like hablar (1)
firmar like hablar (1)
flotar like hablar (1)
fortalecer (c:zc) like conocer (35)
ganar like hablar (1)
garantizar (z:c) like cruzar (37)
gastar like hablar (1)
gobernar (e:ie) like pensar (30)
golpear like hablar (1)
gozar (z:c) like cruzar (37)
grabar like hablar (1)
graduar (40)
gritar like hablar (1)
guardar like hablar (1)
guiar like enviar (39)
haber (10)
hablar (1)
hacer (11)
heredar like hablar (1)

homenajear like hablar (1)
huir (y) like destruir (38)
hundir like vivir (3)
incorporar like hablar (1)
incluir (y) like destruir (38)
independizar (z:c) like cruzar (37)
indicar (c:qu) like tocar (43)
influir (y) like destruir (38)
integrar like hablar (1)
intentar like hablar (1)
intercambiar like hablar (1)
intoxicar (c:qu) like tocar (43)
inventar like hablar (1)
invertir (e:ie) like sentir (33)
investigar (g:gu) like llegar (41)
ir (12)
jubilar like hablar (1)
jugar (u:ue) (g:gu) (28)
jurar like hablar (1)
juzgar (g:gu) like llegar (41)
lamentar like hablar (1)
lastimar like hablar (1)
lavar like hablar (1)
leer (y) like creer (36)
levantar like hablar (1)
ligar (g:gu) like llegar (41)
llegar (g:gu) (41)
llevar like hablar (1)
llorar like hablar (1)
lograr like hablar (1)
luchar like hablar (1)
madrugar (g:gu) like llegar (41)
malcriar like enviar (39)
malgastar like hablar (1)
maquillar like hablar (1)
marcar (c:qu) like tocar (43)
marchar like hablar (1)
marear like hablar (1)
matar like hablar (1)
mejorar like hablar (1)
merecer (c:zc) like conocer (35)
meter like comer (2)
mezclar like hablar (1)
mimar like hablar (1)
morir (o:ue) like dormir (25) *except* past participle is muerto
mudar like hablar (1)
navegar (g:gu) like llegar (41)
obedecer (c:zc) like conocer (35)
odiar like hablar (1)
oír (y) (13)
olvidar like hablar (1)
opinar like hablar (1)
oprimir like vivir (3)
otorgar (g:gu) like llegar (41)
parar like hablar (1)
parecer (c:zc) like conocer (35)
partir like vivir (3)
pasar like hablar (1)
pasear like hablar (1)
patear like hablar (1)

pedir (e:i) (29)
pegar (g:gu) like llegar (41)
peinar like hablar (1)
pelear like hablar (1)
pensar (e:ie) (30)
perder (e:ie) like entender (27)
perdonar like hablar (1)
pertenecer (c:zc) like conocer (35)
planificar (c:qu) like tocar (43)
plantar like hablar (1)
poblar (o:ue) like contar (24)
podar like hablar (1)
poder (o:ue) (14)
poner (15)
portar like hablar (1)
predecir (e:i) like decir (8)
preguntar like hablar (1)
preocupar like hablar (1)
prescindir like vivir (3)
presenciar like hablar (1)
prestar like hablar (1)
prevenir (e:ie) like venir (22)
producir (c:zc) like conducir (6)
promover (o:ue) like volver (34) *except* past participle is regular
promulgar (g:gu) like llegar (41)
proteger (g:j) (42)
protestar like hablar (1)
publicar (c:qu) like tocar (43)
quedar like hablar (1)
quejar like hablar (1)
quemar like hablar (1)
querer (e:ie) (16)
quitar like hablar (1)
realizar (z:c) like cruzar (37)
rechazar (z:c) like cruzar (37)
recibir like vivir (3)
reciclar like hablar (1)
reconocer (c:zc) like conocer (35)
recorrer like comer (2)
reemplazar (z:c) like cruzar (37)
regañar like hablar (1)
regresar like hablar (1)
reír (e:i) (31)
relajar like hablar (1)
remodelar like hablar (1)
renunciar like hablar (1)
residir like vivir (3)
resistir like vivir (3)
resolver (o:ue) like volver (34)
respetar like hablar (1)
respirar like hablar (1)
reunir like vivir (3)
robar like hablar (1)
rodar (o:ue) like contar (24)
rodear like hablar (1)
romper like comer (2) *except* past participle is roto
rumorear like hablar (1)
saber (17)

sacrificar (c:qu) like tocar (43)
salir (18)
saltar like hablar (1)
salvar like hablar (1)
secar (c:qu) like tocar (43)
secuestrar like hablar (1)
seguir (e:i) (gu:g) (32)
sellar like hablar (1)
sembrar (e:ie) like pensar (30)
sentir (e:ie) (33)
señalar like hablar (1)
ser (19)
serrar (e:ie) like pensar (30)
significar (c:qu) like tocar (43)
silbar like hablar (1)
simbolizar (z:c) like cruzar (37)
sobresalir like salir (18)
sobrevivir like vivir (3)
solicitar like hablar (1)
soñar (o:ue) like contar (24)
soportar like hablar (1)
sorprender like comer (2)
sospechar like hablar (1)
subir like vivir (3)
subscribir like vivir (3) *except* past participle is subscrito
suceder like comer (2)
superar like hablar (1)
surgir (g:j) like proteger (42) for consonant change only
sustituir (y) like destruir (38)
tardar like hablar (1)
tener (e:ie) (20)
titular like hablar (1)
tocar (c:qu) (43)
tomar like hablar (1)
traducir (c:zc) like conducir (6)
traer (21)
transmitir like vivir (3)
trasladar like hablar (1)
trasnochar like hablar (1)
tratar like hablar (1)
urbanizar (z:c) like cruzar (37)
valer like tener (20) *except* no stem change, regular preterite and regular imperative
valorar like hablar (1)
vencer (c:z) (44)
vender like comer (2)
vengar (g:gu) like llegar (41)
venir (e:ie) (22)
ver (23)
vestir (e:i) like pedir (29)
viajar like hablar (1)
vigilar like hablar (1)
vivir (3)
volar (o:ue) like contar (24)
voltear like hablar (1)
volver (o:ue) (34)
votar like hablar (1)

Verb conjugation tables

Regular verbs: simple tenses

Infinitive	INDICATIVE					SUBJUNCTIVE		IMPERATIVE
	Present	Imperfect	Preterite	Future	Conditional	Present	Past	
1 hablar	hablo	hablaba	hablé	hablaré	hablaría	hable	hablara	
	hablas	hablabas	hablaste	hablarás	hablarías	hables	hablaras	habla tú (no hables)
Participles:	habla	hablaba	habló	hablará	hablaría	hable	hablara	hable Ud.
hablando	hablamos	hablábamos	hablamos	hablaremos	hablaríamos	hablemos	habláramos	hablemos
hablado	habláis	hablabais	hablasteis	hablaréis	hablaríais	habléis	hablarais	hablad (no habléis)
	hablan	hablaban	hablaron	hablarán	hablarían	hablen	hablaran	hablen Uds.
2 comer	como	comía	comí	comeré	comería	coma	comiera	
	comes	comías	comiste	comerás	comerías	comas	comieras	come tú (no comas)
Participles:	come	comía	comió	comerá	comería	coma	comiera	coma Ud.
comiendo	comemos	comíamos	comimos	comeremos	comeríamos	comamos	comiéramos	comamos
comido	coméis	comíais	comisteis	comeréis	comeríais	comáis	comierais	comed (no comáis)
	comen	comían	comieron	comerán	comerían	coman	comieran	coman Uds.
3 vivir	vivo	vivía	viví	viviré	viviría	viva	viviera	
	vives	vivías	viviste	vivirás	vivirías	vivas	vivieras	vive tú (no vivas)
Participles:	vive	vivía	vivió	vivirá	viviría	viva	viviera	viva Ud.
viviendo	vivimos	vivíamos	vivimos	viviremos	viviríamos	vivamos	viviéramos	vivamos
vivido	vivís	vivíais	vivisteis	viviréis	viviríais	viváis	vivierais	vivid (no viváis)
	viven	vivían	vivieron	vivirán	vivirían	vivan	vivieran	vivan Uds.

All verbs: compound tenses

PERFECT TENSES

INDICATIVE

Present Perfect		Past Perfect		Future Perfect		Conditional Perfect	
he		había		habré		habría	
has	hablado	habías	hablado	habrás	hablado	habrías	hablado
ha	comido	había	comido	habrá	comido	habría	comido
hemos	vivido	habíamos	vivido	habremos	vivido	habríamos	vivido
habéis		habíais		habréis		habríais	
han		habían		habrán		habrían	

SUBJUNCTIVE

Present Perfect		Past Perfect	
haya		hubiera	
hayas	hablado	hubieras	hablado
haya	comido	hubiera	comido
hayamos	vivido	hubiéramos	vivido
hayáis		hubierais	
hayan		hubieran	

PROGRESSIVE TENSES

INDICATIVE				SUBJUNCTIVE	
Present Progressive	Past Progressive	Future Progressive	Conditional Progressive	Present Progressive	Past Progressive
estoy	estaba	estaré	estaría	esté	estuviera
estás	estabas	estarás	estarías	estés	estuvieras
está hablando	estaba hablando	estará hablando	estaría hablando	esté hablando	estuviera hablando
estamos comiendo	estábamos comiendo	estaremos comiendo	estaríamos comiendo	estemos comiendo	estuviéramos comiendo
estáis viviendo	estabais viviendo	estaréis viviendo	estaríais viviendo	estéis viviendo	estuvierais viviendo
están	estaban	estarán	estarían	estén	estuvieran

Irregular verbs

Infinitive	INDICATIVE					SUBJUNCTIVE		IMPERATIVE
	Present	Imperfect	Preterite	Future	Conditional	Present	Past	
4 caber	**quepo**	cabía	**cupe**	**cabré**	**cabría**	**quepa**	**cupiera**	
Participles:	cabes	cabías	**cupiste**	**cabrás**	**cabrías**	**quepas**	**cupieras**	cabe tú (no **quepas**)
cabiendo	cabe	cabía	**cupo**	**cabrá**	**cabría**	**quepa**	**cupiera**	**quepa** Ud.
cabido	cabemos	cabíamos	**cupimos**	**cabremos**	**cabríamos**	**quepamos**	**cupiéramos**	**quepamos**
	cabéis	cabíais	**cupisteis**	**cabréis**	**cabríais**	**quepáis**	**cupierais**	cabed (no **quepáis**)
	caben	cabían	**cupieron**	**cabrán**	**cabrían**	**quepan**	**cupieran**	**quepan** Uds.
5 caer	**caigo**	caía	caí	caeré	caería	**caiga**	**cayera**	
Participles:	caes	caías	**caíste**	caerás	caerías	**caigas**	**cayeras**	cae tú (no **caigas**)
cayendo	cae	caía	**cayó**	caerá	caería	**caiga**	**cayera**	**caiga** Ud. (no **caiga**)
caído	caemos	caíamos	**caímos**	caeremos	caeríamos	**caigamos**	**cayéramos**	**caigamos**
	caéis	caíais	**caísteis**	caeréis	caeríais	**caigáis**	**cayerais**	caed (no **caigáis**)
	caen	caían	**cayeron**	caerán	caerían	**caigan**	**cayeran**	**caigan** Uds.
6 conducir	**conduzco**	conducía	**conduje**	conduciré	conduciría	**conduzca**	**condujera**	
(c:zc)	conduces	conducías	**condujiste**	conducirás	conducirías	**conduzcas**	**condujeras**	conduce tú (no **conduzcas**)
Participles:	conduce	conducía	**condujo**	conducirá	conduciría	**conduzca**	**condujera**	**conduzca** Ud. (no **conduzca**)
conduciendo	conducimos	conducíamos	**condujimos**	conduciremos	conduciríamos	**conduzcamos**	**condujéramos**	**conduzcamos**
conducido	conducís	conducíais	**condujisteis**	conduciréis	conduciríais	**conduzcáis**	**condujerais**	conducid (no **conduzcáis**)
	conducen	conducían	**condujeron**	conducirán	conducirían	**conduzcan**	**condujeran**	**conduzcan** Uds.

7 · dar
Participles: dando, dado

	Present	Imperfect	Preterite	Future	Conditional	Subj. Present	Subj. Past	Imperative
	doy	daba	di	daré	daría	dé	diera	
	das	dabas	diste	darás	darías	des	dieras	da tú (no des)
	da	daba	dio	dará	daría	dé	diera	dé Ud.
	damos	dábamos	dimos	daremos	daríamos	demos	diéramos	demos
	dais	dabais	disteis	daréis	daríais	deis	dierais	dad (no deis)
	dan	daban	dieron	darán	darían	den	dieran	den Uds.

8 · decir (e:i)
Participles: diciendo, dicho

	Present	Imperfect	Preterite	Future	Conditional	Subj. Present	Subj. Past	Imperative
	digo	decía	dije	diré	diría	diga	dijera	
	dices	decías	dijiste	dirás	dirías	digas	dijeras	di tú (no digas)
	dice	decía	dijo	dirá	diría	diga	dijera	diga Ud.
	decimos	decíamos	dijimos	diremos	diríamos	digamos	dijéramos	digamos
	decís	decíais	dijisteis	diréis	diríais	digáis	dijerais	decid (no digáis)
	dicen	decían	dijeron	dirán	dirían	digan	dijeran	digan Uds.

9 · estar
Participles: estando, estado

	Present	Imperfect	Preterite	Future	Conditional	Subj. Present	Subj. Past	Imperative
	estoy	estaba	estuve	estaré	estaría	esté	estuviera	
	estás	estabas	estuviste	estarás	estarías	estés	estuvieras	está tú (no estés)
	está	estaba	estuvo	estará	estaría	esté	estuviera	esté Ud.
	estamos	estábamos	estuvimos	estaremos	estaríamos	estemos	estuviéramos	estemos
	estáis	estabais	estuvisteis	estaréis	estaríais	estéis	estuvierais	estad (no estéis)
	están	estaban	estuvieron	estarán	estarían	estén	estuvieran	estén Uds.

10 · haber
Participles: habiendo, habido

	Present	Imperfect	Preterite	Future	Conditional	Subj. Present	Subj. Past	Imperative
	he	había	hube	habré	habría	haya	hubiera	
	has	habías	hubiste	habrás	habrías	hayas	hubieras	
	ha	había	hubo	habrá	habría	haya	hubiera	
	hemos	habíamos	hubimos	habremos	habríamos	hayamos	hubiéramos	
	habéis	habíais	hubisteis	habréis	habríais	hayáis	hubierais	
	han	habían	hubieron	habrán	habrían	hayan	hubieran	

11 · hacer
Participles: haciendo, hecho

	Present	Imperfect	Preterite	Future	Conditional	Subj. Present	Subj. Past	Imperative
	hago	hacía	hice	haré	haría	haga	hiciera	
	haces	hacías	hiciste	harás	harías	hagas	hicieras	haz tú (no hagas)
	hace	hacía	hizo	hará	haría	haga	hiciera	haga Ud.
	hacemos	hacíamos	hicimos	haremos	haríamos	hagamos	hiciéramos	hagamos
	hacéis	hacíais	hicisteis	haréis	haríais	hagáis	hicierais	haced (no hagáis)
	hacen	hacían	hicieron	harán	harían	hagan	hicieran	hagan Uds.

12 · ir
Participles: yendo, ido

	Present	Imperfect	Preterite	Future	Conditional	Subj. Present	Subj. Past	Imperative
	voy	iba	fui	iré	iría	vaya	fuera	
	vas	ibas	fuiste	irás	irías	vayas	fueras	ve tú (no vayas)
	va	iba	fue	irá	iría	vaya	fuera	vaya Ud.
	vamos	íbamos	fuimos	iremos	iríamos	vayamos	fuéramos	vamos (no vayamos)
	vais	ibais	fuisteis	iréis	iríais	vayáis	fuerais	id (no vayáis)
	van	iban	fueron	irán	irían	vayan	fueran	vayan Uds.

13 · oír (y)
Participles: oyendo, oído

	Present	Imperfect	Preterite	Future	Conditional	Subj. Present	Subj. Past	Imperative
	oigo	oía	oí	oiré	oiría	oiga	oyera	
	oyes	oías	oíste	oirás	oirías	oigas	oyeras	oye tú (no oigas)
	oye	oía	oyó	oirá	oiría	oiga	oyera	oiga Ud.
	oímos	oíamos	oímos	oiremos	oiríamos	oigamos	oyéramos	oigamos
	oís	oíais	oísteis	oiréis	oiríais	oigáis	oyerais	oíd (no oigáis)
	oyen	oían	oyeron	oirán	oirían	oigan	oyeran	oigan Uds.

Infinitive	INDICATIVE						SUBJUNCTIVE		IMPERATIVE
	Present	Imperfect	Preterite	Future	Conditional		Present	Past	

14 poder (o:ue)
Participles:
pudiendo
podido

	Present	Imperfect	Preterite	Future	Conditional	Present	Past	IMPERATIVE
	puedo	podía	pude	podré	podría	pueda	pudiera	
	puedes	podías	pudiste	podrás	podrías	puedas	pudieras	puede tú (no puedas)
	puede	podía	pudo	podrá	podría	pueda	pudiera	pueda Ud.
	podemos	podíamos	pudimos	podremos	podríamos	podamos	pudiéramos	podamos
	podéis	podíais	pudisteis	podréis	podríais	podáis	pudierais	poded (no podáis)
	pueden	podían	pudieron	podrán	podrían	puedan	pudieran	puedan Uds.

15 poner
Participles:
poniendo
puesto

	Present	Imperfect	Preterite	Future	Conditional	Present	Past	IMPERATIVE
	pongo	ponía	puse	pondré	pondría	ponga	pusiera	
	pones	ponías	pusiste	pondrás	pondrías	pongas	pusieras	pon tú (no pongas)
	pone	ponía	puso	pondrá	pondría	ponga	pusiera	ponga Ud.
	ponemos	poníamos	pusimos	pondremos	pondríamos	pongamos	pusiéramos	pongamos
	ponéis	poníais	pusisteis	pondréis	pondríais	pongáis	pusierais	poned (no pongáis)
	ponen	ponían	pusieron	pondrán	pondrían	pongan	pusieran	pongan Uds.

16 querer (e:ie)
Participles:
queriendo
querido

	Present	Imperfect	Preterite	Future	Conditional	Present	Past	IMPERATIVE
	quiero	quería	quise	querré	querría	quiera	quisiera	
	quieres	querías	quisiste	querrás	querrías	quieras	quisieras	quiere tú (no quieras)
	quiere	quería	quiso	querrá	querría	quiera	quisiera	quiera Ud.
	queremos	queríamos	quisimos	querremos	querríamos	queramos	quisiéramos	queramos
	queréis	queríais	quisisteis	querréis	querríais	queráis	quisierais	quered (no queráis)
	quieren	querían	quisieron	querrán	querrían	quieran	quisieran	quieran Uds.

17 saber
Participles:
sabiendo
sabido

	Present	Imperfect	Preterite	Future	Conditional	Present	Past	IMPERATIVE
	sé	sabía	supe	sabré	sabría	sepa	supiera	
	sabes	sabías	supiste	sabrás	sabrías	sepas	supieras	sabe tú (no sepas)
	sabe	sabía	supo	sabrá	sabría	sepa	supiera	sepa Ud.
	sabemos	sabíamos	supimos	sabremos	sabríamos	sepamos	supiéramos	sepamos
	sabéis	sabíais	supisteis	sabréis	sabríais	sepáis	supierais	sabed (no sepáis)
	saben	sabían	supieron	sabrán	sabrían	sepan	supieran	sepan Uds.

18 salir
Participles:
saliendo
salido

	Present	Imperfect	Preterite	Future	Conditional	Present	Past	IMPERATIVE
	salgo	salía	salí	saldré	saldría	salga	saliera	
	sales	salías	saliste	saldrás	saldrías	salgas	salieras	sal tú (no salgas)
	sale	salía	salió	saldrá	saldría	salga	saliera	salga Ud.
	salimos	salíamos	salimos	saldremos	saldríamos	salgamos	saliéramos	salgamos
	salís	salíais	salisteis	saldréis	saldríais	salgáis	salierais	salid (no salgáis)
	salen	salían	salieron	saldrán	saldrían	salgan	salieran	salgan Uds.

19 ser
Participles:
siendo
sido

	Present	Imperfect	Preterite	Future	Conditional	Present	Past	IMPERATIVE
	soy	era	fui	seré	sería	sea	fuera	
	eres	eras	fuiste	serás	serías	seas	fueras	sé tú (no seas)
	es	era	fue	será	sería	sea	fuera	sea Ud.
	somos	éramos	fuimos	seremos	seríamos	seamos	fuéramos	seamos
	sois	erais	fuisteis	seréis	seríais	seáis	fuerais	sed (no seáis)
	son	eran	fueron	serán	serían	sean	fueran	sean Uds.

20 tener (e:ie)
Participles:
teniendo
tenido

	Present	Imperfect	Preterite	Future	Conditional	Present	Past	IMPERATIVE
	tengo	tenía	tuve	tendré	tendría	tenga	tuviera	
	tienes	tenías	tuviste	tendrás	tendrías	tengas	tuvieras	ten tú (no tengas)
	tiene	tenía	tuvo	tendrá	tendría	tenga	tuviera	tenga Ud.
	tenemos	teníamos	tuvimos	tendremos	tendríamos	tengamos	tuviéramos	tengamos
	tenéis	teníais	tuvisteis	tendréis	tendríais	tengáis	tuvierais	tened (no tengáis)
	tienen	tenían	tuvieron	tendrán	tendrían	tengan	tuvieran	tengan Uds.

21

Infinitive / Participles	Present	Imperfect	Preterite	Future	Conditional	Subjunctive Present	Subjunctive Past	Imperative
traer	traigo	traía	traje	traeré	traería	traiga	trajera	
Participles:	traes	traías	trajiste	traerás	traerías	traigas	trajeras	trae tú (no traigas)
trayendo	trae	traía	trajo	traerá	traería	traiga	trajera	traiga Ud.
traído	traemos	traíamos	trajimos	traeremos	traeríamos	traigamos	trajéramos	traigamos
	traéis	traíais	trajisteis	traeréis	traeríais	traigáis	trajerais	traed (no traigáis)
	traen	traían	trajeron	traerán	traerían	traigan	trajeran	traigan Uds.

22

Infinitive / Participles	Present	Imperfect	Preterite	Future	Conditional	Subjunctive Present	Subjunctive Past	Imperative
venir (e:ie)	vengo	venía	vine	vendré	vendría	venga	viniera	
Participles:	vienes	venías	viniste	vendrás	vendrías	vengas	vinieras	ven tú (no vengas)
viniendo	viene	venía	vino	vendrá	vendría	venga	viniera	venga Ud.
venido	venimos	veníamos	vinimos	vendremos	vendríamos	vengamos	viniéramos	vengamos
	venís	veníais	vinisteis	vendréis	vendríais	vengáis	vinierais	venid (no vengáis)
	vienen	venían	vinieron	vendrán	vendrían	vengan	vinieran	vengan Uds.

23

Infinitive / Participles	Present	Imperfect	Preterite	Future	Conditional	Subjunctive Present	Subjunctive Past	Imperative
ver	veo	veía	vi	veré	vería	vea	viera	
Participles:	ves	veías	viste	verás	verías	veas	vieras	ve tú (no veas)
viendo	ve	veía	vio	verá	vería	vea	viera	vea Ud.
visto	vemos	veíamos	vimos	veremos	veríamos	veamos	viéramos	veamos
	veis	veíais	visteis	veréis	veríais	veáis	vierais	ved (no veáis)
	ven	veían	vieron	verán	verían	vean	vieran	vean Uds.

Stem-changing verbs

24

Infinitive / Participles	Present	Imperfect	Preterite	Future	Conditional	Subjunctive Present	Subjunctive Past	Imperative
contar (o:ue)	cuento	contaba	conté	contaré	contaría	cuente	contara	
Participles:	cuentas	contabas	contaste	contarás	contarías	cuentes	contaras	cuenta tú (no cuentes)
contando	cuenta	contaba	contó	contará	contaría	cuente	contara	cuente Ud.
contado	contamos	contábamos	contamos	contaremos	contaríamos	contemos	contáramos	contemos
	contáis	contabais	contasteis	contaréis	contaríais	contéis	contarais	contad (no contéis)
	cuentan	contaban	contaron	contarán	contarían	cuenten	contaran	cuenten Uds.

25

Infinitive / Participles	Present	Imperfect	Preterite	Future	Conditional	Subjunctive Present	Subjunctive Past	Imperative
dormir (o:ue)	duermo	dormía	dormí	dormiré	dormiría	duerma	durmiera	
Participles:	duermes	dormías	dormiste	dormirás	dormirías	duermas	durmieras	duerme tú (no duermas)
durmiendo	duerme	dormía	durmió	dormirá	dormiría	duerma	durmiera	duerma Ud.
dormido	dormimos	dormíamos	dormimos	dormiremos	dormiríamos	durmamos	durmiéramos	durmamos
	dormís	dormíais	dormisteis	dormiréis	dormiríais	durmáis	durmierais	dormid (no durmáis)
	duermen	dormían	durmieron	dormirán	dormirían	duerman	durmieran	duerman Uds.

26

Infinitive / Participles	Present	Imperfect	Preterite	Future	Conditional	Subjunctive Present	Subjunctive Past	Imperative
empezar (e:ie) (z:c)	empiezo	empezaba	empecé	empezaré	empezaría	empiece	empezara	
Participles:	empiezas	empezabas	empezaste	empezarás	empezarías	empieces	empezaras	empieza tú (no empieces)
empezando	empieza	empezaba	empezó	empezará	empezaría	empiece	empezara	empiece Ud.
empezado	empezamos	empezábamos	empezamos	empezaremos	empezaríamos	empecemos	empezáramos	empecemos
	empezáis	empezabais	empezasteis	empezaréis	empezaríais	empecéis	empezarais	empezad (no empecéis)
	empiezan	empezaban	empezaron	empezarán	empezarían	empiecen	empezaran	empiecen Uds.

27 entender (e:ie) — Participles: entendiendo, entendido

	INDICATIVE					SUBJUNCTIVE		IMPERATIVE
	Present	Imperfect	Preterite	Future	Conditional	Present	Past	
	entiendo	entendía	entendí	entenderé	entendería	entienda	entendiera	
	entiendes	entendías	entendiste	entenderás	entenderías	entiendas	entendieras	entiende tú (no entiendas)
	entiende	entendía	entendió	entenderá	entendería	entienda	entendiera	entienda Ud.
	entendemos	entendíamos	entendimos	entenderemos	entenderíamos	entendamos	entendiéramos	entendamos
	entendéis	entendíais	entendisteis	entenderéis	entenderíais	entendáis	entendierais	entended (no entendáis)
	entienden	entendían	entendieron	entenderán	entenderían	entiendan	entendieran	entiendan Uds.

28 jugar (u:ue) (g:gu) — Participles: jugando, jugado

	Present	Imperfect	Preterite	Future	Conditional	Present	Past	IMPERATIVE
	juego	jugaba	jugué	jugaré	jugaría	juegue	jugara	
	juegas	jugabas	jugaste	jugarás	jugarías	juegues	jugaras	juega tú (no juegues)
	juega	jugaba	jugó	jugará	jugaría	juegue	jugara	juegue Ud.
	jugamos	jugábamos	jugamos	jugaremos	jugaríamos	juguemos	jugáramos	juguemos
	jugáis	jugabais	jugasteis	jugaréis	jugaríais	juguéis	jugarais	jugad (no juguéis)
	juegan	jugaban	jugaron	jugarán	jugarían	jueguen	jugaran	jueguen Uds.

29 pedir (e:i) — Participles: pidiendo, pedido

	Present	Imperfect	Preterite	Future	Conditional	Present	Past	IMPERATIVE
	pido	pedía	pedí	pediré	pediría	pida	pidiera	
	pides	pedías	pediste	pedirás	pedirías	pidas	pidieras	pide tú (no pidas)
	pide	pedía	pidió	pedirá	pediría	pida	pidiera	pida Ud.
	pedimos	pedíamos	pedimos	pediremos	pediríamos	pidamos	pidiéramos	pidamos
	pedís	pedíais	pedisteis	pediréis	pediríais	pidáis	pidierais	pedid (no pidáis)
	piden	pedían	pidieron	pedirán	pedirían	pidan	pidieran	pidan Uds.

30 pensar (e:ie) — Participles: pensando, pensado

	Present	Imperfect	Preterite	Future	Conditional	Present	Past	IMPERATIVE
	pienso	pensaba	pensé	pensaré	pensaría	piense	pensara	
	piensas	pensabas	pensaste	pensarás	pensarías	pienses	pensaras	piensa tú (no pienses)
	piensa	pensaba	pensó	pensará	pensaría	piense	pensara	piense Ud.
	pensamos	pensábamos	pensamos	pensaremos	pensaríamos	pensemos	pensáramos	pensemos
	pensáis	pensabais	pensasteis	pensaréis	pensaríais	penséis	pensarais	pensad (no penséis)
	piensan	pensaban	pensaron	pensarán	pensarían	piensen	pensaran	piensen Uds.

31 reír (e:i) — Participles: riendo, reído

	Present	Imperfect	Preterite	Future	Conditional	Present	Past	IMPERATIVE
	río	reía	reí	reiré	reiría	ría	riera	
	ríes	reías	reíste	reirás	reirías	rías	rieras	ríe tú (no rías)
	ríe	reía	rió	reirá	reiría	ría	riera	ría Ud.
	reímos	reíamos	reímos	reiremos	reiríamos	riamos	riéramos	riamos
	reís	reíais	reísteis	reiréis	reiríais	riáis	rierais	reíd (no riáis)
	ríen	reían	rieron	reirán	reirían	rían	rieran	rían Uds.

32 seguir (e:i) (gu:g) — Participles: siguiendo, seguido

	Present	Imperfect	Preterite	Future	Conditional	Present	Past	IMPERATIVE
	sigo	seguía	seguí	seguiré	seguiría	siga	siguiera	
	sigues	seguías	seguiste	seguirás	seguirías	sigas	siguieras	sigue tú (no sigas)
	sigue	seguía	siguió	seguirá	seguiría	siga	siguiera	siga Ud.
	seguimos	seguíamos	seguimos	seguiremos	seguiríamos	sigamos	siguiéramos	sigamos
	seguís	seguíais	seguisteis	seguiréis	seguiríais	sigáis	siguierais	seguid (no sigáis)
	siguen	seguían	siguieron	seguirán	seguirían	sigan	siguieran	sigan Uds.

33 sentir (e:ie) — Participles: sintiendo, sentido

	Present	Imperfect	Preterite	Future	Conditional	Present	Past	IMPERATIVE
	siento	sentía	sentí	sentiré	sentiría	sienta	sintiera	
	sientes	sentías	sentiste	sentirás	sentirías	sientas	sintieras	siente tú (no sientas)
	siente	sentía	sintió	sentirá	sentiría	sienta	sintiera	sienta Ud.
	sentimos	sentíamos	sentimos	sentiremos	sentiríamos	sintamos	sintiéramos	sintamos
	sentís	sentíais	sentisteis	sentiréis	sentiríais	sintáis	sintierais	sentid (no sintáis)
	sienten	sentían	sintieron	sentirán	sentirían	sientan	sintieran	sientan Uds.

34 volver (o:ue)
Participles: volviendo, vuelto

	INDICATIVE					SUBJUNCTIVE		IMPERATIVE
Infinitive	Present	Imperfect	Preterite	Future	Conditional	Present	Past	
volver (o:ue)	vuelvo	volvía	volví	volveré	volvería	vuelva	volviera	
	vuelves	volvías	volviste	volverás	volverías	vuelvas	volvieras	vuelve tú (no vuelvas)
	vuelve	volvía	volvió	volverá	volvería	vuelva	volviera	vuelva Ud.
Participles:	volvemos	volvíamos	volvimos	volveremos	volveríamos	volvamos	volviéramos	volvamos
volviendo	volvéis	volvíais	volvisteis	volveréis	volveríais	volváis	volvierais	volved (no volváis)
vuelto	vuelven	volvían	volvieron	volverán	volverían	vuelvan	volvieran	vuelvan Uds.

Verbs with spelling changes only

	INDICATIVE					SUBJUNCTIVE		IMPERATIVE
Infinitive	Present	Imperfect	Preterite	Future	Conditional	Present	Past	

35 conocer (c:zc)
Participles: conociendo, conocido

	Present	Imperfect	Preterite	Future	Conditional	Present	Past	IMPERATIVE
conocer (c:zc)	conozco	conocía	conocí	conoceré	conocería	conozca	conociera	
	conoces	conocías	conociste	conocerás	conocerías	conozcas	conocieras	conoce tú (no conozcas)
	conoce	conocía	conoció	conocerá	conocería	conozca	conociera	conozca Ud.
Participles:	conocemos	conocíamos	conocimos	conoceremos	conoceríamos	conozcamos	conociéramos	conozcamos
conociendo	conocéis	conocíais	conocisteis	conoceréis	conoceríais	conozcáis	conocierais	conoced (no conozcáis)
conocido	conocen	conocían	conocieron	conocerán	conocerían	conozcan	conocieran	conozcan Uds.

36 creer (y)
Participles: creyendo, creído

	Present	Imperfect	Preterite	Future	Conditional	Present	Past	IMPERATIVE
creer (y)	creo	creía	creí	creeré	creería	crea	creyera	
	crees	creías	creíste	creerás	creerías	creas	creyeras	cree tú (no creas)
	cree	creía	creyó	creerá	creería	crea	creyera	crea Ud.
Participles:	creemos	creíamos	creímos	creeremos	creeríamos	creamos	creyéramos	creamos
creyendo	creéis	creíais	creísteis	creeréis	creeríais	creáis	creyerais	creed (no creáis)
creído	creen	creían	creyeron	creerán	creerían	crean	creyeran	crean Uds.

37 cruzar (z:c)
Participles: cruzando, cruzado

	Present	Imperfect	Preterite	Future	Conditional	Present	Past	IMPERATIVE
cruzar (z:c)	cruzo	cruzaba	crucé	cruzaré	cruzaría	cruce	cruzara	
	cruzas	cruzabas	cruzaste	cruzarás	cruzarías	cruces	cruzaras	cruza tú (no cruces)
	cruza	cruzaba	cruzó	cruzará	cruzaría	cruce	cruzara	cruce Ud.
Participles:	cruzamos	cruzábamos	cruzamos	cruzaremos	cruzaríamos	crucemos	cruzáramos	crucemos
cruzando	cruzáis	cruzabais	cruzasteis	cruzaréis	cruzaríais	crucéis	cruzarais	cruzad (no crucéis)
cruzado	cruzan	cruzaban	cruzaron	cruzarán	cruzarían	crucen	cruzaran	crucen Uds.

38 destruir (y)
Participles: destruyendo, destruido

	Present	Imperfect	Preterite	Future	Conditional	Present	Past	IMPERATIVE
destruir (y)	destruyo	destruía	destruí	destruiré	destruiría	destruya	destruyera	
	destruyes	destruías	destruiste	destruirás	destruirías	destruyas	destruyeras	destruye tú (no destruyas)
	destruye	destruía	destruyó	destruirá	destruiría	destruya	destruyera	destruya Ud.
Participles:	destruimos	destruíamos	destruimos	destruiremos	destruiríamos	destruyamos	destruyéramos	destruyamos
destruyendo	destruís	destruíais	destruisteis	destruiréis	destruiríais	destruyáis	destruyerais	destruid (no destruyáis)
destruido	destruyen	destruían	destruyeron	destruirán	destruirían	destruyan	destruyeran	destruyan Uds.

39 enviar
Participles: enviando, enviado

	Present	Imperfect	Preterite	Future	Conditional	Present	Past	IMPERATIVE
enviar	envío	enviaba	envié	enviaré	enviaría	envíe	enviara	
	envías	enviabas	enviaste	enviarás	enviarías	envíes	enviaras	envía tú (no envíes)
	envía	enviaba	envió	enviará	enviaría	envíe	enviara	envíe Ud.
Participles:	enviamos	enviábamos	enviamos	enviaremos	enviaríamos	enviemos	enviáramos	enviemos
enviando	enviáis	enviabais	enviasteis	enviaréis	enviaríais	enviéis	enviarais	enviad (no enviéis)
enviado	envían	enviaban	enviaron	enviarán	enviarían	envíen	enviaran	envíen Uds.

40 graduar
Participles: graduando, graduado

	INDICATIVE					SUBJUNCTIVE		IMPERATIVE
	Present	Imperfect	Preterite	Future	Conditional	Present	Past	
	gradúo	graduaba	gradué	graduaré	graduaría	gradúe	graduara	
	gradúas	graduabas	graduaste	graduarás	graduarías	gradúes	graduaras	gradúa tú (no gradúes)
	gradúa	graduaba	graduó	graduará	graduaría	gradúe	graduara	gradúe Ud.
	graduamos	graduábamos	graduamos	graduaremos	graduaríamos	graduemos	graduáramos	graduemos
	graduáis	graduabais	graduasteis	graduaréis	graduaríais	graduéis	graduarais	graduad (no graduéis)
	gradúan	graduaban	graduaron	graduarán	graduarían	gradúen	graduaran	gradúen Uds.

41 llegar (g:gu)
Participles: llegando, llegado

	INDICATIVE					SUBJUNCTIVE		IMPERATIVE
	Present	Imperfect	Preterite	Future	Conditional	Present	Past	
	llego	llegaba	llegué	llegaré	llegaría	llegue	llegara	
	llegas	llegabas	llegaste	llegarás	llegarías	llegues	llegaras	llega tú (no llegues)
	llega	llegaba	llegó	llegará	llegaría	llegue	llegara	llegue Ud.
	llegamos	llegábamos	llegamos	llegaremos	llegaríamos	lleguemos	llegáramos	lleguemos
	llegáis	llegabais	llegasteis	llegaréis	llegaríais	lleguéis	llegarais	llegad (no lleguéis)
	llegan	llegaban	llegaron	llegarán	llegarían	lleguen	llegaran	lleguen Uds.

42 proteger (g:j)
Participles: protegiendo, protegido

	INDICATIVE					SUBJUNCTIVE		IMPERATIVE
	Present	Imperfect	Preterite	Future	Conditional	Present	Past	
	protejo	protegía	protegí	protegeré	protegería	proteja	protegiera	
	proteges	protegías	protegiste	protegerás	protegerías	protejas	protegieras	protege tú (no protejas)
	protege	protegía	protegió	protegerá	protegería	proteja	protegiera	proteja Ud.
	protegemos	protegíamos	protegimos	protegeremos	protegeríamos	protejamos	protegiéramos	protejamos
	protegéis	protegíais	protegisteis	protegeréis	protegeríais	protejáis	protegierais	proteged (no protejáis)
	protegen	protegían	protegieron	protegerán	protegerían	protejan	protegieran	protejan Uds.

43 tocar (c:qu)
Participles: tocando, tocado

	INDICATIVE					SUBJUNCTIVE		IMPERATIVE
	Present	Imperfect	Preterite	Future	Conditional	Present	Past	
	toco	tocaba	toqué	tocaré	tocaría	toque	tocara	
	tocas	tocabas	tocaste	tocarás	tocarías	toques	tocaras	toca tú (no toques)
	toca	tocaba	tocó	tocará	tocaría	toque	tocara	toque Ud.
	tocamos	tocábamos	tocamos	tocaremos	tocaríamos	toquemos	tocáramos	toquemos
	tocáis	tocabais	tocasteis	tocaréis	tocaríais	toquéis	tocarais	tocad (no toquéis)
	tocan	tocaban	tocaron	tocarán	tocarían	toquen	tocaran	toquen Uds.

44 vencer (c:z)
Participles: venciendo, vencido

	INDICATIVE					SUBJUNCTIVE		IMPERATIVE
	Present	Imperfect	Preterite	Future	Conditional	Present	Past	
	venzo	vencía	vencí	venceré	vencería	venza	venciera	
	vences	vencías	venciste	vencerás	vencerías	venzas	vencieras	vence tú (no venzas)
	vence	vencía	venció	vencerá	vencería	venza	venciera	venza Ud.
	vencemos	vencíamos	vencimos	venceremos	venceríamos	venzamos	venciéramos	venzamos
	vencéis	vencíais	vencisteis	venceréis	venceríais	venzáis	vencierais	venced (no venzáis)
	vencen	vencían	vencieron	vencerán	vencerían	venzan	vencieran	venzan Uds.

45 esparcir (c:z)
Participles: esparciendo, esparcido

	INDICATIVE					SUBJUNCTIVE		IMPERATIVE
	Present	Imperfect	Preterite	Future	Conditional	Present	Past	
	esparzo	esparcía	esparcí	esparciré	esparciría	esparza	esparciera	
	esparces	esparcías	esparciste	esparcirás	esparcirías	esparzas	esparcieras	esparce tú (no esparzas)
	esparce	esparcía	esparció	esparcirá	esparciría	esparza	esparciera	esparza Ud.
	esparcimos	esparcíamos	esparcimos	esparciremos	esparciríamos	esparzamos	esparciéramos	esparzamos
	esparcís	esparcíais	esparcisteis	esparciréis	esparciríais	esparzáis	esparcierais	esparcid (no esparzáis)
	esparcen	esparcían	esparcieron	esparcirán	esparcirían	esparzan	esparcieran	esparzan Uds.

46 extinguir (gu:g)
Participles: extinguiendo, extinguido

	INDICATIVE					SUBJUNCTIVE		IMPERATIVE
	Present	Imperfect	Preterite	Future	Conditional	Present	Past	
	extingo	extinguía	extinguí	extinguiré	extinguiría	extinga	extinguiera	
	extingues	extinguías	extinguiste	extinguirás	extinguirías	extingas	extinguieras	extingue tú (no extingas)
	extingue	extinguía	extinguió	extinguirá	extinguiría	extinga	extinguiera	extinga Ud.
	extinguimos	extinguíamos	extinguimos	extinguiremos	extinguiríamos	extingamos	extinguiéramos	extingamos
	extinguís	extinguíais	extinguisteis	extinguiréis	extinguiríais	extingáis	extinguierais	extinguid (no extingáis)
	extinguen	extinguían	extinguieron	extinguirán	extinguirían	extingan	extinguieran	extingan Uds.

Reflexive verbs: simple tenses

• In all simple indicative and subjunctive tenses, the reflexive pronoun is placed before the verb. In the imperative, the reflexive pronoun is attached to the verb in affirmative commands, but precedes the verb in negative commands.

Infinitive	SIMPLE INDICATIVE TENSES	SIMPLE SUBJUNCTIVE TENSES	IMPERATIVE
casarse	me caso	me case	
	te casas	te cases	cásate tú (no te cases)
	se casa	se case	cásese Ud. (no se case)
	nos casamos	nos casemos	casémonos (no nos casemos)
	os casáis	os caséis	casaos (no os caséis)
	se casan	se casen	cásense Uds. (no se casen)

Reflexive verbs: compound tenses

• In all compound tenses, the reflexive pronoun is placed before the verb.

Infinitive	COMPOUND INDICATIVE TENSES	COMPOUND SUBJUNCTIVE TENSES
casarse	me he casado	me haya casado
	te has casado	te hayas casado
	se ha casado	se haya casado
	nos hemos casado	nos hayamos casado
	os habéis casado	os hayáis casado
	se han casado	se hayan casado

Vocabulary

This glossary contains the words and expressions listed on the **Vocabulario** page found at the end of each lesson in **SUEÑA** as well as other useful vocabulary. A numeral following an entry indicates the lesson where the word or expression was introduced.

Note on alphabetization

For purposes of alphabetization, **ch** and **ll** are not treated as separate letters, but **ñ** follows **n.**

Abbreviations used in this glossary

adj.	adjective	*indef.*	indefinite	*poss.*	possessive
adv.	adverb	*interj.*	interjection	*prep.*	preposition
art.	article	*i.o.*	indirect object	*pron.*	pronoun
conj.	conjunction	*m.*	masculine	*sing.*	singular
def.	definite	*n.*	noun	*sub.*	subject
d.o.	direct object	*obj.*	object	*v.*	verb
f.	feminine	*pej.*	pejorative		
fam.	familiar	*p.p.*	past participle		
form.	formal	*pl.*	plural		

Español-Inglés

A

a *prep.* at; to **1**
 ¿A qué hora…?
  At what time…?
 a bordo aboard
 a dieta on a diet
 a la derecha to the right
 a la izquierda to the left
 a la plancha grilled
 a la(s) + *time* at + *time*
 a menos que unless
 a menudo *adv.* often
 a nombre de in the name of
 a plazos in installments
 A sus órdenes. At your service.
 a tiempo *adv.* on time
 a veces *adv.* sometimes
 a ver let's see
abajo *adv.* down
abeja *f.* bee
abandonar *v.* to leave **1**
abastecer *v.* to supply
abierto/a *adj.* open
abogado/a *m., f.* lawyer **6**
abrazar(se) *v.* to hug; to embrace
 (each other) **1**
abrazo *m.* hug
abrigo *m.* coat
abril *m.* April
abrir *v.* to open
abuelo/a *m., f.* grandfather;
 grandmother

abuelos *pl.* grandparents
aburrido/a *adj.* bored; boring
aburrir *v.* to bore
aburrirse *v.* to get bored
abusar *v.* to abuse **6**
abuso *m.* abuse **6**
acabar de (+ *inf.*) *v.* to have just
 done something
acampar *v.* to camp
acariciar *v.* to caress
accidente *m.* accident
acción *f.* action
 de acción action (genre)
aceite *m.* oil
acento *m.* accent
acera *f.* sidewalk **2**
ácido/a *adj.* acid
acomodarse *v.* to adapt
acompañar *v.* to go with;
 to accompany
aconsejar *v.* to advise
acontecimiento *m.* event **3**
acordarse (de) (o:ue) *v.* to remember
acosar *v.* to harass
acostarse (o:ue) *v.* to go to bed
acostumbrar *v.* to do as
 a custom/habit **2**
actitud *f.* attitude
activista *m., f.* activist **6**
activo/a *adj.* active
actor *m.* actor **3**
actriz *f.* actress **3**
actualidad *f.* news; current events **3**
actualizado/a *adj.* up-to-date **3**
actuar *v.* to act
acuático/a *adj.* aquatic

adaptar(se) *v.* to adapt
adelgazar *v.* to lose weight;
 to slim down
además (de) *adv.* furthermore;
 besides
adicional *adj.* additional
adiós *interj.* good-bye
adivinar *v.* to guess **3**
adjetivo *m.* adjective
adjuntar (un archivo) *v.* to attach
 (a file)
administración *f.* **de empresas**
 business administration
administrar *v.* to manage, to run
administrativo/a *adj.*
 administrative
ADN *m.* DNA
adolescencia *f.* adolescence **4**
adolescente *m., f.* adolescent **4**
¿adónde? *adv.* where (to)?
 (destination)
aduana *f.* customs
adulto/a *m., f.* adult **4**
aeróbico/a *adj.* aerobic
aeropuerto *m.* airport
afectado/a *adj.* affected
afeitarse *v.* to shave
aficionado/a *adj.* fan
afirmativo/a *adj.* affirmative
afligirse *v.* to be distressed;
 to get upset **2**
afueras *f., pl.* suburbs **2**
agencia *f.* **de viajes** travel agency
agente *m., f.* **de viajes** travel agent
agobiado/a *adj.* overwhelmed **1**
agosto *m.* August

agotado/a *adj.* exhausted;
adj. sold out

agotar *v.* to use up **5**

agradable *adj.* pleasant

agradecer *v.* to thank **4**

agua *f.* water

agua mineral mineral water

aguafiestas *m., f.* party pooper

aguantar *v.* to put up with;
to tolerate **5**

águila *f.* eagle **5**

agujero negro *m.* black hole

ahogar(se) *v.* to suffocate; to drown;
to stifle **5, 6**

ahora *adv.* now

ahora mismo right now

ahorrar *v.* to save (money)

ahorros *m.* savings

aire *m.* air

aislado/a *adj.* isolated **4**

ajo *m.* garlic

al (*contraction of* **a** + **el**)

al aire libre open-air; outdoors **5**

al contado in cash

(al) este (to the) east

al fondo (de) at the end (of)

al lado de beside

(al) norte (to the) north

(al) oeste (to the) west

(al) sur (to the) south

ala: el ala *f.***/las alas** wing(s)

alcalde(sa) *m., f.* mayor **2**

alcanzar *v.* to be enough; to
reach **4**; to attain

alcanzar un sueño to fulfill
a dream

alcanzar una meta to reach
a goal

alcoba *f.* bedroom

alcohol *m.* alcohol

alcohólico/a *adj.* alcoholic

alegrarse (de) *v.* to be happy

alegre *adj.* happy; joyful

alegría *f.* happiness

alejarse *v.* to move away

alemán, alemana *adj.* German

alérgico/a *adj.* allergic

alfombra *f.* carpet; rug

algo *pron.* something; anything

algodón *m.* cotton

alguien *pron.* someone; somebody;
anyone

algún; alguna; algunos/as *adj.* any;
some

alguno/a(s) *pron.* any; some

alimentar *v.* to feed

alimento *m.* food

alimentación *f.* diet

aliviar *v.* to reduce; relieve;
to soothe **5**

aliviar el estrés/la tensión
to reduce stress/tension

allí *adv.* there

allí mismo right there

alma *f.* soul **3**

el alma gemela soulmate,
kindred spirit **1**

almacén *m.* department store;
warehouse

almohada *f.* pillow

almorzar (o:ue) *v.* to have lunch

almuerzo *m.* lunch

aló *interj.* hello (*on the telephone*)

alpinismo *m.* mountain climbing

alquilar *v.* to rent

alquiler *m.* rent (payment)

alrededores *m., pl.* the outskirts **2**

alternador *m.* alternator

altillo *m.* attic

alto/a *adj.* tall

aluminio *m.* aluminum

alumno/a *m., f.* pupil, student **6**

ama de casa *m., f.* housekeeper;
caretaker

amable *adj.* nice; friendly

amado/a *m., f.* loved one,
sweetheart **1**

amanecer *m.* dawn;
v. to wake up

amar(se) *v.* to love (each other) **1**

amarillo/a *adj.* yellow

amenaza *f.* threat **6**

amenazar *v.* to threaten **5**

amigo/a *m., f.* friend

amistad *f.* friendship **1**

amnistía *f.* amnesty

amor *m.* love

analfabeto/a *adj.* illiterate **6**

anaranjado/a *adj.* orange

andar *v.* **en patineta**
to skateboard

andinismo *m.* mountain climbing

anfitrión/anfitriona *m., f.*
host/hostess

ángel *m.* angel **3**

ánimo *m.* spirit, mood **1**

animado/a *adj.* lively

animal *m.* animal

aniversario (de bodas) *m.*
(wedding) anniversary

anoche *adv.* last night

anotar un gol *v.* to score a goal

ansioso/a *adj.* anxious **1**

anteayer *adv.* the day
before yesterday

antepasado *m.* ancestor **4**

antes *adv.* before

antes (de) que *conj.* before

antes de *conj.* before

antibiótico *m.* antibiotic

anticipar *v.* to anticipate;
to expect

antídoto *m.* antidote **5**

antipático/a *adj.* unpleasant

anunciar *v.* to announce; to advertise

anuncio *m.* advertisement;
commercial **3**

año *m.* year

año pasado last year

añoranza *f.* homesickness

apagar *v.* to turn off

aparato *m.* appliance

aparcamiento *m.* parking space **5**

aparcar *v.* to park **5**

apartamento *m.* apartment

apellido *m.* last name

apenas *adv.* hardly; scarcely; just **3**

aplaudir *v.* to applaud; to clap

apodo *m.* nickname **4**

apostar (o:ue) *v.* to bet

apoyar(se) *v.* to support
(each other) **4**

apreciar *v.* to appreciate

aprender (a + *inf.***)** *v.* to learn

aprobar (o:ue) *v.* to approve

aprobar una ley *v.* to pass a law **6**

aprovechar *v.* to take advantage of

apurarse *v.* to hurry; to rush

aquel, aquella *adj.* that; those
(over there)

aquél, aquélla *pron.* that; those
(over there)

aquello *neuter, pron.* that; that thing;
that fact

aquellos/as *pl. adj.* those (over there)

aquéllos/as *pl. pron.* those (ones)
(over there)

aquí *adv.* here

Aquí está... Here it is...

aquí mismo right here

árbol *m.* tree **5**

archivo *m.* file

arepera *f.* restaurant serving
arepas **4**

arma *f.* weapon; gun **3, 6**

armada *f.* navy **6**

armario *m.* closet

arqueólogo/a *m., f.* archaeologist

arquitecto/a *m., f.* architect

arrancar *v.* to start (a car)

arreglar *v.* to fix; to arrange;
to neaten; to straighten up

arrepentirse *v.* to regret **3**

arriba *adv.* up

arriesgarse *v.* to take a risk

arroba *f.* @ symbol

arroz *m.* rice

arruinar *v.* to ruin

arte *m.* art

artes *f., pl.* arts

artesanía *f.* craftsmanship; crafts

artículo *m.* article

artista *m., f.* artist

artístico/a *adj.* artistic

arveja *m.* pea

asado/a *adj.* roast

ascendencia *f.* heritage **4**

ascender *v.* to rise, to be promoted

ascenso *m.* promotion

ascensor *m.* elevator

asesor(a) *m., f.* consultant, advisor
así *adv.* like this; so (*in such a way*)
    así así so so
asilo *m.* asylum **4**
asimilación *f.* assimilation
asimilar(se) *v.* to assimilate
asistir (a) *v.* to attend
aspiradora *f.* vacuum cleaner
aspirante *m., f.* candidate; applicant
aspirina *f.* aspirin
astilla *f.* splinter **6**
atraer *v.* to attract
astronauta *m., f.* astronaut
astrónomo/a *m., f.* astronomer
ataque *m.* seizure
ataúd *m.* casket
aterrizar *v.* to land
atleta *m., f.* athlete
atrasado/a *adj.* late **2**
atreverse *v.* to dare **2**
atrevido/a *adj.* daring, brave **2**
atún *m.* tuna
aumentar *v.* to grow
    aumentar de peso to gain weight
aumento *m.* increase
    aumento de sueldo pay raise
aunque *conj.* although
autobús *m.* bus
autoestima *f.* self-esteem **4**
automático/a *adj.* automatic
auto(móvil) *m.* auto(mobile)
autoridad *f.* authority **6**
autopista *f.* highway
avance *m.* advance; breakthrough
avanzado/a *adj.* advanced
ave *f.* bird **5**
avenida *f.* avenue **2**
aventura *f.* adventure
    de aventura adventure (genre)
avergonzado/a *adj.* embarrassed
averiguar *v.* to find out **1**
avión *m.* airplane
¡Ay! *interj.* Oh!
    ¡Ay, qué dolor! Oh, what a pain!
ayer *adv.* yesterday
ayudar(se) *v.* to help (each other) **1**
ayuntamiento *m.* city hall **2**
azúcar *m.* sugar
azul *adj.* blue

B

bailar *v.* to dance
bailarín/bailarina *m., f.* dancer
baile *m.* dance
bajar *v.* to get down **3**
    bajar(se) de *v.* to get off of/out of
        (a vehicle)
bajo *m.* bass **3**
bajo/a *adj.* short (*in height*)
bajo control under control
balcón *m.* balcony
ballena *f.* whale **5**

balón *m.* ball
baloncesto *m.* basketball
banana *f.* banana
banco *m.* bank
banda *f.* band
    banda sonora soundtrack **3**
bandera *f.* flag **6**
bancarrota *f.* bankruptcy
bañar(se) *v.* to bathe; to take a bath
baño *m.* bathroom
barato/a *adj.* cheap
barco *m.* boat
barrer *v.* to sweep
    barrer el suelo *v.* to sweep
        the floor
barrio *m.* neighborhood **2**
barro *m.* mud; clay
bastante *adv.* enough; rather; pretty
basura *f.* trash **5**
baúl *m.* trunk
beber *v.* to drink
bebida *f.* drink
    bebida alcohólica
        alcoholic beverage
beca *f.* grant
    beca de investigación
        research grant
béisbol *m.* baseball
bellas artes *f., pl.* fine arts
belleza *f.* beauty
beneficio *m.* benefit
besar(se) *v.* to kiss (each other) **1**
beso *m.* kiss
biblioteca *f.* library
bicicleta *f.* bicycle
bien *adj.* well
    bien educado *adj.*
        well-mannered **4**
bienes *m., pl.* goods
bienestar *m.* well-being **2**
bienvenido/a(s) *adj.* welcome
bilingüe *adj.* bilingual
billar *m.* billiards
billete *m.* paper money; ticket
billón *m.* trillion
biología *f.* biology
biólogo/a *m., f.* biologist
bioquímico/a *m., f.* biochemist;
    adj. biochemical
bisabuelo/a *m., f.* great-grandfather/
    grandmother **4**
bistec *m.* steak
bizcocho *m.* biscuit
blanco/a *adj.* white
blog *m.* blog
bluejeans *m., pl.* jeans
blusa *f.* blouse
boca *f.* mouth
boda *f.* wedding
boleto *m.* ticket **1**
boliche *m.* bowling
bolsa *f.* purse, bag
    la bolsa de valores
        stock market

bombero/a *m., f.* firefighter
bonito/a *adj.* pretty
borracho/a *adj.* drunk **2**
borrador *m.* eraser
borrar *v.* to erase; to delete
bosque *m.* forest **5**
    bosque tropical tropical forest;
        rainforest
bota *f.* boot
botar *v.* to fire, throw out **4**
botella *f.* bottle
    botella de vino bottle of wine
botón *m.* button
botones *m., f. sing.* bellhop
brazo *m.* arm
brecha *f.* **generacional**
    generation gap **4**
brindar *v.* to toast (*drink*)
broma *f.* joke **1**
bucear *v.* to scuba dive
bueno *adv.* well
buen, bueno/a *adj.* good
    ¡Buen viaje! Have a good trip!
    buena forma good shape
        (*physical*)
    Buena idea. Good idea.
    Buenas noches. Good evening;
        Good night.
    Buenas tardes.
        Good afternoon.
    ¿Bueno? Hello. (*on telephone*)
    Buenos días. Good morning.
buenísimo/a extremely good
bulevar *m.* boulevard
burlarse (de) *v.* to mock
burocracia *f.* bureaucracy
buscador *m.* search engine
buscar *v.* to look for
buzón *m.* mailbox

C

caballo *m.* horse
cabaña *f.* cabin
caber *v.* to fit **3**
    no cabe duda de there's no doubt
cabeza *f.* head
cada *adj. m., f.* each
cadena *f.* network **3**
caerse *v.* to fall (down)
café *m.* café; *m.* coffee; *adj.* brown
cafeína *f.* caffeine
cafetera *f.* coffee maker
cafetería *f.* cafeteria
caído/a *p.p.* fallen
caja *f.* cash register, box **1**
cajero/a *m., f.* cashier **2**
    cajero automático *m.* ATM
calcetín (calcetines) *m.* sock(s)
calculadora *f.* calculator
caldo *m.* soup
    caldo de patas *m.* beef soup
calentamiento *m.* warming **5**

calentarse (e:ie) *v.* to warm up
calidad *f.* quality
   calidad de vida standard
    of living **1**
callar *v.* to silence **6**
calle *f.* street **2**
calor *m.* heat
caloría *f.* calorie
calzar *v.* to take size... shoes
cama *f.* bed
cámara *f.* camera
   cámara de video video camera
   cámara digital digital camera
camarero/a *m., f.* waiter/waitress
camarón *m.* shrimp
cambiar (de) *v.* to change
cambio *m.* change
   cambio de moneda
    currency exchange
caminar *v.* to walk
camino *m.* road
camión *m.* truck; bus
camisa *f.* shirt
camiseta *f.* t-shirt
campeonato *m.* championship
campo *m.* countryside
canadiense *adj.* Canadian
canal *m.* (TV) channel
cancha *f.* field
canción *f.* song
candidato/a *m., f.* candidate
cansado/a *adj.* tired
cantante *m., f.* singer **3**
cantar *v.* to sing
cantera *f.* quarry
caos *m.* chaos
capa de ozono *f.* ozone layer **5**
capacitar *v.* to prepare
capaz *adj.* capable; competent
capilla *f.* chapel
capital *f.* capital city
capó *m.* hood
cara *f.* face
carácter *m.* character; personality **4**
característica *f.* characteristic **2**
caramelo *m.* caramel
cárcel *f.* prison; jail **6**
cargo *m.* position
cariñoso/a *adj.* affectionate **1**
carne *f.* meat
   carne de res beef
carnicería butcher shop
carnicero/a *m., f.* butcher
caro/a *adj.* expensive
carpintero/a *m., f.* carpenter
carrera *f.* career; race
carretera *f.* highway
carro *m.* car; automobile
carta *f.* letter; (playing) card
cartel *m.* poster
cartera *f.* wallet
cartero/a *m., f.* mail carrier
casa *f.* house; home

casado/a *adj.* married **1**
casarse (con) *v.* to get married (to) **1**
casi *adv.* almost
castigar *v.* to punish **3**
castigo *m.* punishment **3, 6**
catorce *adj.* fourteen
causa *f.* cause
cazar *v.* to hunt **5**
CD-ROM *m.* CD-ROM
cebolla *f.* onion
ceder *v.* to give up **6**
celda *f.* (prison, jail) cell **6**
celebrar *v.* to celebrate
celos *m.* jealousy **1**
celoso/a *adj.* jealous **1**
célula *f.* cell
celular *adj.* cellular
cena *f.* dinner
cenar *v.* to have dinner
censura *f.* censorship **3, 6**
centro *m.* downtown
   centro comercial mall **2**
cepillarse *v.* **los dientes/el pelo**
   to brush one's teeth/one's hair
cerámica *f.* pottery
cerca de *prep.* near
cerdo *m.* pork
cereales *m., pl.* cereal; grains
cero *m.* zero
cerrado/a *adj.* closed
cerrar (e:ie) *v.* to close
certeza *f.* certainty
cerveza *f.* beer
césped *m.* grass
ceviche *m.* marinated fish dish
   ceviche de camarón
    lemon-marinated shrimp
chaleco *m.* vest
chamán *m.* shaman **5**
champán *m.* champagne
champiñón *m.* mushroom
champú *m.* shampoo
chantajear *v.* to blackmail **6**
chaqueta *f.* jacket
charlar *v.* to chat
chau *fam. interj.* bye
chaval(a) *m., f.* kid; youngster **6**
cheque *m.* (bank) check
   cheque (de viajero)
    (traveler's) check
chévere *adj., fam.* terrific;
   great; fantastic **4**
chico/a *m., f.* boy/girl
chisme *m.* gossip **1**
chino/a *adj.* Chinese
chocar (con) *v.* to run into
chocolate *m.* chocolate
choque *m.* collision; crash **2**
chuleta *f.* chop (*food*)
   chuleta de cerdo pork chop
cibercafé *m.* cybercafé
ciberespacio *m.* cyber space
ciclismo *m.* cycling

cielo *m.* sky
cien(to) one hundred
ciencia *f.* science
   de ciencia ficción *f.* science
    fiction (genre)
científico/a *m., f.* scientist
cierto/a *adj.* certain
   (No) es cierto. It's (not) certain
cinco *adj.* five
cincuenta *adj.* fifty
cine *m.* movie theater; cinema;
   movies **2, 3**
cinta *f.* (audio)tape
cinta caminadora *f.* treadmill
cinturón *m.* belt
circulación *f.* traffic
cita *f.* date; appointment
   cita a ciegas blind date **1**
ciudad *f.* city **3**
ciudadano/a *m., f.* citizen **2**
civilización *f.* civilization **4**
Claro (que sí). *fam.* Of course.
clase *f.* class
   clase de (ejercicios) aeróbicos
    aerobics class
clásico/a *adj.* classical
cliente/a *m., f.* customer
clínica *f.* clinic
clon *m.* clone
clonar *v.* to clone
club deportivo *m.* sports club
cobrar *v.* to charge; to be paid
coche *m.* car; automobile **5**
cocina *f.* kitchen; stove
cocinar *v.* to cook
cocinero/a *m., f.* cook; chef
cofre *m.* hood
cola *f.* line
coleccionar *v.* to collect
colesterol *m.* cholesterol
color *m.* color
combustible *m.* fuel **5**
comedia *f.* comedy; play
comedor *m.* dining room
comenzar (e:ie) *v.* to begin
comer *v.* to eat
comercial *adj.* commercial;
   business-related
comercio *m.* trade, commerce
cometer (un delito) *v.* to commit
   (a crime) **3**
comida *f.* food; meal
comisaría *f.* police station **2**
como *adv.* like; as
¿cómo? *adv.* what?; how?
   ¿Cómo es...? What's... like?
   ¿Cómo está usted? *form.*
    How are you?
   ¿Cómo estás? *fam.* How are you?
   ¿Cómo les fue...? *pl.* How
    did ... go for you?
   ¿Cómo se llama (usted)?
    form. What's your name?
   ¿Cómo te llamas (tú)? *fam.*
    What's your name?

cómoda *f.* chest of drawers
cómodo/a *adj.* comfortable
compañero/a *m., f.* **de clase** classmate
compañero/a *m., f.* **de cuarto** roommate
compañía *f.* company; firm
compartir *v.* to share **1**
completamente *adv.* completely
compositor(a) *m., f.* composer
compra *f.* purchase
comprar *v.* to buy
compras *f., pl.* purchases
 ir de compras *v.* to go shopping
comprender *v.* to understand
comprensión *f.* understanding **4**
comprensivo/a *adj.* understanding
comprobar (o:ue) *v.* to check; to prove; to confirm
comprometerse (con) *v.* to get engaged (to)
compromiso *m.* commitment; responsibility; engagement **1**
computación *f.* computer science
computadora *f.* computer
 computadora portátil portable computer; laptop
computarizado/a *adj.* computerized
comunicación *f.* communication
comunicarse (con) *v.* to communicate (with)
comunidad *f.* community
comunismo *m.* communism **4**
con *prep.* with
 con frecuencia *adv.* frequently
 Con permiso. Pardon me; Excuse me.
 con tal (de) que provided (that)
concierto *m.* concert
concordar *v.* to agree
concurso *m.* game show; contest
conducir *v.* to drive
conductor(a) *m., f.* driver **2**
confianza *f.* trust **6**
confiar (en) *v.* to trust (in) **1, 6**
confirmar *v.* to confirm
 confirmar una reservación to confirm a reservation
conformista *adj.* conformist
confundido/a *adj.* confused
congelador *m.* freezer
congelar(se) *v.* to freeze (oneself)
congestionado/a *adj.* congested; stuffed-up
conjunto musical *m.* musical group; band
conmigo *pron.* with me
conocer *v.* to know; to be acquainted with
conocido *adj., p.p.* known
conocimiento *m.* knowledge **4**
conquista *f.* conquest **4**
conseguir (e:i) *v.* to get; to obtain
 conseguir entradas to get tickets

consejero/a *m., f.* counselor; advisor
consejo *m.* advice
conservación *f.* conservation
conservador(a) *adj.* conservative **6**
conservar *v.* to conserve; to preserve **2, 5**
construir *v.* to build **2**
consulado *m.* consulate **4**
consultorio *m.* doctor's office
consumir *v.* to consume
consumo *m.* **de energía** energy consumption **5**
contabilidad *f.* accounting
contador(a) *m., f.* accountant
contagiar *v.* to infect; to be contagious **5**
contaminación *f.* pollution **5**
 contaminación del aire/del agua air/water pollution
contaminado/a *adj.* polluted
contaminar *v.* to pollute **5**
contar (o:ue) *v.* to count; to tell
 contar (con) *v.* to count (on); rely on **1**
contentarse con *v.* to be contented/satisfied with **1**
contento/a *adj.* happy; content
contestadora *f.* answering machine
contestar *v.* to answer
contigo *fam. pron.* with you
contraseña *f.* password
contratar *v.* to hire
contribuir *v.* to contribute
control *m.* control
 control de armas gun control
 control remoto remote control
controlar *v.* to control
controvertido/a *adj.* controversial **3**
conversación *f.* conversation
conversar *v.* to converse; to talk; to chat **2**
convertirse (e:ie) en (algo) *v.* to turn into (something)
convivencia *f.* coexistence
convivir *v.* to live together; to coexist **2**
convocar *v.* to summon **6**
cooperar *v.* to cooperate **2**
copa *f.* wineglass; goblet
coquetear *v.* to flirt **1**
coraje *m.* courage
corazón *m.* heart **1**
corbata *f.* tie
cordillera *f.* mountain range **5**
corrector *m.* **ortográfico** spell checker
corredor(a) *m., f.* **de bolsa** stockbroker
correo *m.* mail; post office
 correo electrónico *m.* e-mail
correr *v.* to run
correr la voz *v.* to spread the word
cortar *v.* to cut **5**
cortesía *f.* courtesy

cortinas *f., pl.* curtains
corto/a *adj.* short (*in length*)
 a corto plazo *adj.* short-term
corto(metraje) *adj.* short film **1**
cosa *f.* thing
costa *f.* coast **5**
costar (o:ue) *v.* to cost
costumbre *f.* custom; habit **2**
cotidiano/a *adj.* everyday **2**
cráter *m.* crater
crear *v.* to create
crecer *v.* to grow (up)
crecimiento *m.* growth **3**
creencia *f.* belief **4, 6**
creer (en) *v.* to believe (in)
creído/a *adj., p.p.* believed
crema *f.* **de afeitar** shaving cream
criar *v.* to raise (children) **4**
crimen *m.* crime; murder
crisis económica *f.* economic crisis
crítico/a de cine *m., f.* film critic **3**
crueldad *f.* cruelty **6**
cruzar *v.* to cross **2**
cuaderno *m.* notebook
cuadra *f.* city block **2**
¿cuál(es)? which?; which one(s)?
 ¿Cuál es la fecha de hoy? What is today's date?
cuadro *m.* picture
cuadros *m., pl.* plaid
cuando *conj.* when
¿cuándo? *adv.* when?
¿cuánto/a(s)? *pron.* how much/how many?
 ¿Cuánto cuesta…? How much does… cost?
 ¿Cuántos años tienes? How old are you?
cuarenta *adj.* forty
cuarto *m.* room
 cuarto de baño bathroom
cuarto/a *adj.* fourth
 menos cuarto quarter to (*time*)
 y cuarto quarter after (*time*)
cuatro *adj.* four
cuatrocientos/as *adj.* four hundred
cubierto/a *p.p.* covered
cubiertos *m., pl.* silverware
cubrir *v.* to cover
cuchara *f.* spoon
cucharada *f.* spoonful **5**
 a cucharadas in spoonfuls **5**
cuchillo *m.* knife
cuello *m.* neck
cuenta *f.* bill; account
 cuenta corriente checking account
 cuenta de ahorros savings account
cuento *m.* short story
cuerpo *m.* body
cuidado *m.* care **2**
cuidadoso/a *adj.* careful **1**
cuidar *v.* to take care (of) **1**
 ¡Cuídense! Take care!

culpa *f.* fault
cultivar *v.* to cultivate **4**
cultivo *m.* farming; cultivation **4**
cultura *f.* culture
cumpleaños *m., sing.* birthday
cumplir años *v.* to have
a birthday
cuñado/a *m., f.* brother/sister-in law **4**
cura *m.* priest
curandero/a *m., f.* folk healer **5**
curar *v.* to cure
currículum *m.* résumé
curso *m.* course

D

danza *f.* dance
dañar *v.* to damage; to break down
dañino/a *adj.* harmful **5**
daño *m.* harm
dar *v.* to give
dar un consejo *v.* to give advice
dar un paseo *v.* to take a stroll **2**
dar una vuelta *v.* to take
a walk/ride **2**
**dar una vuelta en bicicleta/carro/
motocicleta** *v.* to take a bike/car/
motorcycle walk **2**
darse con *v.* to bump into; to
run into (something)
darse cuenta *v.* to realize
dar para vivir *v.* to yield enough to
live with
darse prisa *v.* to hurry; to rush
dardos *m., pl.* darts
de *prep.* of; from
¿De dónde eres? *fam.*
Where are you from?
¿De dónde es (usted)? *form.*
Where are you from?
¿De parte de quién? Who is
calling? (*on telephone*)
¿de quién…? *sing.* whose…?
¿de quiénes…? *pl.* whose…?
de algodón (made) of cotton
de aluminio (made) of aluminum
de buen humor in a good mood
de compras shopping
de cuadros plaid
de excursión hiking
de hecho in fact
de ida y vuelta roundtrip
de la mañana in the morning; A.M.
de la noche in the evening;
at night; P.M.
de la tarde in the afternoon;
in the early evening; P.M.
de lana (made) of wool
de lunares polka-dotted
de mal humor in a bad mood
de mi vida of my life
de moda in fashion
De nada. You're welcome.

De ninguna manera. No way.
de niño/a as a child
de parte de on behalf of
de plástico (made) of plastic
de rayas striped
de repente suddenly
de seda (made) of silk
de vaqueros western (*genre*)
de vez en cuando
from time to time
de vidrio (made) of glass
debajo de *prep.* below; under
deber (+ *inf.*) *v.* should; must;
ought to
deber (dinero) *v.* to owe (money)
deber *m.* responsibility; obligation
debido a due to (the fact that)
débil *adj.* weak
decepción *f.* disappointment **5**
decidido/a *adj.* decided;
determined **2**
decidir (+ *inf.*) *v.* to decide
décimo/a *adj.* tenth
decir (e:i) *v.* to say; to tell
decir la verdad to tell the truth
decir mentiras to tell lies
decir que to say that
declarar *v.* to declare; to say
dedicarse a *v.* to devote oneself to **6**
dedo *m.* finger
dedo del pie *m.* toe
defender (e:ie) *v.* to defend **6**
deforestación *f.* deforestation **5**
dejar *v.* to let; to quit; to leave
behind
dejar a alguien *v.* to leave
someone **1**
dejar de *(+ inf.)* *v.* to stop
(*doing something*)
dejar plantado/a *v.* to stand some
one up **1**
dejar una propina *v.* to leave a tip
del (*contraction of* **de + el**) of the;
from the
delante de *prep.* in front of
por delante *adv.* ahead (of)
delantero/a *m., f.* forward
(*sport position*)
delgado/a *adj.* thin; slender
delicioso/a *adj.* delicious
demás *adj.* the rest
demasiado *adj., adv.* too much
democracia *f.* democracy **6**
dentista *m., f.* dentist
dentro de (diez años) within (ten
years); inside
dependiente/a *m., f.* clerk
deporte *m.* sport
deportes extremos
extreme sports
deportista *m.* sports person; athlete
deportivo/a *adj.* sports-related
depositar *v.* to deposit

deprimido/a *adj.* depressed **1**
derecha *f.* right
derecho *adj.* straight (ahead)
a la derecha de to the right of
derechos *m., pl.* rights **6**
derechos humanos
human rights **6**
derogar *v.* to abolish **6**
derretir(se) (e:i) *v.* to melt
derrocar *v.* to overflow **6**
derrotar *v.* to defeat **6**
desafiar *v.* to challenge
desafío *m.* challenge
desaparecer *v.* to disappear **5**
desaparición *f.* disappearance **3**
desaprovechar *v.* to not take
advantage of
desarrollar *v.* to develop
desarrollo *m.* development **5**
desastre (natural) *m.*
(natural) disaster
desatender (e:ie) *v.* to neglect **5**
desayunar *v.* to have breakfast
desayuno *m.* breakfast
descafeinado/a *adj.* decaffeinated
descansar *v.* to rest
descargar *v.* to download
descompuesto/a *adj.* not working;
out of order
desconfiar *v.* to be suspicious,
to not trust
descongelar(se) *v.* to thaw
(oneself)
desconocido/a *m., f.* stranger **2**
descontrolado/a *adj.* out of control **5**
describir *v.* to describe
descrito/a *p.p.* described
descubierto/a *p.p.* discovered
descubrimiento *m.* discovery
descubrir *v.* to discover
desde *prep.* from
desdén *m.* disdain **4**
desear *v.* to wish; to desire
desechable *adj.* disposable **5**
desempleado/a *adj.* unemployed
desempleo *m.* unemployment
desenlace *m.* ending; outcome **2**
deseo *m.* desire **1**
desesperación *f.* desperation **3**
desesperado/a *m., f.* desperate
desgracia *f.* misfortune; tragedy
desierto *m.* desert **5**
desigual *adj.* unequal **6**
desigualdad *f.* inequality **6**
desinterés *m.* lack of interest **5**
desobediencia *f.* disobedience **6**
desobediencia civil
civil disobedience **6**
desordenado/a *adj.* disorderly
despacio *adv.* slowly
desaparición *f.* disappearance **4**
despedida *f.* farewell; good-bye
despedir (e:i) *v.* to fire

despedirse (de) (e:i) *v.* to say goodbye (to)
despejado/a *adj.* clear (*weather*)
despertador *m.* alarm clock
despertarse (e:ie) *v.* to wake up
despreciar *v.* to look down on **4**
después *adv.* afterwards; then
  después de *conj.* after
  después de que *conj.* after
destacado/a *adj.* prominent **3**
destacar *v.* to stand out
destino *m.* destination
destrozar *v.* to destroy **6**
destruir *v.* to destroy **5**
detenerse (e:ie) *v.* to stop
detrás de *prep.* behind
deuda *f.* debt **4**
día *m.* day
  día de fiesta holiday
Diablo *m.* devil **3**
diálogo *m.* dialogue
diario *m.* diary; newspaper **3**
diario/a *adj.* daily
dibujar *v.* to draw
dibujo *m.* drawing
  dibujos animados *m., pl.*
    cartoons
diccionario *m.* dictionary
dicho/a *p.p.* said
diciembre *m.* December
dictadura *f.* dictatorship **6**
diecinueve *adj.* nineteen
dieciocho *adj.* eighteen
dieciséis *adj.* sixteen
diecisiete *adj.* seventeen
diente *m.* tooth
dieta *f.* diet
diez *adj.* ten
difícil *adj.* difficult; hard
difundir (noticias) *v.* to spread (news) **2**
Diga. *interj.* Hello. (*on telephone*)
digno/a *adj.* worthy **4**
diligencia *f.* errand
diminuto/a *adj.* tiny
dinero *m.* money
dirección *f.* address **2**
  dirección electrónica
    e-mail address
director(a) *m., f.* director; (*musical*) conductor **3**
dirigir *v.* to direct
  dirigirse a *v.* to address
disco *m.* **compacto** compact disc (CD)
discoteca *f.* dance club **2**
discriminación *f.* discrimination
discurso *m.* speech
discutir *v.* to argue **1**
disentir *v.* to dissent; to disagree **6**
diseñador(a) *m., f.* designer
diseño *m.* design
disfrutar (de) *v.* to enjoy; to reap the benefits (of) **2**
disgustado/a *adj.* disgusted **1**

disimular *v.* to hide; to conceal **2**
disminuir *v.* to decrease; to reduce; to diminish
disparar *v.* to shoot
disparate *m.* silly remark/action; nonsense **4**
disparo *m.* shot **3**
dispuesto/a (a) *adj.* ready, willing (to)
diversidad *f.* diversity **6**
diversión *f.* fun activity; entertainment; recreation
divertido/a *adj.* fun
divertirse (e:ie) *v.* to have fun; to have a good time
divorciado/a *adj.* divorced **1**
divorciarse (de) *v.* to get divorced (from) **1**
divorcio *m.* divorce **1**
doblaje *m.* dubbing **3**
doblar *v.* to turn **2**
doble *adj.* double
  doble moral *f.* double standard **6**
doce *adj.* twelve
doctor(a) *m., f.* doctor
documental *m.* documentary **3**
documentos de viaje *m., pl.* travel documents
dolencia *f.* ailment **5**
doler (o:ue) *v.* to hurt
dolor *m.* ache; pain
  dolor de cabeza *m.* head ache
doméstico/a *adj.* domestic
dominar *v.* to dominate
domingo *m.* Sunday
don/doña *title of respect used with a person's first name*
donde *adv.* where
  ¿dónde? where?
  ¿Dónde está...? Where is…?
dormir (o:ue) *v.* to sleep
dormirse (o:ue) *v.* to go to sleep; to fall asleep
dormitorio *m.* bedroom
dos *adj.* two
  dos veces *adv.* twice; two times
doscientos/as *adj.* two hundred
drama *m.* drama; play
dramático/a *adj.* dramatic
dramaturgo/a *m., f.* playwright
droga *f.* drug
drogadicto/a *adj.* drug addict
ducha *f.* shower
ducharse *v.* to shower; to take a shower
duda *f.* doubt
dudar *v.* to doubt
dueño/a *m., f.* owner; landlord
dulces *m., pl.* sweets; candy
durante *prep.* during
durar *v.* to last

E

e *conj.* and (*used instead of* **y** *before words beginning with* **i** *and* **hi**)
echar *v.* to throw; to throw away **5**
  echar (una carta) al buzón *v.* to put (a letter) in the mailbox; to mail
  echar de menos *v.* to miss
ecología *f.* ecology
economía *f.* economics
ecoturismo *m.* ecotourism
Ecuador *m.* Ecuador
ecuatoriano/a *adj.* Ecuadorian
edad *f.* age
  edad adulta adulthood **4**
edificio *m.* building **2**
  edificio de apartamentos apartment building
(en) efectivo *m.* cash
efecto *m.* **invernadero** greenhouse effect **5**
efectos *m., pl.* **especiales** special effects **3**
egoísta *adj.* selfish **4**
ejecución *f.* execution **6**
ejecutivo(a) *m., f.* executive
ejercer *v.* to exercise, to exert **6**
  ejercer el poder to exercise/ exert power **6**
ejercicio *m.* exercise
  ejercicios aeróbicos aerobic exercises
  ejercicios de estiramiento stretching exercises
ejército *m.* army **6**
el *m., sing., def. art.* the
él *sub. pron.* he; *adj. pron.* him
elecciones *f., pl.* election
electricista *m., f.* electrician
electrodoméstico *m.* electric appliance
elegante *adj.* elegant
elegir (e:i) *v.* to elect **6**
ella *sub. pron.* she; *obj. pron.* her
ellos/as *sub. pron.* they; them
embajada *f.* embassy **4**
embarazada *adj.* pregnant
emergencia *f.* emergency
emigrante *m., f.* emigrant
emigrar *v.* to emigrate **1**
emitir *v.* to broadcast
emocionado/a *adj.* excited **1**
emocionante *adj.* exciting
empatar *v.* to tie (a game)
empate *m.* tie
empeorar *v.* to get worse **5**
empezar (e:ie) *v.* to begin
empleado/a *m., f.* employee
empleo *m.* job; employment
empresa *f.* company; firm
  empresa multinacional multinational company

en *prep.* in; on; at
 en casa at home
 en caso (de) que in case (that)
 en cuanto as soon as
 en directo live 3
 en efectivo in cash
 en exceso in excess; too much
 en línea in-line; online
 ¡En marcha! Let's get going!
 en mi nombre in my name
 en punto on the dot; exactly;
  sharp (*time*)
 en qué in what; how
 ¿En qué puedo servirles?
  How can I help you?
 en vivo live 3
enamorado/a (de) *adj.* in love (with) 1
enamorarse (de) *v.* to fall in
 love (with) 1
encabezar *v.* to lead 6
encantado/a *adj.* delighted; pleased
 to meet you
encantar *v.* to like very much; to love
 (*inanimate objects*)
 ¡Me encantó! I loved it!
encarcelar *v.* to imprison 6
encargado/a *m., f.* person
 in charge 5
encima de *prep.* on top of
encontrar (o:ue) *v.* to find
encontrar(se) (o:ue) *v.* to meet (each
 other); to run into (each other)
encrucijada *f.* crossroads 3
encuesta *f.* poll; survey
energía *f.* energy 5
 energía eólica wind energy 5
 energía nuclear nuclear energy 5
 energía renovable
  renewable energy 5
 energía solar solar energy 5
enero *m.* January
enfermarse *v.* to get sick
enfermedad *f.* illness
enfermero/a *m., f.* nurse
enfermo/a *adj.* sick
enfrente de *adv.* opposite; facing
engañar *v.* to cheat, to deceive;
 to trick 1, 3
engordar *v.* to gain weight
enigma *m.* enigma
enlace *m.* link
enojado/a *adj.* mad; angry 1
enojarse (con) *v.* to get angry (with) 1
enriquecerse *v.* to become enriched
enrojecer *v.* to blush; to turn red 2
ensalada *f.* salad
ensayar *v.* to rehearse 3
enseguida *adv.* right away
enseñar *v.* to teach
ensuciar *v.* to get (*something*) dirty
entender (e:ie) *v.* to understand
entendimiento *m.* understanding
enterarse (de) *v.* to become
 informed (about) 3

enterrado/a *adj.* buried
enterrar (e:ie) *v.* to bury
entonces *adv.* then
entrada *f.* entrance; ticket
entre *prep.* between; among
entremeses *m., pl.* hors
 d'oeuvres; appetizers
entrenador(a) *m., f.* trainer
entrenarse *v.* to practice; to train
entretener *v.* to entertain 3
entretenerse (e:ie) *v.*
 to amuse oneself
entretenido/a *adj.* entertaining
entrevista *f.* interview
entrevistador(a) *m., f.* interviewer
entrevistar *v.* to interview 3
envase *m.* container
enviar *v.* to send; to mail
envidioso/a *adj.* envious; jealous
equilibrado/a *adj.* balanced
equipado/a *adj.* equipped
equipaje *m.* luggage
equipo *m.* team
equivocado/a *adj.* wrong
eres *fam.* you are
erosión *f.* erosion 5
es he/she/it is
 Es bueno que... It's good that...
 Es de... He/She is from...
 es extraño it's strange
 Es importante que...
  It's important that...
 es imposible it's impossible
 es improbable it's improbable
 Es la una. It's one o'clock.
 Es malo que... It's bad that...
 Es mejor que... It's better that...
 Es necesario que...
  It's necessary that...
 es obvio it's obvious
 es ridículo it's ridiculous
 es seguro it's sure
 es terrible it's terrible
 es triste it's sad
 Es urgente que...
  It's urgent that...
 es una lástima it's a shame
 es verdad it's true
esa(s) *f., adj.* that; those
ésa(s) *f., pron.* that (one);
 those (ones)
escalar *v.* to climb
 escalar montañas to climb
  mountains
escalera *f.* stairs; stairway
escama *f.* scale
escándalo *m.* scandal 6
escasez *f.* shortage
escaso/a *adj.* scant; scarce 5
escena *f.* scene 1
escoger *v.* to choose
esconder *v.* to hide 2
escribir *v.* to write

escribir un mensaje electrónico
 to write an e-mail message
escribir una carta to write a letter
escribir una postal to write
 a postcard
escrito/a *p.p.* written
escritor(a) *m., f.* writer
escritorio *m.* desk
escuchar *v.* to listen to
 escuchar la radio to listen
  (to) the radio
 escuchar música to listen
  (to) music
escuela *f.* school
esculpir *v.* to sculpt
escultor(a) *m., f.* sculptor
escultura *f.* sculpture
ese *m., sing., adj.* that
ése *m., sing., pron.* that one
eso *neuter pron.* that; that thing
esos *m., pl., adj.* those
ésos *m., pl., pron.* those (ones)
espacio *m.* space
España *f.* Spain
español *m.* Spanish (*language*)
español(a) *adj.* Spanish; Spaniard
esparcir *v.* to spread
espárragos *m., pl.* asparagus
especialización *f.* major
especializado/a *adj.* specialized
especie *f.* **en peligro (de extinción)**
 endangered species 5
espectacular *adj.* spectacular
espectáculo *m.* show; performance
espectador(a) *m., f.* spectator
espejo *m.* mirror
esperanza *f.* hope 4
esperar *v.* to hope; to wish
 esperar (+ inf.) *v.* to wait (for);
  to hope
espiar *v.* to spy 6
esposo/a *m., f.* husband/wife;
 spouse 4
esquí *m.* skiing
 esquí acuático *m.* (water) skiing
 esquí alpino *m.* downhill skiing
 esquí de fondo *m.* cross
  country skiing
esquiar *v.* to ski
esquina *f.* corner 2
está he/she/it is; you are
 Está bien. That's fine.
 Está (muy) despejado. It's
  (very) clear. (*weather*)
 Está lloviendo. It's raining.
 Está nevando. It's snowing.
 Está (muy) nublado. It's
  (very) cloudy. (*weather*)
esta(s) *f., adj.* this; these
 esta noche tonight
ésta(s) *f., pron.* this (one);
 these (ones)
 Ésta es... This is...
  (*introducing someone*)

establecer (se) *v.* to start; to establish (oneself)
estación *f.* station; season **2**
  estación de autobuses bus station **2**
  estación de bomberos fire station **2**
  estación del metro subway station
  estación de policía police station **2**
  estación de tren(es) train station **2**
estacionamiento *m.* parking lot **2**
estacionar *v.* to park
estadio *m.* stadium **2**
estado civil *m.* marital status
Estados Unidos *m., pl.* (EE.UU.; E.U.) United States
estadounidense *adj.* from the United States
estampado/a *adj.* print
estampilla *f.* stamp
estante *m.* bookcase; bookshelves
estantería *f.* bookcase **3**
estar *v.* to be
  estar a la/en venta *v.* to be on sale
  estar a (veinte kilómetros) de aquí to be (twenty kilometers) from here
  estar a dieta to be on a diet
  estar aburrido/a to be bored
  estar afectado/a (por) to be affected (by)
  estar bajo control to be under control
  estar bajo presión *v.* to be under pressure
  estar cansado/a to be tired
  estar contaminado/a to be polluted
  estar de acuerdo to agree
  Estoy (completamente) de acuerdo. I agree (completely).
  No estoy de acuerdo. I don't agree.
  estar de moda to be in fashion
  estar de vacaciones *f., pl.* to be on vacation
  estar embarazada to be pregnant
  estar en buena forma to be in good shape
  estar enfermo/a to be sick
  estar harto/a to be fed up (with); to be sick (of) **1**
  estar listo/a to be ready
  estar perdido/a to be lost **2**
  estar roto/a to be broken
  estar seguro/a to be sure
  estar torcido/a to be twisted; to be sprained

estatua *f.* statue
Este *m.* East
este *m., sing., adj.* this
éste *m., sing., pron.* this (one)
  Éste es... *m.* This is… (*introducing someone*)
estéreo *m.* stereo
estilo *m.* style **3**
estiramiento *m.* stretching
esto *neuter pron.* this; this thing
estómago *m.* stomach
estornudar *v.* to sneeze
estos *m., pl., adj.* these
éstos *m., pl., pron.* these (ones)
estrella *f.* star **3**
  estrella de cine *m., f.* movie star **3**
  estrella fugaz shooting star
estrenar (una película) *v.* to release (a movie)
estreno *m.* premiere; new movie **3**
estrés *m.* stress
estresado/a *adj.* stressed (out)
estricto/a *adj.* strict **4**
estudiante *m., f.* student
estudiantil *adj.* student
estudiar *v.* to study
estufa *f.* stove
estupendo/a *adj.* stupendous
etapa *f.* stage
ético/a *adj.* ethical
  poco ético/a unethical
etnia *f.* ethnic group **4**
evitar *v.* to avoid
examen *m.* test; exam
  examen médico physical exam
excelente *adj.* excellent
exceso *m.* excess; too much
excluido/a *adj.* excluded
excursión *f.* hike; tour; excursion
excursionista *m., f.* hiker
exigente *adj.* demanding **4**
exigir *v.* to demand
exiliado/a *m., f.* exile
  exiliado/a político/a political exile
éxito *m.* success **3**
exitoso/a *adj.* successful
expansión *f.* **(urbana)** (urban) sprawl **5**
experiencia *f.* experience
experimento *m.* experiment
explicar *v.* to explain
explorar *v.* to explore
expulsar *v.* to expel; to dismiss
expresión *f.* expression
extinción *f.* extinction
extinguirse *v.* to become extinct **5**
extranjero/a *adj.* foreign; *m., f.* foreigner; alien **4**
extrañar *v.* to miss
extraño/a *adj.* strange
extraterrestre *adj.* extraterrestrial; alien

F

fabricar *v.* to manufacture
fabuloso/a *adj.* fabulous
facciones *f., pl.* features **2**
facha *f.* look
fácil *adj.* easy
falda *f.* skirt
fallecido/a *adj.* deceased
falso/a *adj.* insincere **1**
falta (de) *f.* lack (of)
faltar *v.* to lack; to need
fama *f.* fame **3**
familia *f.* family
familiares *m.* relatives **1**
famoso/a *adj.* famous
fantasía *f.* fantasy **3**
fantasma *m.* ghost
fantástico/a *adj.* imaginary
farmacia *f.* pharmacy
fascinar *v.* to fascinate
favorito/a *adj.* favorite
fax *m.* fax (machine)
fe *f.* faith **4**
febrero *m.* February
fecha *f.* date
felicidad *f.* happiness **5**
  ¡Felicidades! Congratulations!
  ¡Felicitaciones! Congratulations!
feliz *adj.* happy
  ¡Feliz cumpleaños! Happy birthday!
fenomenal *adj.* great; phenomenal
fenómeno *m.* phenomenon **3**
feo/a *adj.* ugly
feria *f.* fair
festejar *v.* to celebrate
festival *m.* festival
fidelidad *f.* faithfulness **1**
fiebre *f.* fever
fiesta *f.* party
fijo/a *adj.* fixed; set
fila *f.* line **2**
fin *m.* end
  fin de semana weekend
finalmente *adv.* finally
financiero/a *adj.* financial
firmar *v.* to sign (*a document*) **4**
física *f.* physics
físico/a *m., f.* physicist
flan (de caramelo) *m.* crème caramel, custard
flauta *f.* flute **3**
flexible *adj.* flexible
flor *f.* flower
flotar *v.* to float
foca *f.* seal **5**
folclórico/a *adj.* folk; folkloric
folleto *m.* brochure
fondo *m.* end
forma *f.* shape
formulario *m.* form
fortalecer(se) *v.* to grow stronger; to strengthen **1, 6**

foto(grafía) *f.* photograph
fotógrafo/a *m., f.* photographer **3**
fracaso *m.* failure **6**
fraile (fray) *m.* friar; monk
(Brother) **4**
francés, francesa *adj.* French
frasquito *m.* little bottle **5**
frecuentemente *adv.* frequently
frenos *m., pl.* brakes
fresco/a *adj.* cool
frijoles *m., pl.* beans
frío/a *adj.* cold
frito/a *adj.* fried
frontera *f.* border
fruta *f.* fruit
frutería *f.* fruit store
frutilla *f.* strawberry
fuego *m.* fire
fuente *f.* source **5**
fuente *f.* **de fritada** platter of
fried food
fuera *adv.* outside
fuerte *adj.* strong
fuerza *f.* force **6**
fumar *v.* to smoke
funcionar *v.* to work; to function
fútbol *m.* soccer
fútbol americano *m.* football
futuro/a *adj.* future
en el futuro in the future

G

gafas (de sol) *f., pl.* (sun)glasses
gafas (oscuras) *f., pl.* (sun)glasses
galaxia *f.* galaxy
galleta *f.* cookie
ganancia *f.* profit **4**
ganar *v.* to win; to earn (money)
ganar las elecciones
to win elections **6**
ganar un partido to win a game
ganarse la vida to earn a living
ganga *f.* bargain
garaje *m.* garage; (mechanic's) repair
shop; garage (*in a house*)
garganta *f.* throat
garra *f.* claw
gasoducto *m.* gas pipeline
gasolina *f.* gasoline
gasolinera *f.* gas station
gastar *v.* to spend (*money*)
gato *m.* cat
gemelo/a *m., f.* twin **4**
gen *m.* gene
género *m.* genre **3**
genética *f.* genetics
genial *adj.* wonderful **1**
gente *f.* people **2**
geografía *f.* geography
gerente *m., f.* manager
gimnasio *m.* gymnasium
gobernar (e:ie) *v.* to govern **6**

gobierno *m.* government **6**
golf *m.* golf
golpe *m.* blow, hit
golpe de estado coup d'état **6**
golpear *v.* to beat (a drum) **3**
gordo/a *adj.* fat
gozar (de) *v.* to enjoy
grabadora *f.* tape recorder
grabar *v.* to record **3**
grabar (un CD) to burn (a CD)
gracias *f., pl.* thank you; thanks
Gracias por todo.
Thanks for everything.
Gracias una vez más.
Thanks again.
gracioso/a *adj.* funny **1**
graduarse (de/en) *v.* to graduate
(from/in)
gran, grande *adj.* big; large
grasa *f.* fat
gratis *adj.* free of charge
grave *adj.* grave; serious
gravedad *f.* gravity
gravísimo/a *adj.* extremely serious
grillo *m.* cricket
gripe *f.* flu
gris *adj.* gray
gritar *v.* to scream; to shout
grupo *m.* **musical** musical group, band
guantes *m., pl.* gloves
guapo/a *adj.* handsome;
good-looking
guardar *v.* to save (on
a computer)
guerra *f.* war **6**
guerra civil civil war **6**
guía *m., f.* guide
guiar *v.* to guide
guión *m.* script **1**
guita *f.* cash; dough (*slang*)
gusano/a *m., f., pej.* (*lit.* worm)
Cuban exile **4**
gustar *v.* to be pleasing to; to like
Me gustaría... I would like...
gusto *m.* pleasure
El gusto es mío. The pleasure
is mine.
Gusto de verlo/la. *form.* It's nice
to see you.
Gusto de verte. *fam.* It's nice to
see you.
Mucho gusto. Pleased to meet you.
¡Qué gusto volver a verlo/la!
form. I'm happy to see you again!
¡Qué gusto volver a verte!
fam. I'm happy to see you again!

H

haber *(auxiliar)* *v.* to have
(done something)
Ha sido un placer. It's been
a pleasure.

habitación *f.* room
habitación doble double room
habitación individual
single room
habitante *m., f.* inhabitant **2**
hablar *v.* to talk; to speak
hacer *v.* to do; to make
Hace buen tiempo. The weather
is good.
Hace (mucho) calor. It's (very)
hot. (*weather*)
Hace fresco. It's cool. (*weather*)
Hace (mucho) frío. It's (very) cold.
(*weather*)
Hace mal tiempo. The weather
is bad.
Hace (mucho) sol. It's (very)
sunny. (*weather*)
Hace (mucho) viento. It's (very)
windy. (*weather*)
hacer cola to stand in line; to wait
in line
hacer diligencias to run errands **2**
hacer ejercicio to exercise
hacer ejercicios aeróbicos
to do aerobics
hacer ejercicios de estiramiento
to do stretching exercises
hacer el papel (de) to play the
role (of)
hacer falta to be necessary **5**
hacer gimnasia to work out
hacer juego (con) to match (with)
hacer la cama to make the bed
hacer las maletas to pack
(one's) suitcases
hacer quehaceres domésticos
to do household chores
hacer turismo to go sightseeing
hacer un esfuerzo to make
an effort
hacer un viaje to take a trip
hacer una excursión to go on
a hike; to go on a tour
hacia *prep.* toward
hallazgo *m.* discovery **3**
hambre *f.* hunger
hamburguesa *f.* hamburger
hasta *prep.* until; toward
Hasta la vista. See you later.
Hasta luego. See you later.
Hasta mañana. See you tomorrow.
hasta que until
Hasta pronto. See you soon.
hay there is; there are
Hay (mucha) contaminación.
It's (very) smoggy.
Hay (mucha) niebla.
It's (very) foggy.
Hay que... It is necessary that...
No hay duda de...
There's no doubt ...
No hay de qué. You're welcome.

hecho *m.* fact **5**
hecho/a *p.p.* done
heladería *f.* ice cream shop
helado/a *adj.* iced
helado *m.* ice cream
heredar *v.* to inherit **4**
herencia *f.* heritage
　herencia cultural
　　cultural heritage **6**
hermanastro/a *m., f.* stepbrother/
　stepsister **4**
hermano/a *m., f.* brother/sister
　hermano/a gemelo/a *m., f.* twin
　　brother/sister **4**
　hermano/a mayor/menor *m., f.* older/
　　younger brother/sister
hermanos *m., pl.* siblings (brothers
　and sisters)
hermoso/a *adj.* beautiful
herramienta *f.* tool
heterogéneo/a *adj.* heterogeneous
híbrido/a *adj.* hybrid **5**
hierba *f.* grass
hijastro/a *m., f.* stepson/stepdaughter
hijo/a *m., f.* son/daughter
　hijo/a único/a *m., f.* only child **4**
　hijos *m., pl.* children
hipocresía *f.* hypocrisy **6**
historia *f.* history; story **1**
historiador(a) *m., f.* historian **4**
hockey *m.* hockey
hogar *m.* home
hoja *f.* leaf **5**
hola *interj.* hello; hi
hombre *m.* man
　hombre de negocios *m.*
　　businessman
homenajear a los dioses *v.* to pay
　homage to the gods **4**
homogeneidad *f.* homogeneity
honrado/a *adj.* honest **4**
hora *f.* hour; the time
horario *m.* schedule
　horario de trabajo
　　work schedule
horno *m.* oven
　horno de microondas
　　microwave oven
horóscopo *m.* horoscope **3**
horror *m.* horror
　de horror horror (genre)
hospital *m.* hospital
hotel *m.* hotel
hoy *adv.* today
　hoy (en) día *adv.* nowadays
　Hoy es... Today is…
huelga *f.* strike (*labor*) **6**
hueso *m.* bone
huésped *m., f.* guest
huevo *m.* egg
huir *v.* to flee **6**
humanidad *f.* humankind

humanidades *f., pl.* humanities
hundir *v.* to sink **6**
huracán *m.* hurricane **5**

I

ida *f.* one way (*travel*)
idea *f.* idea
ideales *m., pl.* principles; ideals
idioma *m.* language
　idioma oficial *m.*
　　official language
iglesia *f.* church
igual *adj.* equal **6**
igualdad *f.* equality **6**
igualmente *adv.* likewise
ilegal *adj.* illegal **4**
imparcial *adj.* impartial; unbiased **3**
impermeable *m.* raincoat
importante *adj.* important
importar *v.* to be important to;
　to matter
imposible *adj.* impossible
impresora *f.* printer
imprimir *v.* to print
improbable *adj.* improbable
impuesto *m.* tax
inalámbrico/a *adj.* wireless
inaudito/a *adj.* unprecedented
incapaz *adj.* incapable;
　incompetent
incendio *m.* fire **5**
incertidumbre *f.* uncertainty
inconformista *adj.* nonconformist
increíble *adj.* incredible
independizarse *v.* to
　become independent **4**
indicar el camino *v.*
　to give directions **2**
indiferencia *f.* indifference
individual *adj.* private (*room*)
inesperado/a *adj.* unexpected **2**
inestabilidad *f.* instability
infección *f.* infection
infidelidad *f.* unfaithfulness **1**
inflación *f.* inflation
influencia *f.* influence **2**
influir *v.* to influence **6**
influyente *adj.* influential **3**
informar *v.* to inform
informática *f.* computer science
informe *m.* report; paper
　(*written work*) **6**
ingeniero/a *m., f.* engineer
ingenuo/a *adj.* naïve **2**
inglés *m.* English (*language*)
inglés, inglesa *adj.* English
injusticia *f.* injustice **6**
injusto/a *adj.* unfair **6**
inmigración *f.* immigration
inmigrante *m., f.* immigrant **1**
innovador(a) *adj.* innovative

inocencia *f.* innocence
inodoro *m.* toilet
inolvidable *adj.* unforgettable **1**
inseguridad *f.* insecurity; lack
　of safety **6**
inseguro/a *adj.* insecure **1**
insistir (en) *v.* to insist (on)
insoportable *adj.* unbearable **4**
inspector(a) *m., f.* **de aduanas**
　customs inspector
instituto *m.* high school **6**
integración *f.* integration
integrarse (a) *v.* to become part (of);
　to fit in
inteligente *adj.* intelligent
intentar *v.* to try
intercambiar *v.* to exchange
interesante *adj.* interesting
interesar *v.* to be interesting to;
　to interest
internacional *adj.* international
Internet Internet **3**
interrogante *m.* question; doubt
intoxicar *v.* to poison **5**
intruso/a *m., f.* intruder
inundación *f.* flood **5**
inventar *v.* to invent
invento *m.* invention
inversionista *m., f.* investor
invertir (e:ie) *v.* to invest
investigador(a) *m., f.* researcher
investigar *v.* to research;
　to investigate **3**
invierno *m.* winter
invisible *adj.* invisible
invitado/a *m., f.* guest (*at a function*)
invitar *v.* to invite
invocar *v.* to invoke; call on **3**
inyección *f.* injection
ir *v.* to go
　ir a (+ *inf.*) to be going to
　　do something
　ir de compras to go shopping
　ir de excursión (a las montañas)
　　to go for a hike (in the mountains)
　ir de pesca to go fishing
　ir de vacaciones to go on vacation
　ir en autobús to go by bus
　ir en auto(móvil) to go by
　　auto(mobile); to go by car
　ir en avión to go by plane
　ir en barco to go by boat
　ir en metro to go by subway
　ir en motocicleta to go
　　by motorcycle
　ir en taxi to go by taxi
　ir en tren to go by train
irse *v.* to go away; to leave
italiano/a *adj.* Italian
izquierdo/a *adj.* left
　a la izquierda de to the left of

J

jabón *m.* soap
jamás *adv.* never; not ever
jamón *m.* ham
japonés, japonesa *adj.* Japanese
jardín *m.* garden; yard
jefe/a *m., f.* boss
joven *adj.* young
joven *m., f.* youth; young person
joyería *f.* jewelry store
jubilarse *v.* to retire (*from work*)
juego *m.* game
   juego de mesa board game
jueves *m., sing.* Thursday
juez(a) *m., f.* judge **6**
jugador(a) *m., f.* player
jugar (u:ue) *v.* to play
   jugar a las cartas *f., pl.*
    to play cards
jugo *m.* juice
   jugo de fruta *m.* fruit juice
juguete *m.* toy
juicio *m.* judgment **6**
julio *m.* July
jungla *f.* jungle
junio *m.* June
juntos/as *adj.* together
jurar *v.* to promise
justicia *f.* justice **6**
justo/a *adj.* just; fair **2, 6**
juventud *f.* youth **4**
juzgar *v.* to judge **6**

K

kilómetro *m.* kilometer

L

la *f., sing., def. art.* the
la *f., sing., d.o. pron.* her, it; *form.* you
laboratorio *m.* laboratory
ladrillo *m.* brick
ladrón/ladrona *m., f.* thief **6**
lagarto *m.* lizard **5**
lago *m.* lake
laico/a *adj.* secular; lay **6**
lamentar *v.* to regret **4**
lámpara *f.* lamp
lana *f.* wool
langosta *f.* lobster
lápiz *m.* pencil
largo/a *adj.* long
   a largo plazo *adj.* long-term
las *f., pl., def. art.* the
las *f., pl., d.o. pron.* them; *form.* you
lástima *f.* shame
lastimar(se) *v.* to injure (oneself)
   lastimarse el pie to injure
    one's foot
lata *f.* (*tin*) can

lavabo *m.* sink
lavadora *f.* washing machine
lavandería *f.* laundromat
lavaplatos *m., sing.* dishwasher
lavar *v.* to wash
   lavar (el suelo, los platos)
    to wash (the floor, the dishes)
lavarse *v.* to wash oneself
   lavarse la cara to wash one's face
   lavarse las manos to wash
    one's hands
lazo *m.* tie **1**
le *sing., i.o. pron.* to/for him; her;
  form. you
   Le presento a… *form.* I would
    like to introduce… to you.
lección *f.* lesson
leche *f.* milk
lechuga *f.* lettuce
leer *v.* to read
   leer correo electrónico
    to read e-mail
   leer un periódico
    to read a newspaper
   leer una revista to read
    a magazine
legal *adj.* legal **4**
leído/a *p.p.* read
lejos de *prep.* far from
lengua *f.* language **4**
   lenguas extranjeras *f., pl.*
    foreign languages
   lengua materna
    mother tongue
lentes *m., pl.* **de contacto**
   contact lenses
   lentes (de sol) (sun)glasses
lento/a *adj.* slow
león *m.* lion **5**
les *pl., i.o. pron.* to/for them;
  form. you
letra *f.* lyrics **3**
letrero *m.* sign; billboard **2**
levantar *v.* to lift
   levantar pesas to lift weights
levantarse *v.* to get up
ley *f.* law **6**
liberal *adj.* liberal **6**
libertad *f.* liberty; freedom **6**
   libertad de prensa freedom
    of the press **3**
libre *adj.* free
librería *f.* bookstore
libro *m.* book
licencia de conducir *f.*
   driver's license
ligar *v.* to flirt; to hook up **1**
limón *m.* lemon
limpiar *v.* to clean
limpiar la casa *v.* to clean the house
limpieza *f.* cleaning
   limpieza étnica ethnic cleaning

limpio/a *adj.* clean
línea *f.* line
lío *m.* mess
listo/a *adj.* ready; smart
literatura *f.* literature
llamar *v.* to call
   llamar por teléfono to call
    on the phone
llamarse *v.* to be called; to be named
llanta *f.* tire
llave *f.* key
llegada *f.* arrival
llegar *v.* to arrive
llenar *v.* to fill
   llenar el tanque to fill the tank
   llenar (un formulario) to fill
    out (a form)
lleno/a *adj.* full **2**
llevar *v.* to carry; *v.* to wear; to take
   llevar una vida sana to lead a
    healthy lifestyle
   llevarse bien/mal/fatal (con) to
    get along well/badly/terribly
    (with) **1**
llover (o:ue) *v.* to rain
   Llueve. It's raining.
lluvia *f.* rain **5**
   lluvia ácida acid rain
lo *m., sing. d.o. pron.* him, it; *form.* you
   ¡Lo hemos pasado de película!
    We've had a great time!
   ¡Lo hemos pasado maravillosamente!
    We've had a great time!
   lo mejor the best (thing)
   Lo pasamos muy bien.
    We had a very good time.
   lo peor the worst (thing)
   lo que that which; what
   Lo siento. I'm sorry.
   Lo siento muchísimo. I'm so sorry.
lobo *m.* wolf **5**
loco/a *adj.* crazy
locura *f.* craziness
locutor(a) (de radio/televisión) *m., f.*
   (radio/TV) announcer **3**
lograr *v.* to attain; to achieve
lomo *m.* **a la plancha** grilled
   tenderloin
los *m., pl., def. art.* the
los *m. pl., d.o. pron.* them; *form.* you
lotería *f.* lottery
lucha *f.* struggle; fight **6**
luchar (contra/por) *v.* to fight;
   to struggle (against/for)
luego *adv.* then; *adv.* later
lugar *m.* place
lujo *m.* luxury
luna *f.* moon **5**
lunares *m.* polka dots
lunes *m., sing.* Monday
luz *f.* light; electricity

M

madera *f.* wood **5**
madrastra *f.* stepmother **4**
madre *f.* mother
madrugada *f.* early morning
madurez *f.* maturity; middle age
maduro/a *adj.* mature **1**
maestro/a *m., f.* teacher
magnífico/a *adj.* magnificent
maíz *m.* corn
mal, malo/a *adj.* bad
maleducado/a *adj.* ill-mannered **4**
malcriar *v.* to spoil **4**
maleta *f.* suitcase
malgastar *v.* to waste **5**
maltrato *m.* abuse; mistreatment
mamá *f.* mom
mandar *v.* to order; to send; to mail
mandón/mandona *adj.* bossy **4**
manejar *v.* to drive
manera *f.* way
manifestación *f.* protest **4**
manifestante *m., f.* demonstrator **6**
mano *f.* hand
manta *f.* blanket
mantener (e:ie) *v.* to maintain
  mantenerse en forma to stay
    in shape
mantenimiento *m.* maintenance
mantequilla *f.* butter
manzana *f.* apple
mañana *f.* morning, A.M.; tomorrow
mapa *m.* map
maqueta *f.* model
maquillaje *m.* makeup
maquillarse *v.* to put on makeup
máquina *f.* machine
mar *m.* sea **5**
maravilloso/a *adj.* marvelous
marcar (un gol/un punto) *v.* to score
  (a goal/a point)
marcharse *v.* to leave
mareado/a *adj.* dizzy; nauseated
margarina *f.* margarine
mariscos *m., pl.* shellfish
marrón *adj.* brown
martes *m., sing.* Tuesday
martillo *m.* hammer
marzo *m.* March
más *pron.* more
  más de (+ *number*) more than
  más tarde later (on)
  más... que more... than
masaje *m.* massage
matar *v.* to kill
matarse *v.* to kill oneself
matemáticas *f., pl.* mathematics
matemático/a *m., f.* mathematician
materia *f.* course
matriarcado *m.* matriarchy **2**
matrimonio *m.* marriage **1**
máximo/a *adj.* maximum

mayo *m.* May
mayonesa *f.* mayonnaise
mayor *adj.* older
  el/la mayor *adj.* eldest/oldest
me *sing., d.o. pron.* me; *sing. i.o.*
  pron. to/for me
  Me duele mucho. It hurts me a lot.
  Me gusta... I like...
  No me gustan nada. I don't like
    them at all.
  Me gustaría(n)... I would like...
  Me llamo... My name is...
  Me muero por... I'm dying
    to/for...
mecánico/a *m., f.* mechanic
mediano/a *adj.* medium
medianoche *f.* midnight
medias *f., pl.* pantyhose; stockings
medicamento *m.* medication **5**
medicina *f.* medicine
médico/a *m., f.* doctor; *adj.* medical
medio/a *adj.* half
  medio *m.* **ambiente** environment **5**
  y media thirty minutes past the
    hour (*time*)
  medio/a hermano/a *m., f.* half
    brother/sister **4**
mediodía *m.* noon
medios *m., pl.* **(de comunicación)**
  means of communication; media **3**
mejor *adj.* better
  el/la mejor *m., f.* the best
mejora *f.* improvement
mejorar *v.* to improve **5**
melocotón *m.* peach
menor *adj.* younger
  el/la menor *m., f.* youngest
menos *adv.* less
  menos cuarto..., menos quince...
    quarter to... (*time*)
  menos de (+ *number*) fewer than
  menos... que less... than
mensaje *m.* message
  mensaje de texto text message
  mensaje electrónico
    e-mail message
mente *f.* mind
mentira *f.* lie
mentiroso/a *adj.* lying; liar **1**
menú *m.* menu
mercado *m.* market
  mercado al aire libre
    open-air market
merecer *v.* to deserve **1**
merendar (e:ie) *v.* to snack; to have
  an afternoon snack
merienda *f.* afternoon snack
mes *m.* month
mesa *f.* table
mesero/a *m., f.* waiter/waitress **2**
mesita *f.* end table
  mesita de noche night stand
meta *f.* goal

meterse *v.* to break in
  (to a conversation) **1**
metro *m.* subway **2**
mexicano/a *adj.* Mexican
México *m.* Mexico
mezclar *v.* to mix
mí *pron., obj. of prep.* me
mi(s) *poss. adj.* my
microondas *f., sing.* microwave
  horno *m.* **de microondas**
    microwave oven
miedo *m.* fear
mientras *adv.* while
miércoles *m., sing.* Wednesday
mil *m.* one thousand
  mil millones billion
  Mil perdones. I'm so sorry.
    (*lit.* A thousand pardons.)
milla *f.* mile
millón *m.* million
millones (de) *m.* millions (of)
milonga *f. type of dance/music from the*
  Río de la Plata area in Argentina
mimar *v.* to pamper **4**
mineral *m.* mineral
minuto *m.* minute
mío/a(s) *poss.* my; (of) mine
mirada *f.* gaze **2**
mirar *v.* to look (at); to watch
  mirar (la) televisión
    to watch television
misa *f.* mass
mismo/a *adj.* same
mito *m.* myth **2**
mochila *f.* backpack
moda *f.* fashion
módem *m.* modem
moderno/a *adj.* modern
modo *m.* means; manner
molestar *v.* to bother; to annoy
monitor *m.* (computer) monitor
monitor(a) *m., f.* trainer
mono *m.* monkey **5**
monolingüe *adj.* monolingual
montaña *f.* mountain
montar *v.* **a caballo** to ride a horse
monumento *m.* monument
mora *f.* blackberry
morado/a *adj.* purple
moreno/a *adj.* brunet(te)
morir (o:ue) *v.* to die
mostrar (o:ue) *v.* to show
motocicleta *f.* motorcycle
motor *m.* motor
muchacho/a *m., f.* boy; girl
mucho/a *adj., adv.* a lot of; much; many
  (Muchas) gracias. Thank you
    (very much); Thanks (a lot).
  muchas veces *adv.* a lot;
    many times
  Muchísimas gracias. Thank you
    very, very much.
  Mucho gusto. Pleased to meet you.

muchísimo very much

mudarse *v.* to move (from one house to another) **1, 4**

muebles *m., pl.* furniture

muela *f.* tooth

muerte *f.* death **4**

muerto/a *p.p.* died

mujer *f.* woman

   mujer de negocios *f.* business woman

   mujer policía *f.* policewoman **2**

mujeriego *m.* womanizer

multa *f.* fine

mundial *adj.* worldwide

Mundial *m.* World Cup

mundo *m.* world

municipal *adj.* municipal

músculo *m.* muscle

museo *m.* museum **2**

música *f.* music

musical *adj.* musical

músico/a *m., f.* musician

musulmán/musulmana *m., f.* Muslim **6**

muy *adv.* very

   Muy amable. That's very kind of you.

   (Muy) bien, gracias. (Very) well, thanks.

N

nacer *v.* to be born

nacimiento *m.* birth **4**

nacional *adj.* national

nacionalidad *f.* nationality

nada *pron.* nothing; not anything

   nada mal not bad at all

nadar *v.* to swim

nadie *pron.* no one, nobody; not anyone

naipes *m., pl.* (playing) cards

naranja *f.* orange

nariz *f.* nose

natación *f.* swimming

natalidad *f.* birthrate

natural *adj.* natural

naturaleza *f.* nature

nave *f.* **espacial** spacecraft

navegar *v.* **(en la red, en Internet)** to surf (the web, the Internet) **3**

Navidad *f.* Christmas

necesario/a *adj.* necessary

necesitar (+ *inf.*) *v.* to need

negar (e:ie) *v.* to deny

negativo/a *adj.* negative

negocios *m., pl.* business; commerce

negro/a *adj.* black

nervioso/a *adj.* nervous

nevar (e:ie) *v.* to snow

   Nieva. It's snowing.

ni... ni neither... nor

niebla *f.* fog

nieto/a *m., f.* grandson/granddaughter **4**

nieve *f.* snow

ningún, ningunos/as *adj.* no; not any

ninguno/a(s) *pron.* none; not any

niñez *f.* childhood **4**

niño/a *m., f.* child **4**

nivel *m.* level

   nivel de vida standard of living

no *adv.* no; not

   ¿no? right?

   No cabe duda de... There is no doubt...

   No es así. That's not the way it is

   No es para tanto. It's not a big deal.

   no es seguro it's not sure

   no es verdad it's not true

   No está nada mal. It's not bad at all.

   no estar de acuerdo to disagree

   No estoy seguro. I'm not sure.

   no hay there is/are not

   No hay de qué. You're welcome.

   No hay duda de... There is no doubt...

   No hay problema. No problem.

   ¡No me diga(s)! You don't say!

   No me gustan nada. I don't like them at all.

   no muy bien not very well

   No quiero. I don't want to.

   No sé. I don't know.

   No se preocupe. *form.* Don't worry.

   No te preocupes. *fam.* Don't worry.

   no tener razón to be wrong

noche *f.* night

nombre *m.* name

   nombre de usuario user name

Norte *m.* North

norteamericano/a *adj.* (North) American

nos *pl., d.o. pron.* us; *pl., i.o. pron.* to/for us

   Nos divertimos mucho. We had a lot of fun.

   Nos vemos. See you.

nosotros/as *sub. pron.* we; *ob. pron.* us

nostalgia *f.* nostalgia

noticias (internacionales/locales/ nacionales) *f., pl.* (international/ local/national) news **3**

noticiero *m.* newscast

novecientos/as *adj.* nine hundred

novedad *f.* new development

noveno/a *adj.* ninth

noventa *adj.* ninety

noviembre *m.* November

novio/a *m., f.* boyfriend/girlfriend

nube *f.* cloud

nublado/a *adj.* cloudy

   Está (muy) nublado. It's very cloudy.

nuclear *adj.* nuclear

nuera *f.* daughter-in-law **4**

nuestro/a(s) *poss. adj.* our; (of ours)

nueve *adj.* nine

nuevo/a *adj.* new

número *m.* number; (shoe) size

nunca *adj.* never; not ever

nutrición *f.* nutrition

nutricionista *m., f.* nutritionist

O

o *conj.* or

o... o *conj.* either... or

obedecer *v.* to obey

obra *f.* work (*of art, literature, music, etc.*)

   obra maestra masterpiece

   obra de teatro theater play

obrero/a *m., f.* blue-collar worker

obtener *v.* to obtain; to get

obvio/a *adj.* obvious

océano *m.* ocean

ochenta *adj.* eighty

ocho *adj.* eight

ochocientos/as *adj.* eight hundred

ocio *m.* leisure

octavo/a *adj.* eighth

octubre *m.* October

ocupación *f.* occupation

ocupado/a *adj.* busy

ocurrir *v.* to occur; to happen

odiar *v.* to hate **1**

Oeste *m.* West

oferta *f.* offer

oficina *f.* office

oficinista *m., f.* office worker

oficio *m.* trade

ofrecer *v.* to offer

oído *m.* (sense of) hearing; inner ear

oído/a *p.p.* heard

oír *v.* to hear

   Oiga./Oigan. *form., sing./pl.* Listen. (*in conversation*)

   Oye. *fam., sing.* Listen. (*in conversation*)

ojalá (que) *interj.* I hope (that); I wish (that)

ojo *m.* eye

olor *m.* smell

olvidar *v.* to forget

olvido *m.* forgetfulness; oblivion **1**

once *adj.* eleven

ópera *f.* opera

operación *f.* operation

opinar *v.* to express an opinion; to think **3**

opresión *f.* oppression **4**

oprimido/a *adj.* oppressed **6**

ordenado/a *adj.* orderly

ordinal *adj.* ordinal (*number*)

oreja *f.* (outer) ear
orgullo *m.* pride **6**
orgulloso/a *adj.* proud **1**
orquesta *f.* orchestra
ortografía *f.* spelling
ortográfico/a *adj.* spelling
os *fam., pl. d.o. pron.* you;
   fam., pl. i.o. pron. to/for you
oso *m.* bear **5**
otoño *m.* autumn
otro/a *adj.* other; another
   otra vez again
oyente *m., f.* listener **3**

P

paciencia *f.* patience
paciente *m., f.* patient
pacífico/a *adj.* peaceful **6**
pacifista *adj.* pacifist **6**
padrastro *m.* stepfather **4**
padre *m.* father
padres *m., pl.* parents
pagar *v.* to pay
   pagar a plazos
     to pay in installments
   pagar al contado to pay in cash
   pagar en efectivo to pay in cash
   pagar la cuenta to pay the bill
página *f.* page
   página principal home page
país *m.* country
paisaje *m.* landscape; scenery **5**
pájaro *m.* bird **5**
palabra *f.* word
pan *m.* bread
   pan tostado *m.* toasted bread
panadería *f.* bakery
pancarta *f.* banner; sign **4**
pantalla *f.* screen **3**
pantalones *m., pl.* pants
   pantalones cortos *m., pl.* shorts
pantuflas *f.* slippers
pañuelo *m.* headscarf **6**
papa *f.* potato
   papas fritas *f., pl.* fried potatoes;
     French fries
papá *m.* dad
   papás *m., pl.* parents
papel *m.* paper; role
papelera *f.* wastebasket
paquete *m.* package
par *m.* pair
   par de zapatos pair of shoes
para *prep.* for; in order to; by;
   used for; considering
   para que so that
parabrisas *m., sing.* windshield
parada *f.* stop **2**
   parada de autobús bus stop **2**
   parada de metro subway stop **2**
parar *v.* to stop **2**
parcial *adj.* biased **3**
parcialidad *f.* bias **3**

parecer *v.* to seem
parecerse (c:zc) *v.* to resemble;
   to look like **4, 2**
pared *f.* wall
pareja *f.* (married) couple; partner **1**
pariente *m., f.* relative **4**
   parientes *m., pl.* relatives
parque *m.* park
   parque de atracciones
     amusement park
párrafo *m.* paragraph
parte: de parte de on behalf of
partido *m.* game; match (*sports*)
   partido político *m.*
     political party **6**
partir *v.* to split
   partirse de risa *v.* to split one´s
     sides laughing
pasado/a *adj.* last; past
pasado *p.p.* passed
pasaje *m.* ticket
   pasaje de ida y vuelta *m.* round
     trip ticket
pasajero/a *m., f.* passenger;
   adj. fleeting **1, 2**
pasamontañas *m.* ski mask **3**
pasaporte *m.* passport
pasar *v.* to go through; to pass
   pasar la aspiradora to vacuum
   pasar por el banco to go
     by the bank
   pasar por la aduana to go
     through customs
   pasar tiempo to spend time
   pasarlo bien/mal *v.* to have a
     good/bad time **2**
pasatiempo *m.* pastime; hobby
pasear *v.* to take a walk; to stroll;
   to go for a walk
   pasear en bicicleta to ride
     a bicycle
   pasear por to walk around
pasillo *m.* hallway
pasta *f.* **de dientes** toothpaste
pastel *m.* cake; pie
   pastel de chocolate
     chocolate cake
   pastel de cumpleaños
     birthday cake
pastelería *f.* pastry shop
pastilla *f.* pill; tablet
pata *f.* **de conejo** rabbit's foot **5**
patata *f.* potato
   patatas fritas *f., pl.* fried
     potatoes; French fries
patear *v.* to kick
patente *f.* patent
patinar (en línea) *v.* to (in-line) skate
patineta *f.* skateboard
patio *m.* patio; yard
patria *f.* homeland **1, 4**
pavo *m.* turkey
paz *f.* peace **6**

peatón/peatona *m., f.* pedestrian **2**
pedazo *m.* piece **5**
   pedazo de lata piece of junk
pedir (e:i) *v.* to ask for; to request;
   to order (*food*)
   pedir prestado *v.* to borrow
   pedir un préstamo *v.* to apply
     for a loan
pegar *v.* to hit **6**
peinarse *v.* to comb one's hair
pelear(se) *v.* to fight with (one
   another) **4, 6**
película *f.* movie **3**
peligro *m.* danger **5**
peligroso/a *adj.* dangerous
pelirrojo/a *adj.* red-haired
pelo *m.* hair
pelota *f.* ball
peluquería *f.* beauty salon
peluquero/a *m., f.* hairdresser
penicilina *f.* penicillin
pensar (e:ie) *v.* to think
   pensar (+ *inf.*) *v.* to intend to;
     to plan to (do something)
   pensar en *v.* to think about
pensión *f.* boardinghouse
peor *adj.* worse
   el/la peor *adj.* the worst
pequeño/a *adj.* small
pera *f.* pear
perder (e:ie) *v.* to lose; to miss
   perder las elecciones
     to lose elections **6**
   perder un partido
     to lose a game
   perder el tiempo *v.* to waste time
pérdida *f.* loss **4**
perdido/a *adj.* lost
Perdón. Pardon me.; Excuse me.
perezoso/a *adj.* lazy
perfecto/a *adj.* perfect
periódico *m.* newspaper **3**
periodismo *m.* journalism
periodista *m., f.* journalist **3**
permiso *m.* permission
permitir *v.* to allow **2**
pero *conj.* but
perro *m.* dog
persecución *f.* persecution
persona *f.* person
personaje *m.* character
   personaje principal *m.*
     main character
pertenecer *v.* to belong
pesas *f. pl.* weights
pesca *f.* fishing
pescadería *f.* fish market
pescado *m.* fish (*cooked*)
pescador(a) *m., f.* fisherman/
   fisherwoman
pescar *v.* to fish
peso *m.* weight
petróleo *m.* oil **5**

pez *m.* fish (*live*) **5**
pie *m.* foot
piedra (esculpida) *f.* (sculpted) stone
pierna *f.* leg
pimienta *f.* black pepper
pintar *v.* to paint
pintor(a) *m., f.* painter
pintura *f.* painting; picture
piña *f.* pineapple
piscina *f.* swimming pool
piso *m.* floor (*of a building*)
pista de baile *f.* dance floor **3**
pizarra *f.* blackboard
placer *m.* pleasure
   Ha sido un placer. It's been
     a pleasure.
planchar *v.* **la ropa** to iron the clothes
planes *m., pl.* plans
planeta *m.* planet
planificar *v.* to plan
plano *m.* blueprint; plan
planta *f.* plant
   planta baja *f.* ground floor
plantar *v.* to plant **5**
plástico *m.* plastic
plata *f.* money (*in S. America*)
plato *m.* dish (*in a meal*); *m.* plate
   plato principal *m.* main dish
playa *f.* beach
plaza *f.* city or town square **2**
plazos *m., pl.* periods; time
   a corto/largo plazo *adj.*
     short/long-term
pluma *f.* pen
población *f.* population
poblar *v.* to settle; to populate **2**
pobre *adj.* poor
pobreza *f.* poverty
poco/a *adj.* little; few
podar *v.* to prune **5**
poder (o:ue) *v.* to be able to; can
poder *m.* power **6**
poderoso/a *adj.* powerful **4**
poema *m.* poem
poesía *f.* poetry
poeta *m., f.* poet
polémica *f.* controversy
policía *f.* police (force)
policía *m.* policeman **2**
política *f.* politics **6**
político/a *m., f.* politician;
   adj. political **6**
pollo *m.* chicken
   pollo asado *m.* roast chicken
ponchar *v.* to go flat
poner *v.* to put; to place; *v.* to turn on
   (*electrical appliances*)
   poner la mesa *v.* to set the table
   poner un disco compacto *v.*
     to play a CD
   poner una inyección *v.* to give
     an injection
ponerse (+ *adj.*) *v.* to become;
   to put on
   ponerse pesado/a to become
     annoying **1**

por *prep.* in exchange for; for;
   by; in; through; around; along;
   during; because of; on account of;
   on behalf of; in search of; by way
   of; by means of
   por aquí around here
   por delante *adv.* ahead (of)
   por ejemplo for example
   por eso that's why; therefore
   por favor please
   por fin finally
   por la mañana in the morning
   por la noche at night
   por la tarde in the afternoon
   por lo menos at least
   ¿por qué? why?
   Por supuesto. Of course.
   por su cuenta on his/her own **1**
   por teléfono by phone; on the phone
   por último finally
porque *conj.* because
portada *f.* front page; cover **3**
portátil *m.* portable
porvenir *m.* future **5**
   ¡Por el porvenir! Here's to
     the future!
posesivo/a *adj.* possessive
posible *adj.* possible
   (no) es posible it's (not) possible
postal *f.* postcard
portarse *v.* to behave
postre *m.* dessert
potable *adj.* drinkable **5**
practicar *v.* to practice
   practicar deportes
     to play sports
práctico/a *adj.* useful; practical
precio (fijo) *m.* (fixed; set) price
predecir (e:i) *v.* to predict
preferir (e:ie) *v.* to prefer
pregunta *f.* question
preguntar *v.* to ask (*a question*)
   preguntar el camino to ask
     for directions **2**
prejucio social *m.* social prejudice **4**
premio *m.* prize; award
prender *v.* to turn on
prensa (sensacionalista) *f.*
   (sensationalist) press **3**
preocupación *f.* concern
preocupado/a (por) *adj.*
   worried (about) **1**
preocuparse (por) *v.* to worry (about)
preparar *v.* to prepare
preposición *f.* preposition
presagio *m.* omen
prescindir (de) *v.* to do without
presentación *f.* introduction
presentar *v.* to introduce; to present;
   to put on (*a performance*)
   Le presento a… I would like
     to introduce (*name*) to you (*form.*)
   Te presento a… I would like
     to introduce (*name*) to you (*fam.*)

presentimiento *m.* premonition
presidente/a *m., f.* president **6**
presiones *f., pl.* pressures
preso/a *m., f.* prisoner **5, 6**
prestaciones *f., pl.*
   social assistance **4**
prestado/a *adj.* borrowed
préstamo *m.* loan
prestar *v.* to lend; to loan
presupuesto *m.* budget
prevenir (e:ie) *v.* to prevent **5**
previsto/a *adj.* foreseen
primavera *f.* spring
primer, primero/a *adj.* first
primo/a *m., f.* cousin **4**
principal *adj.* main
prisa *f.* haste
   darse prisa *v.* to hurry; to rush
probable *adj.* probable
   (no) es probable it's (not) probable
probar (o:ue) *v.* to taste; to try
probarse (o:ue) *v.* to try on
problema *m.* problem
profesión *f.* profession
profesor(a) *m., f.* teacher
programa *m. program* **3**
   programa (de computación)
     software
   programa de concursos
     game show **3**
   programa de entrevistas
     talk show
   programa de telerrealidad
     reality show **3**
programador(a) *m., f.*
   computer programmer
progreso *m.* progress
prohibir *v.* to prohibit; to forbid
promulgar *v.* to enact (a law) **6**
pronombre *m.* pronoun
pronto *adv.* soon
propina *f.* tip
propio/a *adj.* own
protagonista *m., f.* protagonist **1**
proteger *v.* to protect **5**
protegido/a *adj.* protected **5**
proteína *f.* protein
protestar *v.* to protest
proveniente *adj.* (coming) from
próximo/a *adj.* next
prueba *f.* test; quiz; proof
psicología *f.* psychology
psicólogo/a *m., f.* psychologist
publicar *v.* to publish **3**
publicidad *f.* advertising **3**
público *m.* audience; public **3**
pueblo *m.* town
puente *m.* bridge **2**
puerta *f.* door
Puerto Rico *m.* Puerto Rico
puertorriqueño/a *adj.* Puerto Rican

pues *conj.* well
puesto *m.* position; job
puesto/a *p.p.* put
pulmón *m.* lung **5**
puro/a *adj.* pure, clean **5**

Q

que *pron.* that; which; who
  ¿En qué…? In which…?
  ¡Qué…! How…!
  ¡Qué dolor! What pain!
  ¡Qué ropa más bonita!
    What pretty clothes!
  ¡Qué sorpresa! What a surprise!
  ¿qué? what?
  ¿Qué día es hoy? What day is it?
  ¿Qué hay de nuevo? What's new?
  ¿Qué hora es? What time is it?
  ¿Qué les parece? What do you
    (*pl.*) think?
  ¿Qué pasa? What's happening?
    What's going on?
  ¿Qué pasó? What happened?
  ¿Qué precio tiene? What is
    the price?
  ¿Qué tal…? How are you?;
    How is it going?; How is/are…?
  ¿Qué talla lleva/usa? What size
    do you wear?
  ¿Qué tiempo hace? How's
    the weather?
quedar *v.* to be left over; to fit
  (*clothing*); to be left behind;
  to be located **2**
quedarse *v.* to stay; to remain **2**
quehaceres domésticos *m., pl.*
  household chores
quejarse (de) *v.* to complain
  (about) **4**
quemado/a *adj.* burned (out)
quemar *v.* to burn
querer(se) (e:ie) *v.* to want; to love
  (each other) **1**
queso *m.* cheese
quien(es) *pron.* who; whom; that
  ¿quién(es)? who?; whom?
  ¿Quién es…? Who is…?
  ¿Quién habla? Who is speaking?
    (*telephone*)
química *f.* chemistry
químico/a *m., f.* chemist
quince *adj.* fifteen
  menos quince quarter to (*time*)
  y quince quarter after (*time*)
quinceañera *f.* fifteen-year-old girl
quinientos/as *adj.* five hundred
quinto/a *adj.* fifth
quisiera *v.* I would like
quitar *v.* to remove **5**
  quitar el polvo *v.* to dust
  quitar la mesa *v.* to clear the table
  quitarse *v.* to take off
quizás *adv.* maybe

R

racismo *m.* racism
radio *f.* radio
radioemisora *f.* radio station **3**
radiografía *f.* X-ray
raíz *f.* root **4**
rancho *m.* ranch
rápido/a *adv.* quickly
raro/a *adj.* weird **6**
rascacielos *m.* skyscraper **2**
rasgo *m.* trait; feature **3**
rato *m.* while **6**
ratón *m.* mouse
ratos libres *m., pl.* free time
raya *f.* stripe
razón *f.* reason
realizar *v.* to carry out
realizarse *v.* to become true **4**
rebaja *f.* sale
rebelde *adj.* rebellious **4**
rebeldía *f.* rebelliousness **6**
recado *m.* (*telephone*) message
receta *f.* prescription; recipe **4**
recetar *v.* to prescribe
rechazar *v.* to reject
recibir *v.* to receive
reciclaje *m.* recycling **5**
reciclar *v.* to recycle **5**
recién casado/a *m., f.* newly-wed
recoger *v.* to pick up
recomendar (e:ie) *v.* to recommend
reconocer (c:zc) *v.* to recognize
recordar (o:ue) *v.* to remember
recorrer *v.* to travel (around a city) **2**
recorrido *m.* route; trip
recreo *m.* recreation
recuerdo *m.* memento; souvenir **1**
recursos *m., pl.* resources **5**
  recurso natural
    natural resource
red *f.* network; the Web
  red de apoyo support network **1**
redactor(a) *m., f.* editor **3**
reducir *v.* to reduce
reemplazar *v.* to replace
refresco *m.* soft drink
refrigerador *m.* refrigerator
refugiado/a *m., f.* refugee
  refugiado/a de guerra *m., f.*
    war refugee
  refugiado/a político/a *m., f.*
    political refugee
regalar *v.* to give (a gift)
regalo *m.* gift
regañar *v.* to scold **4**
regatear *v.* to bargain
región *f.* region; area
regla *f.* rule **6**
regresar *v.* to return
regreso *m.* return
regular *adj.* so-so; OK
reído *p.p.* laughed

reírse (e:i) *v.* to laugh
reja *f.* iron bar **6**
relaciones *f., pl.* relationships
  relaciones exteriores *f., pl.*
    foreign relations **6**
relajarse *v.* to relax **2**
religión *f.* religion **4**
reloj *m.* clock; watch
remodelar *v.* to remodel
renovable *adj.* renewable **5**
renunciar *v.* to quit
repartir *v.* to distribute; hand out **4**
repentino/a *adj.* sudden **2**
repetir (e:i) *v.* to repeat
reportaje *m.* (news) report **3**
reportero/a *m., f.* reporter;
  journalist **3**
represa *f.* dam
representante *m., f.* representative
reproductor de DVD *m.*
  DVD player
reproductor de MP3 *m.*
  MP3 player
rescatado/a *adj.* rescued **6**
resfriado *m.* cold (*illness*)
residencia estudiantil *f.* dormitory
residente *m., f.* resident **4**
residir *v.* to reside **2**
resistir *v.* to resist **6**
resolver (o:ue) *v.* to solve;
  to resolve **5**
respetar *v.* to respect **4**
respirar *v.* to breathe **5**
respuesta *f.* answer
restaurante *m.* restaurant
resuelto/a *p.p.* resolved
reto *m.* challenge **5**
reunión *f.* meeting
reunirse (con) *v.* to get
  together (with)
revisar *v.* to check
  revisar el aceite *v.* to check the oil
revista *f.* magazine **3**
revolucionario/a *adj.* revolutionary
rico/a *adj.* rich; *adj.* tasty; delicious
ridículo/a *adj.* ridiculous
riesgo *m.* risk **1**
río *m.* river **5**
riqueza *f.* wealth
riquezas *f., pl.* riches
riquísimo/a *adj.* extremely delicious
ritmo *m.* rhythm **3**
rito sagrado *m.* sacred ritual **4**
rivalidad *f.* rivalry
robar *v.* to rob **3**
robo *m.* robbery **3**
rodar (o:ue) *v.* to shoot (a movie) **3**
rodeado/a *adj.* surrounded
rodear *v.* to surround **4**
rodilla *f.* knee
rogar (o:ue) *v.* to beg; to plead
rojo/a *adj.* red
romántico/a *adj.* romantic

romper *v.* to break
  romper con *v.* to break up with **1**
  romperse la pierna *v.* to break
    one's leg
ropa *f.* clothing; clothes
  ropa interior *f.* underwear
rosado/a *adj.* pink
roto/a *adj.* broken
rubio/a *adj.* blond(e)
ruido *m.* noise
ruidoso/a *adj.* noisy **2**
rumorear *v.* to be rumored (that)
ruso/a *adj.* Russian
rutina *f.* routine **5**
  rutina diaria daily routine **5**

S

sábado *m.* Saturday
saber *v.* to know; to know how; to taste
  saber a to taste like
sabrosísimo/a *adj.*
  extremely delicious
sabroso/a *adj.* tasty; delicious
sacar *v.* to take out
  sacar fotos to take photos
  sacar la basura to take out
    the trash
  sacar(se) un diente to have a
    tooth removed
sacerdote *m.* priest **4**
sacrificar *v.* to sacrifice **4**
sacudir *v.* to dust
  sacudir los muebles to dust
    the furniture
sal *f.* salt
sala *f.* living room; room
  sala de emergencia(s)
    emergency room
salario *m.* salary
salchicha *f.* sausage
salida *f.* departure; exit
salir *v.* to leave; to go out
  salir (con) to go out (with); to date
  salir a comer algo to go out
    to eat
  salir a la venta to go on sale **3**
  salir a tomar algo to go out to
    have a drink
  salir con to go out with **1**
  salir de to leave from
  salir para to leave for (*a place*)
salmón *m.* salmon
salón *m.* **de belleza** beauty salon
saltar *v.* to jump
salud *f.* health
saludable *adj.* healthy
saludar(se) *v.* to greet (each other)
saludo *m.* greeting
  saludos a... greetings to...
salvar *v.* to save **4**
sandalia *f.* sandal
sandía *f.* watermelon

sándwich *m.* sandwich
sangre *f.* blood **3, 6**
sano/a *adj.* healthy
se *ref. pron.* himself; herself;
  itself; *form.* yourself; themselves;
  yourselves
se *impersonal* one
  Se hizo... He/she/it became...
  Se nos dañó... The... broke down.
  Se nos pinchó una llanta.
    We had a flat tire.
secadora *f.* clothes dryer
secarse *v.* to dry oneself
sección de (no) fumar *f.*
  (non) smoking section
sección de sociedad *f.*
  lifestyle section **3**
sección deportiva *f.* sports section **3**
seco/a *adj.* dry **5**
secretario/a *m., f.* secretary
secuencia *f.* sequence
secuestrar *v.* to kidnap; to hijack **6**
secuestro *m.* kidnapping **6**
sed *f.* thirst
seda *f.* silk
sedentario/a *adj.* sedentary; related
  to sitting
seguir (e:i) *v.* to follow; to continue
según according to
segundo/a *adj.* second
seguridad *f.* security; safety **6**
seguro/a *adj.* sure; safe;
  secure; confident **1**
seis *adj.* six
seiscientos/as *adj.* six hundred
sellar *v.* to stamp
sello *m.* stamp
selva *f.* jungle; rainforest **5**
  selva tropical tropical rainforest **5**
semáforo *m.* traffic light **2**
semana *f.* week
  fin *m.* **de semana** weekend
  semana pasada last week
sembrar *v.* to plant
semejante *adj.* similar
semestre *m.* semester
semilla *f.* seed **5**
sendero *m.* trail; trailhead
sensible *adj.* sensitive **1**
sentarse (e:ie) *v.* to sit down
sentido *m.* sense
  sentido común common sense
sentir(se) (e:ie) *v.* to feel; to be sorry;
  to regret **1**
  sentirse realizado/a
    to feel fulfilled
señal *f.* sign
señor (Sr.); don *m.* Mr.; sir
señora (Sra.); doña *f.* Mrs.; ma'am
señorita (Srta.) *f.* Miss
separado/a *adj.* separated **1**
separarse (de) *v.* to separate (from)
septiembre *m.* September

séptimo/a *adj.* seventh
sequía *f.* drought **5**
ser *v.* to be
  ser aficionado/a (a) to be
    a fan (of)
  ser alérgico/a (a) to be
    allergic (to)
  ser gratis to be free of charge
  ser parcial to be biased **3**
ser humano *m.* human being **3**
serio/a *adj.* serious
serpiente *f.* snake **5**
serrar *v.* to saw **5**
servilleta *f.* napkin
servir (e:i) *v.* to serve; to help
sesenta *adj.* sixty
setecientos/as *adj.* seven hundred
setenta *adj.* seventy
sexismo *m.* sexism
sexo *m.* gender **4**
sexto/a *adj.* sixth
sí *adv.* yes
si *conj.* if
sí mismo/a himself/herself **4**
SIDA *m.* AIDS
sido *p.p.* been
siempre *adv.* always
siete *adj.* seven
significar *v.* to mean **2**
silbar (a) *v.* to whistle (at)
silla *f.* seat
sillón *m.* armchair
símbolo *m.* symbol **5**
similar *adj.* similar
simpático/a *adj.* nice; likeable
sin *prep.* without
  sin duda without a doubt
  sin embargo however
  sin que *conj.* without
sindicato *m.* labor union
sino *conj.* but (rather)
síntoma *m.* symptom
sitio *m.* **web** website **3**
situado/a *p.p.* located
smog *m.* smog **5**
sobre *m.* envelope; *prep.* on; over
sobrevivir *v.* to survive **4**
sobrino/a *m., f.* nephew/niece **4**
socio/a *m., f.* partner; member
sociología *f.* sociology
sofá *m.* couch; sofa
sol *m.* sun **5**
solar *adj.* solar
soldado *m., f.* soldier
soleado/a *adj.* sunny
soledad *f.* loneliness **2**
solicitar *v.* to apply
solicitud (de trabajo) *f.*
  (job) application
sólo *adv.* only
solo/a *adj.* alone
soltero/a *adj.* single **1**
solución *f.* solution

sombrero *m.* hat
Son las dos. It's two o'clock.
sonar (o:ue) *v.* to ring
sonreído *p.p.* smiled
sonreír (e:i) *v.* to smile
soñador(a) *m., f.* dreamer
soñar (o:ue) *v.* to dream
   soñar con to dream about **1**
sopa *f.* soup
soportar *v.* to put up with **5**
sorprender *v.* to surprise
sorpresa *f.* surprise
sospecha *f.* suspicion **3**
sospechar *v.* to suspect
sospechoso/a *adj.* suspicious
sótano *m.* basement; cellar
soy I am
   Soy de... I'm from...
   Soy yo. That's me.
su(s) *poss. adj.* his; her; its;
   form. your; their
subir *v.* to go up; to upload (*on a*
   computer) **2**
subir(se) a *v.* to get on/into
   (*a vehicle*)
subtítulos *m., pl.* subtitles **3**
suburbio *m.* suburb **2**
suceder *v.* to happen **1**
suceso *m.* incident **3**
sucio/a *adj.* dirty
sucre *m.* former
   Ecuadorian currency
sudar *v.* to sweat
suegro/a *m., f.* father/mother-in law **4**
sueldo *m.* salary
   sueldo mínimo minimum wage
suelo *m.* floor; ground **3**
sueño *m.* sleep
suerte *f.* luck
suéter *m.* sweater
sufrir *v.* to suffer
   sufrir muchas presiones
     to be under a lot of pressure
   sufrir una enfermedad
     to suffer an illness
sugerir (e:ie) *v.* to suggest
sumiso/a *adj.* submissive **4**
superar(se) *v.* to overcome;
   to better oneself **4**
supermercado *m.* supermarket
superpoblación *f.* overpopulation
supersticioso/a *m., f.* superstitious
supervivencia *f.* survival
suponer *v.* to suppose
Sur *m.* South
surgir *v.* to emerge, to arise
suscribirse (a) *v.* to subscribe (to) **3**
sustantivo *m.* noun
sustituir *v.* to substitute
suyo(s)/a(s) *poss.* (of) his/her; (of)
   hers; (of) its; (of); *form.* your; (of)
   yours; (of) their

T

tacaño/a *adj.* cheap; stingy **1**
tal vez *adv.* maybe
talentoso/a *adj.* talented
talla *f.* size
   talla grande *f.* large (*size*)
taller *m.* **mecánico** garage;
   mechanic's repairshop
tamaño *m.* size
también *adv.* also; too
tambor *m.* drum **3**
tampoco *adv.* neither; not either
tan *adv.* so
   tan... como as... as
   tan pronto como *conj.* as soon as
tanque *m.* tank
tanto *adv.* so much
   tanto... como as much... as
   tantos/as... como as many... as
tarde *adv.* late; *f.* afternoon;
   evening; P.M.
tarea *f.* homework
tarjeta *f.* (post) card
   tarjeta de débito debit card
   tarjeta de crédito credit card
   tarjeta postal postcard
taxi *m.* taxi
taza *f.* cup
te *sing., fam., d.o. pron.* you;
   sing., fam., i.o. pron. to/for you
   Te presento a... *fam.* I would like
     to introduce... to you
   ¿Te gustaría? Would you like to?
   ¿Te gusta(n)... ? Do you like...?
té *m.* tea
   té helado iced tea
teatro *m.* theater
techo *m.* ceiling
teclado *m.* keyboard
técnico/a *m., f.* technician
tejido *m.* weaving
teleadicto/a *m., f.* couch potato
(teléfono) celular *m.* cell (phone)
telenovela *f.* soap opera **3**
telepatía *f.* telepathy
telescopio *m.* telescope
teletrabajo *m.* telecommuting
televidente *m., f.* television viewer **3**
televisión *f.* television
televisión por cable *f.*
   cable television
televisor *m.* television set
temer *v.* to fear
temor *m.* fear **6**
temperatura *f.* temperature
tempestuoso/a *adj.* stormy **1**
temporada *f.* season **3**
temprano *adv.* early
tendero/a *m., f.* storekeeper
tenedor *m.* fork
tener *v.* to have

tener... años to be... years old
Tengo... años. I'm... years old.
tener buena fama to have a
   good reputation **3**
tener (mucho) calor to be (very) hot
tener celos (de) to be jealous (of) **1**
tener conexiones *v.*
   to have connections;
   to have influence
tener (mucho) cuidado to be
   (very) careful
tener derecho a to have the right to **6**
tener dolor to have a pain
tener éxito to be successful
tener fiebre to have a fever
tener (mucho) frío to be (very) cold
tener ganas de (+ inf.) to feel
   like (doing something)
tener (mucha) hambre *f.* to be
   (very) hungry
tener mala fama to have
   a bad reputation **3**
tener (mucho) miedo (de)
   to be (very) afraid (of);
   to be (very) scared (of)
tener miedo (de) que to be
   afraid that
tener planes to have plans
tener (mucha) prisa to be in
   a (big) hurry
tener que (+ inf.) *v.* to have to
   (*do something*)
tener razón *f.* to be right
tener (mucha) sed *f.* to be
   (very) thirsty
tener (mucho) sueño to be
   (very) sleepy
tener (mucha) suerte to be
   (very) lucky
tener tiempo to have time
tener una cita to have a date;
   to have an appointment
tener vergüenza (de) to be
   ashamed (of) **1**
tenis *m.* tennis
tensión *f.* tension
teoría *f.* theory
tercer, tercero/a *adj.* third
terminar *v.* to end; to finish
   terminar de (+ inf.) *v.* to finish
     (*doing something*)
terremoto *m.* earthquake **5**
terreno *m.* terrain
terrible *adj.* terrible
territorio *m.* territory
terrorismo *m.* terrorism **6**
terrorista *m., f.* terrorist **6**
ti *prep., obj. of prep., fam.* you
tiempo *m.* time; weather
   tiempo libre free time
tienda *f.* shop; store
   tienda de campaña tent
tierra *f.* land; earth; soil **5**

Tierra *f.* Earth **5**
tigre *m.* tiger **5**
timidez *f.* shyness **2**
tímido/a *adj.* shy **1**
tinta *f.* ink **6**
tinto/a *adj.* red (wine)
tío/a *m., f.* uncle/aunt
   tío/a abuelo/a *m.* great
     uncle/aunt **4**
   tíos *m., pl.* aunts and uncles
tira cómica *f.* comic strip **3**
titular *m.* headline **3**
título *m.* title
tiza *f.* chalk
toalla *f.* towel
tobillo *m.* ankle
tocadiscos compacto *m., sing.*
   compact disc player
tocar *v.* to play (*a musical*
   instrument) **3**; to touch
todavía *adv.* yet; still
todo *m.* everything
   Todo está bajo control.
     Everything is under control.
todos/as *m., f., pl.* all of us; *m., pl.*
   everybody; everyone
   ¡Todos a bordo! All aboard!
todo(s)/a(s) *adj.* all; whole; every;
   adv. completely
   en todo el mundo throughout the
     world
   todos los días every day
   (todo) derecho straight ahead
tomar *v.* to take; to drink
   tomar clases *f., pl.*
     to take classes
   tomar el sol to sunbathe
   tomar el pelo to pull
     someone's leg
   tomar en cuenta to take
     into account
   tomar fotos *f., pl.* to take photos
   tomar la temperatura to take
     someone's temperature
tomate *m.* tomato
tonto/a *adj.* silly; fool; foolish
torcerse (o:ue) (el tobillo) *v.*
   to sprain (one's ankle)
torcido/a *adj.* twisted; sprained
tormenta *f.* storm
tornado *m.* tornado
tortilla *f.* tortilla
   tortilla de maíz corn tortilla
tortuga *f.* **(marina)** (sea) turtle **5**
tos *f., sing.* cough
toser *v.* to cough
tostado/a *adj.* toasted
tostadora *f.* toaster
tóxico/a *adj.* toxic **5**
trabajador(a) *adj.* hard-working
trabajar *v.* to work
trabajo *m.* job; work
traducir *v.* to translate

traer *v.* to bring
tráfico *m.* traffic **2**
tragedia *f.* tragedy
traído/a *p.p.* brought
traje *m.* suit
   traje de baño *m.* bathing suit
trampa *f.* trap **6**
tranquilo/a *adj.* calm; quiet **1**
   Tranquilo. Don't worry.;
     Be cool.
transbordador espacial *m.*
   space shuttle
transmisión *f.* broadcast **3**
transmitir *v.* to broadcast **3**
transporte *m.* transportation **2**
   transporte público
     public transportation **2**
tras *prep.* after **3**
trasnochar *v.* to stay up late
tratar de (+ *inf.*) *v.* to try (*to do*
   something)
trato: Trato hecho. You've got a deal.
trece *adj.* thirteen
treinta *adj.* thirty
   y treinta thirty minutes past
     the hour (*time*)
tren *m.* train
tres *adj.* three
trescientos/as *adj.* three hundred
tribunal *m.* court **6**
trimestre *m.* trimester; quarter
triste *adj.* sad
tronco *m.* trunk **5**
tú *fam. sub. pron.* you
   Tú eres… You are…
tu(s) *fam. poss. adj.* your
turismo *m.* tourism
turista *m., f.* tourist
turístico/a *adj.* touristic
tuyo/a(s) *fam. poss. pron.* your; (of) yours

u *conj.* (*used instead of* **o** *before words*
beginning with **o** *and* **ho**) or
ubicado/a *adj.* located
último/a *adj.* last
un, uno/a *indef. art.* a; one
uno/a *m., f., sing. pron.* one
   a la una at one o'clock
   una vez once; one time
   una vez más one more time
único/a *adj.* only
unido/a *adj.* close-knit **4**
universidad *f.* university; college
universo *m.* universe
unos/as *m., f., pl., indef. art.* some
unos/as *pron.* some
urbanizar *v.* to urbanize **5**
urgente *adj.* urgent
usar *v.* to wear; to use

usted (Ud.) *form., sing.* you
   ustedes (Uds.) *form., pl.* you
útil *adj.* useful
utilidad *f.* usefulness **5**
uva *f.* grape

vaca *f.* cow
vacaciones *f. pl.* vacation
vacío/a *adj.* empty **2**
vago/a *m., f.* slacker
valer la pena *v.* to be worth it
valle *m.* valley
valorar *v.* to value **2**
valores *m., pl.* values
vamos let's go
vanguardia *f.* vanguard
vaquero *m.* cowboy
   de vaqueros *m., pl.* western (*genre*)
varios/as *adj. m., f., pl.* various;
   several
vaso *m.* glass
veces *f., pl.* times
vecino/a *m., f.* neighbor
veinte *adj.* twenty
veinticinco *adj.* twenty-five
veinticuatro *adj.* twenty-four
veintidós *adj.* twenty-two
veintinueve *adj.* twenty-nine
veintiocho *adj.* twenty-eight
veintiséis *adj.* twenty-six
veintisiete *adj.* twenty-seven
veintitrés *adj.* twenty-three
veintiún, veintiuno/a *adj.* twenty-one
vejez *f.* old age **4**
velocidad *f.* speed
   velocidad máxima *f.* speed limit
vencer *v.* to defeat
vendedor(a) *m., f.* salesman/
   saleswoman
vender *v.* to sell
venir *v.* to come
venta *f.* sale
ventana *f.* window
ver *v.* to see
   a ver *v.* let's see
   ver películas *f., pl.* to see movies
verano *m.* summer
verbo *m.* verb
verdad *f.* truth
   ¿verdad? right?
verde *adj.* green
verduras *f., pl.* vegetables
vergüenza *f.* embarrassment **2**
vestido *m.* dress
vestirse (e:i) *v.* to get dressed
vez *f.* time
viajar *v.* to travel
viaje *m.* trip
viajero/a *m., f.* traveler
víctima *f.* victim **6**
victoria *f.* victory **6**

vida *f.* life
  vida nocturna *f.* nightlife **2**
video *m.* video
video musical *m.* music video **3**
video(casete) *m.* video(cassette)
videocasetera *f.* VCR
videoconferencia *f.* videoconference
videojuego *m.* video game
vidrio *m.* glass
viejo/a *adj.* old
viento *m.* wind
viernes *m., sing.* Friday
vigilar *v.* to watch; keep an eye on;
  keep watch on **3, 6**
vinagre *m.* vinegar
vino *m.* wine
  vino blanco *m.* white wine
  vino tinto *m.* red wine
violencia *f.* violence **6**
violonchelo *m.* cello **3**
virtual *adj.* virtual
visitar *v.* to visit
  visitar monumentos *m., pl.*
    to visit monuments
visto/a *p.p.* seen
vitamina *f.* vitamin
viudo/a *adj.* widower/widow
vivienda *f.* housing; home **2**
vivir *v.* to live
vivo/a *adj.* bright; lively; living
volante *m.* steering wheel
volar (o:ue) *v.* to fly
volcán *m.* volcano
vóleibol *m.* volleyball
voltear *v.* to turn back
volver (o:ue) *v.* to return
  volver a ver(te/lo/la) to see
    (you/him/her) again
vos *pron.* you
vosotros/as *form., pl.* you
votar *v.* to vote
vuelta *f.* return trip
vuelto/a *p.p.* returned
vuestro/a(s) *poss. adj.* your; *fam.*
  (of) yours

Y

y *conj.* and
  y cuarto quarter after (time)
  y media half-past (time)
  y quince quarter after (time)
  y treinta thirty (minutes past the
    hour)
  ¿Y tú? *fam.* And you?
  ¿Y usted? *form.* And you?
ya *adv.* already
yacimiento *m.* deposit
yerno *m.* son-in-law **4**
yo *sub. pron.* I
  Yo soy... I'm…
yogur *m.* yogurt

Z

zanahoria *f.* carrot
zapatería *f.* shoe store
zapatos de tenis *m., pl.* tennis
  shoes; sneakers

English-Spanish

A

a un/(a) *m., f., sing.; indef. art.* **1**
@ (*symbol*) arroba *f.*
A.M. mañana *f.*
able: be able to poder (o:ue) *v.*
aboard a bordo
abolish derogar *v.* **6**
abuse abusar *v.* **6**
abuse abuso *m.* **6**; maltrato *m.*
accent acento *m.*
accident accidente *m.*
accompany acompañar *v.*
account cuenta *f.*
  on account of por *prep.*
accountant contador(a) *m., f.*
accounting contabilidad *f.*
ache dolor *m.*
achieve lograr *v.* **0**
acid ácido/a *adj.*
  acid rain lluvia ácida
acquainted: be acquainted with
  conocer *v.*
act actuar *v.*
action (genre) de acción *f.*
active activo/a *adj.*
activist activista *m., f.* **6**
actor actor *m.*, actriz *f.* **3**
actress actriz *f.* **3**
adapt acomodarse *v.*;
  adaptarse *v.*
addict (drug) drogadicto/a *adj.*
additional adicional *adj.*
address dirección *f.* **2**; dirigirse *v.*
adjective adjetivo *m.*
administrative administrativo/a *adj.*
adolescence adolescencia *f.* **4**
adolescent adolescente *m., f.* **4**
adult adulto/a *m., f.* **4**
adulthood edad adulta *f.* **4**
advance avance *m.*
advanced avanzado/a *adj.*
adventure (genre) de aventura *f.*
advertise anunciar *v.*
advertisement anuncio *m.* **3**
advertising publicidad *f.* **3**
advice consejo *m.*
  give advice dar consejos
advise aconsejar *v.*
advisor consejero/a *m., f.*;
  asesor(a) *m., f.*
aerobic aeróbico/a *adj.*
  aerobics class clase de
    (ejercicios) aeróbicos
  to do aerobics hacer (ejercicios)
    aeróbicos
affected afectado/a *adj.*
be affected (by) estar *v.*
  afectado (por)
affectionate cariñoso/a *adj.* **1**
affirmative afirmativo/a *adj.*

afraid: be (very) afraid (of) tener
  (mucho) miedo (de)
  be afraid that tener miedo (de) que
after después de *prep.*; después de
  que *conj.*; tras *prep.* **3**
afternoon tarde *f.*
afterward después *adv.*
again otra vez
age edad *f.*
agree concordar *v.*
agree estar *v.* de acuerdo
  I agree (completely). Estoy
    (completamente) de acuerdo.
  I don't agree. No estoy de acuerdo.
agreement acuerdo *m.*
ahead (of) por delante *adv.*
AIDS SIDA *m.*
ailment dolencia *f.* **5**
air aire *m.*
  air pollution contaminación
    del aire
airplane avión *m.*
airport aeropuerto *m.*
alarm clock despertador *m.*
alcohol alcohol *m.*
  to consume alcohol
    consumir alcohol
alcoholic alcohólico/a *adj.*
alien extranjero/a *m., f.* **4**;
  extraterrestre *adj.*
all todo(s)/a(s) *adj.*
  All aboard! ¡Todos a bordo!
  all of us todos
  all over the world en todo
    el mundo
allergic alérgico/a *adj.*
  be allergic (to) ser alérgico/a
alleviate aliviar *v.*
allow permitir *v.*
almost casi *adv.*
alone solo/a *adj.*
along por *prep.*
already ya *adv.*
also también *adv.*
alternator alternador *m.*
although aunque *conj.*
aluminum aluminio *m.*
  (made) of aluminum de aluminio
always siempre *adv.*
American (North)
  norteamericano/a *adj.*
amnesty amnistía *f.*
among entre *prep.*
amuse oneself entretenerse (e:ie) *v.*
amusement diversión *f.*
amusement park parque *m.*
  de atracciones
ancestor antepasado *m.* **4**
and y *conj.*; e *conj.* (*before words*
  beginning with **i** *or* **hi**)
  And you? ¿Y tú? *fam.*;
    ¿Y usted? *form.*
angel ángel *m.* **3**

angry enojado/a *adj.* **1**
  get angry (with) enojarse *v.* (con) **1**
animal animal *m.*
ankle tobillo *m.*
anniversary aniversario *m.*
  (wedding) anniversary
    aniversario *m.* (de bodas)
announce anunciar *v.*
announcer (TV/radio) locutor(a) *m.,*
  f. (de televisión/radio) **3**
annoy molestar *v.*
annoying pesado/a *adj.* **1**
another otro/a *adj.*
answer contestar *v.*; respuesta *f.*
answering machine contestadora *f.*
antibiotic antibiótico *m.*
anticipate anticipar *v.*
antidote antídoto *m.* **5**
anxious ansioso/a *adj.* **1**
any algún, alguno/a(s) *adj.*
anyone alguien *pron.*
anything algo *pron.*
apartment apartamento *m.*
apartment building edificio
  de apartamentos
appear aparecer *v.*
appetizers entremeses *m., pl.*
applaud aplaudir *v.*
apple manzana *f.*
appliance (electric) electrodoméstico *m.*
applicant aspirante *m., f.*
application solicitud *f.*
  job application solicitud de trabajo
apply (*for a job*) solicitar *v.*
  apply for a loan pedir (e:ie) *v.*
    un préstamo
appointment cita *f.*
  have an appointment tener *v.*
    una cita
appreciate apreciar *v.*
April abril *m.*
aquatic acuático/a *adj.*
archaeologist arqueólogo/a *m., f.*
architect arquitecto/a *m., f.*
area región *f.*
argue discutir *v* **1**
arise surgir *v.*
arm brazo *m.*
armchair sillón *m.*
army ejército *m.* **6**
around por *prep.*
  around here por aquí
arrange arreglar *v.*
arrival llegada *f.*
arrive llegar *v.*
art arte *m.*
  (fine) arts bellas artes *f., pl.*
article *m.* artículo
artist artista *m., f.*
artistic artístico/a *adj.*
arts artes *f., pl.*
as como
  as a child de niño/a

as... as tan... como
  as many... as tantos/as... como
  as much... as tanto... como
  as soon as en cuanto *conj.*;
    tan pronto como *conj.*
ask (*a question*) preguntar *v.*
  ask for pedir (e:i) *v.*
  ask for directions preguntar
    el camino *v.* **2**
asparagus espárragos *m., pl.*
aspirin aspirina *f.*
assimilate asimilar *v.*
assimilation asimilación *f.*
astronaut astronauta *m., f.*
astronomer astrónomo/a *m., f.*
asylum asilo *m.* **4**
at a *prep.*; en *prep.*
  at + *time* a la(s) + *time*
  at home en casa
  at least por lo menos
  at night por la noche
  at the end (of) al fondo (de)
  At what time...? ¿A qué hora...?
  At your service. A sus órdenes.
athlete atleta *m., f.*; deportista
  m., f.
ATM cajero *m.* automático
attach (a file) adjuntar
  (un archivo) *v.*
attain alcanzar *v.*; lograr *v.*
attend asistir (a) *v.*
attic altillo *m.*
attitude actitud *f.*
attract atraer *v.*
audience público *m.* **3**
August agosto *m.*
aunt tía *f.* **4**
  aunts and uncles tíos *m., pl.*
authority autoridad *f.* **6**
automobile automóvil *m.*; carro *m.*;
  coche *m.*
autumn otoño *m.*
avenue avenida *f.* **2**
avoid evitar *v.*
award premio *m.*

B

backpack mochila *f.*
bad mal, malo/a *adj.*
  have a bad reputation tener (e:ie)
    mala fama *v.* **3**
  It's bad that... Es malo que...
  It's not at all bad. No está nada mal.
bag bolsa *f.*
bakery panadería *f.*
balanced equilibrado/a *adj.*
balcony balcón *m.*
ball pelota *f.*; balón *m.*
banana banana *f.*
band banda *f.*; conjunto/grupo *m.*
  musical
bank banco *m.*

bankruptcy bancarrota *f.*
banner pancarta *f.* **4**
bargain ganga *f.*; regatear *v.*
baseball (*game*) béisbol *m.*
basement sótano *m.*
basketball (*game*) baloncesto *m.*
bass bajo *m.* **3**
bathe bañar(se) *v.*
bathing suit traje *m.* de baño
bathroom baño *m.*; cuarto de baño *m.*
be ser *v.*; estar *v.*
  be ashamed tener vergüenza **1**
  be biased ser parcial **3**
  be contagious contagiar **5**
  be distressed afligirse
  be enough alcanzar **4**
  be located quedar *v.* **2**
  be lost estar perdido/a **2**
  be necessary hacer falta **5**
  be on sale estar a la venta
  be paid cobrar
  be pregnant estar embarazada
  be promoted ascender
  be rumored (that) rumorear
  be suspicious desconfiar
  be under pressure estar
    bajo presión
  be worth it valer la pena
  be... years old tener... años
beach playa *f.*
beans frijoles *m., pl.*
bear oso *m.* **5**
beat (*a drum*) golpear *v.* **3**
beautiful hermoso/a *adj.*
beauty belleza *f.*
  beauty salon peluquería *f.*;
    salón *m.* de belleza
because porque *conj.*
  because of por *prep.*
become (+ *adj.*) ponerse;
  convertirse *v.*
  become annoying ponerse *v.*
    pesado/a **1**
  become enriched
    enriquecerse *v.*
  become extinct extinguirse *v.* **5**
  become independent
    independizarse *v.* **4**
  become informed (about)
    enterarse (de) *v.* **3**
  become part (of) integrarse (a) *v.*
  become true realizarse *v.* **4**
bed cama *f.*
  go to bed acostarse (o:ue) *v.*
bedroom alcoba *f.*; dormitorio *m.*;
  recámara *f.*
beef carne de res *f.*
  beef soup caldo de patas
been sido *p.p.*
beer cerveza *f.*
before antes *adv.*; antes de *prep.*;
  antes (de) que *conj.*
beg rogar (o:ue) *v.*

begin comenzar (e:ie) *v.*;
  empezar (e:ie) *v.*
behalf: on behalf of de parte de
behave portarse *v.*
behind detrás de *prep.*
being (human) ser humano *m.* **3**
belief creencia *f.* **4, 6**
believe (in) creer *v.* (en); creer *v.*
believed creído/a *p.p.*
bellhop botones *m., f. sing.*
belong pertenecer *v.*
below debajo de *prep.*
beloved amado/a *m., f.* **1**
belt cinturón *m.*
benefit beneficio *m.*
beside al lado de *prep.*
besides además (de) *adv.*
best mejor *adj.*
  the best el/la mejor *m., f.*;
    lo mejor *neuter*
bet apostar (o:ue) *v.*
better mejor *adj.*
  It's better that... Es mejor que...
better oneself superarse *v.*
between entre *prep.*
beverage bebida *f.*
  alcoholic beverage
    bebida alcohólica *f.*
bias parcialidad *f.* **3**
biased parcial *adj.* **3**
bicycle bicicleta *f.*
big gran, grande *adj.*
bilingual bilingüe *adj.*
bill cuenta *f.*
billboard letrero *m.* **2**
billion mil millones
billiards billar *m.*
biology biología *f.*
biochemical bioquímico/a *adj.*
biochemist bioquímico/a *m., f.*
biologist biólogo/a *m., f.*
bird ave *f.*; pájaro *m.* **5**
birth nacimiento *m.* **4**
birthday cumpleaños *m., sing.*
  have a birthday cumplir *v.* años
birthrate natalidad *f.*
black negro/a *adj.*
black hole agujero negro *m.*
blackberry mora *f.*
blackboard pizarra *f.*
blackmail chantajear *v.* **6**
blanket manta *f.*
block (city) cuadra *f.* **2**
blog blog *m.*
blond(e) rubio/a *adj.*
blood sangre *f.* **3, 6**
blouse blusa *f.*
blue azul *adj. m., f.*
blue-collar worker obrero/a *m., f.*
blueprint plano *m.*
blush enrojecer *v.* **2**
boad game juego *m.* de mesa
boarding house pensión *f.*

boat barco *m.*
body cuerpo *m.*
bone hueso *m.*
book libro *m.*
bookcase estante *m.*; estantería *f.* **3**
bookshelves estante *m.*
bookstore librería *f.*
boot bota *f.*
border frontera *f.*
bore aburrir *v.*
bored aburrido/a *adj.*
  be bored estar *v.* aburrido/a
  get bored aburrirse *v.*
boring aburrido/a *adj.*
born: be born nacer *v.*
borrow pedir (e:ie) *v.* prestado
borrowed prestado/a *adj.*
boss jefe/a *m., f.*
bossy mandón/mandona *adj.* **4.**
bother molestar *v.*
bottle botella *f.*
  bottle of wine botella de vino
  little bottle frasquito *m.* **5**
bottom fondo *m.*
boulevard bulevar *m.*
bowling boliche *m.*
box caja *f.* **1**
boy chico *m.*; muchacho *m.*
boyfriend novio *m.*
brakes frenos *m., pl.*
brave atrevido/a *adj.* **2**
bread pan *m.*
break romper *v.*
  break (into a conversation)
    meterse **1**
  break (one's leg) romperse
    (la pierna)
  break down dañar *v.*
  The… broke down. Se nos
    dañó el/la…
  break up (with) romper (con) **1**
breakfast desayuno *m.*
  have breakfast desayunar *v.*
breakthrough avance *m.*
breathe respirar *v.* **5**
brick ladrillo *m.*
bridge puente *m.* **2**
bring traer *v.*
broadcast transmisión *f.* **3**;
  transmitir *v.*; emitir *v.* **3**
brochure folleto *m.*
broken roto/a *adj.*
  be broken estar roto/a
brother hermano *m.*
  brother-in-law cuñado *m.* **4**
  brothers and sisters
    hermanos *m., pl.*
brought traído/a *p.p.*
brown café *adj.*; marrón *adj.*
brunet(te) moreno/a *adj.*
brush cepillar *v.*
  brush one's hair cepillarse el pelo
  brush one's teeth cepillarse los dientes
budget presupuesto *m.*

build construir *v.* **2**
building edificio *m.* **2**
bump into (*something accidentally*)
  darse con; (*someone*) encontrarse *v.*
bureaucracy burocracia *f.*
burn quemar *v.*
  burn (a CD) grabar (un CD) *v.*
burned (out) quemado/a *adj.*
buried enterrado/a *adj.*
bury enterrar (e:ie) *v.*
bus autobús *m.*
  bus station estación *f.*
    de autobuses **2**
  bus stop parada *f.* de autobús **2**
business negocios *m. pl.*
  Business Administration
    Comercio *m.*
  business-related comercial *adj.*
businessman hombre *m.*
  de negocios
businesswoman mujer *f.*
  de negocios
busy ocupado/a *adj.*
but pero *conj.*; (**rather**) sino *conj.*
  (*in negative sentences*)
butcher carnicero/a *m., f.*
butcher shop carnicería *f.*
butter mantequilla *f.*
button botón *m.*
buy comprar *v.*
by por *prep.*; para *prep.*
  by means of por *prep.*
  by phone por teléfono
  by plane en avión
  by way of por *prep.*
bye chau *interj. fam.*

C

cabin cabaña *f.*
cable television televisión *f.*
  por cable *m.*
café café *m.*
cafeteria cafetería *f.*
caffeine cafeína *f.*
cake pastel *m.*
  chocolate cake pastel
    de chocolate
calculator calculadora *f.*
call llamar *v.*
  be called llamarse *v.*
  call on invocar *v.* **3**
  call on the phone llamar
    por teléfono
calm tranquilo/a *adj.* **1**
calorie caloría *f.*
camera cámara *f.*
camp acampar *v.*
can (*tin*) lata *f.*
can poder (o:ue) *v.*
Canadian canadiense *adj.*
candidate aspirante *m., f.*;
  candidato/a *m., f.*
candy dulces *m., pl.*

capable capaz *adj.*
capital city capital *f.*
car coche *m.* **5**; carro *m.*;
  auto(móvil) *m.*
caramel caramelo *m.*
card tarjeta *f.*; (*playing*) carta *f.*
care cuidado *m.* **2**
  Take care! ¡Cuídense! *v.*
  take care of cuidar *v.* **1**
career carrera *f.*
careful cuidadoso/a *adj.* **1**
  be (very) careful tener *v.*
    (mucho) cuidado
caress acariciar *v.*
caretaker ama *m., f.* de casa
carpenter carpintero/a *m., f.*
carpet alfombra *f.*
carrot zanahoria *f.*
carry llevar *v.*
carry out realizar *v.*
cartoons dibujos *m, pl.* animados
case: in case (that) en caso (de) que
cash guita *f.* (*slang.*)
cash (a check) cobrar *v.*
  cash (en) efectivo
  cash register caja *f.*
  pay in cash pagar *v.* al contado;
    pagar en efectivo
cashier cajero/a *m., f.* **2**
cat gato *m.*
cause causa *f.*
CD-ROM CD-ROM *m.*
ceiling techo *m.*
celebrate celebrar *v.*; festejar *v.*
celebration celebración *f.*
cell célula *f.*; celda *f.* **6**
cell (phone) (teléfono) celular *m.*
cellar sótano *m.*
cello violonchelo *m.* **3**
censorship censura *f.* **3, 6**
cereal cereales *m., pl.*
certain cierto *m.*; seguro *m.*
  it's (not) certain (no) es
    cierto/seguro
certainty certeza *f.*
chalk tiza *f.*
challenge reto *m.* **5**; desafío *m.*;
  desafiar *v.*
champagne champán *m.*
championship campeonato *m.*
change cambiar *v.* (de)
channel (*TV*) canal *m.*
chaos caos *m.*
chapel capilla *f.*
character (*fictional*) personaje *m.*;
  carácter *m.* **4**
  (main) character *m.* personaje
    (principal); protagonista *m., f.* **1**
characteristic característica *f.* **2**
charge cobrar *v.*
chat conversar *v.*; charlar *v.*
chauffeur conductor(a) *m., f.*
cheap (*inexpensive*) barato/a *adj.*;
  (*stingy*) tacaño/a *adj.* **1**

cheat engañar *v.* **1**
check comprobar (o:ue) *v.*; revisar *v.*;
  (*bank*) cheque *m.*
  check the oil revisar el aceite
checking account cuenta *f.* corriente
cheese queso *m.*
chef cocinero/a *m., f.*
chemist químico/a *m., f.*
chemistry química *f.*
chest of drawers cómoda *f.*
chicken pollo *m.*
child niño/a *m., f.* **4**
childhood niñez *f.* **4**
children hijos *m., pl.*
Chinese chino/a *adj.*
chocolate chocolate *m.*
  chocolate cake pastel *m.*
    de chocolate
cholesterol colesterol *m.*
choose escoger *v.*
chop (*food*) chuleta *f.*
Christmas Navidad *f.*
church iglesia *f.*
cinema cine *m.* **3**
citizen ciudadano/a *adj.*
city ciudad *f.* **2**
  city hall ayuntamiento *m.* **2**
civil civil *adj.*
  city block cuadra *f.* **2**
  civil disobedience
    desobediencia civil *f.* **6**
  civil war guerra civil *f.* **6**
civilization civilización *f.* **4**
citizen ciudadano/a *m., f.* **2**
clap aplaudir *v.*
class clase *f.*
  take classes tomar *v.* clases
classical clásico/a *adj.*
classmate compañero/a *m., f.*
    de clase
claw garra *f.*
clay barro *m.*
clean limpio/a *adj.*; puro/a *adj.* **5**;
    limpiar *v.*
clean the house limpiar *v.* la casa
clear (*weather*) despejado/a *adj.*
  clear the table quitar *v.* la mesa
  It's (very) clear. (*weather*)
    Está (muy) despejado.
clerk dependiente/a *m., f.*
climb escalar *v.*
  climb mountains escalar montañas
climbing: mountain climbing
    alpinismo *m.*; andinismo *m.*
clinic clínica *f.*
clock reloj *m.*
clone clon *m.*; clonar *v.*
close cerrar (e:ie) *v.*
close-knit unido/a *adj.* **4**
closed cerrado/a *adj.*
closet armario *m.*
clothes ropa *f.*
  clothes dryer secadora *f.*

clothing ropa *f.*
cloud nube *f.*
cloudy nublado/a *adj.*
  It's (very) cloudy. Está
    (muy) nublado.
coast costa *f.* **5**
coat abrigo *m.*
coexist convivir *v.* **2**
coexistence convivencia *f.*
coffee café *m.*
  coffee maker cafetera *f.*
cold frío *m.*; (*illness*) resfriado *m.*
  be (*feel*) **(very) cold** tener
    (mucho) frío
  It's (very) cold. (*weather*) Hace
    (mucho) frío.
collect coleccionar *v.*
college universidad *f.*
collision choque *m.*
color color *m.*
comb one's hair peinarse *v.*
come venir *v.*
comedy comedia *f.*
comfortable cómodo/a *adj.*
comic strip tira cómica *f.* **3**
coming from proveniente *adj.*
commerce comercio *m. sing*;
    negocios *m., pl.*
commercial anuncio *m.* **3**;
    comercial *adj.*
commit (a crime) cometer (un delito) *v.* **3**
commitment compromiso *m.* **1**
common común *adj.*
  common sense sentido *m.* común
communicate (with) comunicarse *v.* (con)
communication comunicación *f.*
  means of communication
    medios *m. pl.* de comunicación
communism comunismo *m.* **4**
community comunidad *f.*
compact disc (CD)
    disco *m.* compacto
  compact disc player tocadiscos
    m. sing. compacto
company compañía *f.*; empresa *f.*
comparison comparación *f.*
competent capaz *adj.*
complain (about) quejarse (de) *v.* **4**
completely completamente *adv.*
composer compositor(a) *m., f.*
computer computadora *f.*
  computer disc disco *m.*
  computer monitor monitor *m.*
  computer programmer
    programador(a) *m., f.*
  computer science computación *f.*;
    informática *f.*
computerized computarizado/a *adj.*
conceal disimular *v.* **2**
concern preocupación *f.*
concert concierto *m.*
conductor (musical) director(a) *m., f.*
confident seguro/a *adj.* **1**

confirm confirmar *v.*; comprobar
    (o:ue) *v.*
  confirm a reservation confirmar
    una reservación
conformist conformista *adj.*
confused confundido/a *adj.*
congested congestionado/a *adj.*
Congratulations! ¡Felicidades!;
    f., pl. ¡Felicitaciones!
conquest conquista *f.* **4**
conservation conservación *f.*
conservative conservador(a) *adj.* **6**
conserve conservar *v.*
consulate consulado *m.* **4**
consultant asesor(a) *m., f.*
consume consumir *v.*
container envase *m.*
contamination contaminación *f.*
content contento/a *adj.*
  to be contented with
    contentarse con *v.* **1**
contest concurso *m.*
continue seguir (e:i) *v.*
contribute contribuir *v.*
control control *m.*; controlar *v.*
  be under control estar bajo control
controversial controvertido/a *adj.* **3**
controversy polémica *f.*
conversation conversación *f.*
converse conversar *v.*
cook cocinar *v.*; cocinero/a *m., f.*
cookie galleta *f.*
cool fresco/a *adj.*
  Be cool. Tranquilo.
  It's cool. (*weather*) Hace fresco.
cooperate cooperar *v.* **2**
corn maíz *m.*
corner esquina *f.* **2**
cost costar (o:ue) *v.*
cotton algodón *f.*
  (made of) cotton de algodón
couch sofá *m.*
couch potato teleadicto/a *m., f.*
cough tos *f.*; toser *v.*
counselor consejero/a *m., f.*
count (on) contar (o:ue) *v.* (con) **1**
country (*nation*) país *m.*
countryside campo *m.*
coup d'état golpe de estado *m.* **6**
couple pareja *f.* **1**
courage coraje *m.*
course curso *m.*; materia *f.*
court tribunal *m.* **6**
courtesy cortesía *f.*
cousin primo/a *m., f.* **4**
cover portada *f.* **3**; cubrir *v.*
covered cubierto/a *p.p.*
cow vaca *f.*
crafts artesanía *f.*
craftsmanship artesanía *f.*
crash choque *m.* **2**
crater cráter *m.*
craziness locura *f.*

crazy loco/a *adj.*
create crear *v.*
credit crédito *m.*
   credit card tarjeta *f.* de crédito
crime crimen *m.*; delito *m.* **3**
cross cruzar *v.* **2**
crossroads encrucijada *f.* **3**
cruelty crueldad *f.* **6**
Cuban exile gusano/a *m., f.* **4**
cultivate cultivar *v.* **4**
cultivation cultivo *m.* **4**
cultural cultural *adj.*
   cultural heritage
      herencia cultural *f.*
culture cultura *f.*
cup taza *f.*
cure curar *v.*
currency exchange cambio *m.*
   de moneda
current events actualidad *f.*;
   actualidades *f., pl.* **3**
curtains cortinas *f., pl.*
custard (*crème caramel*) flan *m.*
custom costumbre *f.* **2**
customer cliente/a *m., f.*
customs aduana *f.*
   customs inspector inspector(a)
      m., f. de aduanas
cut cortar *v.* **5**
cyber space ciberespacio *m.*
cybercafé cibercafé *m.*
cycling ciclismo *m.*

D

dad papá *m.*
daily diario/a *adj.*
   daily routine rutina *f.* diaria **5**
dam represa *f.*
damage dañar *v.*
dance bailar *v.*; danza *f.*; baile *m.*
   dance club discoteca *f.* **2**
   dance floor pista *f.* de baile **3**
dancer bailarín/bailarina *m., f.*
danger peligro *m.* **5**
dangerous peligroso/a *adj.*
dare atreverse *v.* **2**
daring atrevido/a *adj.* **2**
darts dardos *m., pl.*
date (*appointment*) cita *f.* **1**;
   (*calendar*) fecha *f.;* (*someone*) salir
   v. con (alguien)
   blind date cita a ciegas **1**
   have a date tener una cita
daughter hija *f.*
daughter-in-law nuera *f.* **4**
dawn amanecer *m.*
day día *m.*
   day before yesterday
      anteayer *adv.*
deal trato *m.*
   It's not a big deal.
      No es para tanto.
   You've got a deal! ¡Trato hecho!

death muerte *f.* **4**
debit card tarjeta *f.* de débito
debt deuda *f.* **4**
decaffeinated descafeinado/a *adj.*
deceased fallecido/a *adj.*
deceive engañar *v.* **1, 3**
December diciembre *m.*
decide decidir *v.* (+ *inf.*)
decided decidido/a *adj. p.p.*
declare declarar *v.*
decrease disminuir *v.*
defeat derrotar *v.* **6**; vencer *v.*
defend defender (e:ie) *v.* **6**
deforestation deforestación *f.* **5**
delete borrar *v.*
delicious delicioso/a *adj.*; rico/a *adj.*;
   sabroso/a *adj.*
delighted encantado/a *adj.*
demand exigir *v.*
demanding exigente *adj.* **4**
democracy democracia *f.* **6**
demonstrator manifestante *m., f.* **6**
dentist dentista *m., f.*
deny negar (e:ie) *v.*
   not to deny no dudar
department store almacén *m.*
departure salida *f.*
deposit depositar *v.*;
   yacimiento *m.*
   quarry cantera *f.*
depressed deprimido/a *adj.* **1**
describe describir *v.*
described descrito/a *p.p.*
desert desierto *m.* **5**
deserve merecer *v.* **1**
design diseño *m.*
designer diseñador(a) *m., f.*
desire desear *v.*; deseo *m.* **1**
desk escritorio *m.*
desperate desesperado/a *adj.*
desperation desesperación *f.* **3**
dessert postre *m.*
destination destino *m.*
destroy destruir *v.* **5, 6**
determined decidido/a *adj.* **2**
develop desarrollar *v.*
devote oneself to dedicarse a *v.* **6**
development desarrollo *m.* **5**
devil Diablo *m.* **3**
dialogue diálogo *m.*
diary diario *m.*
dictatorship dictadura *f.* **6**
dictionary diccionario *m.*
die morir (o:ue) *v.*
died muerto/a *p.p.*
diet dieta *f.*; alimentación *f.*
   balanced diet dieta equilibrada
   be on a diet estar a dieta
difficult difícil *adj.*
digital camera cámara *f.* digital
diminish disminuir *v.*
dining room comedor *m.*
dinner cena *f.*
   have dinner cenar *v.*

direct dirigir *v.*
director director(a) *m., f.* **3**
dirty ensuciar *v.*; sucio/a *adj.*
   get (something) dirty ensuciar *v.*
disagree no estar de acuerdo *v.*;
   disentir *v.* **6**
disappear desaparecer *v.* **5**
disappearance desaparición *f.* **3**
disappointment decepción *f.* **5**
disaster desastre *m.*
discover descubrir *v.*; (*find out*)
   averiguar *v.* **1**
discovered descubierto/a *p.p.*
discovery hallazgo *m.* **3**;
   descubrimiento *m.*
discrimination discriminación *f.*
disdain desdén *m.* **4**
dish plato *m.*
   main dish *m.* plato principal
dishwasher lavaplatos *m., sing.*
disk disco *m.*
dismiss expulsar *v.*
disorderly desordenado/a *adj.*
disposable desechable *adj.* **5**
dissent disentir *v.* **6**
distribute repartir *v.* **4**
dive bucear *v.*
diversity diversidad *f.* **6**
divorce divorcio *m.* **1**
divorced divorciado/a *adj.* **1**
   get divorced (from)
      divorciarse (de) *v.* **1**
dizzy mareado/a *adj.*
DNA ADN *m.*
do hacer *v.*
   do aerobics hacer
      (ejercicios) aeróbicos
   do as a custom/habit
      acostumbrar *v.*
   do household chores hacer
      quehaceres domésticos
   do stretching exercises hacer
      ejercicios de estiramiento
   (I) don't want to. No quiero.
   do without prescindir (de) *v.*
doctor doctor(a) *m., f.*; médico/a *m., f.*
documentary (*film*) documental *m.* **3**
dog perro *m.*
domestic doméstico/a *adj.*
   domestic appliance
      electrodoméstico *m.*
dominate dominar *v.*
done hecho/a *p.p.*
door puerta *f.*
dormitory residencia *f.* estudiantil
double doble *adj.*
   double room habitación *f.* doble
   double standard doble moral *f.* **6**
doubt duda *f.*; interrogante *m.*;
   dudar *v.*
   There is no doubt that...
      No cabe duda de...
      No hay duda de...
dough (*slang*) guita *f.*

Down with… ! ¡Abajo el/la…!
download descargar *v.*
downtown centro *m.*
drama drama *m.*
dramatic dramático/a *adj.*
draw dibujar *v.*
drawing dibujo *m.*
dream soñar (o:ue) *v.* **1**
dreamer soñador(a) *m., f.*
dress vestido *m.*
   get dressed vestirse (e:i) *v.*
drink beber *v.*; bebida *f.*; tomar *v.*
drinkable potable *adj.* **5**
drive conducir *v.*; manejar *v.*
driver conductor(a) *m., f.* **2**
drought sequía *f.* **5**
drown ahogar(se) *v.* **5, 6**
drug droga *f.*
   drug addict drogadicto/a *adj.*
drum tambor *m.* **3**
drunk borracho/a *adj.* **2**
dry seco/a *adj.* **5**
dry oneself secarse *v.*
dubbing doblaje *m.* **3**
during durante *prep.*; por *prep.*
dust sacudir *v.*; quitar *v.* el polvo
   dust the furniture sacudir
      los muebles
DVD player reproductor *m.* de DVD

E

each cada *adj.*
eagle águila *f.* **5**
ear (outer) oreja *f.*
early temprano *adv.*
early morning madrugada *f.*
earn ganar *v.*
   earn a living ganarse la vida *v.*
earth tierra *f.* **5**
Earth Tierra *f.* **5**
earthquake terremoto *m.* **5**
ease aliviar *v.*
east Este *m.*
   to the east al este
easy fácil *adj. m., f.*
eat comer *v.*
ecology ecología *f.*
economic económico/a *adj.*
   economic crisis
      crisis *f.* económica
economics economía *f.*
ecotourism ecoturismo *m.*
Ecuador Ecuador *m.*
Ecuadorian ecuatoriano/a *adj.*
editor redactor(a) *m., f.* **3**
effective eficaz *adj. m., f.*
effects (special)
   efectos *m.* especiales **3**
effort esfuerzo *m.*
egg huevo *m.*
eight ocho *adj.*
eight hundred ochocientos/as *adj.*

eighteen dieciocho *adj.*
eighth octavo/a *adj.*
eighty ochenta *adj.*
either… or o… o *conj.*
eldest el/la mayor
elect elegir (e:i) *v.* **6**
election elecciones *f. pl.*
electric appliance
   electrodoméstico *m.*
electrician electricista *m., f.*
electricity luz *f.*
elegant elegante *adj.*
elevator ascensor *m.*
eleven once *adj.*
e-mail correo *m.* electrónico
e-mail address
   dirrección *f.* electrónica
   e-mail message
      mensaje *m.* electrónico
   read e-mail leer *v.*
      el correo electrónico
embarrassed avergonzado/a *adj.*
embarrassment vergüenza *f.* **2**
embrace (each other) abrazar(se) *v.*
embassy embajada *f.* **4**
emerge surgir *v.*
emergency emergencia *f.*
   emergency room sala *f.*
      de emergencia
emigrant emigrante *m., f.*
emigrate emigrar *v.* **1**
employee empleado/a *m., f.*
employment empleo *m.*
empty vacío/a *adj.* **2**
enact (a law) promulgar *v.* **6**
end fin *m.*; terminar *v.*
   end table mesita *f.*
ending desenlace *m.* **2**
energy energía *f.* **5**
   energy consumption consumo *m.*
      de energía **5**
   nuclear energy energía nuclear **5**
   renewable energy
      energía renovable **5**
   solar energy energía solar **5**
   wind energy energía eólica **5**
engaged: get engaged (to)
   comprometerse (con) *v.*
engagement compromiso *m.* **1**
engineer ingeniero/a *m., f.*
English (*language*) inglés *m.*; inglés,
   inglesa *adj.*
enigma enigma *f.*
enjoy disfrutar (de) *v.*; gozar (de) *v.* **2**
enough bastante *adv.*
entertain entretener *v.* **3**
entertaining entretenido/a *adj.*
entertainment diversión *f.*
entrance entrada *f.*
envelope sobre *m.*
envious envidioso/a *adj.*
environment medio ambiente *m.* **5**
equal igual *adj.* **6**

equality igualdad *f.* **6**
equipped equipado/a *adj.*
erase borrar *v.*
eraser borrador *m.*
erosion erosión *f.* **5**
errand diligencia *f.*
establish establecer *v.*
   establish oneself establecerse *v.*
ethical ético/a *adj.*
ethnic cleansing
   limpieza étnica *f.*
ethnic group etnia *f.* **4**
evening tarde *f.*
event acontecimiento *m.* **3**
every day todos los días
everyday cotidiano/a *adj.* **2**
everybody todos/as *m., f., pl.*
everything todo *m.*
   Everything is under control.
      Todo está bajo control.
exactly (time) en punto
exam examen *m.*
excellent excelente *adj.*
excess exceso *m.*
   in excess en exceso
exchange intercambiar *v.*
   in exchange for por
excited emocionado/a *adj.* **1**
exciting emocionante *adj.*
excluded excluido/a *adj.*
excursion excursión *f.*
excuse disculpar *v.*
Excuse me. (*May I?*) Con permiso.;
   (*I beg your pardon.*) Perdón.
execution ejecución *m.* **6**
executive ejecutivo/a *m., f.*
exhausted agotado/a *adj.*
exercise ejercicio *m;*
   hacer *v.* ejercicio
   exercise (power) ejercer
      (el poder) *v.* **6**
exert (power) ejercer (el poder) *v.* **6**
exile exiliado/a *m., f.*
exit salida *f.*
expect anticipar *v.*
expel expulsar *v.*
expensive caro/a *adj.*
experience experiencia *f.*
experiment experimento *m.*
explain explicar *v.*
explore explorar *v.*
express (an opinion) opinar *v.* **3**
expression expresión *f.*
extinction extinción *f.*
extraterrestrial extraterrestre *adj.*
extreme sports deportes extremos
   m., pl.
extremely delicious riquísimo/a *adj.*
extremely serious gravísimo *adj.*
eye ojo *m.*
   keep an eye on vigilar *v.* **3**

F

fabulous fabuloso/a *adj.*
face cara *f.*
facing enfrente de *prep.*
fact hecho *m.* **5**
  in fact de hecho
failure fracaso *m.* **6**
faith fe *f.* **4**
faithfulness fidelidad *f.* **1**
fair justo/a *adj.* **2**, **6**; feria *f.*
fall (down) caerse *v.*
  fall asleep dormirse (o:ue) *v.*
  fall in love (with)
    enamorarse *v.* (de) **1**
fall (season) otoño *m.*
fallen caído/a *p.p.*
fame fama *f.* **3**
family familia *f.*
famous famoso/a *adj.*
fan aficionado/a *adj.*
  be a fan (of) ser aficionado/a (a)
fantastic chévere *adj.* **4**
fantasy fantasía *f.* **3**
far from lejos de *prep.*
farewell despedida *f.*
farm cultivar *v.* **4**
farming cultivo *m.* **4**
fascinate fascinar *v.*
fashion moda *f.*
  be in fashion estar de moda
fast rápido/a *adj.*
fat gordo/a *adj.*; grasa *f.*
father padre *m.*
father-in-law suegro *m.* **4**
fault culpa *f.*
favorite favorito/a *adj.*
fax (machine) fax *m.*
fear miedo *m.*; temor *m.* **6**
fear temer *v.*
feature rasgo *m.* **3**; facciones *f., pl.* **2**
February febrero *m.*
feed alimentar *v.*
feel sentir(se) (e:ie) *v.* **1**
  feel fulfilled sentirse realizado/a *v.*
  feel like (*doing something*) tener
    ganas de (+ *inf.*)
feeling sentimiento *m*
festival festival *m.*
fever fiebre *f.*
  have a fever tener *v.* fiebre
few pocos/as *adj. pl.*
  fewer than menos de (+ *number*)
field cancha *f.*
field: major field of study
  especialización *f.*
fifteen quince *adj.*
  fifteen-year-old girl quinceañera *f.*
fifth quinto/a *adj.*
fifty cincuenta *adj.*
fight luchar, pelear *v.* **6**
  fight (for/against) luchar
    (por/contra)

fight with (one another)
  pelear(se) *v.* **4**
fight lucha *f.* **6**
figure (*number*) cifra *f.*
file archivo *m.*
fill llenar *v.*
  fill out (a form) llenar
    (un formulario)
  fill the tank llenar el tanque
film critic crítico/a de cine *m., f.* **3**
finally finalmente *adv.*; por último;
  por fin
financial financiero/a *adj.*
find encontrar (o:ue) *v.*
  find (each other) encontrar(se)
  find out averiguar **1**
fine multa *f.*
  That's fine. Está bien.
(fine) arts bellas artes *f., pl.*
finger dedo *m.*
finish terminar *v.*
  finish (*doing something*)
    terminar *v.* de (+ *inf.*)
fire incendio *m.* **5**; despedir
  (e:i) *v.*; botar *v* **4**; fuego *m.*
  fire station estación *f.*
    de bomberos **2**
firefighter bombero/a *m., f.*
firm compañía *f.*; empresa *f.*
first primer *adj.*; primero/a *adj.*
fish (*food*) pescado *m.*; pescar *v.*;
  (*live*) pez *m.* **5**
  fish market pescadería *f.*
fisherman pescador *m.*
fisherwoman pescadora *f.*
fishing pesca *f.*
fit (*clothing*) quedar *v.*
  fit in integrarse (a) *v.*
five cinco *adj.*
five hundred quinientos/as *adj.*
fix arreglar *v.*
fixed fijo/a *adj.*
flag bandera *f.* **6**
flank steak lomo *m.*
flat tire: We had a flat tire. Se nos
  pinchó una llanta.
flee huir *v.* **6**
fleeting pasajero/a *adj.* **1**
flexible flexible *adj.*
flirt coquetear *v.* **1**
float flotar *v.*
flood inundación *f.* **5**
floor (*of a building*) piso *m.*; suelo *m.*
  dance floor pista *f.* de baile **3**
  ground floor planta *f.* baja
  top floor planta *f.* alta
flower flor *f.*
flu gripe *f.*
flute flauta *f.* **3**
fly volar *v.*
fog niebla *f.*
folk folclórico/a *adj.*
folk healer curandero/a *m., f.* **5**
follow seguir (e:i) *v.*

food comida *f.*; alimento
fool tonto/a *m., f.*
foolish tonto/a *adj.*
foot pie *m.*
football fútbol *m.* americano
for para *prep.*; por *prep.*
  for example por ejemplo
  for me para mí
forbid prohibir *v.*
force fuerza *f.* **6**
foreign extranjero/a *adj.*
  foreign languages
    lenguas extranjeras *f., pl.*
  foreign relations
    relaciones exteriores *f., pl.* **6**
foreigner extranjero/a *m., f.* **4**
foreseen previsto/a *adj.*
forest bosque *m.* **5**
forget olvidar *v.*
forgetfulness olvido *m.* **1**
fork tenedor *m.*
form formulario *m.*
forty cuarenta *m.*
forward (*sports position*)
  delantero/a *m., f.*
four cuatro *adj.*
four hundred cuatrocientos/as *adj.*
fourteen catorce *adj.*
fourth cuarto/a *adj.*
free libre *adj. m., f.*
  be free (of charge) ser gratis
  free time tiempo libre;
    ratos libres
freedom (of the press) libertad *f.*
  (de prensa) **3, 6**
freeze (oneself) congelar(se) *v.*
freezer congelador *m.*
French francés, francesa *adj.*
  French fries papas *f., pl.*
    fritas; patatas *f., pl.* fritas
frequently frecuentemente *adv.*; con
  frecuencia *adv.*
friar (monk) fraile (Fray) *m.* **4**
Friday viernes *m., sing.*
fried frito/a *adj.*
  fried potatoes papas *f., pl.* fritas;
    patatas *f., pl.* fritas
friend amigo/a *m., f.*
friendly amable *adj.*
friendship amistad *f.* **1**
from de *prep.*; desde *prep.*;
  proveniente *adj.*
  from the United States
    estadounidense *adj.*
  from time to time de vez
    en cuando
  He/She/It is from… Es de…
  I'm from… Soy de…
front page portada *f.* **3**
fruit fruta *f.*
  fruit juice jugo *m.* de fruta
  fruit store frutería *f.*
fuel combustible *m.* **5**
fulfill (a dream) alcanzar (un sueño) *v.*

full lleno/a *adj.* **2**
fun divertido/a *adj.*
　　fun activity diversión *f.*
　　have fun divertirse (e:ie) *v.*
function funcionar *v.*
funny gracioso/a *adj.* **1**
furniture muebles *m., pl.*
furthermore además (de) *adv.*
future futuro *adj.*; porvenir *m.* **5**
　　Here's to the future!
　　　　¡Por el porvenir!
　　in the future en el futuro

G

gain weight aumentar *v.* de peso;
　　engordar *v.*
galaxy galaxia *f.*
game juego *m.*; (*match*) partido *m.*
　　game show programa *m.*
　　　　de concursos **3**
garage (*in a house*) garaje *m.*; garaje
　　m.; taller (mecánico)
garden jardín *m.*
garlic ajo *m.*
gas pipeline gasoducto *m.*
gas station gasolinera *f.*
gasoline gasolina *f.*
gaze mirada *f.* **2**
gender sexo *m.* **4**
gene gen *m.*
generation gap brecha generacional *f.* **4**
　　genetics genética *f.*
genre género *m.* **3**
geography geografía *f.*
German alemán, alemana *adj.*
get conseguir (e:i) *v.*; obtener *v.*
　　get along well/badly/terribly (with)
　　　　llevarse bien/mal/fatal (con) **1**
　　get angry enojarse *v.* **1**
　　get bored aburrirse *v.*
　　get off of (a vehicle)
　　　　bajar(se) de *v.* **2**
　　get on/into (a vehicle)
　　　　subir(se) a *v.* **2**
　　get out of (a vehicle)
　　　　bajar(se) de *v.*
　　get tickets conseguir (e:i) *v.*
　　　　entradas
　　get together (with) reunirse
　　　　(con) *v.*
　　get up levantarse *v.*
　　get upset afligirse *v.* **2**
　　get worse empeorar *v.* **5**
ghost fantasma *m.*
gift regalo *m.*
girl chica *f.*; muchacha *f.*
girlfriend novia *f.*
give dar *v.*; (*as a gift*) regalar *v.*
　　give directions indicar *v.* el camino **2**
　　give up ceder *v.* **6**
glass (*drinking*) vaso *m.*; vidrio *m.*
　　(made) of glass de vidrio

glasses gafas *f., pl.*
　　sunglasses gafas *f., pl.* de sol
gloves guantes *m., pl.*
go ir *v.*
　　go away irse
　　go by boat ir en barco
　　go by bus ir en autobús
　　go by car ir en auto(móvil)
　　go by motorcycle ir en moto(cicleta)
　　go by taxi ir en taxi
　　go by the bank pasar por el banco
　　go down bajar(se) *v.* **2**
　　go for a walk pasear *v.*
　　go on a hike (in the mountains)
　　　　ir de excursión (a las montañas)
　　go on sale salir a la venta *v.* **3**
　　go out salir *v.*
　　go out to eat salir a comer algo
　　go out to have a drink salir a
　　　　tomar algo
　　go out (with) salir *v.* (con) **1**
　　go up subir *v.* **2**
　　go with acompañar *v.*
　　Let's go. Vamos.
goal meta *f.*
goblet copa *f.*
going to: be going to (*do something*)
　　ir a (+ *inf.*)
golf golf *m.*
good buen, bueno/a *adj.*
　　Good afternoon. Buenas tardes.
　　Good evening. Buenas noches.
　　Good idea. Buena idea.
　　Good morning. Buenos días.
　　Good night. Buenas noches.
　　have a good reputation
　　　　tener (e:ie) buena fama *v.* **3**
　　It's good that… Es bueno que…
goodbye adiós *interj.*
　　say goodbye (to)
　　　　despedirse (e:i) *v.* (de)
good-looking guapo/a *adj.*
goods bienes *m., pl.*
gossip chisme *m.* **1**
govern gobernar (e:ie) *v.* **6**
government gobierno *m.* **6**
graduate (from/in) graduarse *v.*
　　(de/en)
grains cereales *m., pl.*
granddaughter nieta *f.* **4**
grandfather abuelo *m.*
grandmother abuela *f.*
grandparents abuelos *m., pl.*
grandson nieto *m.* **4**
grant beca *f.*
grape uva *f.*
grass hierba *f.*
grave grave *adj.*
gravity gravedad *f.*
gray gris *adj. m., f.*
great fenomenal *adj.*
　　chévere *adj.* **4**
great aunt tía abuela *f.* **4**

great-grandfather bisabuelo *m.* **4**
great-grandmother bisabuela *f.* **4**
great uncle tío abuelo *m.* **4**
green verde *adj.*
greenhouse effect
　　efecto invernadero *m.* **5**
greet (each other) saludar(se) *v.*
greeting saludo *m.*
　　Greetings to… Saludos a…
grilled (*food*) a la plancha
　　grilled tenderloin
　　　　lomo *m.* a la plancha
ground suelo *m.* **3**
　　ground floor planta baja *f.*
grow (up) aumentar; crecer *v.*
growth crecimiento *m.* **3**
guess adivinar *v.* **3**
guest (*at a house/hotel*) huésped *m., f.*
　　(*invited to a function*) invitado/a *m., f.*
guide guía *m., f.*; guiar *v.*
gun arma *f.* **3**
　　gun control control *m.* de armas
gymnasium gimnasio *m.*

H

habit costumbre *f.* **2**
hair pelo *m.*
hairdresser peluquero/a *m., f.*
half medio/a *adj.*
　　half-brother/sister
　　　　medio/a hermano/a *m., f.* **4**
　　half-past… (*time*) … y media
hallway pasillo *m.*
ham jamón *m.*
hamburger hamburguesa *f.*
hammer martillo *m.*
hand mano *f.*
hand out repartir *v.* **4**
Hands up! ¡Manos arriba!
handsome guapo/a *adj.*
happen ocurrir *v.*; suceder *v* **1**
happiness alegría *f.*; felicidad *f.* **5**
Happy birthday! ¡Feliz cumpleaños!
happy alegre *adj.*; contento/a *adj.*;
　　feliz *adj. m., f.*
　　be happy alegrarse *v.* (de)
harass acosar *v.*
hard difícil *adj.*
hard-working trabajador(a) *adj.*
hardly apenas *adv.* **3**
harm daño *m.*
harmful dañino/a *adj.* **5**
haste prisa *f.*
hat sombrero *m.*
hate odiar *v.* **1**
have tener (e:ie) *v.*
　　have a bad reputation tener
　　　　mala fama **3**
　　have a bad time pasarlo mal **2**
　　have connections
　　　　tener conexiones
　　have a good reputation tener
　　　　buena fama **3**

have a good time divertirse (e:ie); pasarlo bien **2**
Have a good trip! ¡Buen viaje!
have influence tener conexiones
have the right to tener derecho a **6**
have time tener tiempo
have to (*do something*) tener que (+ *inf.*); deber (+ *inf.*)
have a tooth removed sacar(se) un diente
he él *m., sing., pron.*
head cabeza *f.*
headache dolor *m.* de cabeza
headline titular *m.* **3**
headscarf pañuelo *m.* **6**
health salud *f.*
healthy saludable *adj.*; sano/a *adj.*
lead a healthy lifestyle llevar *v.* una vida sana
hear oír *v.*
heard oído/a *p.p.*
hearing: sense of hearing oído *m.*
heart corazón *m.* **1**
heat calor *m.*
Hello. Hola.; (*on the telephone*) Aló.; ¿Bueno?; Diga.
help ayudar *v.*; servir (e:i) *v.*
help each other ayudarse *v.* **1**
her su(s) *poss. adj.*
(of) hers suyo(s)/a(s) *poss.*
her la *f., sing., d.o. pron.*
to/for her le *f., sing., i.o. pron.*
here aquí *adv.*
Here it is. Aquí está.
herself sí misma **4**
heritage ascendencia *f.* **4**
heterogeneous heterogéneo/a *adj.*
Hi. Hola. *interj.*
hide esconder *v.*; disimular *v.* **2**
high alto/a *adj.*
high school instituto *m.* **6**
highway autopista *f.*; carretera *f.*
hijack secuestrar *v.* **6**
hike excursión *f.*
go on a hike hacer una excursión; ir de excursión
hiker excursionista *m., f.*
hiking de excursión; excursionismo *m.*
him: to/for him le *m., sing., i.o. pron.*
himself sí mismo **4**
hire contratar *v.*
his su(s) *poss. adj.*
(of) his suyo(s)/a(s) *poss. pron.*
his lo *m., sing., d.o. pron.*
historian historiador(a) *m., f.* **4**
history historia *f.*
hit pegar *v.* **6**
hobby pasatiempo *m.*
hockey hockey *m.*
holiday día *m.* de fiesta
home casa *f.*; hogar *m.*; vivienda *f.* **2**
home page página *f.* principal
home country patria *f.* **1**

homeland patria *f.* **4**
homesickness añoranza *f.*
homework tarea *f.*
homogeneity homogeneidad *f.*
honest honrado/a *adj.* **4**
hood capó *m.*; cofre *m.*
hook up ligar *v.* **1**
hope esperar *v.* (+ *inf.*); esperar *v.*; esperanza *f.* **4**
I hope (that) ojalá (que)
horoscope horóscopo *m.* **3**
horror (genre) de horror *m.*
hors d'oeuvres entremeses *m., pl.*
horse caballo *m.*
hospital hospital *m.*
host anfitrión *m.*
hostess anfitriona *f.*
hot: be (*feel*) **(very) hot** tener (mucho) calor
It's (very) hot. Hace (mucho) calor.
hotel hotel *m.*
hour hora *f.*
house casa *f.*
household chores quehaceres *m. pl.* domésticos
housekeeper ama *m., f.* de casa
housing vivienda *f.* **2**
How…! ¡Qué…!
how ¿cómo? *adv.*
How are you? ¿Qué tal?
How are you? ¿Cómo estás? *fam.*
How are you? ¿Cómo está usted? *form.*
How can I help you? ¿En qué puedo servirles?
How did it go for you…? ¿Cómo le/les fue…?
How is it going? ¿Qué tal?
How is/are…? ¿Qué tal...?
How is the weather? ¿Qué tiempo hace?
How much/many? ¿Cuánto/a(s)?
How much does… cost? ¿Cuánto cuesta…?
How old are you? ¿Cuántos años tienes? *fam.*
however sin embargo
hug (each other) abrazar(se) *v.* **1**
human humano/a *adj.*
human being ser humano *m.* **3**
human rights derechos humanos *m., pl.* **6**
humanities humanidades *f., pl.*
humankind humanidad *f.*
hundred cien, ciento *adj.; m.*
hunger hambre *f.*
hungry: be (very) hungry tener *v.* (mucha) hambre
hunt cazar *v.* **5**
hurricane huracán *m.* **5**
hurry apurarse *v.*; darse prisa *v.*

be in a (big) hurry tener *v.* (mucha) prisa
hurt doler (o:ue) *v.*
It hurts me a lot… Me duele mucho…
husband esposo *m.* **4**
hybrid híbrido/a *adj.* **5**
hypocrisy hipocresía *f.* **6**

I

I yo
I am… Yo soy…
I hope (that) Ojalá (que) *interj.*
I wish (that) Ojalá (que) *interj.*
ice cream helado *m.*
ice cream shop heladería *f.*
iced helado/a *adj.*
iced tea té *m.* helado
idea idea *f.*
ideals ideales *m., pl.*
if si *conj.*
ill-mannered maleducado/a *adj.* **4**
illiterate analfabeto/a *adj.* **6**
illness enfermedad *f.*
imaginary fantástico/a *adj.*
immigrant inmigrante *m., f.* **1**
immigration inmigración *f.*
impartial imparcial *adj.* **3**
important importante *adj.*
be important to importar *v.*
It's important that… Es importante que…
impossible imposible *adj.*
it's impossible es imposible
imprison encarcelar *v.* **6**
improbable improbable *adj.*
it's improbable es improbable
improve mejorar *v.* **5**
improvement mejora *f.*
in en *prep.*; por *prep.*
in the afternoon de la tarde; por la tarde
in a bad mood de mal humor
in the direction of para *prep.*
in the early evening de la tarde
in the evening de la noche; por la noche
in fact de hecho *adv.*
in front of delante de *prep.*
in a good mood de buen humor
in the morning de la mañana; por la mañana
in love (with) enamorado/a (de)
in search of por *prep.*
incapable incapaz *adj.*
incompetent incapaz *adj.*
incident suceso *m.* **3**
increase aumento *m.*
incredible increíble *adj.*
indifference indiferencia *f.*
inequality desigualdad *f.* **6**
infect contagiar *v.* **5**

infection infección *f.*
inflation inflación *f.*
influence influir *v.* 6
influence influencia *f.* 2
influential influyente *adj.* 3
inform informar *v.*
informed: become informed about
    enterarse (de) *v.* 3
inhabitant habitante *m., f.* 2
inherit heredar *v.* 4
injection inyección *f.*
    give an injection poner *v.*
    una inyección
injure (oneself) lastimar(se) *v.*
    injure (one's foot) lastimarse
    (el pie)
injustice injusticia *f.* 6
ink tinta *f.* 6
inner ear oído *m.*
innocence inocencia *f.*
innovative innovador(a) *adj.*
insecure inseguro/a *adj.* 1
insecurity inseguridad *f.* 6
inside dentro *adv.*
insincere falso/a *adj.* 1
insist (on) insistir (en) *v.*
instability inestabilidad *f.*
installments: pay in installments
    pagar *v.* a plazos
instrument: play an instrument tocar
    v. (un instrumento) 3
integration integración *f.*
intelligent inteligente *adj.*
intend to pensar *v.* (+ *inf.*)
interest interesar *v.*
interesting interesante *adj.*
    be interesting to interesar *v.*
international internacional *adj.*
    international news noticias *f.*
    internacionales 3
Internet Internet 3
interview entrevista *f.*
interview entrevistar *v.* 3
interviewer entrevistador(a) *m., f.*
introduction presentación *f.*
    I would like to introduce (name)
    to you… Le presento a… *form.*;
    Te presento a… *fam.*
intruder intruso/a *m., f.*
invent inventar *v.*
invention invento *m.*
invest invertir (e:ie) *v.*
investigate investigar *v.* 3
investor inversionista *m., f.*
invisible invisible *adj.*
invite invitar *v.*
invoke invocar *v.* 3
iron hierro *m.*
    iron bar reja *f.* 6
    iron (clothes) planchar *v.* (la ropa)
isolated aislado/a *adj.* 4
it lo/la *sing., d.o., pron.*
Italian italiano/a *adj.*

its su(s) *poss. adj.*
    suyo(s)/a(s) *poss. pron.*
It's me. Soy yo.

J

jacket chaqueta *f.*
jail celda *f.* 6
    (jail) cell celda *f.* 6
January enero *m.*
Japanese japonés, japonesa *adj.*
jealous celoso/a *adj.* 1;
    envidioso/a *adj.*
    to be jealous (of) tener
    celos (de) 1
jealousy celos *m., pl.* 1
jeans bluejeans *m., pl.*
jewelry store joyería *f.*
job empleo *m.*; puesto *m.*;
    trabajo *m.*
    job application solicitud *f.*
    de trabajo
jog correr *v.*
joke broma *f.* 1
journalism periodismo *m.*
journalist periodista *m., f.* 3;
    reportero/a *m., f.*
joy alegría *f.*
    give joy dar *v.* alegría
joyful alegre *adj.*
judge juez(a) *m., f.* 6
judge juzgar *v.* 6
judgment juicio *m.* 6
juice jugo *m.*
July julio *m.*
jump saltar *v.*
June junio *m.*
jungle selva, jungla *f.*
just apenas *adv.* 3; justo/a *adj.* 2
    have just done something
    acabar de (+ *inf.*)
justice justicia *f.* 6

K

keep conservar *v.*
    keep an eye on vigilar *v.* 3
    keep watch on vigilar *v.* 6
key llave *f.*
keyboard teclado *m.*
kick patear *v.*
kid chaval(a) *m., f.* 6
kidnap secuestrar *v.* 6
kidnapping secuestro *m.* 6
kill matar *v.*
    kill oneself matarse *v.*
kilometer kilómetro *m.*
kind: That's very kind of you.
    Muy amable.
kiss beso *m.*
    kiss (each other) besar(se) *v.* 1

kitchen cocina *f.*
knee rodilla *f.*
knife cuchillo *m.*
know saber *v.*; conocer *v.*
knowledge conocimiento *m.* 4
know how saber *v.*

L

labor union sindicato *m.*
laboratory laboratorio *m.*
lack faltar *v.*
    lack (of) falta (de) *f.*
    lack of interest desinterés *m.* 5
    lack of safety inseguridad *f.* 6
lazy perezoso/a *adj.*
lake lago *m.*
lamp lámpara *f.*
land tierra *f.* 5; aterrizar *v.*
landlord dueño/a *m., f.*
landscape paisaje *m.* 5
language lengua *f.* 4
    official language
    lengua *f.* oficial
laptop (computer)
    computadora *f.* portátil
large grande *adj.*
large (*clothing size*) talla grande
last durar *v.*; pasado/a *adj.*;
    último/a *adj.*
    last name apellido *m.*
    last night anoche *adv.*
    last week semana *f.* pasada
    last year año *m.* pasado
late atrasado/a *adj.* 2
late tarde *adv.*
later (on) más tarde
    See you later. Hasta la vista.;
    Hasta luego.
laugh reírse (e:i) *v.*
laughed reído *p.p.*
laundromat lavandería *f.*
law ley *f.* 6
lawyer abogado/a *m., f.* 6
lay laico/a *adj.* 6
lazy perezoso/a *adj.*
lead encabezar *v.* 6
leaf hoja *f.* 5
learn aprender *v.* (a + *inf.*)
least: at least por lo menos
leave salir *v.*; irse *v.*; abandonar *v.* 1;
    marcharse *v.*
    leave a tip dejar una propina
    leave behind dejar *v.*
    leave for (*a place*) salir para
    leave from salir de
    leave someone dejar a alguien *v.* 1
left izquierdo/a *adj.*
    be left over quedar *v.*
    to the left of a la izquierda de
leg pierna *f.*
leisure ocio *m.*
lemon limón *m.*

lend prestar *v.*
less menos *adv.*
  less… than menos… que
  less than menos de (+ *number*)
lesson lección *f.*
let dejar *v.*
let's see a ver
letter carta *f.*
lettuce lechuga *f.*
liar mentiroso/a *m., f.* **1**
liberal liberal *adj.* **6**
liberty libertad *f.*
library biblioteca *f.*
license (*driver's*) licencia *f.* de conducir
lie mentira *f.*
life vida *f.*
  of my life de mi vida
lifestyle: lead a healthy lifestyle
  llevar una vida sana
  lifestyle section sección *f.*
    de sociedad **3**
lift levantar *v.*
  lift weights levantar pesas
light luz *f.*
  traffic light semáforo *f.* **2**
like como *adv.*; gustar *v.*
  I don't like them at all.
    No me gustan nada.
  I like… Me gusta(n)…
  like this así *adv.*
  like very much encantar *v.*;
    fascinar *v.*
  Do you like…? ¿Te gusta(n)…?
likeable simpático/a *adj.*
likewise igualmente *adv.*
line línea *f.*; cola (*queue*) *f.*; fila *f.* **2**
link enlace *m.*
lion león *m.* **5**
listen (to) escuchar *v.*
  Listen! (*command*) ¡Oye! *fam.,*
    sing.; ¡Oiga/Oigan! *form., sing./pl.*
  listen to music escuchar música
  listen (to) the radio escuchar
    la radio
listener oyente *m., f.* **3**
literature literatura *f.*
little (*quantity*) poco/a *adj*; poco *adv.*
live vivir *v.*; en directo/vivo **3**
  live together convivir *v.* **2**
lively animado/a *adj.*
living room sala *f.*
lizard lagarto *m.* **5**
loan préstamo *m.*; prestar *v.*
lobster langosta *f.*
local: local news
  noticias *f.* locales **3**
located situado/a *adj.*; *adj.*
  ubicado/a
  be located quedar *v.*
loneliness soledad *f.* **2**
long largo/a *adj.*
  long term a largo plazo *adj.*
look facha *f.*

look (at) mirar *v.*
  look down on despreciar *v.* **4**
  look for buscar *v.*
  look like parecerse (c:zc) *v.* **2, 4**
lose perder (e:ie) *v.*
  lose a game perder un partido
  lose elections perder
    las elecciones **6**
  lose weight adelgazar
loss pérdida *f.* **4**
lost perdido/a *adj.* **2**
  be lost estar perdido/a **2**
lot, a muchas veces *adv.*
lot of, a mucho/a *adj.*
lottery lotería *f.*
love (*another person*) querer (e:ie) *v.*;
  (*each other*) amarse; quererse (e:ie)
  v. **1**; (*inanimate objects*) encantar
  v.; amor *m.*
  in love enamorado/a *adj.* **1**
  I loved it! ¡Me encantó!
luck suerte *f.*
lucky: be (very) lucky tener
  (mucha) suerte
luggage equipaje *m.*
lunch almuerzo *m.*
  have lunch almorzar (o:ue) *v.*
lung pulmón *m.* **5**
luxury lujo *m.*
lyrics letra *f.* **3**
lying mentiroso/a *adj.* **1**

M

ma'am señora (Sra.); doña *f.*
machine máquina *f.*
mad enojado/a *adj.* **1**
magazine revista *f.* **3**
magnificent magnífico/a *adj.*
mail correo *m.*; enviar *v.*, mandar *v.*;
  echar una carta al buzón
  mail carrier cartero *m.*
mailbox buzón *m.*
main principal *adj.*
maintain mantener *v.*
maintenance mantenimiento *m.*
major especialización *f.*
make hacer *v.*
  make an effort hacer
    un esfuerzo
  make the bed hacer la cama
makeup maquillaje *m.*
  put on makeup maquillarse *v.*
mall centro comercial *m.* **2**
man hombre *m.*
manage administrar *v.*
manager gerente *m., f.*
manner modo *m.*
manufacture fabricar *v.*
many mucho/a *adj.*
  many times muchas veces
map mapa *m.*
March marzo *m.*

margarine margarina *f.*
marinated fish ceviche *m.*
  lemon-marinated shrimp
    ceviche *m.* de camarón
marital status estado *m.* civil
market mercado *m.*
  open-air market mercado al
    aire libre
marriage matrimonio *m.* **1**
married casado/a *adj.* **1**
  get married (to) casarse (con) *v.* **1**
marry casar *v.*
marvelous maravilloso/a *adj.*
marvelously maravillosamente *adv.*
mask: ski mask pasamontañas
  m., sing. **3**
mass misa *f.*
massage masaje *m.*
masterpiece obra maestra *f.*
match (*sports*) partido *m.*
match (with) hacer *v.* juego (con)
mathematician matemático/a *m., f.*
mathematics matemáticas *f., pl.*
matriarchy matriarcado *m.* **2**
matter importar *v.*
mature maduro/a *adj.* **1**
maturity madurez *f.*
maximum máximo/a *adj.*
May mayo *m.*
maybe tal vez; quizás
mayonnaise mayonesa *f.*
mayor alcalde(sa) *m., f.* **2**
me me *sing., d.o. pron.*
  to/for me me *sing., i.o. pron.*
meal comida *f.*
mean significar *v.* **2**
means modo *m.*
means of communication
  medios *m., pl.* de comunicación
meat carne *f.*
mechanic mecánico/a *m., f.*
  mechanic's repair shop
    taller mecánico
media medios *m., pl.*
  (de comunicación) **3**
medical médico/a *adj.*
medication medicamento *m.* **5**
medicine medicina *f.*
medium mediano/a *adj.*
meet (each other) encontrar(se) *v.*;
  conocerse(se) *v.*
meeting reunión *f.*
melt derretir(se) (e:i) *v.*
member socio/a *m., f.*
memento recuerdo *m.* **1**
menu menú *m.*
mess lío *m.*
message recado *m.*; mensaje *m.*
  text message mensaje de texto
Mexican mexicano/a *adj.*
Mexico México *m.*
microwave microondas *f.*
  microwave oven horno *m.*
    de microondas

middle age madurez *f.*
midnight medianoche *f.*
mile milla *f.*
milk leche *f.*
million millón *m.*
  million of millón de
mind mente *f.*
mine mío/a(s) *poss.*
mineral mineral *m.*
  mineral water
    agua *f.* mineral
minimum mínimo/a *adj.*
  minimum wage
    sueldo *m.* mínimo
minute minuto *m.*
mirror espejo *m.*
misfortune desgracia *f.*
Miss señorita (Srta.) *f.*
miss perder (e:ie) *v.*; echar *v.* de
  menos *v.*; extrañar *v.*
mistaken equivocado/a *adj.*
mistreatment maltrato *m.*
mix mezclar *v.*
mock burlarse (de) *v.*
model maqueta *f.*
modem módem *m.*
modern moderno/a *adj.*
mom mamá *f.*
Monday lunes *m., sing.*
money dinero *m.*; plata *f.* (*in
  S. America*)
monitor monitor *m.*
monkey mono *m.* **5**
monolingual monolingüe *adj.*
month mes *m.*
monument monumento *m.*
mood ánimo *m.* **1**
moon luna *f.* **5**
more más
  more... than más... que
  more than más de (+ *number*)
morning mañana *f.*
mother madre *f.*
  mother tongue lengua materna *f.*
mother-in-law suegra *f.* **4**
motor motor *m.*
motorcycle motocicleta *f.*
mountain montaña *f.*
mountain range cordillera *f.* **5**
mouse ratón *m.*
mouth boca *f.*
move (*from one house to another*)
  mudarse *v.* **1, 4**
  move away alejarse *v.*
movie película *f.* **3**
  movie star estrella *f.* de cine **3**
  movie theater cine *m.* **2**
  new movie estreno *m.* **3**
  shoot (a movie) rodar (o:ue) *v.* **3**
movies cine *m.* **3**
MP3 player reproductor *m.* de MP3
Mr. señor (Sr.); don *m.*
Mrs. señora (Sra.); doña *f.*

much mucho/a *adj.*
  very much muchísimo/a *adj.*
mud barro *m.*
multinational multinacional *adj. m., f.*
  multinational company
    empresa *f.* multinacional
municipal municipal *adj.*
murder crimen *m.*
muscle músculo *m.*
museum museo *m.* **2**
mushroom champiñón *m.*
music música *f.*
  music video video *m.* musical **3**
musical musical *adj.*
  musical group conjunto/grupo *m.*
    musical
musician músico/a *m., f.*
Muslim musulmán/musulmana *adj.* **6**
must deber *v.* (+ *inf.*)
  It must be... Debe ser...
my mi(s) *poss. adj.*; mío/a(s) *poss pron.*
myth mito *m.* **2**

N

naïve ingenuo/a *adj.* **2**
name nombre *m.*
  be named llamarse *v.*
  in the name of a nombre de
  last name apellido *m.*
  My name is... Me llamo...
  user name nombre de usuario
napkin servilleta *f.*
national nacional *adj.*
  national news noticias *f., pl.*
    nacionales **3**
nationality nacionalidad *f.*
natural natural *adj.*
natural disaster desastre *m.* natural
  natural resource recurso *m.* natural
nature naturaleza *f.*
nauseated mareado/a *adj.*
navy armada *f.* **6**
near cerca de *prep.*
neaten arreglar *v.*
necessary necesario/a *adj.*
  It is necessary that...
    Hay que...
neck cuello *m.*
need faltar *v.*; necesitar *v.* (+ *inf.*)
negative negativo/a *adj.*
neglect desatender (e:ie) *v.* **5**
neighbor vecino/a *m., f.*
neighborhood barrio *m.* **2**
neither tampoco *adv.*
neither... nor ni... ni *conj.*
nephew sobrino *m.* **4**
nervous nervioso/a *adj.*
network cadena *f.* **3**; red *f.* **1**
never nunca *adj.*; jamás
new nuevo/a *adj.*
  new movie estreno *m.* **3**
new development novedad *f.*

newlywed recién casado/a *m., f.*
news noticias *f., pl.* **3**;
  actualidades *f., pl.*
  international news
    noticias internacionales **3**
  local news noticias locales **3**
  national news
    noticias nacionales **3**
  news report reportaje *m.* **3**
newscast noticiero *m.*
newspaper periódico *m.* **3**;
  diario *m.* **3**
next próximo/a *adj.*
  next to al lado de *prep.*
nice simpático/a *adj.*; amable *adj.*
nickname apodo *m.* **4**
niece sobrina *f.* **4**
night noche *f.*
  night stand mesita *f.* de noche
nightlife vida *f.* nocturna **2**
nine nueve *adj.*
nine hundred novecientos/as *adj.*
nineteen diecinueve *adj.*
ninety noventa *adj.*
ninth noveno/a *adj.*
no no; ningún, ninguno/a(s) *adj.*
  no one nadie *pron.*
  No problem. No hay problema.
  no way de ninguna manera
nobody nadie *pron.*
noise ruido *m.*
noisy ruidoso/a *adj.* **2**
nonconformist inconformista *adj.*
none ninguno/a(s) *pron.*
nonsense disparate *m.* **4**
noon mediodía *m.*
nor ni *conj.*
north Norte *m.*
  to the north al norte
nose nariz *f.*
nostalgia nostalgia *f.*
not no *adv.*
  not any ningún, ninguno/a(s) *adj.,
    adv.*; ningunos/as *pron.*
  not anyone nadie *pron.*
  not anything nada *pron.*
  not bad at all nada mal
  not either tampoco *adv.*
  not ever nunca *adv.*; jamás *adv.*
  not trust desconfiar *v.*
  not very well no muy bien
  not working descompuesto/a *adj.*
notebook cuaderno *m.*
nothing nada *pron.*
noun sustantivo *m.*
November noviembre *m.*
now ahora *adv.*
nowadays hoy día *adv.*
nuclear nuclear *adj. m., f.*
  nuclear energy energía nuclear
number número *m.*
nurse enfermero/a *m., f.*
nutrition nutrición *f.*
nutritionist nutricionista *m., f.*

O

oblivion olvido *m.* **1**
o'clock: It's… o'clock Son las…
   It's one o'clock. Es la una.
obey obedecer *v.*
obligation deber *m.*
obtain conseguir (e:i) *v.*; obtener *v.*
obvious obvio/a *adj.*
   it's obvious es obvio
occupation ocupación *f.*
occur ocurrir *v.*
October octubre *m.*
of de *prep.*
   Of course. Claro que sí.;
     Por supuesto.
offer oferta *f.*; ofrecer (c:zc) *v.*
office oficina *f.*
   office worker oficinista *m., f.*
   doctor's office consultorio *m.*
official oficial *adj.*
   official language lengua oficial *f.*
often a menudo *adv.*
Oh! ¡Ay!
oil aceite *m.*; petróleo *m.* **5**
OK regular *adj.*
   It's okay. Está bien.
old viejo/a *adj.*
old age vejez *f.* **4**
older mayor *adj.*
   older brother, sister
     hermano/a mayor *m., f.*
oldest el/la mayor
omen presagio *m.*
on en *prep.*; sobre *prep.*
   go on sale salir a la venta *v.* **3**
   keep an eye on vigilar *v.* **3**
   on behalf of por *prep.*
   on the dot en punto
   on time a tiempo
   on top of encima de
once una vez
one un, uno/a *adj.*; *m., f.*; *sing. pron.*
   one hundred cien(to)
   one million un millón *m.*
   one more time una vez más
   one thousand mil
   one time una vez
onion cebolla *f.*
online en línea *adj.*
only sólo *adv.*; único/a *adj.*
   only child hijo/a único/a *m., f.* **4**
open abierto/a *adj.*; abrir *v.*
open-air al aire libre
opera ópera *f.*
   soap opera telenovela *f.* **3**
operation operación *f.*
opinion opinión *f.*
   express an opinion opinar *v.* **3**
opposite enfrente de *prep.*
oppresion opresión *f.* **4**
oppressed oprimido/a *adj.* **6**
or o *conj.*; u *conj. (before words*
   beginning with **o** *or* **ho**)

orange anaranjado/a *adj.*; naranja *f.*
orchestra orquesta *f.*
order mandar; (*food*) pedir (e:i) *v.*
   in order to para *prep.*
orderly ordenado/a *adj.*
ordinal (*numbers*) ordinal *adj.*
other otro/a *adj.*
ought to deber *v.* (+ *inf.*) *adj.*
our nuestro/a(s) *poss. adj.*; *poss. pron.*
out of control descontrolado/a *adj.* **5**
out of order descompuesto/a *adj.*
outcome desenlace *m.* **2**
outdoors al aire libre **5**
outskirts alrededores *m., pl.* **2**
oven horno *m.*
over sobre *prep.*
overcome superar *v.* **4**
overpopulation superpoblación *f.*
overthrow derrocar *v.* **6**
overwhelmed agobiado/a *adj.* **1**
owe (money) deber *v.* (dinero)
own propio/a *adj.*
   on his/her own por su cuenta. **1**
owner dueño/a *m., f.*
ozone layer capa *f.* de ozono **5**

P

p.m. tarde *f.*
pacifist pacifista *adj.* **6**
pack (one's suitcases) hacer *v.*
   las maletas
package paquete *m.*
page página *f.*
   front page portada *f.* **3**
pain dolor *m.*
   have a pain tener *v.* dolor
paint pintar *v.*
painter pintor(a) *m., f.*
painting pintura *f.*
pair par *m.*
   pair of shoes par *m.* de zapatos
pamper mimar *v.* **4**
pants pantalones *m., pl.*
pantyhose medias *f., pl.*
paper papel *m.*; (*report*) informe *m.*
Pardon me. (*May I?*) Con permiso.;
   (*Excuse me.*) Perdón.
parents padres *m., pl.*; papás *m., pl.*
park estacionar *v.*; aparcar *v.* **5**;
   parque *m.*
parking lot estacionamiento *m.* **2**
parking space aparcamiento *m.* **5**
partner (*one of a married couple*)
   pareja *f.*; socio/a *m., f.*
party fiesta *f.*
   party pooper aguafiestas *m., f.*
pass pasar *v.* **6**
   pass a law aprobar (o:ue)
     una ley *v.* **6**
passed pasado/a *p.p.*
passenger pasajero/a *m., f.* **2**
passport pasaporte *m.*

password contraseña *f.* **5**
past pasado/a *adj.*
pastime pasatiempo *m.*
pastry shop pastelería *f.*
patent patente *f.*
patience paciencia *f.*
patient paciente *m., f.*
patio patio *m.*
pay pagar *v.*
   pay the bill pagar la cuenta
   pay homage to the gods
     homenajear a los dioses *v.* **4**
   pay in cash pagar *v.* al contado;
     pagar en efectivo
   pay in installments pagar *v.*
     a plazos
   pay raise aumento *m.* de sueldo
pea arveja *m.*
peace paz *f.* **6**
peaceful pacífico/a *adj.* **6**
peach melocotón *m.*
pear pera *f.*
pedestrian peatón/peatona *m., f.* **2**
pen pluma *f.*
pencil lápiz *m.*
penicillin penicilina *f.*
people gente *f.* **2**
pepper (black) pimienta *f.*
per por *prep.*
perfect perfecto/a *adj.*
performance espectáculo *m.*
perhaps quizás; tal vez
permission permiso *m.*
persecution persecución *f.*
person persona *f.*
   person in charge
     encargado/a *m., f.* **5**
personality carácter *m.* **4**
pharmacy farmacia *f.*
phenomenal fenomenal *adj.*
phenomenon fenómeno *m.* **3**
photograph foto(grafía) *f.*
photographer fotógrafo/a *m., f.* **3**
physical (exam) examen *m.* médico
physician doctor(a), médico/a *m., f.*
physicist físico/a *m., f.*
physics física *f. sing.*
pick up recoger *v.*
picture cuadro *m.*; pintura *f.*
pie pastel *m.*
piece pedazo *m.* **5**
   piece of junk pedazo de lata
pill (tablet) pastilla *f.*
pillow almohada *f.*
pineapple piña *f.*
pink rosado/a *adj.*
place lugar *m.*; poner *v.*
plaid de cuadros
planet planeta *m.*
plan plano *m.*; planificar *v.*
plans planes *m., pl.*
   have plans tener planes
plant planta *f.*; plantar *v.* **5**;
   sembrar *v.*

plastic plástico *m.*
  (made) of plastic de plástico
plate plato *m.*
  platter of fried food
    fuente *f.* de fritada
play drama *m.*; comedia *f.*; jugar
  (u:ue) *v.*; (*a musical instrument*)
  tocar *v.*; (*a role*) hacer el papel de;
  (*cards*) jugar a (las cartas); (*sports*)
  practicar deportes; poner *v.*
  play a CD poner un disco compacto
  play an instrument tocar *v.* **3**
player jugador(a) *m., f.*
playwright dramaturgo/a *m., f.*
plead rogar (o:ue) *v.*
pleasant agradable *adj.*
please por favor
Pleased to meet you. Mucho gusto.;
  Encantado/a. *adj.*
pleasing: be pleasing to gustar *v.*
pleasure gusto *m.*; placer *m.*
  It's a pleasure to… Gusto de
    (+ *inf.*)
  It's been a pleasure. Ha sido
    un placer.
  The pleasure is mine.
    El gusto es mío.
poem poema *m.*
poet poeta *m., f.*
poetry poesía *f.*
poison intoxicar *v.* **5**
police (force) policía *f.*
  police station comisaría *f.* **2**
policeman policía *m.* **2**
policewoman mujer policía *f.* **2**
political político/a *adj.*
  political exile exiliado/a político/a
    m., f.
  political party partido político **6**
  political refugee
    refugiado/a político/a
politician político/a *m., f.* **6**
politics política *f.* **6**
polka-dotted de lunares
poll encuesta *f.*
pollute contaminar *v.* **5**
polluted contaminado/a *m., f.*
  be polluted estar contaminado/a
pollution contaminación *f.* **5**
pool piscina *f.*
poor pobre *adj.*
populate poblar *v.* **2**
population población *f.*
pork cerdo *m.*
  pork chop chuleta *f.* de cerdo
portable portátil *adj.*
  portable computer
    computadora *f.* portátil
position puesto *m.*; cargo *m.*
possessive posesivo/a *adj.*
possible posible *adj.*
  it's (not) possible
    (no) es posible

post office correo *m.*
postcard postal *f.*
poster cartel *m.*
potato papa *f.*; patata *f.*
pottery cerámica *f.*
poverty pobreza *f.*
power poder *m.* **6**
powerful poderoso/a *adj.* **4**
practical práctico/a *adj.*
practice entrenarse *v.*; practicar *v.*
predict predecir (e:i) *v.*
prefer preferir (e:ie) *v.*
pregnant embarazada *adj.*
premiere estreno *m.* **3**
premonition presentimiento *m.*
prepare preparar *v.*; capacitar *v.*
preposition preposición *f.*
prescribe (*medicine*) recetar *v.*
prescription receta *f.*
present regalo *m.*; presentar *v.*
preserve conservar *v.* **2, 5**
president presidente/a *m., f.* **6**
press prensa *f.* **3**
  freedom of the press
    libertad *f.* de prensa **3**
  sensationalist press
    prensa sensacionalista **3**
pressure presión *f.*
  be under a lot of pressure sufrir
    muchas presiones
pretty bonito/a *adj.*; bastante *adv.*
prevent prevenir (e:ie) *v.* **5**
price precio *m.*
  (fixed, set) price precio *m.* fijo
pride orgullo *m.* **6**
priest sacerdote *m.* **4**; cura *m.* **6**
principles ideales *m., pl.*
print estampado/a *adj.*; imprimir *v.*
printer impresora *f.*
prison cárcel *f.* **6**
  (prison) cell celda *f.* **6**
prisoner preso/a *m., f.* **5, 6**
private (*room*) individual *adj.*
prize premio *m.*
probable probable *adj.*
  it's (not) probable (no) es probable
problem problema *m.*
profession profesión *f.*
professor profesor(a) *m., f.*
profit ganancia *f.* **4**
program programa *m.*
programmer programador(a) *m., f.*
progress progreso *m.*
prohibit prohibir *v.*
prominent destacado/a *adj.* **3**
promise jurar *v.*
promotion (*career*) ascenso *m.*
pronoun pronombre *m.*
proof prueba *f.*
protect proteger *v.* **5**
protected protegido/a *adj.* **5**
protein proteína *f.*
protest protestar *v.*;
  manifestación *f.* **4**

proud orgulloso/a *adj.* **1**
prove comprobar (o:ue) *v.*
provided (that) con tal (de) que *conj.*
prune podar *v.* **5**
psychologist psicólogo/a *m., f.*
psychology psicología *f.*
public público *m.* **3**
  public ransportation
    transporte *m.* público **2**
publish publicar *v.* **3**
Puerto Rican puertorriqueño/a *adj.*
Puerto Rico Puerto Rico *m.*
pull tirar; sacar *v.*
  pull a tooth sacar una muela
  pull someone's leg tomar
    el pelo *v.*
punish castigar *v.* **3**
punishment castigo *m.* **3, 6**
pupil alumno/a *m., f.* **6**
purchase compra *f.*
purchases compras *f., pl.*
pure puro/a *adj.* **5**
purple morado/a *adj.*
purse bolsa *f.*
put poner *v.*; puesto/a *p.p.*
  put (a letter) in the mailbox
    echar (una carta) al buzón
  put on (a performance) presentar *v.*
  put on (clothing) ponerse *v.*
  put on makeup maquillarse *v.*
  put up with aguantar *v.*; soportar *v.* **5**

Q

quality calidad *f.*
quarry cantera *f.*
quarter (*academic*) trimestre *m.*
  quarter after (*time*) y cuarto;
    y quince
  quarter to (*time*) menos cuarto;
    menos quince
question pregunta *f.*; interrogante *m.*
quickly rápido *adv.*
quiet tranquilo/a *adj.*
quit dejar *v.*; renunciar *v.*
quiz prueba *f.*

R

rabbit's foot pata de conejo *f.* **5**
race carrera *f.*
racism racismo *m.*
radio (*medium*) radio *f.* **3**
  radio (set) radio *m.*
  radio announcer locutor(a) *m., f.*
    de radio **3**
  radio station radioemisora *f.* **3**
rain llover (o:ue) *v.*; lluvia *f.* **5**
  It's raining. Llueve.;
    Está lloviendo.
raincoat impermeable *m.*
rainforest bosque *m.* tropical;
  selva *f.* **5**
  tropical rainforest
    selva tropical *f.* **5**

raise (*salary*) aumento de sueldo
raise (*children*) criar *v.* **4**
ranch rancho *m.*
rather bastante *adv.*
reach alcanzar *v.* **4**
   reach a goal alcanzar
     una meta *v.*
read leer *v.*; leído/a *p.p.*
   read e-mail leer correo electrónico
   read a magazine leer una revista
   read a newspaper
     leer un periódico
ready listo/a *adj.*; dispuesto/a (a) *adj.*
   (Are you) ready? ¿(Están) listos?
reality: reality show programa *m.*
   de telerrealidad **3**
realize darse cuenta de *v.*
reap the benefits (of) *v.* disfrutar *v.* (de)
reason razón *f.*
rebellious rebelde *adj.* **4**
rebelliousness rebeldía *f.* **6**
receive recibir *v.*
recipe receta *f.* **4**
recognize reconocer (c:zc) *v.*
recommend recomendar (e:ie) *v.*
record grabar *v.* **3**
recreation diversión *f.*; recreo *m.*
recycle reciclar *v.* **5**
recycling reciclaje *m.* **5**
red rojo/a *adj.*
red-haired pelirrojo/a *adj.*
reduce reducir *v.*; disminuir *v.*
   reduce stress/tension aliviar
     el estrés/la tensión
refrigerator refrigerador *m.*
refugee refugiado/a *m., f.*
   political refugee
     refugiado/a político/a
   war refugee refugiado/a
     de guerra
region región *f.*
regret arrepentirse *v.* **3**; lamentar
   v. **4**; sentir (e:ie) *v.*
rehearse ensayar *v.* **3**
reject rechazar *v.*
related to sitting sedentario/a *adj.*
relative pariente *m., f.* **4**
   relatives familiares *m., pl.* **1**;
     parientes *m., pl.* **4**
relax relajarse *v.* **2**
release (a movie) estrenar *v.*
   (una película)
relieve aliviar *v.* **5**
religion religión *f.* **4**
rely (on) contar (o:ue) (con) *v.* **1**
remain quedarse *v.*
remember acordarse (o:ue) *v.* (de);
   recordar (o:ue) *v.*
remodel remodelar *v.*
remote control control remoto *m.*
remove quitar *v.* **5**
renewable renovable *adj.* **5**
rent alquilar *v.*; (*payment*) alquiler *m.*
repeat repetir (e:i) *v.*

replace reemplazar *v.*
report informe *m.* **6**; reportaje *m.*
   news report reportaje *m.* **3**
reporter reportero/a *m., f.* **3**
representative representante *m., f.*
reputation: have a good/bad
   reputation tener buena/mala fama
   v. **3**
request pedir (e:i) *v.*
rescued rescatado/a *adj.* **6**
research investigar *v.* **3**
   research grant beca *f.*
     de investigación
researcher investigador(a) *m., f.*
resemble parecerse (c:zc) *v.* **4**
reservation reservación *f.*
reside residir *v.*
resident residente *m., f.* **4**
resign (from) renunciar (a) *v.*
resist resistir *v.* **6**
resolve resolver (o:ue) *v.* **5**
resolved resuelto/a *p.p.*
resources recursos *m., pl.* **5**
respect respetar *v.* **4**
responsibility deber *m.*;
   responsabilidad *f.*; compromiso
   m. **1**
rest descansar *v.*
restaurant restaurante *m.*
   restaurant serving arepas
     arepera *f.* **4**
résumé currículum *m.*
retire (from work) jubilarse *v.*
return regreso *m.*; regresar *v.*; volver
   (o:ue) *v.*
returned vuelto/a *p.p.*
revolutionary revolucionario/a *adj.*
rhythm ritmo *m.* **3**
rice arroz *m.*
rich rico/a *adj.*
riches riquezas *f., pl.*
ride a bicycle pasear *v.* en bicicleta
ride a horse montar *v.* a caballo
ridiculous ridículo/a *adj.*
   it's ridiculous es ridículo
right derecha *f.*
   be right tener razón
   right? (*question tag*) ¿no?;
     ¿verdad?
   right away enseguida *adv.*
   right here aquí mismo
   right now ahora mismo
   right there allí mismo
   to the right of a la derecha de
rights derechos *m.*
ring (*a doorbell*) sonar (o:ue) *v.*
rise ascender *v.*
risk riesgo *m.* **1**
rivalry rivalidad *f.*
river río *m.* **5**
road camino *m.*
roast asado/a *adj.*
   roast chicken pollo *m.* asado
rob robar *v.* **3**
robbery robo *m.* **3**

rollerblade patinar *v.* en línea
romantic romántico/a *adj.*
room habitación *f.*; cuarto *m.*
   living room sala *f.*
roommate compañero/a *m., f.*
   de cuarto
root raíz *f.* **4**
roundtrip de ida y vuelta
   roundtrip ticket pasaje *m.* de
     ida y vuelta
rout recorrido *m.*
routine rutina *f.*
rug alfombra *f.*
ruin arruinar *v.*
rule regla *f.* **6**
run correr *v.*; administrar *v.*
   run errands hacer diligencias **2**
   run into (*have an accident*)
     chocar (con) *v.*; (*meet*
     accidentally) encontrar(se)
     (o:ue) *v.*; (*run into some*
     thing) darse (con) *v.*
   run into (each other)
     encontrar(se) (o:ue) *v.*
rush apurarse, darse prisa *v.*
Russian ruso/a *adj.*

S

sacred ritual rito sagrado *m.* **4**
sacrifice sacrificar *v.* **4**
sad triste *adj.*
   it's sad es triste
safe seguro/a *adj.*
safety seguridad *f.* **6**
said dicho/a *p.p.*
salad ensalada *f.*
salary salario *m.*; sueldo *m.*
sale rebaja *f.*; venta *f.*
   go on sale salir a la venta *v.* **3**
salesman vendedor *m.*
saleswoman vendedora *f.*
salmon salmón *m.*
salt sal *f.*
same mismo/a *adj.*
sandal sandalia *f.*
sandwich sándwich *m.*
Saturday sábado *m.*
sausage salchicha *f.*
save salvar *v.* **4**; (*on a computer*)
   guardar *v.*
   save (money) ahorrar *v.*
savings ahorros *m., pl.*
   savings account cuenta *f.*
     de ahorros
saw serrar *v.* **5**
say decir *v.*; declarar *v.*
   say (that) decir (que) *v.*
   say goodbye despedirse (e:i) *v.*
   say the answer decir la respuesta
scale escama *f.*
scandal escándalo *m.* **6**
scant escaso/a *adj.* **5**

scarce escaso/a *adj.* **5**
scarcely apenas *adv.*
scared: be (very) scared (of)
    tener (mucho) miedo (de)
scene escena *f.* **1**
scenery paisaje *m.* **5**
schedule horario *m.*
school escuela *f.*
science *f.* ciencia
    science fiction ciencia *f.* ficción
scientist científico/a *m., f.*
scold regañar *v.* **4**
score (a goal/a point) marcar *v.* (un
    gol/un punto); anotar *v.* un gol
screen pantalla *f.* **3**
script guión *m.* **1**
scuba dive bucear *v.*
sculpt esculpir *v.*
sculptor escultor(a) *m., f.*
sculpture escultura *f.*
sea mar *m.* **5**
seal foca *f.* **5**
search engine buscador *m.*
season temporada *f.* **3**; estación *f.*
seat silla *f.*
second segundo/a *adj.*; *m., f.*
secretary secretario/a *m., f.*
section sección *f.*
    lifestyle section sección
        de sociedad **3**
    sports section sección
        deportiva **3**
secure seguro/a *adj.* **1**
secular laico/a *adj.* **6**
security seguridad *f.* **6**
sedentary sedentario/a *adj.*
see ver *v.*
    see (you/him/her) again volver
        a ver(te/lo/la)
    see movies ver películas
    See you. Nos vemos.
    See you later. Hasta la vista.;
        Hasta luego.
    See you soon. Hasta pronto.
    See you tomorrow. Hasta mañana.
seed semilla *f.* **5**
seem parecer *v.*
seen visto/a *p.p.*
seizure ataque *m.*
self-esteem autoestima *f.* **4**
selfish egoísta *adj.* **4**
sell vender *v.*
semester semestre *m.*
send enviar; mandar *v.*
sensationalist: sensationalist press
    prensa *f.* sensacionalista **3**
sensitive sensible *adj.* **1**
separate (from) separarse *v.* (de)
separated separado/a *adj.* **1**
September septiembre *m.*
sequence secuencia *f.*
serious grave *adj.*
serve servir (e:i) *v.*

set (*fixed*) fijo *adj.*
    set the table poner la mesa
settle poblar *v.* **2**
seven siete *adj.*
seven hundred setecientos/as *adj.*
seventeen diecisiete *adj.*
seventh séptimo/a *adj.*
seventy setenta *adj.*
several varios/as *adj. pl.*
sexism sexismo *m.*
shaman chamán *m.* **5**
shame (*pity*) lástima *f.*;
    (*embarassment, remorse*)
    vergüenza *f.*
    it's a shame es una lástima
shampoo champú *m.*
shape forma *f.*
    be in good shape estar en
        buena forma
    stay in shape mantenerse
        en forma
share compartir *v.* **1**
sharp (*time*) en punto
shave afeitarse *v.*
shaving cream crema *f.* de afeitar
she ella *f., sing. pron.*
shellfish mariscos *m., pl.*
ship barco *m.*
shirt camisa *f.*
shoe zapato *m.*
    shoe size número *m.*
    shoe store zapatería *f.*
    tennis shoes zapatos *m., pl.*
        de tenis
shoot disparar *v.*
    shoot a movie rodar (o:ue) *v.* **3**
shop tienda *f.*
shopping, to go ir *v.* de compras
    shopping mall centro *m.* comercial
short (*in height*) bajo/a *adj.*; (*in
    length*) corto/a *adj.*
    short film cortometraje *m.* **1**
    short story cuento *m.*
    short term a corto plazo *adv.*
shortage escasez *f.*
shorts pantalones cortos *m., pl.*
shot disparo *m.* **3**
should (*do something*) deber *v.*
    (+ *inf.*)
shout gritar *v.*
show espectáculo *m.*; mostrar (o:ue) *v.*
    game show programa *m.*
        de concursos **3**; concurso *m.*
    reality show programa *m.*
        de telerrealidad **3**
shower ducha *f.*; ducharse *v.*
shrimp camarón *m.*
shy tímido/a *adj.* **1**
shyness timidez *f.* **2**
siblings hermanos/as *pl.*
sick enfermo/a *adj.*
    be sick estar enfermo/a
    get sick enfermarse *v.*
    get sick (of) (*be fed up*)
        estar harto *v.* **1**

sidewalk acera *f.* **2**
sign firmar *v.* **3**; letrero *m.* **2**;
    pancarta *f.* **4**; señal *f.*
silence silencio *m.*
silence callar *v.* **6**
silk seda *f.*
    (made of) de seda
silly tonto/a *adj.*
    silly remark/action disparate *m.* **4**
similar semejante *adj.*
since desde *prep.*
sing cantar *v.*
singer cantante *m., f.* **3**
single soltero/a *adj.* **1**
    single room
        habitación *f.* individual
sink lavabo *m.*; hundir *v.* **6**
sir señor (Sr.); don *m.*
sister hermana *f.*
sister-in-law cuñada *f.* **4**
sit down sentarse (e:ie) *v.*
six seis *adj.*
six hundred seiscientos/as *adj.*
sixteen dieciséis *adj.*
sixth sexto/a *adj.*
sixty sesenta *adj.*
size talla *f.*; tamaño *m.*
    shoe size *m.* número
(in-line) skate patinar (en línea)
skateboard andar en patineta *v.*
ski esquiar *v.*
    ski mask pasamontañas *m., sing.* **3**
skiing esquí *m.*
    cross country skiing esquí
        de fondo
    downhill skiing esquí alpino
    water-skiing esquí acuático
skirt falda *f.*
sky cielo *m.*
skyscraper rascacielos *m.* **2**
slacker vago/a *m., f.*
sleep dormir (o:ue) *v.*; sueño *m.*
    go to sleep dormirse (o:ue) *v.*
sleepy: be (very) sleepy tener
    (mucho) sueño
slender delgado/a *adj.*
slim down adelgazar *v.*
slippers pantuflas *f.*
slow lento/a *adj.*
slowly despacio *adv.*
small pequeño/a *adj.*
smart listo/a *adj.*
smell olor *m.*
smile sonreír (e:i) *v.*
smiled sonreído *p.p.*
smog smog *m.* **5**
smoggy: It's (very) smoggy. Hay
    (mucha) contaminación.
smoke fumar *v.*
smoking section sección *f.* de fumar
    (non) smoking section *f.* sección
        de (no) fumar
snack merendar *v.*;
    afternoon snack merienda *f.*
    have a snack merendar *v.*

snake serpiente *f.* **5**
sneakers los zapatos de tenis
sneeze estornudar *v.*
snow nevar (e:ie) *v.*; nieve *f.*
snowing: It's snowing. Nieva.;
   Está nevando.
so (*in such a way*) así *adv.*; tan *adv.*
   so much tanto *adv.*
   so-so regular *adj.*
   so that para que *conj.*
soap jabón *m.*
   soap opera telenovela *f.* **3**
soccer fútbol *m.*
social assistance prestaciones *f., pl.* **4**
social prejudice prejuicio social *m.* **4**
sociology sociología *f.*
sock(s) calcetín (calcetines) *m.*
sofa sofá *m.*
soft drink refresco *m.*
software programa *m.*
   (de computación)
soil tierra *f.*
solar solar *adj. m., f.*
   solar energy energía solar
sold out agotado/a *adj.*
soldier soldado *m., f.*
solution solución *f.*
solve resolver (o:ue) *v.* **5**
some algún, alguno/a(s) *adj.*; unos/as
   pron. m., f., pl; indef. art.
somebody alguien *pron.*
someone alguien *pron.*
something algo *pron.*
sometimes a veces *adv.*
son hijo *m.*
song canción *f.*
son-in-law yerno *m.* **4**
soon pronto *adv.*
   See you soon. Hasta pronto.
soothe aliviar *v.* **5**
sorry: be sorry sentir (e:ie) *v.*
   I'm sorry. Lo siento.
   I'm so sorry. Mil perdones.;
     Lo siento muchísimo.
soul alma *f.* (*but:* el alma) **1, 3, 6**
   soulmate alma gemela **1**
soundtrack banda *f.* sonora **3**
soup caldo *m.*; sopa *f.*
source fuente *f.* **5**
south Sur *m.*
   to the south al sur
souvenir recuerdo *m.* **1**
space espacio *m.*
space shuttle
   transbordador *m.* espacial
spacecraft nave *f.* espacial
Spain España *f.*
Spanish (*language*) español *m.*;
   español(a) *adj.*
spare (free) time ratos libres
speak hablar *v.*
special: special effects
   efectos *m.* especiales **3**

specialized especializado/a *adj.*
species especie *f.* **5**
   endangered species especie en
     peligro (de extinción) **5**
spectacular espectacular *adj.*
spectator espectador(a) *m., f.*
speech discurso *m.*
speed velocidad *f.*
   speed limit velocidad *f.* máxima
spell checker
   corrector *m.* ortográfico **5**
spelling ortografía *f.*; ortográfico/a *adj.*
spend (*money*) gastar *v.*
spirit (*soul*) alma *f.* **6**;
   (*mood*) ánimo *m.* **1**
splinter astilla *f.* **6**
split one's sides laughing partirse *v.*
   de risa
spoil malcriar *v.* **4**
spoon (*table or large*) cuchara *f.*
spoonful cucharada *f.* **5**
   in spoonfuls a cucharadas **5**
sport deporte *m.*
   sports club club *m.* deportivo
   sports-related deportivo/a *adj.*
   sports section
     sección *f.* deportiva **3**
spouse esposo/a *m., f.*
sprain (one's ankle) torcerse
   (o:ue) *v.* (el tobillo)
sprained torcido/a *adj.*
   be sprained estar torcido/a
sprawl expansión *f.* **5**
   urban sprawl expansión urbana **5**
spread esparcir *v.*; difundir *v.* **2**
   spread news difundir *v.* **2**
   spread the word correr *v.* la voz
spring primavera *f.*
spy espiar *v.* **6**
(city or town) square plaza *f.*
square plaza *f.* **2**
stadium estadio *m.* **2**
stage etapa *f.*
stairs escalera *f.*
stairway escalera *f.*
stamp sellar *v.*
stamp estampilla *f.*; sello *m.*
stand in line hacer *v.* cola
stand out destacar *v.*
stand (someone) up
   dejar *v.* plantado/a **1**
standard of living nivel *m.* de vida
   f.; calidad *f.* de vida *f.* **1**
star estrella *f.*
   movie star estrella de cine **3**
   shooting star estrella fugaz
start (*a vehicle*) arrancar *v.*;
   (*establish*) establecer *v.*
station estación *f.* **2**
   bus station estación *f.*
     de autobuses **2**
   fire station estación *f.*
     de bomberos **2**
   police station estación *f.*
     de policía **2**

radio station radioemisora *f.* **3**
subway station estación *f.*
   del metro **2**
train station estación *f.* de trenes **2**
statue estatua *f.*
status: marital status
   estado *m.* civil
stay quedarse *v.* **2**
   stay in shape mantenerse
     en forma
   stay up late trasnochar *v.*
steak bistec *m.*
steering wheel volante *m.*
step etapa *f.*
stepbrother hermanastro *m.* **4**
stepdaughter hijastra *f.*
stepfather padrastro *m.* **4**
stepmother madrastra *f.* **4**
stepsister hermanastra *f.* **4**
stepson hijastro *m.*
stereo estéreo *m.*
stifle ahogar *v.* **6**
still todavía *adv.*
stingy tacaño/a *adj.* **1**
stock market bolsa *f.* de valores
stockbroker corredor(a) *m., f.*
   de bolsa
stockings medias *f., pl.*
stomach estómago *m.*
stone piedra *f.*
   sculpted stone piedra esculpida
stop parar *v.*; detenerse (e:ie) *v.* **2**
   stop (*doing something*) dejar de
   (+ *inf.*)
stop parada *f.* **2**
   bus stop parada *f.* de autobús **2**
   subway stop parada *f.* de metro **2**
store tienda *f.*
   storekeeper tendero/a *m., f.*
storm tormenta *f.*
stormy tempestuoso/a *adj.* **1**
story cuento *m.*; historia *f.*
stove cocina, estufa *f.*
straight derecho *adj.*
   straight (ahead) derecho
straighten up arreglar *v.*
strange extraño/a *adj.*
   it's strange es extraño
strawberry frutilla *f.*; fresa
street calle *f.* **2**
strengthen fortalecer *v.* **6**
stress estrés *m.*
stressed (out) estresado/a *adj.*
stretching estiramiento *m.*
   do stretching exercises hacer
     ejercicios; *m. pl.* de estiramiento
strict estricto/a *adj.* **4**
strike (*labor*) huelga *f.* **6**
stripe raya *f.*
   striped de rayas
stroll pasear *v.*
strong fuerte *adj.*
   to grow stronger fortalecerse *v.* **1**

story historia *f.* **1**
struggle lucha *f.* **6**
struggle (for/against) luchar *v.* (por/contra)
student estudiante *m., f.*; estudiantil *adj.*; alumno/a *m., f.* **6**
study estudiar *v.*
stuffed-up (*sinuses*) congestionado/a *adj.*
stupendous estupendo/a *adj.*
style estilo *m.* **3**
submissive sumiso/a *adj.* **4**
subscribe (to) suscribirse (a) *v.* **3**
substitute sustituir *v.*
subtitles subtítulos *m., pl.* **3**
suburb suburbio *m.* **2**
suburbs afueras *f., pl.* **2**
subway metro *m.*
  subway station estación *f.* del metro **2**
  subway stop parada *f.* del metro **2**
success éxito *m.* **3**
successful exitoso/a *adj.*
  be successful tener éxito
such as tales como
sudden repentino/a *adj.* **2**
suddenly de repente *adv.*
suffer sufrir *v.*
  suffer an illness sufrir una enfermedad
suffocate ahogarse *v.* **5**
sugar azúcar *m.*
suggest sugerir (e:ie) *v.*
suit traje *m.*
suitcase maleta *f.*
summer verano *m.*
summon convocar *v.* **6**
sun sol *m.* **5**
sunbathe tomar *v.* el sol
Sunday domingo *m.*
(sun)glasses gafas *f., pl.* (oscuras/de sol); lentes *m. pl.* (oscuros/de sol)
sunny: It's (very) sunny. Hace (mucho) sol.
supermarket supermercado *m.*
superstitious supersticioso/a *adj.*
supply abastecer *v.*
support apoyo *m.*
  support (each other) apoyar(se) *v.* **4**
  support network red *f.* de apoyo *m.* **1**
suppose suponer *v.*
sure seguro/a *adj.*
  be sure estar seguro/a
surf (*the Internet/web*) navegar *v.* (en Internet/en la red) **3**
surprise sorprender *v.*; sorpresa *f.*
surround rodear *v.* **4**
surrounded rodeado/a *m., f.*
survey encuesta *f.*
survival supervivencia *f.*

survive sobrevivir *v.* **4**
suspect sospechar *v.*
suspicion sospecha *f.* **3**
suspicious sospechoso/a *adj.*
sweat sudar *v.*
sweater suéter *m.*
sweep the floor barrer el suelo
sweets dulces *m., pl.*
swim nadar *v.*
swimming natación *f.*
  swimming pool piscina *f.*
symbol símbolo *m.* **5**
symptom síntoma *m.*

T

table mesa *f.*
tablespoon cuchara *f.*
tablet (*pill*) pastilla *f.*
take tomar *v.*; llevar *v.*;
  (not) take advantage of (des)aprovechar *v.*
  take a bath bañarse *v.*
  take care of cuidar *v.*
  take a bike/car/motorcycle ride dar una vuelta en bicicleta/carro/motocicleta *v* **2**
  take off quitarse *v.*
  take out the trash *v.* sacar la basura
  take photos tomar *v.* fotos; sacar *v.* fotos
  take a risk arriesgarse *v.*
  take (*wear*) **a shoe size** calzar *v.*
  take a shower ducharse *v.*
  take someone's temperature tomar *v.* la temperatura
  take a stroll dar un paseo *v.* **2**
  take a walk/ride dar una vuelta *v.* **2**
talented talentoso/a *adj.*
talk hablar *v.*; conversar *v.* **2**
  talk show programa *m.* de entrevistas
tall alto/a *adj.*
tank tanque *m.*
tape recorder grabadora *f.*
taste probar (o:ue) *v.*; saber *v.*
  taste like saber a
tasty rico/a *adj.*; sabroso/a *adj.*
tax impuesto *m.*
taxi taxi *m.*
tea té *m.*
teach enseñar *v.*
teacher profesor(a) *m., f.*; maestro/a *m., f.*
team equipo *m.*
technician técnico/a *m., f.*
telecommuting teletrabajo *m.*
telepathy telepatía *f.*
telephone teléfono
  cellular telephone teléfono *m.* celular
telescope telescopio *m.*

television televisión *f.*;
  television set televisor *m.*
  television viewer televidente *m., f.* **3**
tell contar *v.*; decir *v.*
tell (that) decir *v.* (que)
  tell lies decir mentiras
  tell the truth decir la verdad
temperature temperatura *f.*
ten diez *adj.*
tennis tenis *m.*
  tennis shoes zapatos *m., pl.* de tenis
tension tensión *f.*
tent tienda *f.* de campaña
tenth décimo/a *adj.*
terrain terreno *m.*
terrible terrible *adj. m., f.*
  it's terrible es terrible
terrific chévere *adj.*
territory territorio *m.*
terrorism terrorismo *m.* **6**
terrorist terrorista *m., f.* **6**
test prueba *f.*; examen *m.*
text message mensaje *m.* de texto
thank agradecer *v.* **4**
Thank you. Gracias. *f., pl.*
  Thank you (very much). (Muchas) gracias.
  Thank you very, very much. Muchísimas gracias.
  Thanks (a lot). (Muchas) gracias.
  Thanks again. (*lit. Thanks one more time.*) Gracias una vez más/de nuevo.
  Thanks for everything. Gracias por todo.
that que; quien(es); lo que *pron.*
  that (one) ése; ésa; eso *pron.*; ese; esa; *adj.*
  that (*over there*) aquél, aquélla, aquello *pron.*; aquel, aquella *adj.*
  that which lo que *conj.*
  that's me soy yo
  That's not the way it is. No es así.
  that's why por eso
thaw (oneself) descongelar(se) *v.*
the el *m.*, la *f. sing.*; los *m.*, las *f., pl.*
theater teatro *m.*
  theater play obra *f.* de teatro
their su(s) *poss. adj.*; suyo/a(s) *poss. pron.*
them los/las *pl., d.o. pron.*
  to/for them les *pl., i.o. pron.*
then (*afterward*) después *adv.*; (*as a result*) entonces *adv.*; (*next*) luego *adv.*; pues *adv.*
theory teoría *f.*
there allí *adv.*
  There is/are… Hay…
  There is/are not… No hay…
therefore por eso
these éstos; éstas *pron.*; estos; estas *adj.*

they ellos *m.*, ellas *f. pron.*
thief ladrón/ladrona *m., f* **6**
thin delgado/a *adj.*
thing cosa *f.*
think opinar *v.* **3**; pensar (e:ie) *v.*;
  (believe) creer *v.*
  think about pensar en *v.*
third tercero/a *adj.*
thirst sed *f.*
thirsty: be (very) thirsty tener
  (mucha) sed
thirteen trece *adj.*
thirty treinta *adj.*
thirty (*minutes past the hour*) *adj.*
  y treinta; y media
this este; esta *adj.*;
  éste, ésta, esto *pron.*
  This is… (*introduction*) Éste/a es…
  This is he/she. (*on telephone*)
    Con él/ella habla.
those ésos; ésas *pron.*; esos; esas *adj.*
those (over there) aquéllos; aquéllas
  pron.; aquellos; aquellas *adj.*
thousand mil *adj.*
threat amenaza *f.* **6**
threaten amenazar *v.* **5**
three tres
three hundred trescientos/as *adj.*
throat garganta *f.*
through por *prep.*
throughout: throughout the world
  en todo el mundo
throw away echar *v.* **5**
throw out botar *v.* **4**
Thursday jueves *m., sing.*
thus (*in such a way*) así *adj.*
ticket boleto *m.*; **1** entrada *f.*;
  pasaje *m.*
tie (*clothing*) corbata *f.*; empate *m.*;
  (*link*) lazo *m.* **1**; (*a game*) empatar *v.*
tiger tigre *m.* **5**
time vez *f.*; tiempo *m.*
  have a good/bad time pasarlo
    bien/mal
  We had a great time. Lo pasamos
    de película.
  What time is it? ¿Qué hora es?
  (At) What time…? ¿A qué hora…?
times veces *f., pl.*
  many times muchas veces
  two times dos veces
tiny diminuto/a *adj.*
tip propina *f.*
tire llanta *f.*
tired cansado/a *adj.*
  be tired estar cansado/a
to a *prep.*
toast (*drink*) brindar *v.*
  toast pan *m.* tostado
toasted tostado/a *adj.*
  toasted bread pan tostado *m.*
toaster tostadora *f.*
today hoy *adv.*
  Today is… Hoy es…

toe dedo *m.* del pie
together juntos/as *adj.*
toilet inodoro *m.*
tolerate aguantar *v.* **5**
tomato tomate *m.*
tomorrow mañana *f.*
  See you tomorrow. Hasta mañana.
tongue lengua *f.*
  mother tongue lengua materna *f.*
tonight esta noche *adv.*
too también *adv.*;
  too much demasiado *adv.*;
    en exceso
tool herramienta *f.*
tooth diente *m.*
  toothpaste pasta *f.* de dientes
tornado tornado *m.*
tortilla tortilla *f.*
touch tocar *v.*;
tour an area recorrer *v.*; excursión *f.*
tourism turismo *m.*
tourist turista *m., f.*; turístico/a *adj.*
toward hacia *prep.*; para *prep.*
towel toalla *f.*
town pueblo *m.*
toxic tóxico/a *adj.* **5**
toy juguete *m.*
trade oficio *m.*; comercio *m. sing.*
traffic circulación *f.*; tráfico *m.* **2**
  traffic light semáforo *f.* **2**
tragedy desgracia *v.*; tragedia *f.*
trail sendero *m.*
  trailhead sendero *m.*
train entrenarse *v.*; tren *m.*
  train station estación *f.*
    (de) tren *m.* **2**
trainer entrenador(a) *m., f.*
trait rasgo *m.* **3**
translate traducir *v.*
trampa trap *f.* **6**
transportation (public)
  transporte *m.* público **2**
trash basura *f.* **5**
travel viajar *v.*
  travel agent agente *m., f.*
    de viajes
travel (*around a city*) recorrer *v.* **2**
traveler viajero/a *m., f.*
  (traveler's) check cheque
    (de viajero)
treadmill cinta caminadora *f.*
tree árbol *m.* **5**
trick engañar *v.* **3**
trillion billón *m.*
trimester trimestre *m.*
trip viaje *m.*; recorrido *m.*
  take a trip hacer un viaje
tropical forest bosque *m.* tropical
true verdad *adj.*
  it's (not) true (no) es verdad
trunk baúl *m.*; tronco *m.* **5**
trust confianza *f.* **5**
trust (in) confiar (en) *v.* **1, 6**

truth verdad *f.*
try intentar *v.*; probar (o:ue) *v.*
  try (*to do something*) tratar de
    (+ *inf.*)
  try on probarse (o:ue) *v.*
t-shirt camiseta *f.*
Tuesday martes *m., sing.*
tuna atún *m.*
turkey pavo *m.*
turn doblar *v.* **2**
  turn back voltear *v.*
  turn into (*something*) convertirse
    (e:ie) en (algo) *v.*
  turn off (*electricity/appliance*)
    apagar *v.*
  turn on (*electricity/appliance*)
    poner *v.*; prender *v.*
  turn red enrojecer *v.* **2**
turtle tortuga *f.* **5**
  sea turtle tortuga marina **5**
twelve doce *adj.*
twenty veinte *adj.*
twenty-eight veintiocho *adj.*
twenty-five veinticinco *adj.*
twenty-four veinticuatro *adj.*
twenty-nine veintinueve *adj.*
twenty-one veintiún *adj.*;
  veintiuno/a *adj.*; *m., f.*
twenty-seven veintisiete *adj.*
twenty-six veintiséis *adj.*
twenty-three veintitrés *adj.*
twenty-two veintidós *adj.*
twice dos veces
twin gemelo/a *m., f.*
  twin brother hermano
    gemelo *m.* **4**
  twin sister hermana gemela *f.* **4**
twisted torcido/a *adj.*
  be twisted estar torcido/a
two dos *adj.*
  two hundred doscientos/as *adj.*
  two times dos veces

U

ugly feo/a *adj.*
unbearable insoportable *adj.* **4**
unbiased imparcial *adj.* **3**
uncertainty incertidumbre *f.*
uncle tío *m.* **4**
under bajo *adv.*; debajo de *prep.*
understand comprender *v.*; entender
  (e:ie) *v.*
understanding comprensión *f.* **4**;
  entendimiento *m.*
understanding comprensivo/a *adj.*
underwear ropa interior
unemployed desempleado/a *adj.*
unemployment desempleo *m.*
unequal desigual *adj.* **6**
unethical poco ético/a *adj.*
unexpected inesperado/a *adj.* **2**
unfair injusto/a *adj.* **6**
unfaithffulness infidelidad *f.* **1**

unforgettable inolvidable *adj.* **1**
union unión *f.*
    labor union sindicato *m.*
United States Estados Unidos
    (EE.UU.) *m. pl.*
universe universo *m.*
university universidad *f.*
unless a menos que *adv.*
unmarried soltero/a *adj.*
unpleasant antipático/a *adj.*
unprecedented inaudito/a *adj.*
until hasta *prep.*; hasta que *conj.*
up arriba *adv.*
    up-to-date actualizado/a *adj.* **3**
upload subir *v.*
upset disgustado/a *adj.* **1**
urbanize urbanizar *v.* **5**
urgent urgente *adj.*
    It's urgent that… Es urgente que…
us nos *pl., d.o. pron.*
    to/for us nos *pl., i.o. pron.*
use usar *v.*
use up agotar *v.* **5**
used for para *prep.*
useful útil *adj.*; práctico/a *adj.*
usefulness utilidad *f.* **5**
user name nombre de usuario

V

vacation vacaciones *f., pl.*
    be on vacation estar
    de vacaciones
    go on vacation ir
    de vacaciones
vacuum pasar *v.* la aspiradora
    vacuum cleaner aspiradora *f.*
valley valle *m.*
value valorar *v.* **2**
values valores *m., pl.*
vanguard vanguardia *f.*
various varios/as *adj. pl.*
VCR videocasetera *f.*
vegetables verduras *pl., f.*
verb verbo *m.*
very muy *adv.*
    very much muchísimo *adv.*
    (Very) well, thank you. (Muy)
    bien, gracias.
victim víctima *f.* **6**
victory victoria *f.* **6**
video video *m.*
    music video video *m.* musical **3**
    video camera cámara *f.* de video
    video(cassette) video(casete) *m.*
    videoconference
    videoconferencia *f.*
    video game videojuego *m.*
viewer: television viewer
    televidente *m., f.* **3**
vinegar vinagre *m.*
violence violencia *f.* **6**
virtual virtual *adj.*

visit visitar *v.*
    visit monuments
    visitar monumentos
vitamin vitamina *f.*
volcano volcán *m.*
volleyball vóleibol *m.*
vote votar *v.* **6**

W

wage sueldo *m.*
wait (for) esperar *v.* (*+ inf.*)
    wait in line hacer *v.* cola
waiter/waitress camarero/a;
    mesero/a *m., f.* **2**
wake up despertarse (e:ie) *v.*;
    amanecer *v.*
walk caminar *v.*
    take a walk pasear *v.*;
    walk around pasear por
wall pared *f.*
wallet cartera *f.*
want querer (e:ie) *v.*
war guerra *f.* **6**
    war refugee refugiado/a
    de guerra
warehouse almacén *m.*
warm (oneself) up calentarse
    (e:ie) *v.*
warming calentamiento *m.* **5**
wash lavar *v.*
    wash one's face/hands lavarse
    la cara/las manos
    wash (the floor, the dishes)
    lavar (el suelo, los platos)
    wash oneself lavarse *v.*
washing machine lavadora *f.*
waste malgastar *v.* **5**
    waste time perder (e:ie) *v.*
    el tiempo
wastebasket papelera *f.*
watch vigilar *v.* **3**; mirar *v.*; reloj *m.*
    watch television mirar
    (la) televisión
water agua *f.*
    water pollution contaminación
    del agua
    water-skiing esquí *m.* acuático
way manera *f.*
we nosotros(as) *m., f.*
Web red *f.*
weak débil *adj. m., f.*
wealth riqueza *f.*
weapon arma *f.* (*but:* el arma) **6**
wear llevar *v.*; usar *v.*
weather tiempo *m.*
    The weather is bad. Hace
    mal tiempo.
    The weather is good. Hace
    buen tiempo.
weaving tejido *m.*
web red *f.*
    surf the web navegar *v.* en la red **3**

website sitio *m.* web **3**
wedding boda *f.*
Wednesday miércoles *m., sing.*
week semana *f.*
weekend fin *m.* de semana
weight peso *m.*
    lift weights levantar *v.* pesas *f., pl.*
weird raro/a *adj.* **6**
welcome bienvenido(s)/a(s) *adj.*
well pues *adv.*; bueno *adv.*
    (Very) well, thanks. (Muy)
    bien, gracias.
well-being bienestar *m.* **2**
well organized ordenado/a *adj.*
well-mannered (bien) educado/a *adj.* **4**
west oeste *m.*
    to the west al oeste
western (*genre*) de vaqueros
whale ballena *f.* **5**
what lo que *pron.*
what? ¿qué?
    At what time…? ¿A qué hora…?
    What a pleasure to… ! ¡Qué
    gusto (*+ inf.*)…
    What day is it? ¿Qué día es hoy?
    What do you guys think? ¿Qué
    les parece?
    What happened? ¿Qué pasó?
    What is today's date? ¿Cuál
    es la fecha de hoy?
    What nice clothes! ¡Qué ropa
    más bonita!
    What size do you take? ¿Qué
    talla lleva/usa?
    What time is it? ¿Qué hora es?
    What's going on? ¿Qué pasa?
    What's happening? ¿Qué pasa?
    What's. . . like? ¿Cómo es…?
    What's new? ¿Qué hay de nuevo?
    What's the weather like? ¿Qué
    tiempo hace?
    What's wrong? ¿Qué pasó?
    What's your name? ¿Cómo se
    llama usted? *form.*
    What's your name? ¿Cómo te
    llamas (tú)? *fam.*
when cuando *conj.*
When? ¿Cuándo?
where donde
where (to)? (*destination*) ¿adónde?;
    (*location*); ¿dónde?
    Where are you from? ¿De dónde
    eres (tú)? *fam.*; ¿De dónde es
    (usted)? *form.*
    Where is…? ¿Dónde está…?
    (to) where? ¿adónde?
which que *pron.*; lo que *pron.*
which? ¿cuál?; ¿qué?
    In which…? ¿En qué…?
    which one(s)? ¿cuál(es)?
while mientras *adv.*; rato *m.* **6**
whistle (at) silbar (a) *v.*
white blanco/a *adj.*
    white wine vino blanco
who que *pron.*; quien(es) *pron.*

who? ¿quién(es)?
Who is…? ¿Quién es...?
  Who is calling? (*on telephone*)
  ¿De parte de quién?
  Who is speaking? (*on telephone*)
  ¿Quién habla?
whole todo/a *adj.*
whom quien(es) *pron.*
whose? ¿de quién(es)?
why? ¿por qué?
widow viuda *f.*
widowed viudo/a *adj.* **1**
widower viudo *m.*
wife esposa *f.* **4**
will voluntad *f.* **1**
willing (to) dispuesto/a (a) *adj.*
win ganar *v.*
  win a game ganar un partido
  win elections ganar
  las elecciones **6**
wind viento *m.*
window ventana *f.*
  ticket window ventanilla *f.* **1**
windshield parabrisas *m.,sing.*
windy: It's (very) windy. Hace
  (mucho) viento.
wine vino *m.*
  red wine vino tinto
  white wine vino blanco
wineglass copa *f.*
wing(s) el ala *f.* /las alas
winter invierno *m.*
wireless inalámbrico/a *adj.*
wish desear *v.*; esperar *v.*
  I wish (that) ojalá (que)
with con *prep.*
  with me conmigo
  with you contigo *fam.*
within (ten years) dentro de (diez
  años) *prep.*
without sin *prep.*; sin que *conj.*
wolf lobo *m.* **5**
woman mujer *f.*
womanizer mujeriego *m.*
wonderful genial *adj.* **1**
wood madera *f.* **5**
wool lana *f.*
  (made of) wool de lana
word palabra *f.*
work trabajar *v.*; funcionar *v.*; trabajo *m.*
  work (*of art, literature, music,*
  etc.) obra *f.*
  work out hacer gimnasia
  work schedule horario *m.*
  de trabajo
world mundo *m.*
World Cup Mundial *m.*
worldwide mundial *adj.*
worried (about) preocupado/a (por)
  adj. **1**
worry (about) preocuparse *v.* (por)
  Don't worry. No se preocupe.
  form.; Tranquilo.; No
  te preocupes. *fam.*
worse peor *adj.*
worst el/la peor, lo peor
worthy digno/a *adj.* **4**

Would you like to…?
  ¿Te gustaría…? *fam.*
write escribir *v.*
  write a letter/post card/e-mail
  message escribir una carta/postal/
  mensaje electrónico
writer escritor(a) *m., f*
written escrito/a *p.p.*
wrong equivocado/a *adj.*
  be wrong no tener razón

X

X-ray radiografía *f.*

Y

yard jardín *m.*; patio *m.*
year año *m.*
  be… years old tener… años
yellow amarillo/a *adj.*
yes sí *interj.*
yesterday ayer *adv.*
yet todavía *adv.*
yield enough to live on dar para vivir *v.*
yogurt yogur *m.*
You tú *fam.,* usted (Ud.) *form. sing.*;
  vosotros/as *m., f., fam.*; ustedes
  (Uds.) *form. pl.*
  (to, for) you te *fam. sing*; os *fam.*
  pl.; le *form. sing.*; les *form pl.*
  you te *fam., sing.*; lo/la *form.,*
  sing.; os *fam., pl.*; los/las
  form., pl, d.o. pron.
  You don't say! ¡No me digas! *fam.*;
  ¡No me diga! *form.*
  You are. . . Tú eres…
  You're welcome. De nada.; No
  hay de qué.
young joven *adj.*
  young person joven *m., f.*
  young woman señorita (Srta.) *f.*
younger menor *adj.*
  younger brother, sister
  hermano/a *m., f.* menor
  youngest el/la menor
youngster chaval(a) *m., f.* **6**
your su(s) *poss. adj. form.*
  your tu(s) *poss. adj. fam. sing.*
  your vuestro/a(s) *poss. adj.*
  form. pl.
  your(s) suyo(s)/a(s)
  poss. pron. form.
  your(s) tuyo(s)/a(s) *poss.*
  fam. sing.
  your(s) vuestro(s)/a(s) *poss. fam.*
youth juventud *f.* **4**

Z

zero cero *m.*

Index

Credits

Text Credits

36–37 © Pablo Neruda, "Poema 20," from *Veinte poemas de amor y una canción desesperada,* 1924, © Fundación Pablo Neruda.

74–75 © José Emilio Pacheco, "Aqueronte," from *El Viento distante,* 1963, reprinted by permission of Ediciones Era, S.A. de C.V. de México.

114–115 © Ginés S. Cutillas, "La desesperación de las letras", reprinted by permission of author.

152–153 © Augusto Monterroso, "El eclipse," from *Obras completas y otros cuentos,* 1959, reprinted by permission of International Editors' Co. Barcelona.

190–191 © Jaime Sabines, "La luna," reprinted by the permission of the Sabines family.

228–229 © Armando Valladares, "La mejor tinta," reprinted by permission of author.

Photography Credits

All images ©Vista Higher Learning unless otherwise noted.

Special thanks to: Martin Bernetti, Jose Blanco, Ali Burafi, Maria Eugenia Corbo, Janet Dracksdorf, Rossy Llano, Anne Loubet, Paola Ríos, Rafael Rios, Oscar Artavia Solano, Dario Eusse Tobon, Katie Wade.

Front Matter: (cover) (c) © Momatiuk - Eastcott/Corbis

Lesson One: 2 (full pg) © Lawrence Manning/Corbis; **3/ 32** (br) © J. Emilio Flores/ Corbis; **4** (tm) © Edyta Pawlowska/fotolia; **4** (bm) © ImageShop/Corbis; **4** (tr) © Pixland/ Jupiterimages; **4** (mr) © FotoliaI/fotolia; **4** (br) © ant236/fotolia; **12-13** (t) © Gabe Palmer/ Corbis; **13** (tl) © Deborah Feingold/Corbis; **13** (tr) © Scott Gries/Getty Images; **13** (bl) © Jeff Goldberg/Esto; **13** (br) Courtesy of New Mexico governor's office; **14** (ml) © Frazer Harrison/Getty Images; **14** (bl) © Fernanda Calfat/Getty Images; **14** (tr) © Bill Eichner, Reprinted by permission of Susan Bergholz Literary Services, New York. All rights reserved; **14** (br) Image from *In the Time of Butterflies* 1994 by Julia Alvarez. Used by permission of Algonquin Books of Chapel Hill. All rights reserved.; **15** (t) Carmen Lomas Garza. Earache Treatment [italic]. 1989. Alkyd and oil on canvas. © Hirshhorn Museum and Sculpture Garden, Smithsonian Institution, Museum Purchase, 1995. Photographer Lee Stalsworth. **15** (bl) © Jean-Pierre Amet/BelOmbra/Corbis; (mr) © Desperado Year 1995 Director Robert Rodriguez Antonio Banderas Salma Hayek /Alamy; **16** (b) © Philip Gould/Corbis; **28** (tm) © PM Images/Getty Images; **28** (bm) © Reed Kaestner/Corbis; **32** (full pg) © J. Emilio Flores/ Corbis, **35** Mary Evans Picture Library; **36** (background) © Image Source/Corbis; **36** (foreground) © Josh Westrich/Corbis.

Lesson Two: 40 (Full pg) © Randy Faris/Corbis; **41/70** (mr); (t) © Shaul Schwarz/Corbis; **42** (tl) © David R. Frazier Photolibrary, Inc./Alamy; **42** (br) Stockbyte™ Royalty Free; **50** (t) © 2009 by Robert Frerck and Odyssey Productions, Inc.; **50** (br) © Dave G. Houser/Corbis; **50** (bl) © Robert Fried/Alamy; **51** (tl) © vario images GmbH & Co.KG/Alamy; **51** (tr) © Kelly-Mooney Photography/Corbis; **51** (bl) © iStockphoto.com/andres balcazar; **51** (br) © wendy connett/ Alamy; **52** (t) © Albright-Knox Art Gallery/Corbis; **52** (b) © Reuters/Corbis; **53** (t) © Hubert Boesl/dpa /Landov; **53** (b) © Russell Gordon/DanitaDelimont.com; **53** (m) Diego Rivera, detail of mural Batalla de los Aztecas y Espanoles, fresco. Palace of Cortes, Cuernavaca, Mexico. Photograph Russell Gordon/Danita Delimont; **54** © Buddy Mays/Corbis; **58** © Mark Lewis / Alamy/© 24BY36 / Alamy; **61** © James W. Porter/Corbis; **62** © 2009 by Robert Frerck and Odyssey Productions, Inc.; **70** (t) © Shaul Schwarz/Corbis; **71** (t) Fridha Kahlo. *Diego en mi pensamiento.* 1943, óleo sobre masonite. Coleección J. y N. Gelman © 2005 Banco de México Diego Rivera & Frida Kahlo Museums Trust, Av. Cinco de Mayo No. 2 Col. Centro